はじめに（予備試験・司法試験受験を考えている方向け）

本書の内容を一言でいうと、**「法曹実務家[*1]（特に弁護士）の頭の中がどうなっているのか」**を書いたものです。こんな悩みを持っている方に、よく効きます。

*1 法曹とは、裁判官・検察官・弁護士の三者を総称する言葉です。

- ✓ **司法試験や予備試験の合格を目指す法学部の入学者で、法学の学習方法がまったくわからない方**
- ✓ **法学部生、法科大学院生及び法科大学院修了生で、法学の学習方法に迷いがある方**
- ✓ **司法試験や予備試験を受験してみたが、思うように点数が伸びない方**
- ✓ **社会人（特に企業の法務担当）の方で、法的思考を身につけたいと思っている方**

法科大学院在学中、私は法学の勉強の仕方や答案の書き方がさっぱりわからなくて悩んでいました。「講義の予習ばかりに時間を取られて大丈夫だろうか」、「自分の勉強の仕方は正しいのだろうか」、「どうやったらまともな答案を書けるのだろうか」という悩みを常に抱いていました。法律以外にもいろいろやりたいことがあったので、もう法律の世界からは逃げ出して法科大学院からドロップアウトしようかと思ったこともありました。

その後、なんとか法科大学院は修了したものの、相変わらず勉強の指針は定まらず、答案の書き方もよくわからなかったので、だらだらと過ごしていました。そんな折、とある弁護士さんに勉強を教えていただく機会があり、そのときに発見したのが、本書で紹介する「法律フレームワーク」という概念です。[*2]

*2 法律フレームワークは私が新しく創りだしたわけではなく、もともと司法試験に合格できるレベルにある多くの人の頭の中には存在していたけれども、これまでまとまった形で言語化されていなかったものを発見して形にした、という表現が正確です。
なお、法制度という意味のlegal frameworkという言葉とは無関係です。

「フレームワーク」という考え方はビジネスの文脈で語られることが多い概念です。本文で紹介する5W1Hや3C、SWOT分析[*3]という言葉自体は聞いたことがあるかもしれません。ビジネスにおいては、どのような意思決定をするかが会社の命運を決めます。しかし、会社を取り囲む外部環境や会社内部には、大量の事実があります。しかも、事実は複雑に

*3 4頁を参照。

絡み合っています。そのような状況でも、経営者は経営判断のために適切な事実を取捨選択し、評価して意思決定をしなければなりません。そのためのツールがフレームワークです。

私はもともと会社経営のためにフレームワークの勉強をしていたのですが、とある弁護士さんから教わっているときに、ふとフレームワークという概念が法学にも存在することに気がつきました。それからというもの、私は法学のフレームワークを作り上げることに夢中になりました。そして、この思考方法を他の受験生にも伝えるべく、2011年から2013年にかけて、複数の大学や法科大学院で「法律フレームワーク講座」という講座を開催させていただきました。2014年には「隠れた叡智を形式知として世界に流通させる」を理念に掲げるウィズダムバンク株式会社を設立し、その一事業として、法学教育の新時代を拓くことをミッションとしたロースクール・ポラリス[*1]を開設しました。本書は、それらの講座の内容を整理し、大幅に加筆したものです。

＊1
http://wisdombank.co.jp

本書の特徴は、法曹実務家の思考をモデル化した「法律フレームワーク」を具体的に学ぶことにより、法曹実務家の思考方法が身につくようになっていることです。司法試験に合格して法曹実務家になった人は、本書で書いているようなフレームワークをほぼ全員が身につけており、日々の実務の中で無意識のうちに使っています。

後述するように、司法試験は法曹実務家の選抜試験なので、法曹実務家の思考方法を身につけていなければ、いかにたくさんの知識を覚えたり、答案練習をしたりしても合格することは困難です。**猛勉強しているにも関わらず試験で結果が出ない人は、法律フレームワークが身についていないことが原因**であるように思います。

本書には、わかっている人にとっては「当たり前」のことしか書いていません。しかし、「当たり前」というものは、まだ「当たり前」ではない人にはなかなかわからないものですし、教える側にとっても「当たり前」であるが故に、教えないままに終わってしまうこともままあるでしょう。

その結果、法学における数々の「当たり前」が、「知る人ぞ知る存在」のようになってしまっているのではないでしょうか。真に難しいのは、「当たり前のことを当たり前にやる」ことなのにも関わらず。

みなさんは、本書を読むことで、この「当たり前の感覚」の一端を身につけることができます。すなわち、本書は実務家の暗黙知を形式知化することを試みたといえます。まだ法学の勉強を始めたばかりの方や、法学の勉強のことで悩んでいる方は、まずは本書を読んでみてください。**きっと、基本書の読み方や問題の解き方が劇的に変わるはずです。**法学の定期試験はもちろん、法科大学院の入学試験、予備試験、司法試験といった試験を突破する強力な武器となるでしょう。

司法試験の勉強をしているとき、私は頂上の見えない山をいつまでも登っているような気分でした。どこまで登ればいいのかも、周りを見渡して自分がどこにいるのかさえも、私にはわかりませんでした。

しかし、法律フレームワークに従ってひとつひとつ歩みを重ねていくと、いつの間にか司法試験に合格していたのです。それは、飛行機で厚い雲を抜けて、一気に視界が開けたときのような感覚でした。

ぜひ、本書を手に取ったみなさんにも同じ感覚を味わってほしいと思っています。

本書では、司法試験及び予備試験の論文式試験で出題される7科目を網羅し、総計37個の法律フレームワークを紹介しています。また、予備試験や司法試験の受験生が基本書や判例集を使って法学の勉強をするときに、他の教材と一緒に使用すると、正しく効率よく学習できるように作られています。ぜひ、法学の学習をする際には本書を他の教材とセットで使ってみてください。みなさんが予備試験や司法試験に合格し、さらにはその先の自分の夢へと登っていく手助けとなれば幸いです。

はじめに（法学を教えておられる先生方向け）

本書は1つ、野心的な試みに挑戦しています。

それは、**法学教育の方法論のモデルを提示する**ということです。

これまで、法学教育の具体的方法については、教員の皆さんの自助努力に委ねられてきました。私の経験に基づく憶測ですが、教員同士で教え方について相談しあうという機会はほとんどなく、もし相談したとしても、同じ科目を教える教員同士で相談するだけで、他の科目、さらには他の研究分野や大学の教員と交流して教育方法をブラッシュアップするという試みは、ほとんどされてこなかったのではないでしょうか。法科大学院における教育方法についてお悩みの先生もおられるのではないかと思います。

法科大学院が設立され、法学教育に大きな変化が訪れました。法科大学院創設前は、法学を教える教員が法曹実務家の育成に関与することはほぼありませんでしたが、創設後は、教員が法科大学院を通じて法曹実務家の育成に関与するようになったのです。

この変化により、法科大学院に関与する大学教員は、否が応でも「司法試験合格率」という結果と向き合わざるを得なくなりました。そのため、限られた時間内で少しでも合格率を上げるための工夫が必要となってきています。

もっとも、教員がすべての範囲を全員につきっきりで教えるというわけにはいきません。当然、学生の自学自習が学習のメインになってくるはずです。そうすると、**法学教育の方法論の到達点は「学生が自学自習できるようになるためのサポートをすること」**になります。本書で提唱するフレームワークという概念は、それを可能にする方法論です。

教師の存在意義は、教師が自らの存在を不必要となる状態にするところにあると考えます。自分で学び、独力で成長する教え子を見るのは、すべての教師にとって最上の喜びとなるのではないでしょうか。

本書の内容は、まだまだ不十分です。本書をきっかけに、教員の皆さんと法学教育の方法論をもっとブラッシュアップできたらと思います。

37の法律フレームワーク

――誰も教えてくれない事例問題の解法――

弁護士　井垣孝之

CONTENTS

凡例
判例及び判例集の略記

1. 判例

最大判（決） … 最高裁判所大法廷判決（決定）
最判（決） …… 最高裁判所判決（決定）
大判（決） …… 大審院判決（決定）
高判（決） …… 高等裁判所判決（決定）
地判（決） …… 地方裁判所判決（決定）

2. 判例集

刑集…… 最高裁判所刑事判例集、大審院刑事判例集
民集…… 最高裁判所民事判例集、大審院民事判例集
行集…… 行政事件裁判例集
集民…… 最高裁判所裁判集民事
民録…… 大審院民事判決録
判タ…… 判例タイムズ
判時…… 判例時報

Part 1 総論

第1章 圧倒的に人生の効率を上げるフレームワークという概念

第1章では、フレームワークという概念を説明します。いきなり法律とは関係なさそうなテーマだと思ったかもしれません。しかし、最初に明言しておきましょう。

フレームワークを使いこなせない人には、司法試験の合格はおろか、普通の仕事すらできません。

論述試験で評価される答案は、非常にすっきりとしていて、書くべきことがコンパクトに無駄なく一文に凝縮されています。どのような仕事であれ、仕事がデキる人は、作業に無駄がなく、段取りよく仕事を片付けていきます。

それができる人は、意識的か無意識的かはさておき、みんなフレームワークを使いこなしているのです。

実は、ほとんどの人は何かしらのフレームワークを自分の頭の中に持っています。しかし、フレームワークという概念を知らないがためにそれに気づいていないだけなのです。きっと「これがフレームワークなのか！」という感覚を身につければ、見える世界が変わってくるでしょう。

そこで、第1章では、まず読者のみなさんが「フレームワークという感覚」を自分の中に見つけるためのサポートをしてみたいと思います。

1 フレームワークとは何か

⑴ フレームワークの定義

フレームワークとは、**特定のテーマに関する具体的な課題を解決するため、①当該課題に関わる事実を認知し、②当該課題について思考し、③他者に伝達できる形で当該課題に対する結論を出すための構造化・組織化された思考の枠組み**のことをいいます。一言でいうと、フレームワークは具体的な課題を解決するための思考ツールです。

身近なフレームワークを挙げてみましょう。たとえば、5W1Hという言葉を聞いたことがあると思います。これは、いつ（When）・どこで（Where）・だれが（Who）・なにを（What）・なぜ（Why）・どのように（How）という6つの要素をまとめることで、ある情報を第三者に正確に伝達するという課題を解決するため、その情報を認知し、どのようにして伝えるべきかを思考し、どんな情報を伝達すべきかという結論を考えるためのひとつのフレームワークです。

⑵ 様々な分野で応用可能なフレームワーク

フレームワークという概念は、様々な分野で応用可能です。たとえば、仕事をするときには、**「ゴールから逆算する」**というフレームワークが使えます。仕事が遅い人は、任された仕事のゴールを明確にしないまま仕事に取り掛かります。そして、的はずれな成果物を提出しては突き返され、またやり直すことを繰り返して時間を無駄に費やすことになります。

一方、仕事が速い人は、まず自分に仕事を任せた人に仕事の目的＝ゴールを尋ねて明確にし、そのゴールから逆算して何をすればよいかの道筋を立て、具体的にしなければならない作業を定義してから仕事にとりかかります。あらかじめゴールまでの道筋が立っていますから、やることに無駄がありません。これは、仕事を効率的に処理するという課題を解決するため、仕事の目的とそれに至る筋道を認知して効率のよい道筋を思考し、仕事を処理するというフレームワークといえます。こういったことをわかって実行できているか否かで仕事の速度に大きな差が出ます。

これは仕事の効率を良くするフレームワークの例ですが、世の中にフレームワークとして紹介されているものは、他にもたくさんあります。特にビジネスの分野でフレームワークという言葉がよく使われますが、有名なものでは3C[*1]・SWOT分析[*2]などがあります。興味があれば、フレームワークに関する本はたくさん出版されていますので手にとってみてください。

＊1
Customer（顧客）・Company（自社）・Competitor（競合）
自社のどの強みを活かしてどのようにして競合との差別化を図り、顧客にどのような価値を提供するかという戦略を立てるためのフレームワーク

＊2
Strength（強み）・Weakness（弱み）・Opportunity（機会）・Threat（脅威）という4要素の分析で戦略を立てるためのフレームワーク。就職活動等にも応用可能です。

Column 法学における5W1H—六何の原則

法学では、5W1Hのことを六何（ろっか）の原則と呼びます。**六何の原則**は、**「誰が」「いつ」「どこで」「何をまたは誰に対し」「どんな方法で」「何をしたか」**という、5W1Hを少し変形したフレームワークです。刑事事件の場合、これに「誰と」及び「なぜ」が付け加わった八何の原則（7W1H）に基づいて事実関係を整理することもあります†。法学の講義ではあまり紹介されないかもしれませんが、法曹実務では裁判官・検察官・弁護士のどの立場でも、常にこのフレームワークに基づいて事実関係を整理しなければ、事実を取りこぼす危険があります。

たとえば、裁判官が判決書で前提となる事実を記載するとき、検察官が起訴状に公訴事実を記載するとき、弁護士が法律相談で依頼者から事実関係を聴取するときには、必ず六何の原則（八何の原則）に基づいて事実関係を整理します。刑事判決書の記載例を紹介しましょう。

> 【誰が】被告人は、【誰と】Aと共同で露天商を営んでいたものであるが、【いつ】平成〇年〇月〇日ころ、【どこで】…〇番〇号先道路上で、A（当時45歳）と【なぜ】売上金の分け前について口論し、憤慨の余り、【どんな方法で】持ち合わせていた果物ナイフ（証拠略）で同人の左腕に切り付け、よって【誰に対して】同人に対し加療約2週間を要する【何をした】左上腕部切創の傷害を負わせた。
>
> ——司法研修所『平成19年版 刑事判決書起案の手引き』（法曹会、2007年）104頁

六何の原則は、刑事法の事例問題を考えるときには必ず頭に置いておかなければなりません。民事法の問題でも、特に主体、客体及び時的因子（要素）は、要件事実や事実認定において必ず押さえるべきポイントとなってきます。事実関係を正確に把握するためのフレームワークとして、覚えておくとよいでしょう。

---

† 司法研修所検察教官室『平成24年版 検察講義案』64頁以下を参照

2 法律フレームワークの必要性とメリット

⑴ 法律フレームワークの必要性

法律フレームワーク[*3]は、**法学における課題を解決するためのフレームワーク**です。法曹実務家がそのような概念を意識しているか否かはさておき、実務における事件処理にあたっては必ずフレームワークを使っています。フレームワークは法曹実務家の共通言語ともいえるでしょう。

フレームワークは、法曹実務家が具体的な事件処理をする際の思考方法ですから、これがなければ実務の仕事はできません。たとえば、裁判官が法廷で弁護士に質問をすることがありますが、裁判官はいちいちその質問をするに至った思考過程を説明してはくれません。弁護士は、裁判官の言葉からその裏にある思考過程を読み取れるようになる必要があります。また、フレームワークがなければ、準備書面に何を書いたらいいか、相手方の準備書面になぜそんなことが書いてあるのかもわからないでしょう。

以上の意味で、**法曹実務家を目指すのであれば、フレームワークを身につけることは必要条件**[*4]となります。

＊3 以下、法律フレームワークのことを単に「フレームワーク」と呼ぶことがあります。

＊4 厳密には、フレームワークの中でも、法曹実務家になるのであれば必ず身につけていなければならないものと、持っていた方がよいものがあります。少なくとも、本書で紹介する3大フレームワークは、前者に含まれると考えます。

⑵ 司法試験上のメリット

フレームワークは、単に身につける必要性があるだけでなく、司法試験との関係でも様々なメリットがあります。

前述のとおり、フレームワークは、特定のテーマに関する具体的な課題を解決するため、①当該課題に関わる事実を認知し、②当該課題について思考し、③他者に伝達できる形で当該課題に対する結論を出すための構造化・組織化された思考の枠組みです。**フレームワークは、「この課題を解決するときに適用できるフレームワークはこれ」というように、適用対象があらかじめ決まっています。**したがって、適切なフレームワークを選択できさえすれば、迅速に課題に関係する事実を認知し、解決策を思考し、課題に対する結論を出すことができるのです。

法律の事例問題、それこそ最難関といわれている司法試験であっても、特定の科目の特定の分野に通用するフレームワークが使えます。司法試験は、法曹実務家が当然できてしかるべき思考方法と正確な知識に基づいて、具体的事例における課題を法的に解決できるかを試す試験です。したがって、**法律フレームワークを使いこなせていれば、司法試験の問題を解くにあたって重要な事実を認知できるようになりますし、ほとんど答案構成をせずに頭のなかで答案構成をして、すぐに答案を書き始めることすら可能となります。**つまり、テーマごとの思考の切り口が最初からあるので、分析と判断の速度が上がり、テーマとの関係で重要な事実や文章に気づくことができる（たくさんの事実から法的に意味のある事実を取捨選択できることは、法曹実務家の必須スキルです）というように、**インプットの効率が飛躍的に高まります。**

また、**司法試験等の法学の試験は、答案の記載のみが採点対象**ですから、頭の中で考えたことを答案上で表現して採点者に伝えなければなりません。せっかくよく考えていても、その思考過程が答案上に現れていなければ当然のことながらまったく評価されません。

フレームワークは法的な思考過程そのものですので、フレームワークに沿って司法試験の問題を検討すれば、過不足のない思考と採点者に思考過程が伝わりやすい「法的な」表現がしやすくなります。

⑶ 法学学習の方法論としてのメリット

先ほど述べたとおり、フレームワークはその適用対象がそれぞれ決まっているという性質がありますが、その性質ゆえに高い汎用性を有します。したがって、**1つフレームワークの使い方をマスターすれば、そのフレームワークが使えるテーマに対処できるようになります。**たとえば、刑事訴訟法の強制処分該当性判断のフレームワーク（168頁）と任意処分の適法性判断のフレームワーク（171頁）をマスターすれば、捜査の違法性がテーマとなっているほとんどの司法試験の問題に対応可能となります。

また、法学学習におけるコミュニケーションがスムーズになるというメリットもあります。フレームワークという共通言語を持つ者同士は、どのフレームワークのどの部分について話しているのかがわかりますから、コミュニケーションが非常にスムーズになります。たとえば、ゼミを組んでいるときにフレームワークを共有するような学習方法をとれば、ゼミの運営がスムーズに行くでしょう。また、教員はもちろんフレームワークを持っていますので、学生と教員の対話もずっと有意義なものにできるのです。

さらに、**特定のフレームワークが他の分野で応用できることもあります。**たとえば、会社法の経営判断原則というテーマがあります。これは、明確な法令違反行為はないものの、取締役が経営判断を誤って会社に損害を与えたとして、どんな場合に取締役に損害賠償責任を負わせられるか、という話です。かいつまんで経営判断原則の内容を説明すると、取締役が経営判断をするに際して、その前提となった事実の認識に重要かつ不注意な誤りがなく、また意思決定の過程・内容が特に不合理・不適切なものとはいえない限り、取締役はその任務を怠ったとして損害賠償責任を負わないというものです。

これ自体1つのフレームワークではあるのですが、このフレームワークが使えるのは会社法の文脈だけではありません。経営判断原則は大きく分けて2つの要素からなります。①事実の認識に誤りがないかと、②意思決定の過程・内容が合理的かどうかという2点です。この2点は経営判断原則にかぎらず、意思決定の合理性を検討するテーマ一般においても使えます[*1]。たとえば、法律とは関係なく、何か意思決定をすべきときには、あれこれ悩む前にまず意思決定に必要な情報収集を先にする、といった使い方をすることができますし、ある判断の合理性を検討する場合には、まず前提となった事実関係を確認し、それから判断過程を明らかにする、という順序で検討するというような使い方もできます。

このように、法律フレームワークが使えるのは法律の分野だけではありません。たとえば、仕事をする上で複数の利益が対立して迷ったときに、民法の似た条文を思い出し、その条文がどのような利益衡量をしているのか考えて目の前の問題に適用してみるとバランスの良い結論を導けることはよくあります。また、刑事訴訟法の手続は、会社

＊1 法学の他の分野で経営判断原則と類似するフレームワークを使用している例としては、356頁で紹介している行政法の社会観念審査を参照。

内での不祥事に対処する場合の手続にそのまま応用できますし、むしろ手続を無視して懲戒してしまうと問題がさらに拡大します。

以上のように、フレームワークという思考ツールは、非常に応用性が高いものです。ぜひマスターして色んな場面で応用できるようになってもらいたいと思います。

■ **法律フレームワークの必要性とメリットのまとめ**

①　法律フレームワークの必要性

- 一部の法律フレームワークは、法曹実務家の共通言語。身につけなければ実務の仕事は難しい

②　司法試験上のメリット

- 問題のテーマごとの思考の切り口が最初からあるので、分析と判断の速度が上がる
- テーマとの関係で法的に重要な事実や文章に気づき、答案構成を素早くできる
- 思考の過不足がなくなる
- 採点者に法的な思考過程を伝えやすくなる

③　法学学習の方法論としてのメリット

- 特定のテーマには決まったフレームワークが使えるから、汎用性が高い
- 共通のフレームワークを持つ人との間のコミュニケーションがスムーズになる
- 他の分野への応用可能性が高い

3 フレームワークのない状態とある状態を体感してみよう

では、「フレームワークがある」とはどういうことかを実感するため、平成20年司法試験の刑事訴訟法の問題文を使ってフレームワークのない状態とフレームワークがある状態を比較してみましょう。

司法試験でも特定の科目の特定の分野に通用するフレームワークがあるので、フレームワークがあるかないかで問題文の読み方が大きく変わってきます。刑事訴訟法の勉強がある程度進んでいる方は、自分が答案構成するとどうやって問題文を読むか考えながら読んでみてください。なお、まだ刑事訴訟法を勉強をしていない方は、さらっと読むだけで構いません。

次のページから左側と右側に同じ問題文を載せていますが、右側には「フレームワークがある状態で見ると、問題文の事実がどのように見えるか」を示すコメントをつけています。

司法試験直前期の方は、ぜひ左側だけを見て右側のコメント欄に書いてあるようなことが見えているかを確かめてみてください。

フレームワークがない状態

〔第2問〕(配点：100)

次の【事例】を読んで、後記〔設問1〕及び〔設問2〕に答えなさい。

【事例】

1　警察は、暴力団X組による覚せい剤密売の情報を入手し、捜査を行った。その結果、覚せい剤取締法違反（譲渡罪）の前科1犯を有しているX組幹部の甲が、覚せい剤を密売してX組の活動資金を得るという営利の目的で、平成20年1月上旬ころ、Aマンション201号室の甲方において、多量の覚せい剤を所持しているという嫌疑が濃厚となった。そこで、警察は、前記覚せい剤営利目的所持の犯罪事実で、差し押さえるべき物を、本件に関係する覚せい剤、小分け道具、手帳、ノートとし、捜索すべき場所を、Aマンション201号室の甲方とする捜索差押許可状の発付を受けた。

甲方は、5階建てのAマンションの2階にあり、その間取りは4LDK　バストイレ付きであって、甲方の玄関ドアの右隣には、共用部分の通路に面して、ガラス窓が設置されており、その窓は、アルミサッシ製で、2枚のガラス（各ガラスの大きさは、縦1.2メートル、横0.9メートルである）が引き戸になっている。ほかに同通路に面した窓はない。甲方には、常時、X組の組員2、3名が起居している。

なお、覚せい剤営利目的所持の罪とは、「営利の目的」つまり、犯人が自ら財産上の利益を得又は第三者に得させることを動機・目的として、覚せい剤をみだりに所持した罪をいい、その法定刑は、1年以上の有期懲役、又は情状により1年以上の有期懲役及び500万円以下の罰金である。

2　平成20年1月15日午前8時ころ、司法警察員警部補Pは、前記捜索差押許可状を携帯して、司法警察員巡査部長Qら5名の部下とともに甲方の捜索に赴き、甲方玄関ドア前の通路に集まった。Qが甲方のドアチャイムを鳴らしたところ、甲方内からドア付近まで近づいてくる足音が聞こえ、その直後、「何ですか。」という男の声がした。そこで、Qは、ドア越しに「警察だ。ドアを開けろ。」と告げたが、ドアは開けられることなく、「やばい。」などという男の声がして、ドア付近から人が遠ざかる足音が聞こえ、さらに、室内から、数人が慌ただしく動き回る足音が聞こえた。Qは、ドアノブを回してドアを開けようとし

フレームワークがある状態

〔第2問〕（配点：100）

次の【事例】を読んで、後記〔設問1〕及び〔設問2〕に答えなさい。

【事例】

1　警察は、暴力団X組による覚せい剤密売の情報を入手し、捜査を行った。その結果、覚せい剤取締法違反（譲渡罪）の前科1犯を有しているX組幹部の甲が、覚せい剤を密売してX組の活動資金を得るという営利の目的で、平成20年1月上旬ころ、Aマンション201号室の甲方において、多量の覚せい剤を所持しているという嫌疑が濃厚となった†1。そこで、警察は、前記覚せい剤営利目的所持の犯罪事実で、差し押さえるべき物を、本件に関係する覚せい剤、小分け道具、手帳、ノートとし、捜索すべき場所を、Aマンション201号室の甲方とする捜索差押許可状の発付†2を受けた。

甲方は、5階建てのAマンションの2階†3にあり、その間取りは4LDK†4　バストイレ付き†5であって、甲方の玄関ドアの右隣には、共用部分の通路に面して、ガラス窓が設置されており、その窓は、アルミサッシ製で、2枚のガラス（各ガラスの大きさは、縦1.2メートル、横0.9メートルである）が引き戸になっている。ほかに同通路に面した窓はない†6。甲方には、常時、X組の組員2、3名が起居している†7。

なお、覚せい剤営利目的所持の罪とは、「営利の目的」つまり、犯人が自ら財産上の利益を得又は第三者に得させることを動機・目的として、覚せい剤をみだりに所持した罪†8をいい、その法定刑は、1年以上の有期懲役、又は情状により1年以上の有期懲役及び500万円以下の罰金†9である。

2　平成20年1月15日午前8時ころ†10、司法警察員警部補Pは、前記捜索差押許可状を携帯して、司法警察員巡査部長Qら5名の部下とともに甲方の捜索に赴き、甲方玄関ドア前の通路に集まった。Qが甲方のドアチャイムを鳴らしたところ、甲方内からドア付近まで近づいてくる足音が聞こえ、その直後、「何ですか。」という男の声がした。そこで、Qは、ドア越しに「警察だ。ドアを開けろ。」と告げたが、ドアは開けられることなく、「やばい。」などという男の声がして、ドア付近から人が遠ざかる足音が聞こえ、さらに、室内から、数人が慌ただしく動き回る足音が聞こえた†11。Qは、ドアノブを回してドアを開けようとし

†1 覚せい剤営利目的所持罪の嫌疑の存在及び証拠物の存在する場所の特定

†2 捜索差押許可状発付の要件

†3 2階なら窓から逃亡可能

†4 かなり広いので何名かで住んでいるだろうし、覚せい剤の隠し場所が多いから証拠隠滅のおそれ高い

†5 覚せい剤を洗面所に流して証拠隠滅可能

†6 通路からの進入経路はドアとガラス窓のみであり、ドアから入れなければ窓から進入せざるを得ない

†7 組員が常時いる→証拠隠滅の可能性高い

†8 構成要件→公訴事実

†9 法定刑重い→強い手段をとる必要性

†10 日は昇っているので刑訴法222条1項・116条1項の問題はない

†11 「警察だ。」という問いかけに対して「やばい。」という声、慌ただしく動く音→証拠隠滅している可能性が高い

たが、施錠されていたので、ドアを手で激しくたたき、ドアチャイムを鳴らしながら、「早く開けろ。捜索令状が出ている。」と数回にわたり怒鳴ったが、ドアが開けられる気配はなく、また、甲方内からの応答もなかった。そこで、Qは、甲方の玄関ドアの右隣にあるガラス窓を開けようとしたが、施錠されていたので、所持していた手錠を用いて向かって右側のガラス1枚を割って、約20センチメートル四方の穴を開けた。この時点で、最初に警察であることを告げてから約30秒が経過していた。Qは、その穴から手を差し込んでガラス窓内側のクレセント錠を外した上、同ガラス窓を開けてそこから甲方内に入った。

Pら5名は、Qに続いて、順次、そのガラス窓から甲方内に入り、「置いてある物に触るな。」と言いながら甲方内の各部屋に散っていった。Qらが、甲方内に在室している人物を確認したところ、甲がリビングルームに、2名の組員がそれぞれ別々の部屋にいて、合計3名が甲方内に在室していることが判明し、Qらは、これら3名の近くで、その行動を注視できる位置についた。そこで、Pは、甲に対し、前記捜索差押許可状を示した。この時点で、Qが最初に甲方内に入ってから約3分が経過していた。その後、Pらは、甲を立会人として、覚せい剤等を探し始めた。Qは、リビングルームに置かれたサイドボードの引き出しの中から赤色ポーチを発見し、これを開けて見たところ、同ポーチ内には、ビニール袋入りの50グラムの白色粉末があった。

3　そこで、Qが、甲の承諾を得て、その場で白色粉末の予試験を実施したところ、これが覚せい剤であることが確認できた。

Qは、「被疑者甲は、みだりに、営利の目的で、平成20年1月15日、Aマンション201号室の甲方において、覚せい剤50グラムを所持した。」という被疑事実で、甲を現行犯人として逮捕するとともに、刑事訴訟法第220条第1項第2号により、この覚せい剤を差し押さえた。なお、Qが割った甲方の窓ガラスは、直ちに、業者により修復され、その費用は2万円であった。

4　甲は、逮捕、勾留中の取調べにおいて、「発見された覚せい剤は私のものではない。覚せい剤については一切知らない。」などと供述し、一貫して否認した。

警察が捜査したところ、甲がWという女性と交際していることが分かった。Wは、5年前から会社員として働いているが、以前、会社員としたが、施錠されていたので、ドアを手で激しくたたき、ドアチャイムを鳴らしながら、「早く開けろ。捜索令状が出ている。」と数回にわたり怒鳴ったが、ドアが開けられる気配はなく、また、甲方内からの応答もなかった†12。そこで、Qは、甲方の玄関ドアの右隣にあるガラス窓を開けようとしたが、施錠されていたので、所持していた手錠を用いて向かって右側のガラス1枚を割って、約20センチメートル四方の穴を開けた†13。この時点で、最初に警察であることを告げてから約30秒が経過していた†14。Qは、その穴から手を差し込んでガラス窓内側のクレセント錠を外した上、同ガラス窓を開けてそこから甲方内に入った。

Pら5名は、Qに続いて、順次、そのガラス窓から甲方内に入り、「置いてある物に触るな。」と言いながら甲方内の各部屋に散っていった†15。Qらが、甲方内に在室している人物を確認したところ、甲がリビングルームに、2名の組員がそれぞれ別々の部屋にいて、合計3名が甲方内に在室していることが判明†16し、Qらは、これら3名の近くで、その行動を注視できる位置についた。そこで、Pは、甲に対し、前記捜索差押許可状を示した。この時点で、Qが最初に甲方内に入ってから約3分が経過していた†17。その後、Pらは、甲を立会人として、覚せい剤等を探し始めた†18。Qは、リビングルームに置かれたサイドボードの引き出しの中から赤色ポーチを発見し、これを開けて見たところ、同ポーチ内には、ビニール袋入りの50グラムの白色粉末があった†19。

3　そこで、Qが、甲の承諾を得て、その場で白色粉末の予試験を実施したところ、これが覚せい剤であることが確認できた。

Qは、「被疑者甲は、みだりに、営利の目的で、平成20年1月15日、Aマンション201号室の甲方において、覚せい剤50グラムを所持した。」という被疑事実で、甲を現行犯人として逮捕するとともに、刑事訴訟法第220条第1項第2号により、この覚せい剤を差し押さえた。なお、Qが割った甲方の窓ガラスは、直ちに、業者により修復され、その費用は2万円であった†20。

4　甲は、逮捕、勾留中の取調べにおいて、「発見された覚せい剤は私のものではない。覚せい剤については一切知らない。」†21などと供述し、一貫して否認した。

警察が捜査したところ、甲がWという女性と交際していることが分かった。Wは、5年前から会社員として働いているが、以前、会社員とし

†12 すぐに窓を破るのではなく、ドアを開けさせる努力をして捜索差押え対象者の法益侵害の程度を下げる試み

†13 全部割ったのではなく、窓を開けるための最小限度の穴に留め、中の人間の身体の安全も確保している

†14 覚せい剤をトイレに流すことが可能な時間。急いで立ち入る必要性

†15 着手前に令状呈示なし(刑訴法222条1項·110条)

†16 誰が覚せい剤所持?

†17 着手から2分半経過後に令状呈示

†18 刑訴法222条1項·114条2項

†19 資料の日記中の記述と客観的状況が合致→特信性肯定·非伝聞

†20 迅速に修復できるような態様の進入·費用もさほど高くはない

†21 否認事件。重点的な立証対象

て働く傍ら、クラブでホステスのアルバイトをしていたことがあり、そのクラブに客として来ていた甲と知り合い、約1年前から甲と交際するようになった。Wは、その直後、アルバイトを辞め、週末に甲方に通って、掃除をしたり洗濯をするなど、甲の身の回りの世話をし、甲も、月に数回の割合で、Wが住んでいたアパートの部屋に泊まりに行くなどしていた。

以上の状況から、W方に、本件犯行に関する証拠物が存在する蓋然性が高まったので、警察は、W方の捜索差押許可状の発付を受け、平成20年1月18日、Wが不在であったため、アパートの管理人を立会人としてW方を捜索し、鍵が掛けられていた机の引き出しの中からノート1冊(以下「本件ノート」という。)を発見して、これを差し押さえた。

5　本件ノートは、市販されている100枚綴りのものであり、その表紙には、「平成17年10月13日～」と記載されている。各ページには、日付とそれに続く数行の記載がある。それらの日付は、平成17年10月13日で始まり、1週間に3日ないし5日程度の割合で、その経過順に記載されていて、平成20年1月15日で終わっている。そして、それぞれの日付の下には、買物に行ったこと、食事をしたこと、友人と会ったこと等の出来事やそれに関する感想が記載されている。これらの記載部分は、日によって、万年筆で書かれたり、ボールペンで書かれたりしているが、空白の行やページは無い。

記載のある最終ページは、【資料】のとおりであり、同月6日、9日及び15日分の文字は万年筆で、同月11日、12日及び14日分のそれはボールペンで、それぞれ書かれている。

本件ノートに記載された文字の筆跡は、すべてWのものである。

6　警察は、本件ノートの記載内容についてWを取り調べようとしたが、Wは、交通事故に遭い、平成20年1月20日に死亡していたため、取り調べることができなかった。なお、事故の際、Wは、B社製の茶色ショルダーバッグを持っており、そのバッグの中には、W方の鍵と前記机の引き出しの鍵が入っていた。

そして、捜査の結果、C百貨店が、同月6日、前記ショルダーバッグと同じ種類の物1個を、9万8000円で売ったこと、同月12日午前10時18分、W方付近にある銀行に設置された現金自動預払機において、W名義の普通預金口座から現金3万円が払い戻されたこと、Wが、同日、D子と一緒にE市内にある映画館で映画を見てから、ショッピンて働く傍ら、クラブでホステスのアルバイトをしていたことがあり、そのクラブに客として来ていた甲と知り合い、約1年前から甲と交際するようになった。Wは、その直後、アルバイトを辞め、週末に甲方に通って、掃除をしたり洗濯をするなど、甲の身の回りの世話をし、甲も、月に数回の割合で、Wが住んでいたアパートの部屋に泊まりに行くなどしていた[†22]。

以上の状況から、W方に、本件犯行に関する証拠物が存在する蓋然性が高まったので、警察は、W方の捜索差押許可状の発付を受け、平成20年1月18日、Wが不在であったため、アパートの管理人を立会人としてW方を捜索し、鍵が掛けられていた机の引き出しの中からノート1冊(以下「本件ノート」という。)を発見して、これを差し押さえた[†23]。

5　本件ノートは、市販されている100枚綴りのもの[†24]であり、その表紙には、「平成17年10月13日～」と記載されている[†25]。各ページには、日付とそれに続く数行の記載がある。それらの日付は、平成17年10月13日で始まり[†26]、1週間に3日ないし5日程度の割合で、その経過順に記載されていて、平成20年1月15日で終わっている[†27]。そして、それぞれの日付の下には、買物に行ったこと、食事をしたこと、友人と会ったこと等の出来事やそれに関する感想が記載されている[†28]。これらの記載部分は、日によって、万年筆で書かれたり、ボールペンで書かれたりしている[†29]が、空白の行やページは無い[†30]。

記載のある最終ページは、【資料】のとおりであり、同月6日、9日及び15日分の文字は万年筆で、同月11日、12日及び14日分のそれはボールペンで、それぞれ書かれている[†31]。

本件ノートに記載された文字の筆跡は、すべてWのものである[†32]。

6　警察は、本件ノートの記載内容についてWを取り調べようとしたが、Wは、交通事故に遭い、平成20年1月20日に死亡していたため、取り調べることができなかった[†33]。なお、事故の際、Wは、B社製の茶色ショルダーバッグを持っており[†34]、そのバッグの中には、W方の鍵と前記机の引き出しの鍵が入っていた[†35]。

そして、捜査の結果、C百貨店が、同月6日、前記ショルダーバッグと同じ種類の物1個を、9万8000円で売ったこと、同月12日午前10時18分、W方付近にある銀行に設置された現金自動預払機において、W名義の普通預金口座から現金3万円が払い戻されたこと、Wが、同日、D子と一緒にE市内にある映画館で映画を見てから、ショッピン

†22 甲とWは親密な関係→Wは甲にとって不利益な記載をするとは考えにくい→特信性肯定(刑訴法321条1項3号)

†23 鍵をかけられていればW以外触れない→特信性肯定

†24 差替え困難→特信性肯定

†25 2年3ヶ月にわたって虚偽の日記を書き続けるのは困難→特信性肯定

†26 甲との交際前から記載→甲の存在とは独立して書かれている→特信性肯定

†27 時系列で連続して記載→特信性肯定 or 刑訴法323条該当性

†28 人に見せることを想定していない内容→特信性肯定

†29 消せない筆記用具･日によって変えている→特信性肯定

†30 改ざんのおそれ低い→特信性肯定

†31 別々の機会に書かれている→特信性肯定

†32 本件ノートはWの供述書

†33 刑訴法321条1項3号の要件

†34 日記の内容と合致→特信性肯定

†35 人に見せることを想定しておらず、虚偽の内容である可能性が低い→特信性肯定

†36 日記の内容と客観的状況が合致→特信性肯定

グ街でアクセサリーや洋服を見て回ったことが明らかとなった。

7　その後、検察官は、所要の捜査を遂げて、「被告人甲は、みだりに、営利の目的で、平成20年1月15日、Aマンション201号室の甲方において、覚せい剤50グラムを所持した。」という公訴事実で、甲を起訴した。

甲は、第一回公判期日において、前記公訴事実につき、「私のマンションで発見された覚せい剤は私のものではありませんし、これを所持したことはありません。もちろん営利の目的もありません。」と陳述し、弁護人も同趣旨の陳述をした。

検察官は、「Wが平成20年1月14日に甲方で本件覚せい剤を発見して甲と会話した状況、本件覚せい剤を甲が乙から入手した状況及びX組が過去に覚せい剤を密売した際の売却価格」という立証趣旨で、証拠物たる書面として本件ノートの証拠調べを請求した。

これに対し、甲の弁護人は、「証拠物としての取調べに異議はないが、書証としては不同意である。」との意見を述べた。

甲と本件覚せい剤を結び付ける証拠並びに本件覚せい剤の入手状況及び過去の覚せい剤の売却価格に関する証拠は、本件ノート及び甲方で押収された本件覚せい剤以外にはない。

〔設問1〕　本件ノートの証拠能力について、その立証趣旨を踏まえ、具体的事実を摘示しつつ論じなさい。ただし、その捜索差押手続の適法性については論じる必要はない。

〔設問2〕　甲方の捜索の適法性について、具体的事実を摘示しつつ論じなさい。

【資料】W方で押収された本件ノートの最終ページ

平成20年1月6日

正月休みも今日で終わり。明日から仕事だ、頑張ろう。でも、休みボケで、仕事のことを考えるとちょっとゆううつ。週末が待ち遠しい。

おいしいと評判のイタリアンレストランへ甲に連れていってもらった。確かにパスタがおいしかった。

食事の後、C百貨店で前から欲しかったB社の茶色のショルダーバッグを甲におねだりして買ってもらった。9万8000円もしたのに…。甲は優しい。

1月9日

今日、甲が来る予定だったのに来なかったので、電話してみた。

グ街でアクセサリーや洋服を見て回ったことが明らかとなった[†36]。

7　その後、検察官は、所要の捜査を遂げて、「被告人甲は、みだりに、営利の目的で、平成20年1月15日、Aマンション201号室の甲方において、覚せい剤50グラムを所持した。」[†37]という公訴事実で、甲を起訴した。

甲は、第一回公判期日において、前記公訴事実につき、「私のマンションで発見された覚せい剤は私のものではありませんし、これを所持したことはありません。もちろん営利の目的もありません。」[†38]と陳述し、弁護人も同趣旨の陳述をした。

検察官は、「Wが平成20年1月14日に甲方で本件覚せい剤を発見して甲と会話した状況[†39]、本件覚せい剤を甲が乙から入手した状況及びX組が過去に覚せい剤を密売した際の売却価格[†40]」という立証趣旨で、証拠物たる書面[†41]として本件ノートの証拠調べを請求した。

これに対し、甲の弁護人は、「証拠物としての取調べに異議はないが、書証としては不同意である。」との意見を述べた[†42]。

甲と本件覚せい剤を結び付ける証拠並びに本件覚せい剤の入手状況及び過去の覚せい剤の売却価格に関する証拠は、本件ノート及び甲方で押収された本件覚せい剤[†43]以外にはない。

〔設問1〕　本件ノートの証拠能力[†44]について、その立証趣旨を踏まえ、具体的事実を摘示しつつ論じなさい。ただし、その捜索差押手続の適法性については論じる必要はない。

〔設問2〕　甲方の捜索の適法性[†45]について、具体的事実を摘示しつつ論じなさい。

【資料】W方で押収された本件ノートの最終ページ

平成20年1月6日

正月休みも今日で終わり。明日から仕事だ、頑張ろう。でも、休みボケで、仕事のことを考えるとちょっとゆううつ。週末が待ち遠しい。

おいしいと評判のイタリアンレストランへ甲に連れていってもらった。確かにパスタがおいしかった。

食事の後、C百貨店で前から欲しかったB社の茶色のショルダーバッグを甲におねだりして買ってもらった。9万8000円もした[†46]のに…。甲は優しい。

1月9日

今日、甲が来る予定だったのに来なかったので、電話してみた。

†37 公訴事実。立証対象は日記中の1月14日ではなく1月15日時点における所持

†38 覚せい剤営利目的所持罪の構成要件のうち、覚せい剤の所持・覚せい剤の認識（故意）・営利目的を否認→証拠で重点的に立証する必要のある事項

†39 要証事実＝覚せい剤の所持及び認識

†40 要証事実＝営利目的

†41 刑訴法307条。Wの筆跡であることを立証するために証拠物としても証拠調べ請求

†42 刑訴法326条

†43 証拠能力に問題のない証拠

†44 問われている対象

†45 強制処分たる「捜索」であることは前提

†46 客観的状況が合致→特信性肯定

体調が悪いらしく、甲の電話の声に元気がなかった。
ちょっと、心配。週末には元気になっているといいな。
もうすぐ午前零時だ。明日の仕事にも差し支えるので、もう寝よう。

1月11日

明日から3連休だ。明日はD子と映画に行く予定。映画を見るのは久し振り。
銀行に行くのを忘れた。明日、ATMでお金を下ろさないと。
3万円あれば、次のお給料日までは大丈夫かな。

1月12日

今日は、E市に出て、D子と一緒に映画を見た。アクション物で面白かった。
最近はDVDを借りて家で見ることが多いけど、やっぱり映画館の大きなスクリーンで見ると迫力が違う。その後、ウインドウショッピングをして帰る。

1月14日

今日、甲のマンションに行った。洗濯物もたまっていて、思ったより時間がかかった。
掃除をしているとき、サイドボードの引き出しの中に、見慣れない赤色のポーチを見つけた。女物のようだったので、私のほかに女でもと思って中を見ると、白い粉がビニール袋に入っていた。急に、甲が、「それに触るな。」と言って、私からそのポーチを取り上げた。私は、びっくりして、「何なの、それ？」と聞くと、甲は、「おまえがいた店にも連れていったことのあるY組の乙から覚せい剤50グラムを250万円で譲ってもらった。うちの組では、これまで、0.1グラムを1万5000円で売ってきたんだ。だれにも言うなよ。」と言った。
覚せい剤なんて生まれて初めて見た。何だか怖い。甲が警察に捕まったりしないのか心配。私もあんなものを見て何か罪にならないのか心配。正直、あんなもの見なければよかったと思う。
不安で今晩は眠れそうもない。でも、もう日が変わるので早く寝ないと…。

1月15日

今日からまた仕事が始まった。頑張ろう。
甲と連絡が取れない。今日は、ずっと留守電になっている。
どうしたんだろう。何だか胸騒ぎがする。

体調が悪いらしく、甲の電話の声に元気がなかった。
ちょっと、心配。週末には元気になっているといいな。
もうすぐ午前零時だ。明日の仕事にも差し支えるので、もう寝よう。

1月11日

明日から3連休だ。明日はD子と映画に行く予定。映画を見るのは久し振り。
銀行に行くのを忘れた。明日、ATMでお金を下ろさないと†47。
3万円あれば、次のお給料日までは大丈夫かな。

†47 客観的状況が合致
→特信性肯定

1月12日

今日は、E市に出て、D子と一緒に映画を見た。アクション物で面白かった。
最近はDVDを借りて家で見ることが多いけど、やっぱり映画館の大きなスクリーンで見ると迫力が違う。その後、ウインドウショッピングをして帰る†48。

†48 客観的状況が合致
→特信性肯定

1月14日

今日、甲のマンションに行った。洗濯物もたまっていて、思ったより時間がかかった。
掃除をしているとき、サイドボードの引き出しの中に、見慣れない赤色のポーチを見つけた。女物のようだったので、私のほかに女でもと思って中を見ると、白い粉がビニール袋に入っていた。急に、甲が、「それに触るな。」と言って、私からそのポーチを取り上げた†49。私は、びっくりして、「何なの、それ？」と聞くと、甲は、「おまえがいた店にも連れていったことのあるY組の乙から覚せい剤50グラムを250万円で譲ってもらった†50。うちの組では、これまで、0.1グラムを1万5000円で売ってきたんだ†51。だれにも言うなよ。」と言った。

†49 本件覚せい剤を発見して甲と会話した状況。発見状況と合致
→特信性肯定

†50 本件覚せい剤を甲が乙から入手した状況。個人で使用する量ではない→営利目的

†51 X組が過去に覚せい剤を密売した際の売却価格。卸値を差し引くと500万円の利益
→営利目的

覚せい剤なんて生まれて初めて見た。何だか怖い。甲が警察に捕まったりしないのか心配。私もあんなものを見て何か罪にならないのか心配。正直、あんなもの見なければよかったと思う。
不安で今晩は眠れそうもない。でも、もう日が変わるので早く寝ないと…。

1月15日

今日からまた仕事が始まった。頑張ろう。
甲と連絡が取れない。今日は、ずっと留守電になっている。
どうしたんだろう。何だか胸騒ぎがする。

いかがでしたか？ 刑事訴訟法のフレームワークがまだ身についていない方にとっては、どこから手を付けたらいいのかもわからず、ちんぷんかんぷんかもしれません。しかし、実際の司法試験の問題文には、そのほとんどに意味があることは、おわかりいただけたのではないでしょうか。

フレームワークを身につけると、問題文の見え方が変わります。

本書があなたの視界を変えるきっかけとなれば幸いです。

4 フレームワークの使用上の注意点(デメリット)

フレームワークで思考することに慣れてきたときに、注意しなければならないことを先に述べておきます。それは、**思考がフレームワークに縛られて自由な発想ができなくなること、既存のフレームワークに含まれていない思考や事実を見落としてしまうこと、そして自らが見出したフレームワークが正しいと信じて修正ができないこと**です。

しかし、「思考を縛る」というのは、使いようによっては効率的に思考を進めることにもつながります。なぜなら、**人間が一度に処理できる能力には限度があるため、フレームワークによって一度に考える対象を限定すると、検討対象を自分が扱えるサイズに分解できる**からです。

また、実務において、フレームワークは日々変わっていきます。まったくフレームワークが存在しない事態にぶち当たることも少なくありません。したがって、「自分の頭のなかにあるフレームワークは目の前の事実にそのまま適用できるか？」、「このフレームワークで漏らしている事実や思考はないか？」といったことを常に自問自答し、**フレームワークをアップデートするとともに、最終的には自分でフレームワークを作れるようになることが肝要です。**

フレームワークという考え方に、「型にはまった思考だ」という批判をする人がいるかもしれません。しかし、法的三段論法や要件事実的思考はフレームワークのひとつですが、これらを「型にはまった思考だ」と批判する法律家はいるでしょうか。もちろん、すべて法律にあてはめて杓子定規に紛争を解決しようとするときにはそのような批判が妥当するでしょうが、法的三段論法という考え方では、まず事実を型にはめてこそ意味があるものです。

フレームワークは、万能ではありませんが、以上のような意識を持って日々フレームワークを使っていけば、勉強はもちろんのこと、今後仕事をする上でも非常に役立つこととでしょう。

そして、フレームワークを認識し、他者に伝達できるようになれば、法学以外の分野のフレームワークも認識し、応用できるようになります。そうすれば、あなたの世界は一気に広がるはずです。

それでは、早速、第2章から第4章では法学全体で通用する3つの法律フレームワークを説明し、第5章と第6章で3大法律フレームワークを使った学習法と司法試験の解き方を説明した上で、第7章から各法分野の個別のフレームワークの一部を紹介することとしましょう。

第2章 法学における3大法律フレームワークその1 〜法的三段論法のフレームワーク〜

第2章では、法学の基本中の基本に属する法的三段論法のフレームワークを紹介します。

司法試験受験生の答案を添削していると、法的三段論法ができていない人がよくいます。一番よくあるのが規範とあてはめが微妙にズレている（しかし本人はズレているという認識がない）パターンです。私自身、答案の書き方がよくわかっていなかったときに、難しい問題を解くとつい規範とあてはめがごっちゃになったりしていました。

しかし、法的三段論法ができていない人が多いというのは、決して意外でもなんでもありません。なぜなら、法的三段論法を使いこなせるようになるには訓練が必要で、その訓練をする機会があまりないからです。

法的三段論法のフレームワークは、あまりに基本的であるが故に、できていないことを自覚することが難しいという特徴があります。本章を読んで、基本の奥深さを体感し、マスターしてください。

1 法的三段論法を使いこなせないと司法試験には合格できない

以下の「ヒアリング[*1]」は、司法試験を採点した後の司法試験委員に、採点をしてみた感想を聴取し、公表したものです。特に2段落目に注目して読んでみてください。

*1 法務省のホームページ(http://www.moj.go.jp/shikaku_saiyo_index1.html)の中に掲載されている出題趣旨、採点実感、ヒアリング(採点実感とヒアリングは、年によってどちらかがないこともあります)は、司法試験受験生が必ず読むべき重要資料です。

「答案を採点して気が付いたのは、第一に、**法的三段論法が身に付いていないと言わざるを得ない答案が余りにも多かった**ことである。こういう事案であるから、この規範が問題になり、この規範はこのような理由でこんな内容になっている。そして、この規範を事案に当てはめてみると、この事実があるからこの規範が適用できてこの効果が出てくるという形が整っていない、というか、意識していないような答案が多い。思い付いた規範から書きなぐったり、重要な事実の検討・当てはめを飛ばしたまま、全体として何の論理も理由もなく、あるいは淡白な理由で結論を導いている答案が多かった。もしかすると、時間がなくて省略したのかもしれないが、それが非常に気になった点である。

この点は、法律家・実務家として命の部分であり、そこがなぜできていないのか、ということを考えさせられた。こういった能力のかん養を限られた法科大学院の憲法の講義の時間だけでやるべきだということはできない。しかし、何らかの方法でこれを強化しないと、なかなか法的に物事を考えるということ、法律家に求められる切り口で物を分析するということができないままになってしまうのではないかと思う。そこに危惧の念を抱いた。したがって、そこが法科大学院に望むことの一つにもなる。」

——平成20年　新司法試験考査委員(公法系科目)に対するヒアリングの概要

※太字は著者が付した。

そうです。**法的三段論法が使いこなせるか否かは、法律家・実務家の命といってもよいことなのです。**しかし、ヒアリングからは、当時の法科大学院ではその教育ができていなかったという考査委員の認識が見て取れます。それにも関わらず、具体的にどうすればよいかは、平成20年時点でも、そしておそらく現時点でも目処が立っていないように思われます。

また、「こういった能力のかん養を限られた法科大学院の憲法の講義の時間だけでやるべきだということはできない。」というくだりからもわかるように、法的三段論法の訓練を各科目の講義で行うだけの余裕はありません。その結果、憲法に限らず、どの科目でも時間的制約から法的三段論法をきちんと教える機会がほぼ存在しないのが現実です。法学部でも、法的三段論法は法学入門などで軽く触れるだけで、実際に書いてみたりするなどして訓練をするという機会を設けているところは少ないのではないでしょうか。

司法試験は、法律をよく知っているだけのマニアを「合格させる試験ではなく」、法曹実務家として最低限備えているべき思考方法と知識が身についていない人を「落とす試験」です。したがって、**司法試験考査委員に「法的三段論法ができていない」と判断された人が司法試験に合格することはまずない**と思われます。

しかし、ヒアリングの引用部分冒頭で「法的三段論法が身に付いていないと言わざるを得ない答案が余りにも多かった」という指摘があるということは、司法試験受験生でも法的三段論法をきちんと使いこなせる人は意外に少ないということです。

そこで、本章では法的三段論法の意義及び訓練方法について重点的に取り上げ、法学の基本中の基本の思考方法を身につける方策を示したいと思います。

2 法的三段論法とは何か

法的三段論法は、一般に以下のような説明がなされます。

> 事実認定によって確定された具体的な事実を小前提、その事実に適用されるべき法規範を大前提として、小前提を大前提にあてはめ、結論を導きだす法的判断の正当化のプロセス

たとえば、こんな事例で法的三段論法を適用してみましょう。

Case

Aは、酒に酔ってBの顔面を殴り、加療2週間の怪我を負わせた。

まず、事実認定によって確定された具体的な事実＝小前提は、「Aは、Bの顔面を殴り、加療2週間の怪我を負わせた」です。そして、この事実に適用されるべき法規範＝大前提は、傷害罪（刑法204条）です。

> 刑法第204条（傷害）
> 人の身体を傷害した者は、15年以下の懲役又は50万円以下の罰金に処する。

一般に、法規範は①要件と②法効果の2つの部分からなります。傷害罪でいえば、「人の身体を傷害した者は」が①要件、「15年以下の懲役又は50万円以下の罰金に処する。」が②法効果です。「人の身体を傷害した者は」という要件を満たせば、「15年以下の懲役又は50万円以下の罰金」という法効果が発生します。

すなわち、あらかじめ法律によって定められた大前提（要件・効果）があり、具体的事実である小前提が大前提の要件に包摂されると、当該具体的事実において法効果が発生するという結論に至るというわけです。

以上の法的三段論法のプロセスをまとめると、図表2-1のようになります。

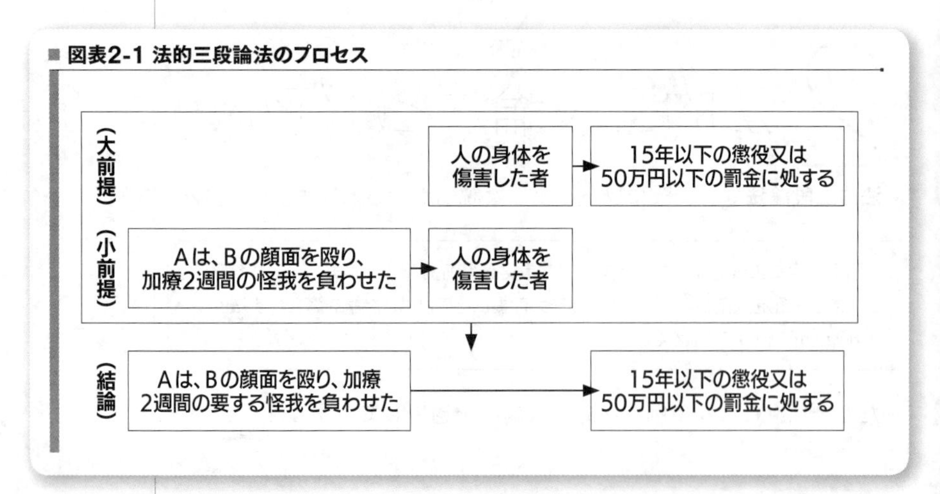

以上が法的三段論法の最低限の知識です。しかし、実はほとんどの場合、上記のような法的三段論法だけでは具体的事案を解決することはできません。たとえば、Caseの事例ではおそらく誰でも「傷害」にあたると判断できるでしょうが、これが「睡眠薬を混ぜた洋菓子を食べさせて約6時間の意識障害等を生じさせた」事例[*1]や、「騒音を出し続けて近所に住む夫婦を不眠にさせたり頭痛にさせたりした」という事例[*2]になると、これらが「傷害にあたる」と即断することは難しいのではないでしょうか。

法曹実務家として必ずできなければならないのが、①「法の解釈」により、②「具体的な事案に法を適用して、これを解決する」ことです。**法の解釈**とは、**法内容を具体的に明らかにすること**をいいます。傷害罪の条文が適用されるケースであれば、①「人の身体を傷害」という抽象的な条文の文言を解釈した上で、②当該ケースが傷害罪にあたるのかあたらないのかという判断（少なくとも、傷害罪にあたる可能性があることを指摘した上で議論）ができねばなりません。

しかし、**従来の法学教育においては、①法の解釈は教えるものの、②法的三段論法を使いこなし、具体的事案との関係で法を適用することによって当該事案を解決する訓練はあまりできていなかった**のではないでしょうか。

そこで、本書では、**自学自習でも法的三段論法を使いこなせるようになり、さらには法規範に対する理解を深めることを可能にするモデルとして、法的三段論法のフレームワークモデル**を提示してみようと思います。

＊1 最決平成24年1月30日刑集66巻1号36頁（刑法判例百選（第7版）Ⅱ5番）。傷害罪の成立を肯定。

＊2 最決平成17年3月29日刑集59巻2号54頁（刑法判例百選（第7版）Ⅱ6番）。傷害罪の成立を肯定。いわゆる「奈良騒音傷害事件」の最高裁判決です。

3 法的三段論法のフレームワークモデル

❶法的三段論法のフレームワーク

(1) 法的三段論法のフレームワーク

法的三段論法のフレームワークは、**法令を適用することによって解決できる具体的事件について、当該事件における事実に要件・法効果という形で規定されている法規範を適用し、結論を出す場合に使えるフレームワー**

クです。また、**法的三段論法のフレームワークの適用過程を可視化し、法的文章の構成や議論の対象を明示的に特定するために作成したもの**が、**法的三段論法のフレームワークモデル**です。法的三段論法のフレームワークモデルは、具体的事件の解決に取り組む法曹実務家の頭の中をモデル化したものであると思ってもらえればよいでしょう。

法的三段論法のフレームワークには、前提となる3つの重要なルールがあります（図表2-2）。

■ **図表2-2 法的三段論法のフレームワークにおける3つの重要なルール**

① 特定の法効果を発生させるすべての要件を満たさなければ、絶対に法効果は発生しない

② 大前提と小前提が両方とも正しくなければ、結論は正しくならない

③ 大前提または小前提に争いがある場合は、自らの主張の根拠を示さねばならない

具体的には法的三段論法のフレームワークモデルの解説において触れることとしますが、法学全般で妥当するルールですので、必ず覚えておいてください。

では、まず法的三段論法のフレームワークモデル図で使用する用語の定義をした上で、具体的にモデル図の使い方を見ていきましょう。

⑵ 法的三段論法のフレームワークモデル図と用語の定義

モデル図の解説に先立ち、本書独自の用語を以下のように定義します。

[具体的法規範]

抽象的な条文の文言を解釈し、具体化した規範のことをいいます。文言の定義、判例の規範等がこれにあたります。

たとえば、住居侵入罪（刑法130条前段）であれば、①「住居」を解釈した定義である「人の起臥寝食に使用される場所」と、「侵入」を解釈した定義である「住居権者の意思に反する立ち入り」または「平穏を害する態様での立ち入り」が具体的法規範にあたります。

瑕疵担保責任（民法570条・566条）であれば、①売買の目的物は「特定物である」または「不特定物も含む」という解釈、②瑕疵とは「通常有すべき性質を欠いている」または「当該契約において予定されていた性質を欠いている」という解釈[*1]、③瑕疵が隠れているとは「取引上一般に要求される程度の注意をしても発見できない」という解釈をしたものが具体的法規範となります。

［法規範の趣旨］

法規範が定立された立法理由のことをいいます。制度趣旨、権利の性質、保護法益などがこれにあたります。

たとえば、住居侵入罪（刑法130条前段）であれば、「誰に立ち入りを認めるかの自由」または「住居の事実上の平穏」という保護法益が法規範の趣旨にあたります。

瑕疵担保責任（民法570条・566条）であれば、「瑕疵担保責任は、有償契約である売買契約における対価的均衡を維持するため、公平の観点から法が特に売主に課した責任」または「瑕疵担保責任は、売買契約等の有償契約において隠れた瑕疵があった場合に適用される、債務不履行責任の特則」と説明されるものが制度趣旨です。

法規範の趣旨は、基本的には法規範の制定時に当然にあるものですが、その後、時代の変化などにより変遷することがあります。

*1「侵入」と「瑕疵」の定義が複数あるのは、学説の対立があるからです。ここでは代表的なものを2つ取り上げています。法規範の趣旨も複数取り上げていますが、これらをどう扱うべきかは62頁「7. 利益（意思）のバランスという観点から学説を読み解く」で説明します。

⑶　モデル図の見方

それでは、法的三段論法のフレームワークのモデル図（図表2-3。以下「モデル図」[*2]といいます）の見方を説明します。以下の説明は、図表2-3を見ながら読んでください。

モデル図には3つのボックスがあります。本書では、左上のボックスを**法的三段論法の箱**、真ん中のボックスを**あてはめの三段論法の箱**、右下の箱を**解釈の三段論法の箱**と呼びます。概ね左上から右下の方へ、図表中の**STEP1**から**STEP10**の順に思考していくことになります。

*2 本書のモデル図に類似する図及びその説明として、山島達夫『全訂版　法律答案の構造的思考』（辰巳法律研究所、2011年）15頁以下を参照。

■ 図表2-3 法的三段論法のフレームワークモデル図

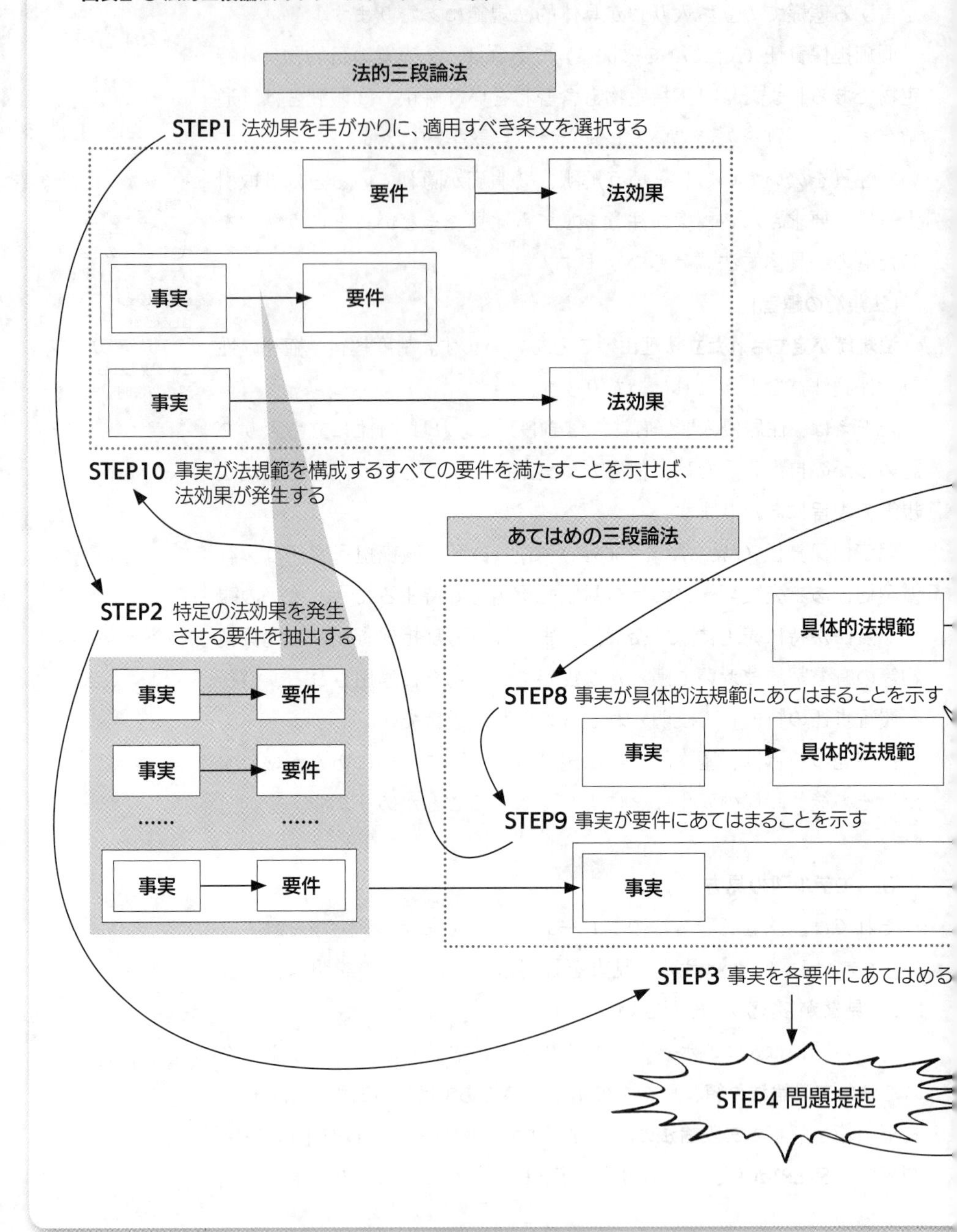

①特定の法効果を発生させる**すべて**の要件を満たさなければ、**絶対**に法効果は発生しない

②大前提と小前提が両方とも正しくなければ、結論は正しくならない

③大前提または小前提に争いがある場合は、自らの主張の根拠を示さねばならない

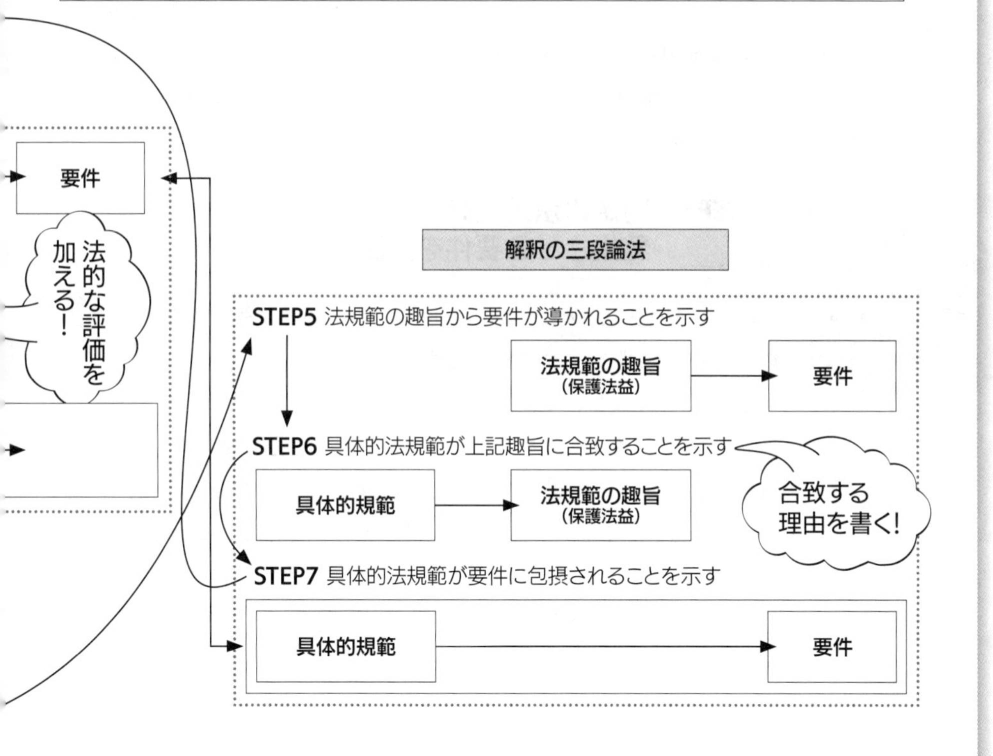

法的三段論法のフレームワークモデル図（図表2-3）について、STEPごとに解説します。

STEP1 法効果を手がかりに、適用すべき条文を選択する

通常の法学の試験問題（事例問題）ではすでに事実は与えられていますので、その事実を前提に、**「どのような法効果を発生させたいのか」という観点から思考をスタート**させます。事実関係の中に当事者が「何をしたいか」が現れているはずですから、その要望を法律が定める法効果という形に読み替えることからすべてが始まります。

法効果から思考を始めるというのは、どんな法律科目でも同じですので、今すぐそのような思考習慣をつけるようにしてください。

法効果から思考を始めるとは、たとえば、当事者が売買契約に基づいて売買代金を払ってもらいたいのか、行政処分を取り消したいのか、刑罰の適用を求めたいのか、というような、「当事者がこれからどんな法的手段を取りたいのか」を判断し、その法的手段を定めている条文を選択するということです。[※1]

＊1 初学者にとっては、具体的事実に適用すべき適切な条文を選択することは決して容易ではありません。しかし、司法試験で不合格になる人の主たる要因のひとつは、そもそも条文選択を誤っていることにあります。演習する際には、六法や法律の目次を活用して、条文選択の精度を上げることを意識してみてください。

STEP2 特定の法効果を発生させる要件を抽出する

次に、特定の法効果を発生させるための要件は複数あることが多いので、その要件をすべて抽出します。

法学の学習において、2点重要なことがあります。

1点目は、**「条文だけを見てすべての要件を自分で抽出できるようになる」**ことです。基本書には、ある法効果が発生するための要件が書いてありますが、試験会場では基本書を見ることはできません。しかし、六法を見ることは通常は許されているので、まずは六法の条文から自力で要件を抽出できるようになりましょう。学習の際には、独力で条文から要件を抽出してみて、基本書と照らしあわせてみて、食い違っていたら「なぜこのような要件になっているのだろう」と考えてみるのも勉強になります。

2点目は、**「特定の法効果を発生させるすべての要件を満たさなければ**

絶対に法効果は発生しない」ことです。学生がよくする間違いが、「この要件は特に問題がなさそうだから検討しなくていいや」と考え、すべての要件を検討しないことです。法律家としてこの態度はあり得ないと言っていいでしょう。[*2] ただし、一見して充足することが明らかな要件は、簡単に論ずれば足ります。

はじめのうちは、基本書を読むときも、問題を読むときも、必ずすべての要件を検討するという思考習慣をつけてください。

STEP3 事実を各要件にあてはめる

すべての要件を抽出したら、ひとつひとつ要件にあてはまる事実をあてはめていきます。このとき、要件が抽象的であったり、一見すると文言上は要件にあたらないような場合など、本当に事実が要件にあてはまるのか問題となるときがあります。この場合は、その抽象的な条文の文言を解釈した上で具体的法規範を導く必要があります。STEP2とSTEP3は、問題を検討しているときに考えることで、答案に書くことはほとんどありません。

STEP4 問題提起

ここで重要なのは、**事実を要件にあてはめようとしたときに初めて問題が発生する**ということです。[*3]

法的三段論法に基づく論証の仕方の説明として問題提起→規範定立→あてはめ→結論というような流れが紹介されることがよくありますが、**問題提起は法的三段論法とは何ら関係がありません。**

また、問題提起は、事実を要件にあてはめたときに初めて発生するのであって、具体的事実と関係なく発生するわけではありません。たとえば、抽象的に「取調べの限界が問題となる」というような問題提起は意味がありません。具体的事実において、法律との関係で解釈上どのような問題があるのかを指摘し、「本問においてなぜそのような問題を検討する必要があるのか」を表現すれば、採点者に問題点を理解していることを示すことができる、意味のある問題提起となります。[*4]

*2 司法試験でも、一見問題のなさそうな要件に実は検討すべき事項が隠れているということはよくあります。要件ごとに答案上でどの程度記述するかはさておき、頭の中では必ずすべての要件を検討する癖をつけましょう。

*3 論点のパターンは116頁を参照。また、解釈上、条文に書かれていない不文の要件が必要とされる場合がありますが、実際に事実を要件にあてはめると不具合が生じるという形で、要件が存在しないことによる問題点が明らかになります。具体例として、145頁を参照。

*4 いわゆる問題提起は、必ず書かなければならないものではありません。書いても試験の点数は上がりませんが、読み手の理解を容易にするという効果はあるので、適切な問題提起であれば書くことも有用です。

STEP5　法規範の趣旨から要件が導かれることを示す

事実を要件にあてはめようとすると問題があることがわかったら、次はその要件が定められた法規範の趣旨が何かを考える必要があります。なぜなら、**法律の要件は当該法規範の趣旨を達成するために必要な条件として定められた**[*1]**ものですから、要件の解釈は当該法規範の趣旨に沿った形でなされなければならない**からです。

法規範の趣旨は基本書に書いてあることがほとんどですが、条文が制定された経緯や規定振り、他の条文・制度との比較、判例の知識などから、自分で推測し、創り出さねばならないこともあります。[*2]

この検討は、解釈の三段論法の箱のうち、大前提の部分で行います。STEP5からSTEP7は、いわゆる「規範定立」のSTEPです。実際の答案では、STEP5から7は、まとめて一文で書くこともありますし、厚く書く必要がある問題では文を分けることもあります。

＊1 そのため、図表2-3の解釈の三段論法の箱における大前提は、「その法規範の趣旨を達成するための必要条件は要件である」という関係として記述されます。

＊2 29頁で述べたとおり、法規範の趣旨は立法当時のものから変化することがあります。その場合も、新たに法規範の趣旨を創りだすことになります。

STEP6　具体的法規範が上記趣旨に合致することを示す

具体的法規範を定立したら、それが法規範の趣旨に合致していることを示します。これは、「なぜそのような具体的法規範は要件の解釈として正しいと言えるのか」という、法解釈の正しさを論証するものです。解釈に争いがあり、どの解釈を採用するかで結論が変わる場合は、特にこの論証が重要となります。この検討は、解釈の三段論法の箱のうち、小前提及び結論の部分で行います。

STEP7　具体的法規範が要件に包摂されることを示す

規範定立の結論として、具体的規範が要件に包摂されることを示します。STEP5からSTEP7の流れの中で、法規範の趣旨から抽象的な条文の文言を解釈して具体的法規範を導いている[*3]わけですが、この一連の流れが法曹実務家としての腕の見せ所であり、司法試験でも重視されるポイントのひとつです。

＊3 法解釈の手法は、法規範の趣旨から具体的法規範を導くという形で行うだけではありませんが、この方法で行うことが多いです。他には他の条文と比較したり、利益衡量をしたりする方法もあります。

STEP8 事実が具体的法規範にあてはまることを示す

解釈した結果である具体的法規範に事実をあてはめる、いわゆる「あてはめ」のプロセスです。あてはめの三段論法の箱の中で行います。[*4]

「あてはめ」には、大きく分けて2つの作業があります。**①あてはめる事実の取捨選択**と**②あてはめる事実の評価**です。まず、①法的に意味のある事実を取捨選択できるようになる必要があります。

あてはめで重要なことは、②事実を評価することです。**事実の評価**とは、**なぜその事実がその具体的法規範にあてはまるのかという理由の説明です。事実の評価がなければその事実が要件を満たすことにはなりませんので、事実の評価なしに「要件を満たす」という結論を出すことは、論理飛躍となります。**司法試験の採点実感でもたびたび指摘されていることですが、規範に関係ありそうな事実だけを列挙しているだけの答案がよくあります。「本件では○○、××という事実がある。したがって要件を満たす」というように書いてある答案です。たとえば、強盗罪の要件である「暴行又は脅迫」は、「相手方の反抗を抑圧する程度」である必要があると解釈されるのが通説です。司法試験受験生の答案を見ていると、単に年齢差や体格差、凶器、周囲の状況などの事実を羅列するだけで「相手方の反抗を抑圧する程度の暴行である」とする答案があります。しかし、それではあてはめのうち①事実の取捨選択しかしておらず、②事実の評価はできていません。

②事実の評価とは、たとえば、強盗罪の事案において「加害者がナイフを被害者の喉元に突きつけていた」という事実があれば、「被害者が動けばナイフが首筋に刺さって死ぬ可能性もあり、下手に動くことはできなかったのであるから、反抗できなくても仕方がない状況であった」というように、「なぜその事実があれば相手方の反抗を抑圧する程度といえるのか」という説明をしなければいけません。[*5]

「あてはめ」をするときには、常にあてはめる対象である具体的法規範やその先にある法規範の趣旨を見据えて、ある事実が具体的法規範や趣旨との関係でどういう意味を持つのかまで理解できていなければ、適切に①事実を取捨選択し、②評価することはできません。特に②事実の評価は、

＊4 あまりないことですが、一度解釈してもまだあてはめることができなかったら、具体的法規範をさらに具体化した規範を定立することもあります。

＊5 実際に強盗罪の「反抗抑圧に足りる脅迫」のあてはめをした答案例は、48頁を参照。

多くの受験生ができていないだけでなく、自分ではできているつもりになることがよくある部分なので、第三者に答案を見てもらうなどにより感覚を修正しましょう。

STEP9　事実が要件にあてはまることを示す

STEP5からSTEP7で定立した規範にSTEP9で事実を評価してあてはめたら、最後に事実が要件にあてはまるという結論を示します。

STEP10　事実が法規範を構成するすべての要件を満たすことを示せば、法効果が発生する

解釈した要件のみならず、解釈をしなかった要件も含めたすべての要件に事実があてはまることを示せば、ようやく法効果が発生します。

以上の法的三段論法のフレームワークモデルは、論文式試験の問題を分析し、答案を書くにあたってそのまま通用します。法学の事例問題の答案を書く際の順序を法的三段論法のフレームワークモデルに即して整理したものが図表2-4です。参考にしてみてください。

■ **図表2-4 法的三段論法のフレームワークモデルに即した問題検討及び論証の順序**

STEP 1	法効果（訴訟物・罪責等）を示す	答案構成で検討
STEP 2	特定の法効果を発生させる要件を抽出	
STEP 3	事実を各要件にあてはめる→あてはまれば要件満たす ↓あてはめるためには解釈が必要な場合	
STEP 4	問題提起「〇〇（事実）は××（要件）を満たすか。」	書かないこともある
STEP 5	法規範の趣旨から要件が導かれたことを示す	
STEP 6	具体的法規範が上記趣旨にあてはまることを示す	
STEP 7	具体的法規範が要件にあてはまることを示す	
STEP 8	事実を具体的法規範にあてはめる	
STEP 9	結論として事実が要件を満たすことを示す	
STEP10	すべての要件を満たす場合には、結論として法的効果が発生することを示す	

⑷　モデル図における3つのボックスの関係

法的三段論法のフレームワークモデルに関する理解を深めるため、3つのボックスの関係について説明しておきます。

3つのボックスの中はすべて三段論法になっており、相互に関連性があります。まず、法的三段論法の箱の小前提の部分は、あてはめの三段論法の箱の結論部分と一致しています。これはつまり、法的三段論法の小前提の正しさを確認するために、それをあてはめの三段論法の結論に持ってくることによってその正しさを確認するという作業をしているということです。（図表2-5）

■ 図表2-5 法的三段論法の箱とあてはめの三段論法の箱の関係

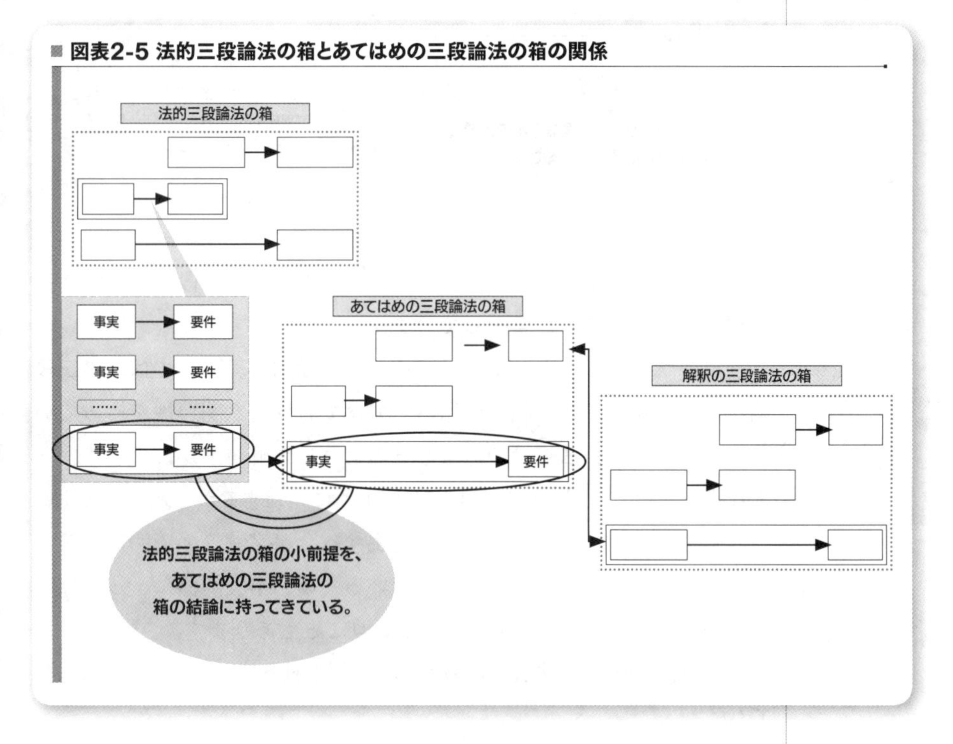

また、あてはめの三段論法の箱の大前提の部分は、解釈の三段論法の結論部分と一致しています。これは、あてはめの三段論法における大前提が正しいといえなければあてはめが正しいとはいえない（ひいては法的三段論法の箱の小前提が正しいとはいえない）ため、その正しさを確認するために、あてはめの三段論法の大前提を解釈の三段論法にお

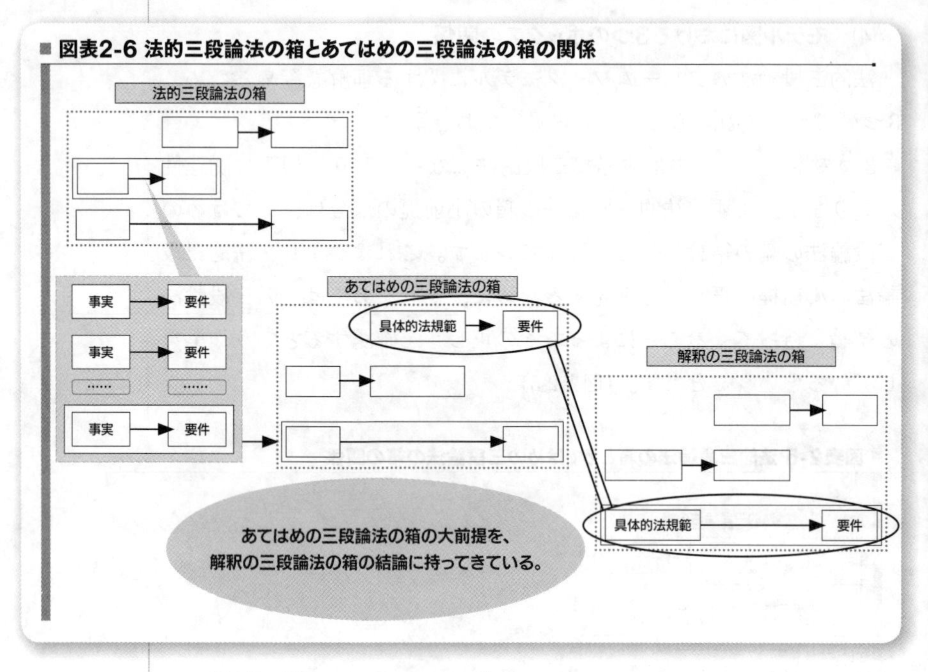

ける結論に持ってきて、三段論法によりあてはめの三段論法の大前提の正しさを確認する作業をしています。[*1]（図表2-6）

＊1 3つのボックスの右下にさらに三段論法が続くと考えることも可能です。すなわち、解釈の三段論法の箱の大前提には「法規範の趣旨」が来ますが、その正しさを確かめるためには立法事実やローマ法、英米法、大陸法等の歴史をたどることが必要です。もっとも、この領域は基本的には研究者が論ずるものであり、司法試験受験生は教養として知っておけば十分です。

以上の説明からわかるように、法的三段論法の箱、あてはめの三段論法の箱、解釈の三段論法の箱は、すべて有機的な関連性を持っています。たとえば、法規範の趣旨をどのように理解するかによって、どんな事実を取り上げ、その事実をどのように評価するかが変わります。それだけでなく、具体的法規範を適用すべき事実関係の範囲は、その法規範の趣旨の範囲内に限定されているため、事実関係によってはそもそもその法規範を適用できないということもあります。このように、**事実‐具体的法規範‐法規範の趣旨の間の関連性を常に意識するようにしてください。**

この関連性を切断してしまっているのが、いわゆる司法試験予備校の論証パターンと呼ばれるものです。論証パターンとは、事実を捨象して具体的法規範または法規範の趣旨のみを取り出して文章化したものですが、司法試験受験生が問題文の事実関係とまったく関係のない論証を展開してしまう、という弊害があります。このような弊害に陥らないためには、**普段の学習から事実と法規範の関連性を考えておくことがきわめて重要**[*2]です。

⑸ 法的三段論法のフレームワークのメリット

このように、法的三段論法のフレームワークモデルを使って思考すると、安定して法曹実務家の思考をトレースすることができます。また、細かくSTEPに分割しているので、一度にたくさんの思考ができない初学者でも順に追っていくことができ、どこで詰まっているのかを自分で判断することができます。

学生に教えていると、「何がわからないのかよくわからない」ということがありますが、法的三段論法のフレームワークモデル図を共有すれば、一緒に教員が悩みの原因を突き止めることが可能になります。

それでは、抽象的な説明では理解が困難だと思いますので、具体的な事例を使って説明しましょう。

4 法的三段論法のフレームワークに基づく事例検討

Case

自衛隊イラク派遣に反対の意見をもっていた甲（自衛隊の関係者ではない）は、自衛隊宿舎の管理者によって管理されている自衛隊宿舎の出入り口付近に、「宿舎地域内の禁止事項　管理者」として、「関係者以外、地域内に立ち入ること」「ビラ貼り・配り等の宣伝活動禁止」等と記載された掲示（以下「本件掲示」）があるのを現認しながらも、自衛隊宿舎の敷地及び廊下や階段等の共用部分に立入り、「自衛官・ご家族の皆さんへ 自衛隊のイラク派兵反対！ いっしょに考え、反対の声をあげよう！」と書かれた反戦ビラを、宿舎戸別郵便受けに、1部屋1枚ずつ投函した。甲の罪責を論ぜよ。

Caseの事例は、最高裁平成20年4月11日刑集62巻5号1217頁がベースとなっています。この事件がなぜ最高裁まで争われたかというと、

＊2 予備校の論証パターンは、本文で指摘したような弊害をわかった上で使うのであれば、法学学習においてある程度有用です。キーワードを上手に拾ってあったり簡潔な言い回しにまとめてあったりするので、試験でも使えるものがあることもあります。ただし、正確性に疑問がある場合もありますので、基本書や判例を読みながら改良して使うとよいでしょう。とりわけ、判例を要約して論証パターンにしたものは間違っていることがよくあるので、注意が必要です。

「関係者以外、地域内に立ち入ること」「ビラ貼り・配り等の宣伝活動禁止」等と記載された掲示があったのにも関わらず、自衛隊宿舎の中に立ち入ってイラク派兵に反対するビラを郵便受けに投函したため、この立ち入りが邸宅侵入罪（刑法130条前段）にあたるか、あたるとしても、甲を処罰することは表現の自由を保障した憲法21条1項に違反するのではないかが問題となったためです。

確かに、甲は形式的には関係者以外立ち入り禁止区域で禁止された行為をしているので処罰すべきかもしれません。他方で、反戦ビラを配る行為は立派な政治的活動で、これを処罰してしまうと表現の自由（憲法21条1項）を制約しかねないし、そもそもビラを配るために立ち入る行為は刑法で処罰するほど悪い行為なのか？ という疑問から、処罰範囲が不当に広すぎるのではないかという問題があるのです。

さて、以上の事例を法的三段論法のフレームワークに沿って検討してみましょう。

STEP1　法効果を手がかりに、適用すべき条文を選択する

Caseにおいて、甲は自衛隊とは何の関係もないのに、自衛隊宿舎の敷地、廊下や階段等の共用部分に立ち入っています。しかも、「ビラ貼り・配り等の宣伝活動」という禁止されている行為をしています。そうすると、訴訟当事者である検察官は、刑法130条前段で処罰したいと考えるでしょう。これに対し、被告人である甲とその弁護人は、処罰されたくないと考えるでしょう。

> 刑法第130条（住居侵入等）
> 　正当な理由がないのに、人の住居若しくは人の看守する邸宅、建造物若しくは艦船に侵入し、又は要求を受けたにもかかわらずこれらの場所から退去しなかった者は、3年以下の懲役又は10万円以下の罰金に処する。

もちろん、この条文の問題であると気づくには、刑法130条を知った上で、どのような行為を処罰し、どのような法益を保護しているのかを知っておく必要があります。

STEP2　特定の法律効果を発生させる要件を抽出する

刑法130条は、「又は」の前後で大きく2つの罪が定められています。刑法130条前段が住居・邸宅・建造物・艦船それらへの侵入罪、同条後段がそれらからの不退去罪です。

刑法130条前段に規定のある罪のうち、住居侵入罪とそれ以外で構成要件が異なることに注目してください。住居侵入罪の客観的構成要件は、「人の住居」に「侵入」ですが、それ以外の3つは「人の看守する」「邸宅、建造物若しくは艦船に」「侵入」というように、後者には**「人の看守する」という要件が付加されています。**したがって、問題文をざっと見たときに、「刑法130条前段の問題だとして、このうちのどの罪だろう？」と考える必要があります。

構成要件としてはさらに、主観的な構成要件として客観的構成要件を認識・認容している＝故意があることが必要です（刑法38条)。

STEP3　事実を各要件にあてはめる

さて、STEP2で抽出した要件にひとつひとつ「あてはめ」をしていきましょう。少し答案の書き方をかじった人は、この段階で「あてはめ」という言葉が出てくることに違和感を覚えるかもしれません。なぜなら、「あてはめ」は、論証の中で規範を定立した後にするものと考えられているからです。しかし、実はそうではありません。**事案を見て、適用すべき条文を選択し、その条文の要件を抽出した後にあてはめ[*1]をすることで、初めて解釈上何が問題になるかがわかるのです。**

＊1 本書では、規範を定立する前に行うあてはめを**「仮あてはめ」**と呼ぶことがあります。

本件で甲が立ち入った場所は、管理者の管理する自衛隊宿舎の敷地及び廊下や階段等の共用部分です。ここは艦船ではないことはすぐにわかるでしょう。では、「住居」「邸宅」「建造物」のどれにあたるでしょうか。もちろん、それぞれの文言の定義を覚えていれば判断できるのですが、その前に文言だけを見て絞り込んでみましょう。まずは条文の文言からスタートすることが大切です。

住居、邸宅、建造物という言葉を見て、どんな場所を思い描きますか？ この3つは、大きく2つに分類できます。居住用の建物（住居、邸宅）とそうでない建物（建造物）です。そうすると、本件で立ち入ったのは宿舎の敷地や廊下なのですから、少なくとも建造物ではなさそうだということがわかります。この判例の事案でも、第一審の裁判所は、住居と判断して住居侵入罪を認定しましたが、最高裁は邸宅侵入罪を認めました。裁判所でも結論の分かれるポイントです。

次に、ビラを配る目的で自衛隊宿舎の中に立ち入った行為が「侵入」に当たるかですが、この文言だけではこの行為が「侵入」にあたるのかはよくわかりません。したがって「侵入」を解釈する必要があるということがわかります。

STEP4　問題提起

前述のとおり、本件は刑法130条前段における住居か邸宅かどちらの問題なのかと、「侵入」にあたるのかどうかという問題があります。もっとも、「本件では侵入の意義が問題となる」というような問題提起をするか否かは人によるでしょう。45頁の参考答案では問題提起は書いていません。教える人によって意見の分かれる点ではありますが、私は、出題者に対して問題の所在を理解しているということを伝えるために問題提起を書くことは構わないと考えます。単に「意義が問題となる」と書くのではなく、「なぜそのような要件が問題になるのか」まで書くと、出題者に問題に対する理解をアピールできるのではないでしょうか。

STEP5　法規範の趣旨から要件が導かれることを示す

刑法における法規範の趣旨とは、保護法益、すなわち刑法がどのような法益を保護するためにどんな行為を禁止しているかということですが、刑法130条の保護法益の理解は大きく2つに分かれています。

ひとつは、**住居等の管理権者が、誰を立ち入らせて誰を立ち入らせないかの自由と考える立場**（以下「**管理権説**」といいます）です。もうひとつは、**居住者の有する住居等の事実上の平穏と考える立場**（以下「**平穏説**」といいます）です。

以上2つの立場は、通常はほとんど結論に違いが生じません。しかし、本件のように管理権者が立入りを認めていないところに、何も問題が起きないような態様で立ち入った場合に、管理権説は有罪、平穏説は無罪というように結論が分かれることがあります。

いずれの立場をとるにせよ、そのような法規範の趣旨を実現する（＝刑法においては法益を保護する）ために、各犯罪の構成要件は定められているので、その趣旨に沿って具体的法規範を定立する必要があります。

STEP6　具体的法規範が上記趣旨に合致することを示す

管理権説からすると、「誰を立ち入らせて誰を立ち入らせないか」の自由を保護法益と考える以上、**「侵入」**の定義は**「管理権者の意思に反する立入り」**となります。

他方、平穏説は「住居等の事実上の平穏」を保護法益と考えますから、**「侵入」**とは**「住居等の事実上の平穏を害するような態様の立入り」**と考えることとなります。なお、「平穏を害する」という文言がまだ曖昧なので具体化すると、**居住者の生命、身体、業務、財産などの何らかの法益を侵害するような状態**のことをいいます。

以上のような具体的法規範が趣旨（住居等侵入罪の保護法益）に合致することを示すことで、その具体的法規範を正当化するという作業を行います。

STEP7　具体的法規範が要件に包摂されることを示す

解釈した結論として、具体的法規範が要件に包摂されることを示します。管理権説であれば「以上より、「侵入」とは管理権者の意思に反する立入りのことをいう。」というように記載します。

STEP8　事実が具体的法規範にあてはまることを示す

管理権説の場合、管理権者の意思を認定し、立入りがその意思に反することを書くことになります。すなわち、本件における管理権者の意思は、「関係者以外、地域内に立ち入ること」「ビラ貼り・配り等の宣伝活動」であり、甲は関係者ではないのに無断で立ち入ってビラ配りをしているのですから、「管理権者の意思」「に反して」「立ち入って」いるといえます。

他方、平穏説の場合、本件の立入りにおいて、甲は反戦ビラを1部屋1枚ずつ投函したにすぎず、居住者の生命、身体、業務、財産などの侵害の危険性が発生させるようなことをしたとはいえません。

STEP9 事実が要件にあてはまることを示す

以上の検討から、本件の甲の行為は、管理権説であれば「侵入」に当たるし、平穏説の場合は「侵入」にはあたらない、という結論になります。もっとも、管理権説や平穏説と一口に言ってもその内容は学説によって異なることがありますので、平穏説と呼ばれる立場からも本件で「侵入」にあたると考えることもある点には注意してください。

STEP10 事実が法規範を構成するすべての要件を満たすことを示せば、法効果が発生

以上より、本件で管理権説の立場をとった場合は「人の看守する邸宅」に「侵入」するという構成要件すべてを満たすことから、邸宅侵入罪が成立し（最高裁の結論）、平穏説の場合は無罪（一審の結論）[*1]となります。

以上の思考を答案の形にしたのが次の参考答案①と②です。参考答案をお読みいただくとわかるとおり、法学の事例問題の答案は、図表2-4（36頁）で示したとおり、**法的三段論法のフレームワークのSTEP1から始まり、法解釈の必要な要件についてSTEP7→STEP8→STEP9またはSTEP5〜7→STEP8→STEP9という流れを繰り返して、すべての要件検討が終わったら最後にSTEP10で結論を示して終わりというパターンで書いていくことになります。**STEP2と3は答案構成段階で考えることなので、答案には書きません。STEP4の問題提起を書くかどうかは、ケースバイケースです。

＊1 なお、第一審（東京地判八王子支部平成16年12月16日）は、「法秩序全体の見地からして、刑事罰に処するに値する程度の違法性があるものとは認められない」という理由で無罪としています。

【参考答案①：管理権説の場合】

1　構成要件該当性

甲が、ビラを配る目的で、無断で管理者の看守する自衛隊宿舎の敷地内及び共用部分に立ち入った行為につき、邸宅侵入罪（刑法130条前段。以下法令名略）が成立する†1。

(1)「人の看守する」とは、邸宅等を事実上管理・支配するための人的・物的設備を施すことをいう。また、「邸宅」とは、居住用の建造物で住居以外のものをいう†2。

本件において、自衛隊宿舎には、管理者という事実上管理するための人的設備が施されていたのであるから、「人の看守する」をみたす。また、自衛隊宿舎は居住用の建造物であるが、甲が立ち入った敷地及び共用部分は、人が起臥寝食に使用する場所ではなく「住居」にはあたらないから、「邸宅」にあたる†3。

したがって、甲の立ち入った自衛隊宿舎の敷地及び共用部分は、「人の看取する邸宅」にあたる†4。

(2) 次に「侵入」とは、管理権者の意思に反する立入りをいうと解する†5。なぜなら、邸宅侵入罪の保護法益はその邸宅に管理権者が誰を立ち入らせるかの自由にあるからである†6。

本件の宿舎は、宿舎の管理者が管理していたものであるが、本件掲示には、「ビラ貼り・配り等の宣伝活動」を「宿舎地域内の禁止事項」とする管理者の意思が表示されていたといえるから、甲が本件掲示を無視してビラ投函をするために敷地及び共用部分に立入った行為は、管理権者の意思に反する立入りといえる†7。

したがって、甲の立入りは「侵入」にあたる†8。

2　本件において、甲は以上の行為につき認識・認容しており、違法性阻却事由及び責任阻却事由に該当する事実は認められない†9。

3　結論

以上より、甲は、邸宅侵入罪（130条前段）の罪責を負う†10。

以上

†1 **STEP1** 選択した条文を指摘しつつ、読み手の便宜のため、結論を先に書いている。

†2 **STEP7** 規範定立。結論を左右する争点ではないため、STEP4から6は省略。

†3 **STEP8** 事実が具体的法規範に包摂されることを示す。

†4 **STEP9** 事実が要件にあてはまることを示す。

†5 **STEP7** STEP5・6で導く具体的法規範を結論として先に出している。

†6 **STEP5・6** 具体的法規範の理由をまとめて一文で検討。

†7 **STEP8** 事実が具体的法規範にあてはまることを示す。

†8 **STEP9** 事実が要件にあてはまることを示す。

†9 主観的構成要件（故意）と違法性阻却事由及び責任阻却事由の検討。まったく争いのない点なのでSTEP5～8を省略し、STEP9のみを指摘。

†10 **STEP10** すべての要件を満たすので、法効果が発生するという結論

【参考答案②：平穏説の場合】

1　構成要件該当性

(1)　(省略)

(2)　「侵入」とは、邸宅の事実上の平穏を害するような態様の立入りをいうと解する†11。なぜなら、邸宅侵入罪の保護法益は、居住者の有する邸宅の事実上の平穏だからである†12。そしてここにいう平穏とは、生命・身体・業務・財産等の侵害の危険性が発生していない状態をいう†13。なお「侵入」の意義を管理権者の意思に反する立入りとする見解があるが、処罰範囲が広すぎ妥当ではない†14。

本件の宿舎は、宿舎の管理者が管理していたものであるが、本件において、甲の立入りの態様は、本件掲示に示された管理者の意思に反してはいるものの、その態様は、反戦ビラを1部屋1枚ずつ投函したにすぎず、居住者の生命、身体、業務、財産などの侵害の危険性を発生させるようなものとはいえない。したがって、甲の立入りは、邸宅の事実上の平穏を害するような態様の立入りとはいえず†15、「侵入」にあたらない†16。

2　(参考答案①と同じなので省略)

3　結論

よって、甲は邸宅侵入罪(130条前段)の罪責を負わない†17。

以上

†11 STEP7 STEP5·6で導く具体的法規範を結論として先に出している。

†12 STEP5·6 具体的法規範の理由をまとめて一文で検討。

†13 STEP7 具体的規範をさらに具体化。

†14 管理権説に対する批判。書かなくてもよい。

†15 STEP8 事実が具体的法規範にあてはまることを示す

†16 STEP9 事実が要件にあてはまることを示す

†17 STEP10 要件を欠くので法効果が発生しないという結論

5 法的三段論法ができていないパターン

法的三段論法に則った答案の書き方は、自然にできる人はできていますが、できない人は自分ができていないことに気づけない（しかし、自分はできていると思っている）というケースを散見します。そこで、法的三段論法ができていないと判断されるパターンを紹介しましょう。

パターン①　条文の解釈適用という形になっていない

刑事訴訟法の答案構成を例に、よくある悪い例と良い例を示します。

【悪い例】
逮捕①は、準現行犯逮捕に当たるか。
準現行犯逮捕の要件は、①犯罪と犯人の明白性がある　②犯罪と逮捕との間に時間的場所的接着性がある　③212条２項各号のどれかに該当することである。
⑴　要件①は…
⑵　要件②は…
⑶　要件③は…

【良い例】
逮捕①は、準現行犯逮捕（刑訴212条２項３号）として適法である。
⑴　甲は、「被服に犯罪の顕著な証跡」（法212条２項３号）がある…
⑵　甲は、「罪を行い終つてから間がない」（同項柱書）…
⑶　甲は、罪を行い終つてから間がないと「明らかに認められる」（同項柱書）

もしかしたら、上記の悪い例と良い例はそんなに違いがないと思ったかもしれません。しかし、法的三段論法のフレームワークモデルに照らしてみると、まったく異なる文章です。悪い例を添削してみましょう。

【悪い例】
逮捕①は、準現行犯逮捕に当たるか[†1]。
⑴　要件①は…
⑵　要件②は…
⑶　要件③は…[†2]

†1 最初は法効果から。条文は必ず指摘する。準現行犯逮捕は4類型あるので、条文の指摘がないとどの類型の話かがわからない。

†2 刑訴212条2項の条文は「左の各号の一にあたる者が、罪を行い終つてから間がないと明らかに認められるとき」としている。したがって、まず「左の各号」から検討しなければならない。平成25年司法試験の採点実感も「同項各号の要件該当性の検討に先んじて犯罪と犯人の明白性の要件を論じたり、同項各号の要件該当性を犯罪と犯人の明白性の要件充足性を検討するための一要素として論じる等、同項の構造を理解していないと思われる答案が相当数見受けられた。」と指摘している。

以上のとおり、悪い例は冒頭の数行だけで、法律家としての素養がないと推定されてしまいます。些細な違いのようでも、実はまったく異なるということが実感できたでしょうか。

パターン②　要件をすべて検討していない

一部の要件についての言及がまったくない答案があります。もちろん、まったく議論する必要のない要件について何行も使って説明する必要はありません。そのようなことをすればむしろ問題の所在がわかっていないと判断されるでしょう。しかし、まったく触れないというのは、法的三段論法の素養があるのか疑われることになります。また、司法試験では、受験生がまさか論点があるとは思っていないような要件に論点を潜ませていることがあるので、少なくとも答案構成の段階ではすべての要件を丁寧に検討することが重要です。

パターン③　あてはめるときに事実を法的に評価をしていない

これは、強盗罪の「反抗抑圧に足りる脅迫」のあてはめを例に説明しましょう。平成20年司法試験刑法の事案を簡単に紹介します。

Case

甲（男性・30歳）は、生活費に窮していたため、カッターナイフ（刃体の長さ8センチメートル）を持ってAの家に侵入した。すると、Aの父であるB（70歳）に見つかったため、甲はカッターナイフを取り出してその刃を約5センチメートル出し、Bに歩み寄り、「金を出せ。」と言いながら、カッターナイフの刃をBの目の前に突き出した。Bが「助けてくれ。」と大声を上げたので、甲は、Bの大声が近所の人に聞こえてしまうと思い、Bを黙らせるため、Bの胸倉を左手でつかみ、右手に持ったカッターナイフの刃先をBの左頬に突き付けながら、「静かにしろ。騒ぐと殺すぞ。」と申し向けた。

【悪い例】

本件において、現場は人気のない住宅街である。30歳の甲が70歳のBの胸倉を左手で掴んだ状態でカッターナイフの刃先を突きつけて「金を出せ」「静かにしろ。騒ぐと殺すぞ」と申し向けているから、「反抗抑圧に足りる脅迫」といえる。

【良い例】

本件において、B方にはB以外誰もおらず、現場は人気のない住宅街の屋内であることからすれば、Bが助けを呼んでも、声が届かず、誰の助けも期待できない状況であった。また、30歳とまだ若い甲が、70歳と高齢なBの胸倉を左手で掴んでいる状態ではBが甲を振り払って逃げることは体力の差から困難であるし、甲が刃先を約5センチメートル出したカッターナイフを右手に持って、Bの左頬に突きつけている状況下でBが逃げようとすれば、カッターナイフが目や頸動脈などを傷つけ、生命身体に現実的な危害が発生しうる。さらに、そのような状況で甲がBに対し、「静かにしろ。騒ぐと殺すぞ」と申し向けているのであるから、Bは、もはや助けを呼ぶことも逃げることもできなかったといえる。したがって、甲の行為は、「反抗抑圧に足りる脅迫」にあたる。

悪い例と良い例とでは、同じ事実を使っていますが、「なぜ反抗抑圧に足りる脅迫」にあたるのかの説明の量が圧倒的に異なることがわかるでしょう。悪い例は、単に「こういう事実があるから、具体的法規範にあてはまる」と主張しているだけで、事実に対する法的評価がまったくありません。「なぜその事実がその要件を満たすのか」を説明しないと論理飛躍になるということは、35頁で述べたとおりです。

「具体的な検討要素となるべき事実を単に羅列しただけの答案」
――平成24年司法試験採点実感（会社法）

「事実をただ列挙し、自分の選んだ1つ2つの事実に基づいて結論を導いて論述を終えてしまうなど、事実の評価が甘く、自分なりの結論に強引に結び付けている答案が少なくなかった。」 ――平成24年司法試験採点実感（憲法）

以上のとおり、事実に対する評価が不十分であることは、様々な科目で繰り返し注意を受けているポイントです。問題文の事実を評価せず、直ちに要件にあてはめるようなことは厳に慎んでください。

パターン④　具体的法規範とあてはめが対応していない

このパターンには、あてはめの中で、①事前に定立していない具体的法規範にあてはめをしている（新たな具体的法規範があてはめの中に現れる）パターンと、②事前に定立した具体的法規範に対して、一部または全部があてはめられていないパターンがあります。法学をよく勉強しているはずの人の答案でも、たまに見かけます。

45頁の参考答案①を用いて、規範とあてはめが対応していない例を示します。

【悪い例】

「侵入」とは、管理権者の意思に反する立入りをいうと解する。なぜなら、邸宅侵入罪の保護法益はその邸宅に管理権者が誰を立ち入らせるかの自由にあるからである。本件において、本件掲示には「ビラ貼り・配り等の宣伝活動」が「宿舎地域内の禁止事項」と書かれていたことから、甲が敷地及び共用部分に立入った行為は、管理権者の意思に反する立入りといえる。したがって、甲の立入りは「侵入」にあたる†1。

†1 規範は「管理権者の意思に反する立入り」であるにも関わらず、「管理権者の意思」に対するあてはめをしていない。

この例では、「管理権者の意思に反する立入り」という具体的法規範を定立しているにも関わらず、「管理権者の意思」にあてはめをしていません。45頁の参考答案①の同じ箇所と比較してみてください。

パターン⑤　具体的法規範の中に具体的事実が入っている

規範とは、一般的抽象的なものであり、当該具体的事案以前に存在するものです。それにも関わらず、規範が具体的事実と混ざってしまうと、そもそも法的三段論法という論理が成り立ちません。法学初心者がしてしまいがちなミスです。

パターン⑥　事実が要件にあてはまるか不明であるにもかかわらず解釈をしていない

当事者間で争点になり得るにもかかわらず、無視しているパターンです。試験では争点の論証に配点が振られているので、書き落とすとそのまま失点につながります。

6 法的三段論法のフレームワークモデルにおける事実認定の位置付け

法的三段論法のフレームワークモデルは、主に司法試験受験生を想定して作成しているため、事実認定のプロセスについては記載していません。もちろん、司法試験では事実認定の理解も問われるものの、現時点において事実認定は主に司法修習において教育することとなっているので、モデルの簡明さの観点から外しています。

事実認定は、いわば**「経験則を大前提とする三段論法の集積」**です。経験則とは、「人間は、このような場合、通常、このような行動をする」「人間は、このような場合、通常、このような行動をしない」「人間は、このような場合、このような行動をすることがある[*1]」といったものです。たとえば、「人間は、赤の他人の債務を連帯保証することはない」「人間は、家族の債務であれば、連帯保証することがある」といったようなものです。これらの経験則を大前提、紛争となっている具体的事実を小前提として、当該事案において過去に発生した事実を推認していくこととなります。

事実認定の三段論法を法的三段論法のフレームワークモデルに位置づけるのであれば、法的三段論法の箱の小前提の部分になります。

もちろん、事実認定はそんなに単純なものではありません（経験則には多くの場合、例外が必ずあります）が、本書ではそれ以上立ち入らないこととします。

*1 手嶋あさみ「民事裁判における事実認定の構造　日本法哲学会編『民事裁判における「暗黙知」―「法的三段論法」再考―法哲学年報(2013)』112頁(有斐閣、2014)。ただし、事実認定の構造を三段論法として表現してよいかは争いがあります。

7 法的三段論法の注意点

法的三段論法で注意しなければならないことは、形式的に三段論法にあてはめただけで結論を正当化できるわけではない、ということです。「正確な事実認定に基づいて事実の的確な法的分析・構成が行われ、適用されるべき法規範の選択とその意味内容の解釈が適正に行われ、小前提と大前提とがきちんと確定され正当化されているかどうかが、決定的に重要である[*2]」ということを、心しておきましょう。

また、規範と事実は、有機的に関連しています。多数の学生の答案を採点した経験からすると、規範に対する理解は、あてはめを見れば一目瞭然です。なぜなら、規範の理解が不十分だと、拾うべき事実を拾えなかったり、拾う必要のない事実を拾ったり、事実に対する評価が不適切になったりするからです。

*2 田中成明『現代法理学』(有斐閣、2011年)457頁

学習するときも、答案を書くときも、以上のことを忘れないようにしましょう。

なぜ法的三段論法が法学における基本中の基本なのか?

第2章のまとめとして、法的三段論法がなぜ「法律家の命」といわれるかについて考えてみましょう。まず、法的三段論法が必要なのは、法的な問題を含む具体的事実に対して法令を解釈適用する必要が生じた場合です。もし法的三段論法を使わずに、生の価値判断をしたらどうなるでしょうか? **法的三段論法を使わないということは、あらかじめ定められた規範を具体的事実に適用するという思考様式は採らない**ということです。**そうすると、個人的な感情や、問題となっている場面以外の個別事情などが判断に入り込んでしまいます。その結果、同じようなケースでも、判断権者の主観によって異なる判断がなされてしまうでしょう。**

法的三段論法を用いるということはすなわち、社会で共有されている規範=大前提に照らして判断することであり、それによって法的安定性・予測可能性が確保されるということなのです。また、規範と向き合うことにより、判断権者が自分の考えを相対化できるという効果もあります。

法学を学ぶのであれば、少なくとも法的三段論法のフレームワークは頭に刻み込んで使いこなせるようになってください。

第3章 法学における3大法律フレームワークその2 〜利益衡量のフレームワーク〜

利益衡量（論）とは、法の解釈において、法の目的を重視して、対立利益を分析し、ある解釈をとった場合のもたらす結果を比較し、より大きな利益をもたらすと思われる結論を導くように解釈することをいいます。加藤一郎教授及び星野英一教授の業績によって、広く法学における思考様式として定着しました。本章では、その思考様式を利益衡量のフレームワークという形で具体的に敷衍し、法学における概念を認知し、思考し、表現するための構造化・組織化された思考の枠組みとすることを試みます。

1 利益衡量による解釈方法

> 法規を適用して解釈されるべき紛争において、どのような利害が対立しているかを考察しなければならない。法規の解釈にさいしても、当該規定の適用が問題となっている社会問題をさらに類型に分けて、類型相互間の利益状態の相違を明らかにすることが必要となる。
>
> ——星野英一「民法解釈論序説」『民法論集　第1巻』(有斐閣、1970年)15頁

利益衡（考）量による解釈の方法論における星野教授の業績は、今日の実務においても生きています。たとえば、不法行為であっても、自動車事故、不倫、公害など様々な類型があります。昨今の例でいえば、原子力発電所の事故により故郷を追われた方々が電力会社に請求できる精神的慰謝料の額[*1]は、交通事故の慰謝料額と比較してどのように異なってくるのかを考えるときには、それぞれの事件類型の背後にある利益状況を比較することになると指摘すればわかりやすいでしょう。

＊1 原子力発電所の事故による損害賠償は、原子力損害の賠償に関する法律第3条1項に基づいて請求するのが一般的ですが、その損害の範囲は一般の不法行為と同じです。また、慰謝料の金額は気持ちの問題なので一般的な基準を作るのが難しいのですが、事実上、交通事故の慰謝料基準が他の事件類型でもベースになっています。

また、65頁で述べるとおり、利益状況の分析ができていれば、ある紛争について適用すべき法規範を発見することも可能となります。たとえば、これまで存在しなかった紛争類型が生じ、その類型について適用すべき法規範がまだ定まっていなくとも、同じような利益状況を規律する法規範のフレームワークが頭のなかにあれば、新たな紛争類型についても同様の法規範で処理することが可能です。

> 法規の解釈については、問題となっているところの可能ないくつかの解釈をとると、実際どのような価値・どのような人のどのような利益が、どのように実現・保護され、どのような価値・どのような人のどのような利益が、どのように実現を妨げられ、保護されないかを徹底的につきつめることが必要である。
>
> ——星野英一「民法解釈論序説」『民法論集　第1巻』(有斐閣、1970年)20頁

以上のように、具体的にどのような価値・利益が保護され、または保護されないかを分析するという観点は、特に法学の学習において威

力を発揮するので、分野ごとに後述することとします。この観点に基づく分析は法規範の解釈に限られません。法制度や概念そのものについても、その背後にある利益と反対利益、原理と反対原理を洞察する必要があります。

2 ルールと原理の区別

利益衡量のフレームワークをおおまかに理解するには星野教授の指摘の理解で十分なのですが、より的確に理解するためには、原理とルールを区別するロベルト・アレクシー[*2]の理論が有用ですので、ここで簡単に紹介します。

ルールとは、**常に充足されるかされないかのどちらかでしかありえない規範であって、ルール同士の対立は、例外条項を設けるか、他方を妥当しないとするかのどちらかによってのみ除去できるもの**です[*3]。

これに対し、**原理**とは、**他の原理と衝突した場合でも、一方が他方を排斥するのではなく、双方が妥当しつつ、どの程度充足されるのかが問題となる規範**です。憲法の基本権はほとんどが原理にあたります。たとえば、私人のプライバシーの内容を詳しく書いた書籍を出版社が出版すると、本に書かれた私人のプライバシーと出版社の表現の自由が衝突します。しかし、どちらかが必ず優越するものとして予め定められているわけではありません。このような場合、双方の要請を可能な限り実現するような利益衡量をすることとなります[*4]。本書では、以上述べたような意味でルールと原理という言葉を区別して使用します。

原理（またはその原理で保障している利益）**間の調整は、利益衡量**により行います。そして、**利益衡量の分析**は、**法規範の背後にある原理または利益が何かを把握すること**から始まります。では、原理間の衡量とは具体的にどういうことかを見てみましょう。

＊2 ロベルト・アレクシーは、ドイツの著名な公法学者・法哲学者です。

＊3 たとえば、刑法38条1項「罪を犯す意思がない行為は、罰しない」はルールです。故意がある場合は処罰し、ない場合は処罰しないのどちらかであり、「少し処罰する」ということはありません。しかし、刑法209条1項は、「過失により人を傷害した者は、30万円以下の罰金又は過料に処する。」としており、故意がなくとも処罰することを定めています。そうすると、刑法38条1項と刑法209条1項は矛盾しています。その矛盾を回避するため、刑法38条1項但書は、「ただし、法律に特別の規定がある場合は、この限りでない。」という例外を定めているのです。

＊4 山本敬三「現代社会におけるリベラリズムと私的自治（二）・完―私法関係における憲法原理の衝突―」『法学論叢』第133巻第5号（京都大学法学会、1993年）15頁

3 法の存在意義と利益衡量

法が「個人は自由である」という原理を採用しているという前提に立った場合（少なくとも日本法はこの前提に立っていると考えられます）、この原理を相互に保障された複数人の個人同士の自由[*1]が衝突するという事態が発生することが想定できます。すると、その衝突を調整する手段が必要となってきます。この**調整手段こそが法であり、法の存在意義のひとつは、複数の当事者の自由が衝突した場合に備えて、あらかじめその調整を図ることにある**といえます。

たとえば、不動産登記の制度がどんな自由をどのように調整しているのかを見てみましょう。Aが自らの所有している土地甲をBとCに二重に譲渡したとします。1つの物については1つの所有権しか成立しないことから、土地甲の所有権はBとCのどちらかしか取得できません。しかし、Aには自らの法律関係を自らの意思で決定する自由（この原理をルール化したものが私的自治の原則です）や自らの財産を処分する自由が保障されていることから、このような二重譲渡をすること自体は、法的には問題なく実現可能です[*2]。しかし、BもCも、Aとの売買契約によってそれぞれ有効に土地甲の所有権を取得しており、他人にその所有権を侵されない自由を有しています。そのような法的には有効な権利者であるBとCの自由を調整するための仕組みが、登記などの対抗要件という制度です。具体的には、対抗要件の有無や先後により、両者の優先関係を決めます。上記のケースでは、BもCも対抗要件を備えなければ、相互に権利を主張できません。また、登記は制度上どちらか一方しか備えられないので、先に登記を具備した方が確定的に土地甲の所有権を取得するという形で、BとCの間の調整を図っています（民法177条）[*3]。

さらに進んで、利益衡量において問題となる利益とは何かについて考えてみましょう。本書では、**「必ずしも経済的な財貨に限定されない広い意味での財にかかわる潜在的欲求」**を**「利益[*4]」**と呼びます。この利益には、経済的・物質的な私的利益のみならず、共同体の公的利益も含みます。そして、利益のうち私的利益の源泉は、個人の意思にあり

＊1 ここでいう個人の自由は、たとえば意思決定の自由、行動の自由、経済的活動の自由などがあります。

＊2 もっとも、民事的には所有権を取得できなかった者からAに対する損害賠償請求等の責任追及はあり得ますし、刑事的には横領罪に問われる可能性もあります。

＊3 なお、不動産登記の主たる目的は、そもそも本文のような二重譲渡が起きないよう、物権変動を対外的に認識できるようにすることにあります。

＊4 青井秀夫『法理学概説』（有斐閣、2007年）252頁

ます。これまで述べてきた個人の自由も、個人が自らの意思によって自由を欲するからこそ存在するものです。さらに、私的利益は個人にとって価値があることですが、価値があるどうかは原則として各人の主観的な判断に基づくものであり、その判断は意思に基礎づけられています。反対に、公的利益は直接的には個人の意思に基礎づけられるものではないので、個人の意思で処分することはできません。しかし、国会における立法の過程からわかるように、立法過程は様々な利害を有する国民の意思（利益）の調整そのものです。様々な利害関係を有する国民を代表し、国会議員が議論を通じて利害の調整をしているわけです。そうすると、究極的には、公的利益の根拠も個人の意思にあるといえそうです。

以上より、利益衡量において衡量する対象となる利益は個人の意思に基礎を置くと考えると、**法は複数の当事者の意思の調整を図るものである**と考えることができます。このような観点から日本の法律を眺めてみると、多くの法律における基本概念は、言葉は違ってもすべて共通して当事者の意思の調整を図ることにあることがわかります。たとえば、憲法における人権保障及び各機関の意思決定、民法における私的自治、刑法における自由保障機能、会社法における当事者間の利害調整、民事訴訟法における処分権主義及び弁論主義、刑事訴訟法における人権の保障などです。これらの概念は、すべて個人の意思を尊重し、意思と意思の衝突を調整するために存在しています。

❷利益衡量のフレームワーク

このように、**法内容を分析する際、当該法が想定している当事者の意思（利益）を認知し、当該法がどのような意思（利益）をどのように調整しているのかを分析して、その分析結果を第三者に伝えられる形で理解するフレームワーク**が、**利益衡量のフレームワーク**です。法学を学習する際には、法の各規定が誰のどのような意思（利益）を想定し、それらをどのように調整しているのかを見極めることが非常に重要です。それがしっかりと見極められれば、法がどのような場合にどの意思≒利益≒価値[*5]を重視すべきと考えているかが理解できますから、法に対する理解を整理しつつ独力で深められるようになりますし、法制度の趣旨を推測できるようになります。

＊5 本書では意思と利益はほぼ重なるものとして考えています。しかし、具体的事件においては、当事者の意思と経済的な意味での利益が必ずしも一致しないことがあります。たとえば、全面敗訴判決がほぼ確実な状況で、和解に応じれば少しでも金銭を得られるのにも関わらず、感情的な理由から和解を拒絶するような場合です。

4 公法と私法における利益衡量

では次に、法を少し分類してみましょう。すべての法は、公法と私法に二分できます。[*1] 公法とは、国家と私人の関係を規律する法です。私法とは、私人間の関係を規律する法です（図表3-1）。利益衡量のフレームワークに基づいて言い換えると、公法とは国家と私人の意思（利益）の衝突を調整する法であり、憲法、刑法、刑事訴訟法などが典型例です。ここでいう国家の意思とは、立法者の意思と考えてよいでしょう。私法とは私人間の意思（利益）の衝突を調整する法であり、民法、商法、会社法、民事訴訟法などが典型例です。

＊1 公法と私法という分類（二元論）は近年批判を浴びていますが、本書は二元論を前提とします。

■ **図表3-1　公法と私法の違い**

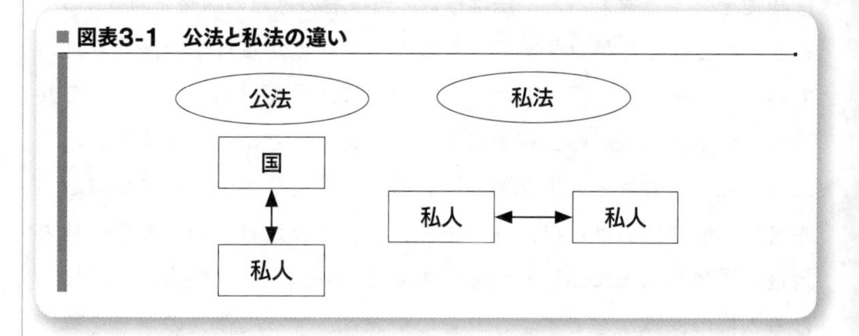

それでは、もう少し具体的に分野ごとの利益衡量についてみてみましょう。

5 刑事法における利益衡量

公法のうちの刑事法（刑法・刑事訴訟法等）は、罪を犯したとされる国民の権利利益（自由）と、それ以外の国民（犯罪被害者を含む）の様々な利益を調整しています。後者を守ることが、社会秩序の維持と呼ばれます。社会秩序の維持の中で守られる利益を細かくみると、国家的法益・社会的法益・個人的法益に分かれます。このうち、社会的法益とは個人の集合体としての社会の法益ですから、その根源は個人の意思にあります。同様に、国家的法益とは社会全体の観念化された意思ですから、究極的には個人の意思がその基礎にあるといえるでしょう。

したがって、どの犯罪も何らかの形で個人の意思を基礎としていますので、刑事法を学習する際は、国家対私人という公法の特徴を踏まえつつ、どのような利益（意思）を調整しているのかを見極める必要があります。

たとえば刑法であれば犯罪によって侵害された法益（意思）と、刑罰（死刑・懲役刑等）によって制約される私人の権利利益を調整していますが、ではその犯罪によって侵害された法益（意思）とは一体何なのか、つまり保護法益は何かということを重点的に考える必要があります。保護法益が異なれば結論が変わってくることは、45〜46頁の2つの参考答案で示したとおりです。

また、刑事訴訟法は、捜査によって真実を発見する必要性と、捜査によって憲法上の権利（身体の自由や住居等のプライバシーなど）が制約される私人の利益を調整しています。したがって、どのような捜査の必要性があり、その捜査によってどのような法益が制約されるのかを「具体的に」検討するのが刑事訴訟法の学習のコツです。

6 民事法の利益衡量 ——民法388条を利益衡量のフレームワークで分析する——

民事法の分野において、国家は私人と私人の利益（意思）の調整役を担っています。その調整においては私人の利益（意思）が最大限尊重されることは既に述べたとおりです。そして、民事法の条文や制度も基本的には複数の私人の利益（意思）を調整するために存在するので、当該条文や制度がどのような利益（意思）を調整しようとしているのかを洞察する必要があります。これがいわゆる**制度趣旨**というものです。

学生がつまずきやすい民法388条を例にとってみてみましょう。まずは条文です。

民法第388条（法定地上権）

土地及びその上に存する建物が同一の所有者に属する場合において、その土地又は建物につき抵当権が設定され、その実行により所有者を異にするに至ったときは、その建物について、地上権が設定されたものとみなす。この場合において、地代は、当事者の請求により、裁判所が定める。

民法388条が想定している典型例を説明しておきましょう。

Case

土地と建物を両方所有しているAがいる。AはBからお金を借りており、その担保としてAの土地（ケース①）と建物（ケース②）のどちらかにBが抵当権を設定した。抵当権設定当時、Aの土地の上にはすでにAが所有する建物が建っていた。しかし、AがBから借りたお金を返せなくなったので、Bは抵当権を実行した（つまり競売にかけた）。その結果、Cが抵当権を設定されている方の土地または建物を落札した。

以上の典型例には2つのケースが含まれています。それぞれのケースにおいて、誰のどのような利益（意思）が問題となるかを考えてみましょう。

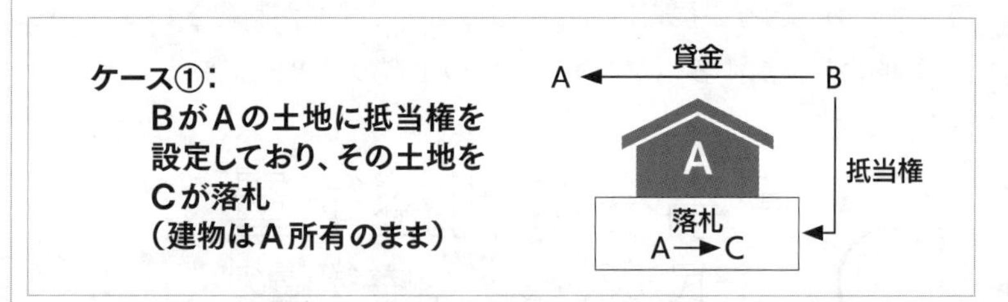

民法388条が適用される場合は、上記ケースでいうところのBがAに対して有する債権をまだ回収できていないので、それを回収するためにAの土地に設定した抵当権を実行したという状況です。そのような状況下では、Bはできるだけ高くAの土地を売って、確実に債権を回収したいと考えます。また、CはAの土地を競売で落札することによって、その土地を自由に利用したいと考えます。しかし、土地の上にA所有の建物があることにより自由に土地の利用ができないということになると、その分土地の価値は下がり、Bは債権回収が難しくなりますし、Cも買いにくくなってしまいます。そうなってしまえば、

建物が建っている土地を競売で落札する人がいなくなり、不動産競売という制度が機能しなくなるでしょう。

他方、CがAの土地を落札した場合、土地はCの所有物になってAが利用する権利はなくなりますから、Aは自分の費用で建物を収去しなければならないはずです。しかし、建物は一般に高額なものですから、土地の抵当権を実行するたびに必ず建物を収去するという事態は、当事者のAのみならず国民一般の感情として経済的に不合理であるということは容易に想像できると思います。

以上の利益（意思）を調整したのが、民法388条です。すなわち、抵当権を設定した時にすでに土地の上に建物が存在し、その土地と建物を同一人が所有している場合、土地に抵当権を設定した抵当権者は、土地の抵当権を実行しても建物が存続する事態は予見可能です。また、建物の負担がある状態の土地であることをわかった上で抵当権を設定しているのですから、その分価値の低下した状態の土地の価値を担保にとっているはずです。すると、土地上に建物があることによって債権回収が難しくなっても、抵当権者であるBは、最初からその事態を容認していると考えることができます。

他方、土地を競売で取得したCの側から見ると、Cは建物の権利の負担があるということが競売前にわかっており、なおかつその分だけ安く買うことができるわけですから、何の問題もありません。さらに、抵当権が実行されたとしても地上建物を存続させるべきという公益的な要請があります。

以上のような利益（意思）調整の結果、民法388条は、要件を満たした場合は建物について法定地上権が成立し、Aの土地が競売で売られてしまっても、Aは建物を取り壊すことなく使い続けることができると定めています。当事者の合理的意思を推定するという形で各当事者の利益（意思）を調整しているといえます。

ケース②：
BがAの建物に抵当権を設定しており、その建物をCが落札（土地はA所有のまま）

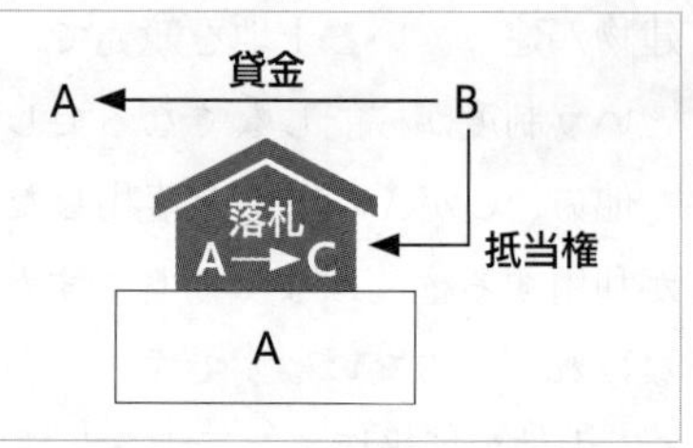

ケース②は、ケース①の利益状況が少し変わっただけですので簡単に説明します。BがAの建物に抵当権を設定する場合、Bは当然競売によって債権回収することを期待します。競売後も建物が存続することが保障されていなければ誰も落札しませんから、抵当権者Bと落札者Cは、建物が土地の上で存続し続けることを望みます。ケース①と同様、建物を維持する公益的な要請もあります。そして、建物が存続し続けることを前提にAはBの抵当権設定を認めているわけですから、競売後も土地に建物が存続する負担を受け入れているといえます。

以上の利益衡量から、民法388条はケース②の建物にも法定地上権を成立させ、建物が存続することを認めています。

このような各当事者の利益（意思）がどのようなものであるかを具体的にわかっていれば、数多くある法定地上権に関する判例は、ほぼすべてなぜそのような結論になっているのかを説明できるようになるはずです。ぜひご自分で分析してみてください。

7 利益（意思）のバランスという観点から学説を読み解く

法学の基本書を読んでいると、複数の学説が紹介されていて、どの学説を採用したらいいのか迷うことがあると思います。法曹実務家であれば、特別なこと（判例変更を目的として訴訟で争う場合など）がない限り、最高裁判例に従って行動するため、まずは判例の見解を、判例がなければ通説とされている見解をとればよいでしょう。しかし、法学の学習にあたっては、判例通説に飛びつく前に「なぜ複数の異なる見解が存在するのか？」と考えてみることが重要です。

ある論点に対して複数の異なる見解が存在する理由は、当該論点の背景にある複数の利益（意思）のどれをどの程度重視するかという点と、考慮すべき利益（意思）の具体的内容が異なるから[*1]です。見解の天秤があったとすると、その天秤に乗せる重りの素材と大きさが見解の提唱者によって異なるイメージです。天秤の両方に素材と大きさの異なる重りを乗せれば、天秤がバランスするポイントが変わってきます。その**バランシング・ポイントの違いこそが、学説の見解の違い**ということができます。

＊1 なお、論点によっては、このいずれもが問題となる場合とどちらかが問題となる場合がありますし、結論としてはほぼ変わらないけれども理論的な説明の仕方が違うだけというような場合もあります。

民法95条の学説の展開を例にとって説明してみましょう。

民法第95条（錯誤）
意思表示は、法律行為の要素に錯誤があったときは、無効とする。ただし、表意者に重大な過失があったときは、表意者は、自らその無効を主張することができない。

民法95条における「錯誤」とは何か、については長年議論されてきました。まず「意思を欠く意思表示は無効である」という民法の原則が出発点です。この原則からすれば、民法95条でいう「錯誤」とは、意思を欠く意思表示のことを指すはずです。具体的には、書き間違いや言い間違い、表示の意味を誤解した場合（1ダースが10個だと思っていた、など）です。すなわち、**表示された意思とその表示についての内面の意思の内容が食い違っている場合が錯誤にあたる**（これを**「表示錯誤」**といいます）、とされてきました。

ここで民法95条の条文に立ち返ってみましょう。同条但書には「ただし、表意者に重大な過失があったときは、表意者は、自らその無効を主張することができない。」と書いてあります。本文では錯誤に陥った表意者を保護し、但書では相手方を保護しています。すなわち、民法95条は、錯誤に基づいて意思表示をしてしまった表意者と、その意思表示に従って法律行為をした相手方の双方の利益（意思）の調整をしている規定と考えることができます。この調整の仕方を巡って、様々な学説が主張されています。

たとえば、内心で「家のキッチンに収まる棚がほしい」と思って棚を買ったけれども、実際にはキッチンに収まらなかったというケースを想定してみましょう。購入時に、売主に対して「家のキッチンに収まる棚がほしい」という「購買動機」は表示されていないとします。このケースにおける意思表示は、通常「この棚を買う」ですね。そして、実際に購入時には内心でも「この棚を買う」という意思を持っていたはずです。そうすると、表示された意思と内面の意思は食い違っていないので、表示錯誤ではありません。伝統的な考え方では錯誤にあたらず、錯誤無効の主張はできないことになりそうです。

しかし、内面の意思と表示が食い違っていた場合と、動機が食い違っていた場合とで、意思表示をした人（表意者）の保護の程度は変わるでしょうか。どちらも表意者がうっかり間違えたという点では同じではないでしょうか。そうすると、民法95条本文の「錯誤」とは、表示錯誤に限る必要はないのではないか、という疑問が生じてきます。

ところが、動機の錯誤であれ、表示の錯誤であれ、錯誤無効を認めてしまうと、相手方に不意打ちとなることが多いはずです。相手方にとっては表意者の内心の動機や本来は表示しようと考えていた意思表示の内容などを推測できる場合はあるにしても、通常はわかるはずがないでしょう。そこで、「表意者が動機を相手方に対して表示しており、意思表示の内容となっていれば、錯誤無効を認めてよい」とした判例※が現れました。

＊1 大判大正3年12月15日民録20輯1101頁

それでは、動機を表示していれば常に意思表示の内容となり、錯誤無効の主張ができるのでしょうか。それを認めてしまうと、表意者が動機を開示してさえいれば、自分のミスをすべて相手方に被せることができるようになってしまいますから、妥当ではありません。表示の錯誤の場合も、相手方にとっては、内心の意思がはっきりとみえていないことが多いでしょうから、その点では、動機の場合とさほどの違いはないようにも思えます。とはいえ、売主が1000円と表示してある商品を特別な事情もなく100円で売り、値札を見間違いましたという場合（表示の錯誤）では、いろいろな思惑（動機）で意思表示をした場合よりも、表意者が何か間違えているのではないかと相手方が推測することは比較的容易な場合が多いでしょう。

以上のように、表意者と相手方双方の様々な利益（意思）を想定し、妥当な結論を導けるバランシング・ポイントを探った結果出てくるのが、様々な学説です。このような視点を持って複数の学説を分析すると、**判例や通説に対する「反対説」というものは存在しない**ことがわかると思います。通説とは異なる規範や理由付けを採用する学説を反対説と呼ぶことはありますが、何かに反対しているわけではなく、**その学説が考慮している当事者の利益（意思）が異なる結果、バランシング・ポイントが通説的な見解と違っているだけ**なのです。

通説・反対説というようなラベルを貼って学説を記憶するようなことはしないようにしましょう。

適用法規発見ツールとしての利益衡量のフレームワーク

利益衡量のフレームワークに基づいて法律や判例の規範などが前提としている利益状況を内面化していくと、具体的事例が目の前に現れたとき、当該事例における利益状況と一致する利益状況を前提とする法規範を頭のなかから引き出せるようになります。たとえば、以下のようなケースでなぜ民法95条を適用するのかを考えてみましょう。

Case

Xは、Yに対し、6個入り1パックのトイレットペーパーを1グロス注文した。1グロスとは12パック×12パック＝144パックを意味するが、Xは1グロスを2パック（トイレットペーパー12個）×12パックで24パックだと勘違いしていた。

この事例に民法95条を適用するためには、民法95条が前提とする利益状況を理解している必要があります。民法95条は、表意者の内心と表示した意思との間に食い違いがあり、表意者側に法律行為を無効とする必要性があるという利益状況を前提としています。上記ケースでいえば、Xの内心における1グロスの意味と実際の表示が食い違っていたため、民法95条を適用できる典型例ということになります。

それでは、このような事例ではどうでしょうか。

Case

Pは、妻Qと離婚を決意し、財産分与としてPが所有していた不動産のすべてをQに譲渡するという離婚協議書を作成し、離婚届とともに署名捺印した。その後、Pは、財産分与によって自分に2億円の譲渡所得税がかかることに気づいたため、なんとか譲渡所得税がかからないようにしたいと思って弁護士に相談した。†

† 最判平成元年9月14日判タ718号75頁をベースとした事例です。

結論として、最高裁は上記Caseと類似する事例において民法95条を適用し、錯誤無効を認めました。しかし、そもそも原告代理人が民法95条が適用できる事例であると気づき、主張していなければこの最高裁判決も生まれなかったわけですが、はたしてみなさんは気づけるでしょうか。これに気づくためには、「Pは離婚協議書によって不動産のすべてを譲渡する旨表示したけれども、Pは自分に譲渡所得税が課税されないことを当然の前提としていたのであるから、表示した意思と内心が食い違う。これは民法95条の前提としている利益状況と同じだ」というように、Pの内心を補う必要があります。

このように適用すべき法規の発見ができるようになるためには、法規の前提とする利益状況のみならず、具体的事例における利益状況を緻密に分析できるようになる必要があります。**具体的事例に対する法規の適用にあたって、当該事例における当事者の利益状況を認知し、その利益状況と同じ利益状況を前提とする法規を発見することによって、当該事例に適用すべき法規を特定するフレームワーク**は、57頁で紹介した**利益衡量のフレームワークとは異なるレベルのフレームワーク**（**適用法規発見のフレームワーク**）といえるでしょう。このフレームワークは、具体的事例において適用すべき法規範がないけれども、類似する利益状況を前提とする法規範はある場合に、その法規範を類推適用*1するという形でも使われます。

適用すべき法規を発見できなければ法的三段論法を適用することすらできないため、法的な検討は何もできないということになります。

＊1 **類推適用**とは、事実を法規範にあてはめた場合、文言には直接はあてはまらないけれども、趣旨が共通する条文を当該事案に適用することをいいます。罪刑法定主義が妥当する刑事法では原則として類推適用は禁止されます。

法学の試験で点数が伸びない人は、規範の適用が不正確であることに原因があることがあります。法学の学習をする際は、規範の利益状況の正確な分析と、具体的事例における利益状況を検討した上で正しい法規を適用する訓練をしてください。

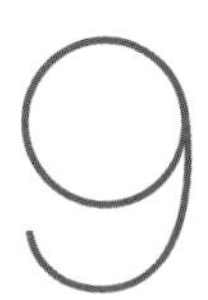

利益衡量のフレームワークの注意点

最後に、利益衡量のフレームワークの注意点を述べておきます。

まず、具体的な事例を解決する場面において、当事者の双方の利益を場当たり的に利益衡量してどちらかを勝たせるというようなことをしてはいけません。法学の試験でよくわからない問題が出たとき、感覚的に「どちらかを勝たせるのが妥当である」とする答案を書いてしまう学生がいます。しかし、このような場当たり的な利益衡量をできるだけ排除して、法的な結論に予測可能性を持たせることも法の存在意義のひとつです。そのために法的三段論法はあります。具体的事例において、直接当事者の利益衡量をすることによって結論を出す場面はかなり限られているという意識を持ってください。

また、高次の原理や利益から演繹して直接結論を導くような議論は基本的にすべきではありません。たとえば、刑事訴訟法の答案で刑事訴訟法1条を引いて「真実発見と適正手続の観点から」というような論証を見ることがあります。そのような議論をしても、具体的紛争の解決にはつながりません。具体的にどんな真実を発見する必要があり、具体的にどんな手続が問題なのかを検討しなければ何の意味もないのです。

利益衡量のフレームワークは、具体的な事例解決に直接適用することによって答えを導くために使うのではなく、法体系を理解したり、条文の趣旨を推測したり、具体的事案に適用すべき法規を発見したりするというような場合にのみ使うようにしてください。利益衡量は、法の底流を流れる非常に重要な概念ですので、もっと詳しく知りたい方は第14章を参照してください。

第4章 法学における3大法律フレームワークその3 〜原則—例外のフレームワーク〜

原則—例外という図式自体は見たことがある人は多いと思います。しかし、普段から法学の書籍を読むときや答案を書くときにも意識しているでしょうか。

本章では、法学を学ぶときに原則—例外のフレームワークを意識すれば、世界の見え方が変わってくるという感覚を伝えたいと思います。

総論

1 原則―例外のフレームワークの意義

まず、原則と例外という言葉自体の意味を振り返ってみましょう。

> げん-そく【原則】
> 多くの場合に共通に適用される基本的なきまり・法則。
> 「―を立てる」「―から外れる」「―として部外者の立ち入りを禁止する」
>
> れい-がい【例外】
> 通例にあてはまらないこと。一般原則の適用を受けないこと。また、そのもの。
> 「―として扱う」「―を設ける」「―的に参加を認める」
>
> ――デジタル大辞泉

ルールには、多くの場合に共通して適用される基本的なきまりがあり、そのきまりにあてはまらない場合に例外が認められることがあります。**法体系は、大部分がこのような原則―例外ルールの集合体**です。したがって、法体系を理解するためには、何が原則で何が例外かを意識することが有用です。**原則―例外のフレームワーク**とは、**法体系を理解するため、法体系を原則と例外に区別して認識し、原則と例外の理由を考えることで法体系に対する理解を深めるための思考枠組み**です。

❹原則―例外のフレームワーク

さらにいえば、法体系とは、ひとつのシステムです。**システム**とは、**相互に影響を及ぼしあう要素から構成されるまとまりの全体**のことを言いますから、ひとつの体系の中で例外を認める場合には、他の要素との関係をも常に考慮しなければいけません。つまり、単に例外を認める必要があるから例外ルールを作る、ということをしてはいけないということです。例外の必要性のみで例外ルールを作ると、法体系の中の他の要素との関係を無視してしまうことになり、体系が崩壊してしまうことがあることに留意してください。

法学における原則―例外の例としては、一般法と特別法の関係にあるもの（例：民法と商法、民法と消費者契約法、民法と会社法等）、条文における本文と但書の関係といったものがあります。

原則―例外のフレームワークは、特に法規範の趣旨を考えるときに威力を発揮します。具体例は後述します。

2 原則―例外のフレームワークの4つのポイント

原則―例外のフレームワークを使うにあたって、押さえておくべきポイントが4つあります。

① 例外ルールは原則ルールに優先する

例外が体系的に認められ、ルールとして確立した場合、その例外ルールは原則ルールに優先して適用されることとなります。**例外ルールが要件を満たさないか適用場面ではないなどの理由で法効果が発生しない場合は、原則ルールが適用される**ことになります。

② 例外ルールについて論ずるときは、必ず原則ルールとセットで論ずる

例外ルールについて学ぶときは、なぜその例外が認められるかを理解していなければ理解したことにはなりません。その例外が認められる理由を考え、**その例外のもととなる原則ルールについても、なぜそれが原則なのかを考える必要があります。**このように、原則ルールと例外ルールを往復することによってこそ原則ルールと例外ルールの双方の理解を深めることができます。なお、司法試験を含む法学の論述試験で例外について問われているときは、必ず原則ルールから論じ、その原則ルールからなぜその例外ルールが認められるのかについて述べると、採点者に対して理解していることをアピールできます。

③ 例外は、単に例外を認める必要性があるだけでは認められず、原則との関係で例外を認めてよい場合(＝許容性がある)でなければ認められない

前述したとおり、法体系の中で例外を認める必要がある場合には、法

体系の他の要素（原則ルールを基本として成り立っている他の関連するルール）との整合性を考える必要があります。すなわち、**例外を認める必要性だけでなく、その法体系を全体的にみて問題が生じないか、すなわち、その例外を許容してよいかを常に考慮しなければなりません。**換言すると、例外を認めたとしても、原則が定められた趣旨に反しないということが必要なのです。このように考えると、その例外の必要性と原則との親和性が理解でき、例外の外延にまで思考が及んでいくことになります。**例外ルールを検討する際は、例外の必要性と許容性という観点で分析することが有用**です。

④　例外ルールを考えるときは、その例外が原則ルールからどれだけ離れているか、という感覚を持つ

例外ルールを考えるときに、「この例外ルールはどれくらい例外なのか」という感覚を持つことが重要です。例外ルールは、原則ルールから離れれば離れるほど認められにくくなるという性質を持ちます。したがって、原則ルールからの距離感を持っておくと、例外ルールについて考察するときのバランス感覚を保つことができます。

また、原則ルールと例外ルールの関係のみならず、原則ルールの中でも中核的な原則と判例や特別法等で形成された周辺的な原則があります。これらの視点を持つためには、当該規範の典型的な事案を理解しておき、判例の事案などでその典型例とどれくらい遠いのかという目で見ることが有用です。

以上のようなポイント（図表4-1）をおさえた上で原則―例外のフレームワークを身につけると、原則と例外双方の理解が深まり、解釈においてバランス感覚を持つことができるなど、大きなメリットがあります。

■ **図表4-1 原則—例外のフレームワークの4つのポイント**

① 例外ルールは原則ルールに優先する

② 例外ルールについて論ずるときは、必ず原則ルールとセットで論じる

③ 例外ルールは、単に例外を認める必要性があるだけでは認められず、原則ルールとの関係で例外を認めてよい場合(=許容性がある)でなければ認められない

④ 例外ルールを考えるときは、その例外が原則ルールからどれだけ離れているかという感覚を持つ

3 原則—例外のフレームワークを使って刑法を学ぶ

⑴ 憲法と刑法のレベルの原則—例外図式

具体的に、刑法総論の教科書の最初の方に書いてあることを原則—例外のフレームワークを使って整理してみましょう。

刑法の出発点は、憲法にあります。

> 憲法第31条
> 何人も、法律の定める手続によらなければ、その生命若しくは自由を奪はれ、又はその他の刑罰を科せられない。

まずこの条文を原則と例外に区別してみましょう。

「原則」：何人も、その生命若しくは自由を奪はれ、又はその他の刑罰を科せられない

「例外」：法律の定める手続によれば、生命若しくは自由を奪はれ、又はその他の刑罰を科せられる(憲法31条の反対解釈)

刑法とは何が犯罪となり、それに対して国家がどのような処罰を科すかについて定めた法律です。憲法は原則として何人も国家から生命若しくは自由を奪われたり、その他の刑罰を科せられないことを定めており、例外的に、法律の定める手続による場合（刑法との関係でいえば、ある人がした行為が犯罪に当たる場合）は死刑にして生命を奪ったり、懲役刑によって自由を奪ったりしてよい、と定めているわけです。

では憲法はなぜこのような例外を認めているのでしょうか。必要性と許容性の観点から考えてみましょう。

まず、必要性については、法益保護の原則があります。つまり、人を殺したり、人の物を盗んだりすることを刑法で禁止することによって、人の生命や財産（法益）を保護する必要があるということです。このような犯罪行為を処罰することで、社会秩序を維持する必要性があることは誰しもわかってもらえることでしょう。なお、刑法が何を保護しているのかという点については結果無価値論と行為無価値論という考え方の対立がありますが、前者は法益だけ、後者は法益に加えて社会倫理規範というものを保護していると考えるとだけ説明しておきます。この対立は刑法全般の解釈に影響を与えていますが、ここでは詳述しません。

次に、許容性です。単に犯罪行為を処罰する必要性があるだけで、国家が好きに処罰してよいわけではありません。国家が処罰するという事態は、憲法の原則からみて例外である以上、その例外を許容してよい理由が必要です。原則は、国民は国家の権力から自由である、ということです。そして、刑罰はその自由を制約することですから、どのような条件が揃えば自由を制約してよいかを考えなければならないわけです。

その条件としてまず考えられるのは、刑法で禁止すべき行為＝犯罪行為を、あらかじめ誰にもわかる形で明確に示しておく、ということです。あらかじめ禁止されている行為をしたのであれば、それに対するペナルティとして自由を制約されたとしてもやむを得ないと言えるでしょう（例外がないわけではありませんが）。これを形にしたのが、**罪刑法定主義**です。つまり、何が犯罪でどんな刑罰を科すかを民主的な手続を経た法律という形で定めていなければ、国家権力が処罰することは許さない、という考え方です。これにより、どんな行為が禁止されてどんな行為が禁止されていないかが事前にわかるため、国民の自由が保障されるというわけです。逆に、あらかじめ禁止された行為をあえて行った人は、その自由を奪われてもやむを得ないという形で例外の許容性を基礎づけることになります。

次に、刑法で禁止されている行為をしてしまった者全員に刑罰を科してよいかを考える必要があります。そもそも刑罰とは、刑法で禁止されている行為をあえて行ってしまった人に対するペナルティです。そうすると、刑法で禁止されているということがわからなかった人、たとえば小さな子どもや自分が犯罪行為をしていることを認識できなかった人は、禁止された行為をあえて行ったとはいえないのですから、処罰はできないということになります。このように、行為者に対する責任非難ができない場合に刑罰を科さないという考え方を、**責任主義の原則**といいます。

また、刑罰は自由という原則に対する例外ですから、刑罰を科すときは必要やむを得ない場合に限るという**謙抑性の原則**という考え方もあります。責任主義と謙抑性の原則は、法益保護のためにする処罰を制限し、自由を保障する方向に機能します。*1

＊1 それぞれの原則については、詳しくは125頁を参照。

以上のように、刑法の諸原則を原則と例外に分類し、そして例外がなぜ許容されるのかを考えていくと、諸原則が有機的に連結していることが実感できるのではないでしょうか。

⑵ 刑法のレベルの原則―例外図式

さて、以上では憲法との関係では刑法に基づいて刑罰を科すことが例外に当たることを述べてきましたが、刑法のみのレベルでいえば、今度は犯罪行為に対しては刑罰を科すことが原則となります。すなわち、犯罪とは構成要件に該当する違法かつ有責な行為であるところ、実務においては構成要件は違法有責類型であると考えられているので、構成要件に該当すれば原則として犯罪が成立することとなります。例外的に、違法性か責任を阻却する事由があれば、犯罪が成立しません。

こうしてみると、憲法の例外が刑法では原則となっていることがわかります。ある分野での例外が他の分野では原則となる、というような入れ子構造になっていることがある、ということも知っておくとよいでしょう。

4 原則―例外のフレームワークを使って民法を学ぶ

(1) 民法94条と民法96条を原則―例外のフレームワークで分析する

次に、民法の具体的な条文を原則―例外のフレームワークで読み解いてみましょう。題材は、民法94条と民法96条です。

まず前提として、民法全体に妥当する原則に、私的自治の原則というものがあります。**私的自治の原則**とは、**私法上の法律関係については、個人が自由な意思に基づいて自律的に形成することができるという原則**です。これだけ聞くと当たり前のように思われるかもしれませんが、永い歴史的背景をもつ非常に重要な原則です。

先に民法96条から考えてみましょう。

民法第96条（詐欺又は強迫）

1. 詐欺又は強迫による意思表示は、取り消すことができる。
2. 相手方に対する意思表示について第三者が詐欺を行った場合においては、相手方がその事実を知っていたときに限り、その意思表示を取り消すことができる。
3. 前二項の規定による詐欺による意思表示の取消しは、善意の第三者に対抗することができない。

今回は詐欺についてのみ考えますが、民法は、詐欺によって意思表示をした場合、取り消すことができると定めています。こんなケースを考えてみましょう。

Case

Xは、Yに騙されて1000万円の絵を100万円でYに売る売買契約を結んでしまった。

このような場合にXが売買契約を取り消せるのは当たり前と考えるかもしれませんが、ここで私的自治の原則を思い出してください。まず、たとえ騙されたとはいっても、契約自体は成立してしまっています。そして、**契約とは、当事者間の申込と承諾という2つの意思表示の合致**であり、一度契約が成立すると、契約の当事者は契約に拘束されますから、すでに契約が成立している以上、Xが売買契約を取り消そうと思っても、Yがこの契約を取り消すことを承諾しなければ、契約は消滅しません。すなわち、**契約を取り消すということは、私的自治の原則から既に当事者への拘束力が生じた後に、一方の当事者であるYの意思を無視して一方的にXの契約を取り消すという意思を優先させ、契約を消滅させるということなので、私的自治の原則の例外**なのです。このように、まずは詐欺取消しという行為が私的自治の原則の例外である、ということに気づくことが出発点です。

さて、ではなぜ詐欺取消しという私的自治の原則に対する例外が認められているのでしょうか。必要性は問題ないでしょう。騙されてしてしまった契約を取り消す必要性は当然認められます。次に、許容性です。ここでいう許容性とは、**Yの意思を無視してXの意思により一方的に契約を取り消すことがなぜ許されるのか、**ということです。これは、YがXを騙して真意でない意思表示をさせたのだから、そのようなYの意思表示を保護する必要はない、というように説明ができるでしょう。私的自治の原則との関係では、Yは自らの詐欺行為によってXの自由な意思決定を妨げた以上、Yに私的自治の原則の保障を及ぼす必要はないといえます。[*1]

＊1 詐欺取消しにおける例外の許容性のポイントは、単に「Yが人を騙すような悪いことをしたのだから、契約を取り消されても仕方がない」からではなく、「Yが『自らの意思によって』Xに真意でない意思表示をさせたから」と理解することにあります。
詐欺取消しの対象となる契約が、①Yが自らの意思によって騙して成立させたこと、②Xが騙されたことによって、真意でない意思表示をしてしまったという両者の「意思」が許容性の根拠となっていることをおさえてください。

ただし、民法96条3項は、「詐欺による意思表示の取消しは、善意の第三者に対抗することができない。」と規定し、Yに騙されてXが安く売った絵が事情を知らない（＝善意の）第三者Zに売られてしまったときは、取り戻すことを許していません。これは、詐欺の場合は騙されたX自身にも、Yほどではないにしろそのような意思表示をしてしまった点について責められるべき部分（不注意など）があることが少なくなく、善意のZよりもXの保護を優先する理由がありませんので、例外のさらに例外を設けて、善意の第三者の保護を図っているということです。すなわち、騙された人が意思表示を取り消したとしても、その取消しは善意の第三者に対して主張できないと定められています（民法96条3項）。

次に、民法94条について考えてみましょう。試験でもよく問われる重要な条文です。

民法第94条（虚偽表示）
1. 相手方と通じてした虚偽の意思表示は、無効とする。
2. 前項の規定による意思表示の無効は、善意の第三者に対抗することができない。

民法94条は通謀虚偽表示について定めた条文です。こんなケースで考えてみましょう。

Case

Xが、Yと通謀して、本当はX所有の家をYに売ったりするつもりはないのに、XY間で虚偽の売買契約を締結した。

通謀虚偽表示とは、**相手方と通じて行う真意でない意思表示**のことをいいます。通謀虚偽表示と私的自治の原則との関係を考えてみましょう。通謀虚偽表示の場合、売買契約の前提となる意思がXにもYにもないわけですから、私的自治の原則が妥当する余地がないともいえます。個人が自由な意思に基づいて法律関係を形成できるということは、逆にいえば意思がなければ何も法律関係は形成されないということです。したがって、XY間の虚偽の売買契約は、私的自治の原則どおり無効となります（民法94条1項）。しかしながら、民法96条3項の善意の第三者に対する場合と同様に、Yが、XY間の契約を虚偽のものだとは知らないZに対してXの家を売ってしまったら、XはZに対して家を返すよう請求することはできなくなると定めています（民法94条2項）。

これは、XY間の売買契約が無効であればできるはずの返還請求ができなくなるという点で、民法94条1項に対する例外です。XY間に家の売買契約が存在するという外観を信じてその家を買ったZの信頼を保護する必要がある（例外の必要性）し、Xは自らの意思によってXY間の売買契約が存在するような外観を作出したのですから、自らが表示した意思どおり（つまり、XがYに家を売り、その家をさらにYがZに売ったという外形になった）の法律関係が実現したといえるので、私的自治の原則との関係でも問題ないといえます（例外の許容性）。[*1]

なお、当事者間の通謀がなかった場合、民法94条1項を直接適用することはできません。[*2] しかし、通謀によらずに虚偽の法律行為がなされた外観を作出した場合、民法94条が類推適用されることがあります。

たとえば、上記のケースで、Xが勝手に自分の父親であるAの土地をYに対して売ってしまったけれども、それをAは気づきながら長年放置していたような場合です。このケースでさらにYがZに対してAの土地を売ってしまった場合、94条2項の類推適用により、AはZに対して土地の返還を求めることはできなくなります。

なぜこのような類推適用ができるのかというと、94条2項という例外が許容される理由である①虚偽の外観の存在・②自らの意思によって外観を作出したことに対する帰責性[*3]・③買主の信頼を保護する必要性があるという利益状況が同じだから[*4]です。

意思表示について、民法はこのほか心裡留保（民法93条）、錯誤（同94条）、強迫（同96条）を定めており、少しずつ取り扱いを変えています。たとえば、錯誤と通謀虚偽表示は原則として無効ですが、心裡留保は原則として有効です。また、心裡留保、錯誤、通謀虚偽表示の法効果は無効ですが、詐欺と強迫の法効果は取消しです。なぜこのような違いが設けられているのか、一度原則―例外のフレームワークをあてはめて考えてみてください。

⑵　民事法における一般法と特別法

民事法の分野における一般法は民法です。民法は法律行為の意味を理解し、対等な立場で合理的な意思決定をし、その上で法律行為をす

＊1 詐欺取消しの場合と同様、Xが返還請求ができなくなるという私的自治の原則の例外は、単にXが悪いことをしたからではなく、X自身の「意思」に根拠があると理解することが大切です。

＊2 「相手方と通じてした」という要件を満たさないからです。

＊3 「帰責性」という言葉から「悪いことをした」という連想をする学生がいますが、それは誤りです。94条2項類推適用における**帰責性**とは、**自ら意思表示をしたのと同視できるような意思的関与があった場合に、その法律行為を帰責できるという意味**であり、私的自治の原則がその基礎にあります。

＊4 類推適用という考え方は、利益衡量のフレームワークを基礎としています。類推適用について詳しくは、66頁を参照。

る人が当事者となることを前提としています。しかし、実際の社会にはこの前提が成立しない場合が多数存在するため、すべての行為に民法を適用することが社会的に相当でないという考えが台頭してきて、多くの民法の特別法が制定されるようになりました。たとえば、消費者契約法や労働契約法です。消費者契約法は、消費者と事業者との間には情報の質と量及び交渉力に格差があることを前提として、消費者に一方的に不利な条項を無効とするなどの規定を設けることにより、消費者の利益を守るための法律です。すなわち、消費者契約法は、民法とは異なり、消費者と事業者の関係が対等ではないことを前提として、立場の低い消費者を保護しているのです。労働契約法も同様に、対等な立場ではない労働者を保護する趣旨であることは理解できるでしょう。

これらの特別法は、すべて民法の原則を修正した例外ルールにあたります。したがって、これらの特別法が規定する例外ルールが妥当しない場合（そもそも特別法が存在しない場合も含む）には、民法の原則に戻って検討することになります。

「なぜそのような特別法があるのか？ 民法の原則と何が違うのか？」という観点から眺めてみると、特別法における民法の原則とその修正の理由が見えてきます。実務では、解説書もないような特別法を扱うこともありますから、自分の力で一般法と対比してなぜそのような特別法が制定されたのかを洞察できることは、非常に重要なスキルです。

5 なぜ原則―例外という思考方法が法学における基本なのか

そもそも法律が何のために存在するかをもう一度考えてみましょう。56頁で述べたとおり、法律の存在意義のひとつは、対立する複数の利益（意思）の衝突を調整することにあります。刑法でいえば法益保護の要請と自由の保障という対立がありますし、民法でも、76頁の民法96条3項のケースを例に挙げれば、自分の絵を取り返したいXと、善意で買った絵を返したくないZの2人の利益が対立しています。[*1] もっとも、実際にはもっと複雑な場合がたくさんあり、法律はそれらすべてのケースについて網羅的に対応できなければなりません。この問題に対処するため、**法律は原則として一方の利益を優先させるというルールを定めておき、個別具体的な事例において例外を認める必要性と認めてもよい許容性がある場合には他方の利益を優先させる、というルールの定め方をすることによって、漏れなく結論を導けるようにするという解決策をとっています。**そのため、法律の基本構造は原則と例外の2つから体系化されていますし、原則―例外という思考で法体系全体を読み解いていくスキルは、法律家に必ず要求されるのです。

そして、この思考方法を身につけると、自分の力で法体系に対する思考を深めていくことができるというメリットがあります。実務家になってからは、基本的には独学で学ぶしかありません。自分の力で思考できる能力を獲得することは、非常に重要なことです。

＊1 一般に、既に獲得した権利利益が自己の関与しない取引行為、あるいは瑕疵のある取引行為によって第三者に奪われないよう保護すること(76頁のケースではXの利益を優先させること)を**静的安全**、取引行為によって新たに権利利益を獲得した場合に、その獲得行為を保護すること(76頁のケースではZの利益を優先させる)ことを**動的安全**といいます。

6 原則―例外のフレームワークにおける事実認定の位置付け

第2章（51頁）で述べたとおり、事実認定は経験則を大前提とする三段論法によってなされます。しかし、その経験則には必ず例外があります。たとえば、「実印は自ら厳重に保管するものだから、書面に実印が押印されていれば、その実印の持ち主が自らの意思で押印したはずである」という経験則に基づき、「本件ではAの実印が押されているから、Aが自らの意思で押印した」と推認したとします。これは原則的なケースです。ところが、「Aが実印を保管していなかったため、他人がAの実印を使用することができた」という反証がなされた場合、原則の前提である「実印は自ら厳重に保管する」という根拠が崩れるため、例外的に「自らの意思で押印した」という推認ができなくなるのです。[*2]

このように、経験則にも原則と例外があり、なぜその経験則が原則として成立するのかを考え、原則的な経験則を破る例外的事情とはどんなものかという原則と例外の双方を常に考えておくことが重要です。事実認定においても、原則—例外のフレームワークは活躍します。

*2 民事事実認定における二段の推定の話です。詳しくは司法研修所編『民事訴訟における事実認定』（法曹会、2007年）100頁を参照。

総論

7 原則—例外のフレームワークの注意点

原則—例外のフレームワークにおいて例外の許容性を検討する場合、原則との関係を意識する必要があります。

たとえば、詐欺や通謀虚偽表示の例外性を検討したときにも指摘しましたが、私的自治の原則の例外の許容性を考える場合には、私的自治の原則の本質的要素である一方当事者の「意思」をなぜ無視してよいのかについて、「意思」という言葉を用いて説明できる必要があります。

このことは、私的自治の原則以外の原則との関係で例外を考える場合にも妥当します。たとえば、182頁で紹介する伝聞法則は、法廷外の供述証拠が類型的に事実認定を誤る危険性を有することから、原則としてその証拠能力を否定するものです。したがって、例外的に法廷外の供述証拠の証拠能力を認めてよい例外の許容性は、「事実認定を誤る危険性がない」ことに求めなければなりません。

以上のとおり、原則の本質的要素と例外の許容性との間に関連性があることは必ず意識しておいてください。

第5章 3大法律フレームワークに基づく法律学習法（総論）

ここまで、すべての法領域に通用する3大フレームワークを紹介してきました。ひょっとしたら普段の自分の基本書の読み方を見直したくなって、基本書を手に取った人がいるかもしれません。しかし、学習の王道たる「基本」とは何かを知ってから学習した方が、学習効率はさらに高くなります。そこで、本章ではまず3大法律フレームワークから導かれる「法学の基本」についてまとめてから、具体的にインプットをするときの方法論を紹介します。

1 「法学の基本」とは何か？

(1) 基本とは何か？

「基本は大事」「基本をおろそかにしてはいけない」といったことは、誰しも言われたことがあるでしょう。では、そもそも「基本」とは何でしょうか？ 辞書を紐解いてみると、このように書いてあります。

き-ほん【基本】
判断・行動・方法などのよりどころとなる大もと。基礎。「一の型」「一を身につける」「一に忠実な演技」
――デジタル大辞泉

きほん【基本】
物事が成り立つためのよりどころとなるおおもと。基礎。「政策の一」「一を学ぶ」
――大辞林第3版 三省堂

私が法学部や法科大学院で「基本的な知識」や「基本判例」といった言葉を聞いたとき、違和感を覚えることがありました。なぜなら、そのような言葉が発せられるとき、どうも「基本」という言葉に「簡単なこと」「できて当たり前のこと」といったニュアンスが感じられることがあったからです。しかし、上記の基本の定義を見て明らかなとおり、どこにもそんなことは書いていません。基本とは、よりどころとなる大もとであり、大もとは決して簡単に身につけることはできません。**基本というものがよくわかっている人こそ、基本を身につけることの難しさをわかっているはずです。**基本を身につけるためには、継続的な訓練が必要であり、訓練を続けても、いや、続ければ続けるほど、まだよくわからないという感覚がつきまとうものです。逆に、基本は、迷ったときには必ず立ち返ることのできる場所でもあるといえ、この立ち返ることのできるということこそが「よりどころとなる」ということといえます。

(2) 3大法律フレームワークと法学の基本

3大法律フレームワークは、いずれも法学を学習する際の「よりどころ」となるものです。

たとえば、法的三段論法のフレームワークが身についていれば、必ず思考を条文からスタートさせるはずです。司法試験に合格した司法修習生でも、条文から思考をスタートさせることをつい怠ってしまうことがあります。しかし、司法修習中にお世話になった裁判官は、事件処理にあたって条文が出てきたら必ず六法を開いていました。裁判で何度も何度も使っているはずの民法や、刑事訴訟法であっても、です。このように、**常に条文とにらめっこしながら思考する習慣ができている人こそ、法律の基本ができている人**だといえるでしょう。

利益衡量のフレームワークが身についていれば、具体的事案を見たときに、まず個別の事案でどのような利害が対立しているのか、その事案に適用すべき法令はどのような利害の対立を想定しているのか、というミクロな視点とマクロな視点の往復ができるようになっているはずです。

原則—例外のフレームワークが身についていれば、法解釈について学んでいるときに、今学んでいる法律上の概念が原則なのか、例外なのか、例外ならなぜそのような例外が認められるのかを考えることによって、主体的に体系を構築することができるようになっているはずです。

常にこのような「よりどころ」を持って学習を進めれば、それはすなわち基本に忠実に学習していることとなるし、学習法における迷いもかなり軽減されるでしょう。

法律家としての基本とは、法律家として絶対に踏み外してはならないラインであるともいえます。**司法試験とは、「法律家としてふさわしくない者を落とす」試験であって、「法律がわかっている優秀な人を合格させる」試験ではありません。**優秀な人は、基本もきちんとできているからこそ司法試験に合格でき、優秀であるといわれるのです。司法修習生が法曹資格を得るために受ける、いわゆる二回試験も同様です。どんなに高度な議論をしようとも、**具体的事案を解決するにあたって法的三段論法をはじめとする法律家の基本ができていないと採点者に評価される答案は、法曹実務家として失格という烙印を押されることになります。**

インプットをするときも、アウトプットをするときも、常に基本に沿って行うことが最も近道です。

⑶ 学習における成長過程に応じた学習をすることの重要性

司法試験の受験生（法科大学院生を含む）は、難しい勉強をしたがる傾向があります。もちろん法学の基本を身につけた上で、より高度な議論ができるようになりたいと考え、最新の論文集に手を出すのは構いません。しかし、難しい勉強をしたがる人は往々にして基本をおろそかにしており、難しい勉強をしないと司法試験に合格できないと勘違いしているように見えることがよくあります。

そこで、そのようなミスを犯さないために、初学者がどのように学習を進めたらよいかの指針を示すことにします。

① 学習初期段階

学習初期段階とは、まだフレームワークがまったくない段階です。したがって、**学習初期段階における学習目標**は、**大雑把なフレームワークを自分の中に構築すること**です。具体的には、まず入門書を流し読みして、どんな制度・条文があるのかを具体的に確認しつつ、その法体系全体の構造を把握することから始めます。その上で、各条文や制度でどのような論点があるのかを大体把握することまでが、学習初期段階ですべき学習です。事例問題を見て、当該事案に適用すべき条文がさっぱりわからないのであれば、まだ学習初期段階ということですから、一度入門書レベルの本に立ち返る必要があります。

学習初期段階では、わからないところは飛ばして、とにかく最後まで一度目を通し、そして何度も目を通すことが重要です。人間の記憶の仕組みからも、記憶の対象はじっくり1回記憶しようとするよりも、さらっと何回も目を通した方が定着しやすいといわれています。

② 学習発展段階

学習発展段階は、法体系全体の構造は把握しており、個別の各規範においてどのような論点があって、その論点に対してはどのように論述すればよいかがわかっている段階です。大雑把なフレームワークを構築できた状態といえます。この状態で目指すべきは、フレームワークの精緻化です。そのためにすべき学習は、問題演習によって脳に疑問を投げかけて、法規範を事実に適用したり、法規範同士の関係を整理したりすることによって、曖昧な理解を正確にしていくことです。司法試験レベルではここまでで十分です。

③ 研究段階

さらに学習が進み、研究レベルになると求められるのは、既存のフレームワークを疑い、ときには壊して再構築したり、自ら創り出したりすることです。司法試験ではこのようなことは求められていません。むしろ、単に司法試験に合格することが目的なのであれば、このレベルまでやってしまうことは逆に有害でしょう[*1]。

＊1 司法試験に合格して研究者になるのであれば別です。

法学のいいところは、数学などとは違って、「生まれつき法律の天才はいない」ということです。適切な学習方法で適切な段階を踏んで勉強すれば、必ず司法試験に合格できるレベルまでは到達できます。もちろん、そのためにしなければならない勉強量はかなり膨大ですが、**基本に忠実に淡々と学習を進めることが、結果的に近道なのです。**

⑷ 法学の教育方法と法律フレームワーク

法学教育をする場合、対象者がどの学習段階にあるのかを見極めることが非常に重要です。その上で、学習段階に応じて教育内容と方法を変える必要があります。

たとえば、学習の初期段階において基本を身につけるためには、ある程度「型にはめる」という教育が有効です。とにかく師匠の教えに従って訓練をする日本伝統の「お稽古」という教育手法は、まさに「型にはめる」教育といえます。逆に、**初期段階において「自由に考えさせる」教育はあまり有効ではありません。**なぜなら、型とはすなわち基本となる作法のことであり、基本の作法ができていない状態で考えさせようとしても、混乱を招くだけだからです。型がないのに自由にやろうとする人は「型なし」と呼ばれます。法学教育においても、**まずはフレームワークという「型」を身につけさせ、それから自らの頭で「型を破る」ことを目指すという順序を守ることが重要**ではないかと考えます。

⑸ 3大法律フレームワークから導かれる法学の基本

3大法律フレームワークからは、「法学の基本」を以下のように整理することができます（図表5-1）。

■ 図表5-1 法学の基本のまとめ

○ 法的三段論法のフレームワーク

》思考を条文からスタートさせる
》具体的事案から選択すべき法効果を引き出せる
》条文から要件を引き出せる
》法規範の趣旨（その法規範が作られた理由）を説明できる
》法規範の趣旨から具体的法規範を定立できる
》具体的法規範にあてはまる事実を抽出できる
》事実を評価して具体的法規範にあてはめ、結論を出せる

○ 利益衡量のフレームワーク

》具体的事案において対立している利益を分析できる
》法規範があらかじめ想定している対立利益を分析できる
》具体的事案に適用すべき条文・制度を発見できる

○ 原則─例外のフレームワーク

》原則ルールを説明できる
》原則ルールがなぜ原則とされているかを説明できる
》例外ルールを説明できる
》例外の必要性及び許容性を説明できる

これらの基本を一度に実行することは、なかなか困難です。そこで、具体的にどうやって学習するのか、一例を示すこととします。

2 3大法律フレームワークに基づく効率的な基本書の読み方

具体的に法学を学ぶ際におさえておくべきポイントは、以下のとおりです。

①どんな条文・制度があるかを具体的に学ぶ ②法的三段論法のフレームワークを意識しながらインプットする ③利益衡量のフレームワークを意識しながらインプットする ④原則―例外のフレームワークを意識しながらインプットする ⑤アウトプットを意識したインプットをする（過去問を解く）

法学の学習方法としてオーソドックスなのは、基本書を読むことです。そこで、民法の基本書として定評のある佐久間毅『民法の基礎1　総則（第3版）』（有斐閣、2008年。以下「民法の基礎1」といいます）を用い、どのように読めば効率的に学習できるかを示します。

①　どんな条文・制度があるのかを具体的に学ぶ

1)　目次を見る

基本書の目次は、その本で書かれている体系を表しています。したがって、まず目次を見てその本の体系を掴むことが、体系的理解の第一歩です。「民法の基礎1」の目次はこのようになっています（第3章法律行為のみ目次を詳しく表示しています）。

第1章　民法総則とは何か
第2章　権利能力者としての人
第3章　法律行為
　1　法律行為総論
　2　法律行為の成立と内容確定
　3　法律行為の効力否定原因
　　1　総論
　　2　意思無能力
　　3　行為能力制限違反
　　4　意思表示の瑕疵Ⅰ
　　　—心裡留保
　　5　意思表示の瑕疵Ⅱ
　　　—虚偽表示
　　6　意思表示の瑕疵Ⅲ
　　　—錯誤
　　7　意思表示の瑕疵Ⅳ
　　　—詐欺及び強迫
　　8　法律行為の内容に関する
　　　無効原因
　　9　消費者契約法上の
　　　効力否定原因
　4　無効と取消し
　5　代理
　　1　代理総論
　　2　有権代理論
　　3　無権代理論
　6　条件と期限
第4章　法人
　1　法人総論
　2　法人の対外関係
　3　権利能力なき社団
第5章　時効
　1　時効総論
　2　時効の完成
　3　時効の援用と時効利益の放棄
第6章　民法の基本原則

以上の目次からわかることは、民法総則には権利能力、法律行為、意思無能力、行為能力、心裡留保、虚偽表示、錯誤、詐欺、強迫、無効と取消し、代理、法人、時効という制度があるということです。したがって、「どんな条文・制度があるのかを具体的に学ぶ」とは、以上の各項目がそれぞれ何なのかを具体的に理解するということを意味します。

重要なことは、**基本書を読む際に、目次の体系を常に念頭に置いて、今読んでいるところが体系の中のどこに位置づけられているかを意識すること**です。なぜなら、**「法学を学習する」とは、「法学の体系を自らの頭のなかに構築する」ということと同義**だからです。

2)　条文・制度を具体的に学ぶ

では実際に、「民法の基礎1」の心裡留保の部分を一緒に学んでみましょう。

「民法の基礎1」が良い基本書である理由の1つは、具体例を豊富に掲載している点です。同書114頁のCase21を取り上げます。

【Case21】
AとBは4年間同棲していたが、Bに夫がいたため、両者とも結婚する意思はなかった。その後、Aは、別の女性と結婚することにし、Bに別れて欲しいと頼み、Bもこれを了承した。ところが、結婚式の前夜、AがBと住んでいたアパートを出ようとした際、Bが突然泣き喚き、「結婚式に行くなら、5000万円支払うと書面で約束して」と要求した。Aは、結婚式に出るためにとにかくその場を収めようと考えて、Bが求めるとおりの書面を作り、Bに手渡した。

──「民法の基礎1」114頁

Case21に引き続き、心裡留保の定義が書かれています。

「表意者が、表示行為に対応する効果意思† のないことを認識しながらした意思表示を、心裡留保による意思表示という(93条)。」

──「民法の基礎1」115頁

†効果意思とは、動機に基づいて決定される意思のことをいいます。

ここまで読んであなたがまずしなければならないことは、六法を開き、民法93条を確認することです。

民法第93条(心裡留保)
意思表示は、表意者がその真意ではないことを知ってしたときであっても、そのためにその効力を妨げられない。ただし、相手方が表意者の真意を知り、又は知ることができたときは、その意思表示は、無効とする。

Case21におけるAは、その場を収めようとするために、Bに対して5000万円を支払うことを約束する書面を作っています。そのような場合に民法93条の適用があり得る、ということを思いつけるようになるためには、**適用法規発見のフレームワーク[*1]によって民法93条の想定している利益状況とCase21のAとBの置かれている利益状況が同じであることに気づけることが必要**です。

*1 66頁を参照。

学習がある程度進み、事例問題を解き始めると多くの人がつまずくポイントがあります。それは、「その事例問題で適用すべき条文を思いつかない/間違える」ということです。**その原因は、その事例問題で適用すべき条文が具体的にどんな場合に使われるかという典型例とその場合における利益状況を把握していないため、目の前の事例問題と条文の想定する典型例とが結びつかないことにあります。**

したがって、そのような問題にぶつかったときは、適用を思いつかなかった条文の具体例が載っている基本書に立ち返り、具体的なイメージを自分の頭の中に作り直す必要があります。

②　法的三段論法のフレームワークを意識しながらインプットする

次にすべきことは、法的三段論法のフレームワークに沿って具体例を条文にあてはめてみることです。ここで法的三段論法のフレームワークにおける思考の流れを確認しておきましょう。[*2]

＊2 図表5-2は、30〜31頁における、法的三段論法のフレームワークモデルのSTEPのみを抽出したものです。

■ 図表5-2 法的三段論法のフレームワークにおける思考過程

STEP 1	法効果を手がかりに、適用すべき条文を選択する
STEP 2	特定の法律効果を発生させる要件を抽出する
STEP 3	事実を各要件にあてはめる
STEP 4	問題提起
STEP 5	法規範の趣旨から要件が導かれることを示す
STEP 6	具体的法規範が上記趣旨に合致することを示す
STEP 7	具体的法規範が要件に包摂されることを示す
STEP 8	事実が具体的法規範にあてはまることを示す
STEP 9	事実が要件にあてはまることを示す
STEP10	事実が法規範を構成するすべての要件を満たすことを示せば、法効果が発生する

Case21における法効果としては、BのAに対する5000万円の支払請求権が考えられます。この支払請求権の根拠は贈与契約でしょう。[*1]

> 民法第549条(贈与)
> 贈与は、当事者の一方が自己の財産を無償で相手方に与える意思を表示し、相手方が受諾をすることによって、その効力を生ずる。

＊1 いわゆる「手切れ金」としての贈与と考えられます。不法行為に基づく損害賠償請求権も考えられなくもないですが、不法行為を中止することが不法行為になるかは種々の問題がありますから、本章では検討を省略します。

Case21では、AがBに対し、5000万円を支払うという意思を書面で表示し、「5000万円を支払うと書面で約束して」と要求したBがその書面を受け取っているのですから、AB間には贈与契約が成立していると考えられます。したがって、BはAに対し、贈与契約に基づいて5000万円の支払を請求できるはずです。

「民法の基礎1」では、贈与契約についての言及はありません(「Bが5000万円の支払いを求めた場合に……」との記載はあります)。しかし、**いきなり心裡留保の話に飛びつくのではなく、きちんと請求段階の法効果から思考を始め、その法効果を発生させる要件にあてはめることが、基本を身につける近道です。**

次に、Bは、その場を収めて結婚式に出るためにAの要求に従っただけで、本当に5000万円を支払う義務を負うつもりはなかったと思われます。そこで、民法93条の適用について検討しましょう。

> 民法第93条(心裡留保)
> 意思表示は、表意者がその真意ではないことを知ってしたときであっても、そのためにその効力を妨げられない。ただし、相手方が表意者の真意を知り、又は知ることができたときは、その意思表示は、無効とする。

まずは、自分の力で法効果と要件を抽出してみることが重要です。その上で、基本書で確認してみると力がつきます。

民法93条を見ると、効果は「意思表示は、……そのためにその効力を妨げられない」と、「ただし、……その意思表示は、無効とする」となっています。前者の法効果を導く要件は、「表意者がその真意ではないことを知ってしたとき」であり、後者の効果を導く要件は、「相手方が表意者の真意を知り[*2]、又は知ることができたとき」です。

＊2 「ある事実を知っていること」を法律用語で**悪意**といいます。

Case21の事案を上記の要件にあてはめてみましょう。Case21のA

は、結婚式に出るための方便として5000万円を支払うという書面を作成しており、本当は払うつもりはなかったのですから、表意者（＝A）は、その真意ではないことを知って意思表示（＝5000万円を払う）をした、という要件にあてはまります。この場合、「その効力を妨げられない」のですから、AはBに対し、贈与契約に基づいて5000万円を支払わなければならないことになります。

しかし、もしAに5000万円を支払う意思が存在しないことをBが知っていたか、又は知ることができたのであれば、相手方（＝B）が表意者（＝A）の真意（＝5000万円を支払うつもりがないこと）を知り、又は知ることができたという要件に該当することになります。したがって、その場合、Case21の贈与契約は無効となり、BはAに対して5000万円の支払を請求することができなくなります。*3

ポイントは、常に法的三段論法のフレームワークに則って思考を進める習慣をつけることです。通常、基本書にはここまで丁寧には書いていません。しかし、普段から自らの頭の中で法的三段論法に沿った思考をしていれば、試験問題はもちろん、実務についてもスムーズに法的思考を展開することができるようになるでしょう。

＊3 もっとも、実際の場合は、Aが大富豪であれば、Bは真意と考えていたとしても不自然でないこともあるでしょうし、5000万円が法外であっても、後で金額は交渉して減額をすればいいと考えていれば、部分的に有効となる場合もないではありません。事例問題の場合は、これらの諸要件が記載されていることもありますから、基本を押さえつつ、画一的思考に陥らないことも重要です。

③　利益衡量のフレームワークを意識しながらインプットする

基本書を読むときに利益衡量のフレームワークが威力を発揮するのは、「なぜそのような原則になっているのか」を見抜くときです。たとえば「民法の基礎1」では、心裡留保の場合であっても、意思表示の効力が妨げられないことを原則としている理由について、以下のとおり述べられています。

> 民法は、意思欠缺の場合、原則として意思表示は効力を生じないものとしている。これは、表意者の自己決定を重視した結果である。ところが、心裡留保による意思表示は、意思欠缺にもかかわらず、原則として有効である。これは、次の2つの理由による。第1に、表示行為に対する相手方の信頼を保護する必要があるからである。第2に、心裡留保の場合、表意者はわざと真意でない表示をしており、非常に大きな帰責性が認められる。そのため、表意者保護の必要がないと考えられるからである。
> ――**「民法の基礎」115頁**

総論

基本書を読む場合は、利益衡量のフレームワークに基づいて、**①条文が想定している利益状況は何か、②条文はその利益状況をどのように調整しているか**を考えてみましょう。

まず、①民法93条は、表示行為に対応する効果意思のないことを認識しながら意思表示をした表意者と、その相手方の利害が対立する状況を前提とするものです。そして、②同条は原則として心裡留保に基づく意思表示を有効とし、例外的に無効という形で利益状況を調整しています。その理由について述べられているのが、先ほど引用した部分です。このように**利益衡量のフレームワークに基づいて基本書を読むと、「なぜこの基本書はここでこのような記述をしているのか」という理由を発見し、法の原則と例外に対する理解を能動的に深めることができます。**

さらに、佐久間教授は「民法の基礎1」115頁で「しかし、心裡留保の場合、表意者は、自己の行為の法的意味を知っている。それにもかかわらず、理由は何であれ、あえて嘘をついている。この表意者の帰責性は極めて大きい。したがって、93条が相手方に無過失を要求する[*1]ことには、疑問がある。」と述べられていますが、これは民法93条の利益状況の調整がアンバランスであるという指摘であると理解することができます。

*1「無過失を要求」というのは、民法93条但書が「相手方が表意者の真意を……知ることができたとき」と規定していることから導かれています。つまり、相手方としても「知ることができた」状況があったのに、認識しなかったのは「過失」になると考えるのです。

④　原則―例外のフレームワークを意識しながらインプットする

利益衡量のフレームワークで心裡留保の構造を理解したら、引き続き原則―例外のフレームワークを意識しながら「民法の基礎1」を読んでみましょう。ポイントは、**①原則ルールは何か、②なぜそれが原則なのか、③例外ルールは何か、④なぜその例外が許されるのか（必要性・許容性）**という観点を持って読むことです。

同書は明確に原則と例外を区別しているため、原則―例外のフレームワークを意識して読むことが非常に容易になっています。既に述べたとおり、心裡留保によってなされた意思表示は原則として有効、例外的に無効となります。

重要なのは、ここからです。すなわち、「なぜ心裡留保の効果は、原則として有効なのか」「なぜ相手方が悪意又は善意有過失の場合には例外的に意思表示が無効となるのか」ということを理解しなければ、心裡留保の原則と例外を理解したとはいえません。

そこでまず、なぜ心裡留保の効果は原則として有効なのか、そのような原則となっている理由は何かという観点から、同書の記述を追ってみましょう。先ほど引用した同書115頁には、「民法は、意思欠缺の場合、原則として意思表示は効力を生じないものとしている。これは、表意者の自己決定を重視した結果である。ところが、心裡留保による意思表示は、意思欠缺にもかかわらず、原則として有効である。」とあります。この記述は、民法における私的自治の原則、すなわち、私法上の法律関係については、個人が自由な意思に基づいて自律的に形成することができるという原則からすれば、心裡留保による意思表示は意思を欠くことから原則として無効となるはずであるけれども、民法は原則として有効であるとしている、という内容を述べています。

ここで少し立ち止まって考えてほしいことがあります。それは、「なぜ民法93条は私的自治の原則に反するような法効果を定めているのか？」ということです。この疑問を持って続きを読むと、「第1に、表示行為に対する相手方の信頼を保護する必要があるからである。第2に、心裡留保の場合、表意者はわざと真意でない表示をしており、非常に大きな帰責性が認められる。そのため、表意者保護の必要がないと考えられるからである。」とあります。つまり、民法の原則と民法93条の原則が逆転している理由についての同書の説明は、上記のとおり表示行為に対する相手方の信頼保護と、表意者の保護の必要性がないことにある、ということです。

そうすると、今度はさらに、「ではなぜ相手方の信頼を保護する必要があり、表意者の保護の必要性がない場合には、私的自治の原則に対する例外が認められるのか？」という疑問が生じるはずです。同書はこの疑問に対し、明示的には回答していませんが、詐欺取消しという私的自治の例外の許容性[*2]と同様、表意者が自らの意思によって真意でない外形を作出している以上、私的自治の原則[*3]によってその表示に従った法効果を発生させられてもやむを得ない（例外の許容性）からだと考えられます。

ここまで来れば、心裡留保の意思表示の相手方が、真意でない意思表示であることを知り、または知り得た場合には意思表示が無効となる理由は簡単です。真意でないと知っているということは、当事者双方が意思を

＊2 76頁を参照。

＊3「私的自治の原則」は私人間の取引等の基本原則ですが、取引関係には、契約当事者とその契約に関連して関わってくる第三者がいるのが通常であり、その三者の利益の調整が必要であることを常に考えなければならないことを意識しておく必要があります。

欠くということですから当然無効ですし、相手方が知り得たのであれば相手方の信頼を保護する必要性を欠くため、例外を認める理由がなくなるからです。

以上、3大法律フレームワークに沿ってかなり詳しく基本書の読み方を解説してきましたが、実は「民法の基礎1」のうち114頁と115頁しか読んでいません。同書の情報量の密度がとても高いことと、法律フレームワークを使えばたった2頁分の記述からその高密度の情報をかなりの程度引き出せるということを実感してもらえたのではないでしょうか。このように、**フレームワークに沿って基本書を読み進めると、主体的に適切な疑問を持ちながら基本書を読み解いていくことができます。まさに「行間を読む」ことが可能になるのです。**

基本書を読むというのは、法学の学習において中心的な学習法となることから、ぜひ普段からフレームワークに沿った読み方をするようにしてください。

Column 意思主義と表示主義

ここまで読んできて、私の記述に矛盾を感じた人がいるかもしれません。非常に鋭いセンスだと思います。私は「私的自治の原則からすれば、原則として心裡留保による意思表示は無効になるはずである」と言いながら、「表意者が自らの意思によって真意でない外形を作出している以上、私的自治の原則によってその表示に従った法効果を発生させられてもやむを得ない」というように、同じ私的自治の原則から一方は無効、他方は有効という矛盾した結論を導いています。

この一見矛盾したような記述は、私的自治の原則に基づき、私人の意思によって法律関係を形成するという効力が生じる根拠が2種類あることによります。1つは意思主義、もう1つを表示主義といいます。**意思主義**とは、**意思表示の効力の根拠は表意者の意思にある**、とする考え方です。**表示主義**とは、**意思表示の効力の根拠は表示に対する相手方の信頼保護にある**、とする考え方です。この2つは、いずれも帰責根拠として承認されています。

民法の意思表示に関する規定は、意思主義と表示主義のどちらを優先させるかという観点から、何が原則で何が例外かを定めています。たとえば、心裡留保の場合、表示に対応する意思がなくとも意思表示があれば有効とするわけですから、原則として表示主義、例外的に意思主義を採用しているということです。詳しくは、「民法の基礎1」52頁以下を参照してください。

⑤　アウトプットを意識してインプットする（過去問を使って効率的に学ぶ）

司法試験の過去問は、自分がある程度勉強してからの力試しのために、後にとっておきたいという人がたくさんいます。しかし、**それは司法試験に合格できない人の典型的な行動パターン**だということは知っておいた方がよいでしょう。司法試験に限らず、試験勉強の初期段階においては、まず答えを見ながらでもいいので過去問を分析し、どのような勉強をすればこの試験に合格できるのかのイメージを掴みましょう。これは、数々の勉強のやり方の指南書にも書いてある試験突破の王道戦略です。第1章で述べた、ゴールから逆算するフレームワークは資格試験においても妥当します。

入門書をひととおり読んだら、いきなり過去問にとりかかってよいのです。まださっぱりわからないでしょうが、それでいいのです。すぐに答えを見て、そこに書いてある内容が書いてある基本書を読み、判例をチェックするということを繰り返せば、問題集を1冊仕上げたときにはかなりの力がついているでしょう。司法試験及び予備試験の勉強をしているのに、まだ過去問を解いたことがない人は、今すぐ法務省のサイトを見るか、本屋に走りましょう。

さて、アウトプットを意識したインプットについてですが、法学の試験におけるアウトプットとは、これまで述べてきた法学の基本を押さえた上で、「問いに答えること」です。「問いに答えること」については次章でふれることとします。

インプットする際には、必ず過去問を解けるような形でインプットしていくことが重要です。すなわち、試験でどの範囲の知識をどの程度の深さで聞かれているのかを的確に把握する必要があります。

それでは、具体的に司法試験の短答式試験の問題を使い、「アウトプットを意識してインプットをする」とはどういうことか、一緒に考えてみましょう。なお、予備試験の短答式試験問題はかなりの部分が司法試験と共通（試験自体も同じ日に行う）ですから、予備試験の短答式試験の学習法も同じです。

3 司法試験短答式試験の効率的な学習方法

平成23年の短答式試験のうち、民事系第1問を例にとり、短答式試験の学習法を一緒に考えてみましょう。

〔第1問〕（配点：2）

詐欺又は強迫による意思表示に関する次の1から5までの各記述のうち、正しいものを2個選びなさい。（解答欄は、［No.1］、［No.2］順不同）

1. 強迫が認められるためには、表意者が、畏怖を感じ、完全に意思の自由を失ったといえなければならない。

2. 第三者によって強迫がされた場合において、意思表示の相手方がその事実を知らないときは、表意者は、その意思表示を取り消すことができない。

3. 表意者が相手方による虚偽の説明を信じて意思表示をした場合において、相手方に詐欺の故意がないときは、表意者は、民事上の救済を受けることはない。

4. 表意者が相手方の詐欺により意思表示をして契約が成立した場合、その契約によって生ずる相手方の債務が未履行であっても、表意者は、その意思表示を取り消さない限り、詐欺を理由として自らの債務の履行を拒絶することができない。

5. 買主が売主を欺罔して土地の所有権を譲り受けた場合、売主が詐欺による意思表示の取消しをする前に、詐欺の事実を知らないでその土地について抵当権の設定を受けた者がいるときであっても、売主は、その意思表示を取り消すことができる。

次のページを見る前に、まずはこの問題の正解を考えてみましょう。勉強していない方はあてずっぽうでかまいません。「なんとなくこれは正しい」という勘は、大事です。

正解は、4と5です。

さて、このような問題について勉強をするとき、あなたはどのように勉強するでしょうか。よくある勉強の仕方の例を挙げてみましょう。

> 問1→強迫は別に完全に意思の自由を失うまではいらないから間違い。
> 問2→民法96条3項は詐欺についてしか書いてないから第三者の強迫には妥当しないので間違い。判例もそう言っている。
> 問3→虚偽の説明を信じても民法上の詐欺には故意が必要だから、故意がないなら民法上の救済は受けられないのは確か。しかし、消費者契約法4条1項1号で取り消すことはできるから、民事上の救済を受けられないのは間違い。
> 問4→正しい。
> 問5→正しい。

以上のような解説は、一般で流通している司法試験解説の本でもなされています。しかし、基本をより深く、正確に理解するための勉強の仕方としては、あまり好ましくありません。なぜ以上のような勉強の仕方に問題があるのかというと、結論を押さえているだけで、結論に至る理由を考えていないからです。答えを見て選択肢と正誤を丸覚えするような勉強よりはだいぶマシではありますが、このような学習法では応用が効きません。似た事例で結論が異なる問題を出されると、間違ってしまう可能性があります。

ではどのように学習を進めればよいのでしょうか。それは、前述の勉強からもう一歩踏み込んで、「なぜ条文や判例はそうなっているのか」について、法律フレームワークを使って考えてみることです。

たとえば、上述の第1問は、民法96条関係の出題です。問1を考えるときにまずすべきことは、「完全に意思の自由を失ったらどうなる？」といきなり考えるのではなく、法的三段論法のフレームワークに沿って条文から思考をスタートさせ、強迫とは何か、強迫の場合には意思表示を取り消せるという民法96条の趣旨は何か、と順番に考えていくことです。

同時に、利益衡量のフレームワークを使い、民法96条1項がどのような利益を調整する条文だったかを想起します。民法96条1項は、強迫によって瑕疵のある意思表示をしてしまった者と、強迫をした相手方との間の利益調整をしています。その結果、強迫を受けた表意者の意思のみによって、すでに形成された法律関係を取り消すことを認めているわけです。これは、強迫によって形成された法律関係は一応有効、すなわち表示行為に対応する効果意思は存在することを前提としています。ところが、完全に意思の自由を失っていれば、そもそも効果意思がないのですから、このような場合は民法96条1項が想定する利益状況とは異なります。この時点で問1の答えは出ることになります。

せっかくなので、原則―例外のフレームワークも使って考えてみましょう。すなわち、民法には私的自治の原則があるところ、強迫による意思表示の取消しは、強迫した者の意思によらずに一方的に取り消せますから、私的自治の原則に対する例外になります。では次に例外の必要性と許容性を考えると、相手方の強迫によって意思表示をしてしまっているのだからその意思表示を取り消す必要性はあるし、相手方は自らの意思によって強迫された者の自律的で自由な意思表示を妨げているのだから、一方的に取り消されても、相手方の保護の必要性がありません（許容性）。すなわち、強迫によって（効果意思はあるが）自律的で自由な意思決定が妨げられた者が、相手方の意思決定の自由を無視して一方的にその意思表示を取り消すことを認めたのが、民法96条の趣旨であると考えられます。

ここまで考えた後に問1の問題文を見ると、「強迫が認められるためには、表意者が、畏怖を感じ、完全に意思の自由を失ったといえなければならない。」とありますが、前述の趣旨からすれば自律的に自由な意思表示ができない程度に畏怖させれば取り消す許容性は認められるのですから、完全に意思の自由を失うところまでは必要ない（そのような場合にはそもそも意思表示は無効となる）、したがって、問1は誤りであることになります。

以上のような思考過程を自力で行うことができれば、少しひねられた問題にも対応できるようになりますから、ひとつの問題を解いていてもまったく力の付き方が違うことがわかると思います。そして、勉強するときは、上記のような思考過程ができるように、法的三段論法のフレームワークに沿って基本書を読み、原則—例外のフレームワークを使って趣旨を考えてみる、ということをしてみることが重要です。最初は時間がかかると思いますが、慣れると一瞬でこのような思考ができるようになります。そうすると、**短答式試験の正答率も上がるし、短答式試験の勉強が論文式試験にも直結するようになります。**

短答式試験の勉強で陥りやすいミスは、「とりあえずたくさん知識があれば解ける」という勉強をしてしまうことです。確かに、知識は多いに越したことはないのですが、知識だけに頼ると、少し出題方式をひねられただけで迷って間違うというパターンが多くなります。特に近年、司法試験は基本書には書いてないような形で問うてくる傾向があります（そして、このような傾向があるということを自分で分析して体で感じていることが重要です）。

4 法律フレームワークを使った学習法のまとめ

3大法律フレームワークを使って基本書を読み、問題を解くと、同じ教材を使って同じ時間だけ勉強しても、時間あたりの効率、情報の質と量に圧倒的な差が出てくることを実感できたのではないでしょうか。基本書を読むときでも、今まで平板な記述だと思っていたのが、高度に構造化され、整理された記述になっていることに気づくこともできるでしょう。ぜひ、普段の学習でも意識してください。

3大法律フレームワークに基づく学習法のポイントをまとめておきます（図表5-3、5-4、5-5）。

■ 図表5-3 法的三段論法のフレームワークで学ぶときのポイント

① 法効果を手がかりに、適用すべき条文を選択する
② 特定の法効果を発生させる要件を抽出する
③ 事実を各要件にあてはめる
④ 問題提起
⑤ 法規範の趣旨から要件が導かれることを示す
⑥ 具体的法規範が上記趣旨にあてはまることを示す
⑦ 具体的法規範が要件にあてはまることを示す
⑧ 事実が具体的法規範にあてはまることを示す
⑨ 事実が要件にあてはまることを示す
⑩ 事実が法規範を構成するすべての要件を満たすことを示せば、法効果が発生する

■ 図表5-4 利益衡量のフレームワークで学ぶときのポイント

① 条文が想定している利益状況は何か
② 条文はその利益状況をどのように調整しているか

■ 図表5-5 原則―例外のフレームワークで学ぶときのポイント

① 原則ルールは何か
② なぜそれが原則なのか
③ 例外ルールは何か
④ なぜその例外が許されるのか（必要性・許容性）

次に、法学の学習には判例を読むことが必須ですから、判例の基本的な知識を整理したあと、法律フレームワークに基づく判例の読み方も紹介します。

5 法律フレームワークに基づく効率的な判例の読み方

(1) 判例学習の重要性

まず、「判例」とは最高裁判所の判決または決定のことをいい、「裁判例」といえば最高裁以外の裁判所の判決または決定のこととして区別することが一般的です。最高裁判所の判例に違反する下級審の判決に対しては上告受理の申立て（民訴318条1項。刑事訴訟法406条の事件受理の申立ても、同様に呼ばれることがあります）や上告（刑訴405条2号）が認められているなど、最高裁の判例とその他の裁判所の裁判例とでは法的にも扱いが異なります。[*1] また、実務家は最高裁の判例をベースに事件処理をするので、事実上の法源としても機能します。したがって、特に最高裁の判例の事案及びそれに対する判断はおさえておく必要があります。

ただし、判例・裁判例の多くは法曹実務家の間でも判断が別れるような微妙な事案に対する判断ですから、**判例の事案は典型的なケースではなく限界事例である（すなわち、条文の想定している典型例ではない）ということを胸に留めておく必要があります。**

＊1 ただし、最高裁判決がない問題については、高裁判例違反が上告理由となります。

(2) 判決文の基本的な構造

判決文[*2]の体裁には、旧様式と新様式があります。平成2年ころを境に旧様式から新様式へと変わりましたが、今でも事案によって裁判官は旧様式と新様式を使いわけることがあります。

＊2 正式には「判決書」といいます。

これら2つの判決書の構造にはやや違いがあります。旧様式は、要件事実[*3]の攻撃防御方法に沿って構成されており、請求原因、抗弁、再抗弁……という順番で並んでいます。一方、新様式は争点を明記して争点ごとに当事者の主張を整理し、裁判所の判断を示すというスタイルです。このような判決書の構造を知っておくと、特に長い判決文を読むときに自分の知りたい情報にすぐたどりつけますし、判決文の理解に役立つというメリットがあります。また、判決書中のナンバリン

＊3 要件事実については209頁以下参照。

グは第6章5（5）（118頁）で後述する公用文のナンバリング方式に従っているので、論理構造を把握するのにも役立ちます。

もっとも、法律審（事実認定をせず、法律判断のみをする）である最高裁判所の判例は、あまり様式にはとらわれない傾向がありますので以上述べたことが妥当しなくともあまり気にしないでください。

⑶ 法曹会『最高裁判所判例解説』について

「最高裁判所判例解説」、いわゆる「調査官解説」とは、最高裁判所民事判例集（略して「民集」）、最高裁判所刑事判例集（略して「刑集」）に登載された最高裁判例についての最高裁調査官の解説をまとめたものです。[*1] 民事篇と刑事篇があります。毎年公刊されているので、法学部の図書館のどこかに「〇年度　最高裁判所判例解説」という本がたくさん置かれたスペースがあるでしょう。最近の判例でまだ本の形にまとめられていないものは、『法曹時報』という雑誌に載っています。

＊1 これらの判例集以外に「最高裁判所裁判集民事」と「同裁判集刑事」があり、略して「集民」「集刑」といっていますが、これらは最高裁の判例委員会で民集や刑集に掲載するほどの判例としての価値が認められなかった裁判例を登載したものです。

最高裁事件の基礎調査を担当し、最高裁判例を実質的に起案しているといってもよい最高裁判所調査官が解説しているので、非常に信頼性が高いものです。事案と争点に関する学説の整理や過去の判例との比較等をしてくれているので、著名な判例については判決原文と調査官解説のコピーをセットで保存しておくと便利です。

⑤判例分析のフレームワーク

⑷ 判例分析のフレームワーク

判例を読むときに、いきなり判旨を読んではいけません。判例を読むときは、つい争点と判旨に目が行きがちですが、以下で述べるような勉強をしておくと、判例の射程を問う司法試験の問題に正確に回答しやすくなります。

それでは、フレームワークを使って判例を読む方法をまとめておきます。判例を読むときは、ぜひ図表5-6を判例集の横に置いてSTEPに即して分析しながら読んでみてください。

■ **図表5-6 判例分析のフレームワーク**

STEP1　事実関係の把握

まずは時系列と関係図を作成します。判例は事実を書いていないことがあるので、そういうときは下級審を参照します。下級審の判決が公刊されていない場合は、民集・刑集を見れば、下級審の事実関係が掲載されていることが多いです。

［民事事件の場合］

- 原告と被告は誰か、原告と被告はどのような属性を有するか（国か、債権者か、所有者か、など）、原告と被告の関係、事実の経過等

［刑事事件の場合］

- 六何の原則に基づいて事案を把握し、何罪で起訴されたかを確認

STEP2　訴訟物及び訴訟形式（民事事件の場合）

- 原告が何を求めてどんな訴えを提起したか（事件名とよって書き† に注目）

STEP3　争点となっている適用条文の把握

- この事案は何法何条のどの文言の解釈が問題になっているのか
- 事案を見て特に問題にならない適用条文の要件を満たしているかも確認
- なぜそこが争点になっているのかを把握
- 当該争点について当事者がどのように主張しているかも確認

STEP4　裁判所の判断

- 規範とその根拠（特に決め手となる理由付け）を確認。規範だけ丸覚えはダメ。なぜその規範が導かれるのかを裁判所ははっきり説明していないことがあるので、原則―例外のフレームワークを使ったりして考えること。

STEP5　あてはめ

- あてはめで摘示されている事実が規範のどの文言に対応しているか、あてはめでどんな事実（要素）を拾っているのか、事実をどのように評価しているのかを必ず確認。

STEP6　結論の把握

- 当該事案において、裁判所が当該事案及び適用した法規範について、それぞれどのような利益衡量をして結論を導いたのかを考えてみることが有用。

---

† 「よって書き」とは、原告が何を請求したいかを訴状の最後に記載した部分のことをいいます。ほとんどの訴状の末尾には、「よって」で始まる一文がありますが、この記述により原告が請求したい内容を明示することが慣行となっています。したがって、「よって書き」を見れば原告の求める内容がすぐにわかります。

⑸ 判例百選の読み方

法学の学習にあたって必ず参照すると思われる判例百選の使い方についても、付言しておくこととします。

① 重要な判決は原文をあたる

判例百選は受験生の誰しもが読んでいるという点では重要ですが、その取り扱い方には注意が必要です。まず、2頁で事案と判旨と解説をまとめるという制約から、事案と判旨が非常に簡略化されているため、実際に判決原文にあたってみると、百選に書かれている事案から受ける印象とはまったく異なる印象を受けることがままあります。また、判旨の百選に引用されていない部分が重要だったりすることもよくあります。[*1] 特に法科大学院に進学を考えているか、在学中の学生であれば、重要判例は必ず原文にあたってください。

＊1 司法試験及び予備試験の憲法の問題では、百選に引用されていない部分から出題して正誤を問う問題が出題されることがあります。

② 百選に登載されている判例全部を理解しようとは思わないこと

そもそもなぜこの判例を選んでいるのか疑問であるということもあるので、百選に載っているからといって全部重要であると考えることは禁物です。もっとも、「百選に載っている」という理由で試験に出される判例もあるので、メリハリをつけましょう。**司法試験短答式試験の問題集を解いていて出てきた判例や、基本書に出てきた判例については百選の欄外に年次と問題番号を書いておくと、重要判例が一目瞭然になります。**

③ 解説はあまり参考にしない

百選の解説には非常にマニアックな見解の紹介をしていたり、文章が難解すぎて理解不能なものもあったりします。あまり解説は鵜呑みにしないことが重要でしょう。講義などで特に指摘されたものを除いて、理解できなくても気にしなくてよいと思います。

④ 記憶喚起のためのツールとして使う

百選の事案を見ただけで、原告の請求は何か、何が争点になったか、それに対して裁判所はどのような規範を定立してどのようにあてはめ、どのような結論を出したかを思い出せるようにしておくと、短答式試験にも論文試験にも役に立ちます。図表5-6に基づいて判例を分析した結果を欄外にメモしておくと，後で見返すのに便利です。

第6章 3大法律フレームワークに基づく司法試験（予備試験）の答案作成法（総論）

本章では、3大法律フレームワークを司法試験の論述式試験の答案作成に適用したらどうなるか、すなわち答案作成の方法論について述べていきます。

司法試験及び予備試験で合格という評価を与えられる答案は、**形式的にも実質的にも問いに答えている答案**です。たくさん書けばいいわけでもたくさん論証を書けばいいわけでもありません。

試験委員が聞きたいことに、受験生が答えているか。

これがすべてです。聞かれていることに答えるために必要かつ十分（すなわち、問いに答えるにあたって不必要なことは書いていない）な論述ができていれば、必ず司法試験及び予備試験には合格できます。

もっとも、試験委員が聞きたいことに答えようとして、問題文を読んで「試験委員はこんなことが聞きたいはずだ！」と決めつけると、的外れな架空の問題と1人で格闘することになりかねません。基本に忠実に思考することが、このようなミスを防ぐ唯一の方法です。そこで、まずは論述試験一般の注意点を述べつつ、法律フレームワークに基づいた答案作成法を紹介します。

1 試験問題を見たときに最初に見るべきものは？

あなたは、これから法学の試験を受けるとします。試験会場で試験官による「始めてください」という指示があり、裏向きに置かれていた問題文をひっくり返したあなたは、まず何から読み始めますか？

問題文から読み始めるという方は、少し危険です。何よりもまず読むべきは、問題文ではなく「問い」です。なお、**問題文**とは、**問題の内容を説明した文章**のことであり、**問い**とは、**何について解答を求めるかという指示のこと（問題文中に誘導がある場合は、その誘導も含む）**をいいます。問いを正確に把握してから問題文を読み、試験官が何に答えてほしいと考えているのかを把握することを最優先しなければいけません。理由は2つあります。1つは、試験の評価は問いに答えているか否かという観点からなされるため、何に対して答えればよいのかをまず把握しなければならないからです。もう1つの理由は、問いより先に問題文を読んでしまうと、特に問題が事例問題のときに以下のような弊害が生じるからです。すなわち、事例問題には問いに答える上で意味のある事実と意味のない事実が混ざっているのが通常ですが、問いを把握した状態で問題文を読まなければ、事実に意味づけすることができず、問題文を読む時間が無駄に増える可能性が高いのです。

2 問いに答えている答案とは？

冒頭で、司法試験及び予備試験で合格できる答案は、形式的にも実質的にも問いに答えている答案と述べました。そこで、答案の形式面と実質面のそれぞれについて具体例を挙げながら詳しく述べることとします。

⑴　形式面：問いに対する結論がある・結論が問いに対応する形になっている

問いに対しては、結論の形式も合わせなければなりません。たとえば、問いで「～の法律上の意義を答えよ。」と聞かれている場合は、「～という法律上の意義を有する。」という結論を書かねばならないのです。しかし、学生の答案の添削をしていると、論証を書き切ることで満足してしまい結論がないとか、結論が問いに対応する形になっていないというケースをまま見かけることがあります。以下に具体例を示します。

●　問いに形式的に答えられていない例

【新司法試験平成19年民事系第2問】
〔設問2〕あなたがK修習生であるとして、J裁判官の前記①②の質問に対してどのような報告をすべきかを述べなさい。なお、解答に当たっては、後記Ⅲ以下の事実は考慮しないこと。

1　共同訴訟人独立の原則と証拠共通の原則
⑴　共同訴訟人独立の原則とは、共同訴訟人の1人の訴訟行為が、他の共同訴訟人に影響を及ぼさないという原則をいう（民事訴訟法39条。以下法令名省略）。共同訴訟は手続の便宜上複数の独立した訴訟を併合したものであるから、各共同訴訟人の訴訟物に対する私的自治が個別に妥当することを訴訟法上も保障するという考え方に基づくものである。（中略）
　そしてその尋問の結果に基づき裁判所は心証を形成し、自由心証によって事実認定をするのであるから、本件では共同訴訟人間の証拠共通の原則が働いたとしても、不都合な問題は生じない。
以上

問いは、「あなたがK修習生であるとして、J裁判官の前記①②の質問に対してどのような報告をすべきかを述べなさい。」です。したがって、結論は「……という報告をすべきである。」と書かねばなりません。しかし、上記の例はそうなっていませんね。論証を書き切ることで満足してしまった典型例です。

些細なことと思うかもしれませんが、**実務において提出するほとんどの書面は、結論とその根拠を示すために作成されるものですから、求められている結論を正確に明示する習慣をつけておくことは非常に重要です。**もしかしたら「形式的なことだし、そこまで気を配らなくてもいいんじゃないか」と思う人がいるかもしれません。しかし、よくできる人は確実に形式面も整えてくるので、まったく同じ内容を書いていても、形式面ができていない人は、やはり見劣りします。「神は細部に宿る」のです。

⑵ 実質面：論証全体の内容が問いに答えるものである

問いに実質的に答えることが論述試験においてもっとも重要であることは間違いありません。実質的に問いに答えていないと評価され得るケースの例を挙げておきます。いわゆる「論点主義の弊害」といわれているものです。

● 実質的に問いに答えていないと評価されうるケースの例

× 問い（または事案の解決）から離れて、とにかく関連する論点を列挙している

「論点を挙げて論証を吐き出せば点数がもらえる」と勘違いしているパターンです。問いに答えるために不必要な論点の検討は、「理解せずに覚えていることを吐き出しているだけ」という印象を抱かれるリスクが高まるので、決してしてはいけません。

× 問いが法的効果の検討を要求しているにもかかわらず、その法的効果を発生させる要件のすべてを検討していない

「論点について書けば点数がもらえる」と勘違いしているパターンです。法的三段論法のフレームワークで述べたとおり（28頁）、法効果を発生させるすべての要件が満たされなければ、絶対に法効果は発生しません。もちろん、争点がある要件とそうでない要件とで、記述量にメリハリを付ける必要はあります。しかし、主要な争点がある要件のみについて検討し、他の要件についてはまったく検討していないのであれば、法的には誤りと言わざるを得ません。

× 司法試験の問題文の事案中の特殊な事情に着目せず、抽象的に論証を展開する

「法曹実務家は、目の前にある具体的な法的問題を解決するために存在する」という基本を忘れているパターンです。司法試験は、典型例とは異なる特殊な事情を問題文に入れることで、典型例とどう結論が変わってくるかという聞き方をすることがよくあります。その特殊事情に着目せず、覚えている論点を書いている答案が評価されるはずがありません。したがって、「この問題は典型例とどう違うのか」という視点を持って問題文を眺めてみるという習慣をつけることによりそういった特殊事情の存在に気づけることは重要です（当然、「典型例を知っている」ことは大前提です）。

問いの読み方･答え方

問いには様々なものがありますが、問いをどう読み、どう答えるかについての一般論を述べておきます。なお、以下に記載した問いであっても、問い全体から見ると一般論が通用しない場合があるのであくまで参考にとどめてください。

「説明しなさい」
…客観的に筋道を立てて述べます。自分の意見を表明することは求められていません。客観的事実を示せば足ります。

「検討しなさい」
…自分の意見を述べることまで求められているかは、問い次第です。学説や判例が分かれていないため、見解が1つしかない場合は自分の意見を述べる必要はありません。複数の立場があり得る場合は、どれかひとつの立場に立って、その当否につき論理的に結論を出すことが求められます。基本的には自分の意見とは異なる他の見解を考慮する必要はありません。

「論じなさい」
…このような問いがされるのは、見解が分かれている場合が多いです。したがって、できれば複数の見解を検討した上で、自分がどの見解を採るのかを比較対照しながら、根拠をつけて論証することが求められています。すなわち、答案上で議論することが求められているのであり、説明するだけでは、「論じた」ことにはならず、不十分です。

「述べなさい」
…最も汎用的な問いです。「問いで書くよう求められていることを書きなさい」といった程度の広い意味です。

「意義を述べよ」
…単に定義を書くだけではなく、体系内で占めるべき位置・役割・機能を述べる必要があります。

4 司法試験とはどのような試験か？

司法試験とは、法曹実務家の登用試験です。実務家を育成する司法研修所への入所試験といってもいいでしょう。法学の理論を理解した上で実務でも使えるか、そしてそれを文書で表現できるかを試す試験であるといえます。

司法試験では、答案上に書かれていることだけで判断されます。「ちゃんと読めばわかってもらえる」は通用しません。学生の答案を添削しているとき、学生に「なぜこのように書いたの？」と聞くと、正確に理解していることが伺える答えが返ってくるけれども、答案上はとてもそうは読み取れないことがよくあります。正確に理解し、そして答案上で表現できなければ何の意味もありません。

司法試験は一貫して「基本を深く理解しているか」を聞いています。したがって、基本を正確に理解するとともに、その理解を答案上で表現できなければ無意味であるということを心してください。

⑥答案作成のフレームワーク

5 法律フレームワークに基づく答案作成のフレームワーク

(1) 事例問題における問題分析と答案構成の思考過程

初めて司法試験や予備試験の答案を書こうとする人は、どうやって答案作成をすればよいのか迷う人もいるでしょう。そこで、法律フレームワークを使って答案作成をするときの思考過程の一般的な例を示すこととします。一般的によくいわれる学生へのアドバイスも盛り込んでありますので、参考にしてください。

まず、答案作成には2つの思考過程があります。問いと問題文を頭にインプットして処理する**問題分析**と、処理した結果を答案に書けるように出力する**答案構成**です。本書では両者を合わせて**答案作成**と呼びます。法的三段論法のフレームワークを応用して、答案作成における問題分析の思考過程を一般化したものが、以下の問題分析のフレームワークです（図表6-1）。

■ **図表6-1 問題分析のフレームワーク**

STEP1　何よりもまず問いを見る（問題文中の誘導も問いに含む）

まず問いだけを見て、何を答えればよいかについてできるだけ具体的なイメージをつかんでください。

STEP2　問いと問題文から検討すべき対象（法効果・行政機関の行為等）を特定する

例1）問い：「AB間の法律関係を答えよ」
→どのような請求権を検討するか考える
例2）問い：「捜査の適法性を述べよ」
→検討すべき捜査機関の行為を特定する

STEP3　検討対象の根拠条文を探し、六法を見ながらすべての要件を確認して書き出してみる

いきなり論点に飛びつくのではなく、必ず条文から思考をはじめましょう。

STEP4　仮あてはめ

問題文中の事実をひとつひとつ要件にあてはめていき、検討の必要となる条文の文言を特定します。必ず条文及び問題となる文言は指摘してください。

STEP5　問い及び問題文との関係で厚く論じるべき部分とそうでない部分を決める

答案に書くときは、出題者がおよそ問題にしていない点まで詳細に検討することは適切ではありません。ほとんど問題にならない要件は、簡潔に「～という要件は満たす」と書けば足ります。ただし、ほとんど問題にならない場合でも省略はすべきではありません。

STEP6　形式的に問いと結論を一致させる（問いに答える）

次に、問題分析の結果をもとに答案構成をする場合の思考過程を一般化したものが、**答案構成のフレームワーク**（図表6-2）です。

■ **図表6-2 答案構成のフレームワーク**

STEP1　法効果（訴訟物や罪責等）の指摘
STEP2　事実を要件にあてはめようとしたことにより判明した問題点の指摘
STEP3　（必要であれば）趣旨の指摘
STEP4　具体的法規範の導出
STEP5　あてはめ（事実の指摘及び評価）
STEP6　結論の確認

以上の順序は、**裁判官が書く判決書や、弁護士が作成する書面の構成とほぼ同じ**です。裁判官であれば、まず主文という結論を書き、事実関係を整理した上で裁判所の判断した理由を書き、最後に主文のとおりの結論に至ったと書きます。弁護士が訴状を書くときは、まず請求の趣旨という結論から書き始め、その後、要件事実ごとに事実と主張を述べていきます。刑事事件であれば弁論要旨で同様のことをします。法曹実務家としての資格があるかを問う司法試験においても、同様の書き方をすべきです。結論を先に書く書き方は、読み手に文章の展開を予測させやすくなるため、良い文章であると評価されやすくなる傾向があります。

本書では、問題分析のフレームワークと答案構成のフレームワークを合わせて**答案作成のフレームワーク**と呼びます。第7章以降、各法における答案作成のフレームワークを紹介していますが、これは以上述べてきたことを各法の特性に合わせてアレンジし、フレームワーク化したものです。

⑵　一行問題における問題分析の思考過程

法学部の定期試験では一行問題が出題されることがあるので、一行問題の分析方法も述べておくこととします。一行問題はいくつかのパターンがあるので、そのパターンごとの書き方をマスターするとよいでしょう（図表6-3）。

■ **図表6-3 一行問題の問題分析のフレームワーク**

STEP1 何よりもまず問いを見る（論点に飛びつかない）

STEP2 問いが次のどのパターンに該当するかを検討し、パターンに応じた答案構成を検討する

● 一行問題の問いのパターン

ア．概念説明型（一行問題の典型）
問いに記載されている用語の定義、趣旨及び具体的内容を論述します。

イ．制度比較型
概念説明型と同じように複数の制度の定義、趣旨、具体的内容をそれぞれ論じた上で、共通点と相違点を検討します。

ウ．原則―例外型
ある概念の原則について定義、趣旨、具体的内容を論じた上で、なぜ例外が認められているのかを趣旨から論述します。

エ．隠れた概念説明型
何の概念について検討すべきか明示されていないため、自分で概念を抽出する必要がありますが、抽出した後は概念説明型と同様です。

⑶ 解釈方法の基本

法規範を解釈するときは、**文理解釈**、すなわち**法律の文字の意味に従う解釈が大原則**です。したがって、法的三段論法におけるあてはめのプロセスにおいて何よりもまずすべきことは、文言に忠実に事実をあてはめてみることです。文言から離れた解釈は、法解釈ではありません。「特定の法制度について学習しこれを理解・修得する出発点は、いうまでもなく、制度を造型している実定法規の条文である。条文の文言とおよそ関連しない言説は、実用法学の世界においては無意味な寝言に等しい。[*1]」という言葉を胸に留めておいてください。

＊1 酒巻匡「刑事手続の目的と基本設計図」法学教室355号35頁（有斐閣、2010）

また、解釈の対象は条文だけではありません。判例や学説の具体的規範をさらに解釈する必要があることもあります。解釈にあたっては、なぜそう解釈するのかという理由が重要です。「判例がこう言っているから」は、まったく理由になりません。

文理解釈の反対概念として、論理解釈（縮小解釈・拡張解釈・類推解釈・反対解釈・勿論解釈）があります。しかし、これらは解釈した結果を分類したものであって、実際に解釈をするときに「これは縮小解釈をしてみよう」などと考えて解釈しているわけではありません。これらの解釈の実態に着目すれば、結局は法規範の趣旨に遡り、趣旨から抽象的な条文の文言を解釈する＝目的論的解釈をしていることがわかります。これらの解釈手法をどうやって使うのかが重要なのです。

⑷ 論点のパターン

論点とは何か、論点のパターンごとの解釈の手法について説明します。**論点**とは、**法律上の議論をする必要が生じるポイント**のことです。論点には以下の5パターンがあります。

① 条文の文言が不明確な場合

論点の王様です。ほとんどの論点がこのパターンであるといってよいでしょう。解釈の仕方としては、基本的には抽象的な条文の文言を法規範の趣旨から解釈して定義（具体的法規範）を導きます。答案との関係では、いきなり定義を書いてもよい場合もありますが、当該論点は争点となっているか否かなどから判断します。

● 条文の文言が不明確なため解釈が必要な文言の例

「表現の自由」（憲法21条1項）
「第三者」（民法94条2項・177条・545条1項但書等）
「強制の処分」（刑訴法197条1項但書）

② 文言は明確だがそもそもその条文が適用されるかが不明確な場合

このパターンも法規範の趣旨から当該条文がどのような場合に適用されるかについて具体的法規範を定立します。

● 文言は明確だがそもそもその条文が適用されるかが不明確な例

刑訴法320条1項（ただし、「書面」という文言の解釈問題であるという立場もあります）

③ 条文（又は要件）が存在しない場合

このパターンでは、法規範の趣旨から要件を定立したり、類推解釈・反対解釈・勿論解釈をしたり、信義則で補充したりすることとなります。

● 条文（または要件）が存在しないため、解釈で補充している例

- 類推解釈の例…民法94条2項類推適用
- 反対解釈の例…民法511条の無制限説
- 勿論解釈の例…所有権に基づく妨害排除請求権・人格権に基づく差止め

④ 特定の事案に適用されうる条文が複数存在する場合

同一の事実について、複数の条文が適用可能な場合（請求権競合）といずれかの条文しか適用できない場合（法条競合）があります。各条文・制度の性質理解から、両立するといえる場合は請求権競合、一方が原則、他方が例外といえる場合は法条競合となります。

- 請求権競合の例
  債務不履行（民法415条）と不法行為（民法709条）
- 法条競合の例
  横領罪（刑法252条）と背任罪（刑法247条）（横領罪のみが成立）

⑤ 形式的に条文を適用すると不当な結論になる場合

法規範の趣旨から条文の適用範囲を変動させます。たとえば、条文にない要件を増やしたり、拡大解釈や縮小解釈をしたり、一般条項により適用を制限するといったことをします。

- 要件を増やす…不法領得の意思（領得罪）
- 拡大解釈の例…使用者責任「事業の執行につき」（民法715条）
- 縮小解釈の例…無断転貸解除（民法612条）・「第三者」（民法177条等）

⑸ 答案におけるナンバリング法

法学の答案においてナンバリングは必須ではありませんが、ナンバリングをした上で小見出しをつけると、答案が読みやすくなり、印象が良くなります。また、適切な小見出しがつけられていれば、それだけで文書全体の論理構成といいたいことが把握できます。ナンバリングと小見出しのまったくない文書は非常に読みにくいですし、実務で書面を作成するときはほぼ確実にナンバリングと小見出しをつけるので、普段から訓練しておくとよいでしょう。

ナンバリングには、公用文で使われているルールがあります。必ずしも公用文のルールに従う必要はありませんが、従うよう指導されることが多いことと、判決文等がこのルールに従っている（ほとんどの弁護士も従っています）ので、知っていると法律関係の文書が読みやすくなりますし、法曹実務家っぽい文章になります。

公用文のナンバリングは、一番上のレベルから第1、1、⑴、ア、(ア)……というように下がっていきます。ナンバリングのイメージとコツは、図表6-4のとおりです。

■ **図表6-4　公用文のナンバリングとコツ**

第1　………
　1　………………
　　⑴　……………
　　………
　　　ア　……………
　　　………
　　　　(ア)　…………
　　　　……………

① 法的三段論法の構造とナンバリングの構造を対応させる
② ひとつのナンバリングで書くのはひとつの内容だけにする
③ 「第1」と「1」のレベルにはできるだけ小見出し（内容の要約）を付ける

答案作成についての一般論は以上です。それでは、いよいよ個別法のフレームワークを紹介していきます。

刑事系

Part 2

第7章 刑法のフレームワーク

本章からは、司法試験の試験範囲となる主要な法律の固有のフレームワークについてみていきます。まずは刑法です。普通の本であれば憲法や民法から始まるでしょうが、本書では刑事系、民事系、公法系の順で構成しています。刑事系を一番先にしている理由は、刑事系は固有のフレームワークがあることが最も理解しやすいからです。

刑事系固有のフレームワークをきちんと身につければ、学習を始めてから比較的早い段階に安定して答案を書けるようになりますので、本章の刑法と、次章の刑事訴訟法のフレームワークはかなり丁寧に紹介します。

1　刑法のフレームワーク総論

⑴　刑法の論述式試験の問い～「罪責」とは何か？～

各法固有のフレームワークを考える際には、司法試験論述式試験の「問い」の形式に合わせて思考を始めることが有用です。なぜなら、そのような形でまとめた思考形式は司法試験にそのまま通用するだけでなく、実務でも使えるからです。

司法試験及び予備試験における刑法の問いはいつも同じです。それは「罪責を論じなさい」です。では「罪責」とは何でしょうか。

「罪責」という言葉は、「罪」と「責」という言葉からできています。「罪」とは犯罪、「責」とは責任です。すなわち**「罪責を論じなさい」とは、「どのような犯罪が成立し、どのような責任を負うのかを議論しなさい」ということです。**

では**「犯罪」**とは何でしょうか。現在の通説では、**「構成要件に該当する違法で有責な行為」**と定義されています。したがって、構成要件に該当する違法で有責な行為をすれば、その犯罪に対する責任（死刑、懲役刑、罰金刑等）を負うことになるわけです。よって、**「罪責を論じなさい」という問いに対しては、構成要件に該当すること、違法性があること、責任があることを検討して犯罪の成否について結論を出し、犯罪が成立する場合には、その犯罪に対してどのような責任を負うかということについて論じれば、問いに答えたことになります。**

⑵　犯罪論の体系と原則―例外のフレームワーク

刑法の問題について思考するときは、犯罪論の体系を無視することはできません。論点にとらわれるあまり犯罪論の体系まで無視している（たとえば、構成要件該当性の検討をせずに、いきなりメインの論点となる違法性阻却事由の検討をするなど）答案を見かけることがありますが、これは基本がわかっていないとして大幅に減点されます。それだけでも不合格になるレベルのミスです。

そこで、原則―例外のフレームワークを用いて、犯罪論の体系のうち、構成要件、違法性及び責任の関係を整理してみましょう。

まず、**構成要件**とは**「刑罰法規が犯罪として規定している行為の類型」**[*1]をいいます。現在のところ、構成要件とは違法行為の類型で、なおかつ有責行為の類型でもあるとする考え方が有力です。構成要件に該当する行為は原則として違法行為であり、有責行為でもあると考えるということです[*2]。

ある行為が構成要件に該当した場合、原則としてその行為は違法であることが一応推定されますが、構成要件該当性が認められた後、例外的に違法性がない事情がある（「違法性阻却事由」といいます）と認められた場合には、犯罪の成立が否定されます。たとえば、人を殺したけれども正当防衛が成立する場合は、殺人罪の構成要件に該当しますが、正当防衛という違法性阻却事由があるので犯罪は成立しません。

また、違法性があっても責任がない（「責任阻却事由がある」といいます）場合にも、犯罪の成立が否定されます。ここでいう**「責任」**とは、**「構成要件に該当する違法な行為を行ったことについて行為者を非難できること、つまり非難可能性」**[*3]という意味です。すなわち、責任阻却事由の検討を要する場面では、構成要件に該当する違法な行為をしたということは前提で、さらにそれに対する非難ができるか、ということが問題となります。心身喪失者に対し、責任能力がない（刑法39条1項）ことを理由として出された無罪判決が批判されることがありますが、ここでいう心神喪失とは、「精神の障害により、行為の違法性を弁識し（弁識能力）、その弁識に従って行動を制御する能力（制御能力）を欠く状態[*4]」をいいます。これは、自らの行為の違法性が認識できないか、その行動を制御できない人に対しては非難することができないため、刑法上の処罰はしないということです[*5]。

このように、**構成要件該当性→違法性阻却事由の該当性→責任阻却事由の該当性という順序で検討する**のには理由があります。既に述べたとおり、刑法とは罪を犯した者を処罰する法律であり、処罰は憲法上の権利を直接的に侵害するものです。したがって、何が犯罪となるかは、あらかじめ国民がわかる形にしておかなければなりません。しかし、違法性や責任の有無という実質的な検討をしなければ犯罪の成否がわ

＊1 大塚裕史他『基本刑法Ⅰ－総論』（日本評論社、2012年）50頁

＊2 構成要件に該当する場合に原則として責任があると考えるかは議論のあるところです。立場によっては、責任阻却事由を検討するのではなく、責任があることを積極的に検討することとなります。各自が依拠している基本書の立場を確認してください。

＊3 大塚裕史他『基本刑法Ⅰ－総論』（日本評論社、2012年）239頁

＊4 山口厚『刑法〔第3版〕』（有斐閣、2015年）134頁

＊5 ただし、重大な他害行為を行ったにもかかわらず、心神喪失を理由として無罪や不起訴となった場合は、検察官は原則として対象者を指定医療機関に入院等をさせるよう申し立てなければなりません（医療観察法33条1項、42条1項）。

からないのであれば、国民は萎縮して大幅に行動を制限せざるを得ないでしょう。そこで、構成要件該当性という形式的な判断を、違法性及び責任という実質的な判断に先行させることにより、犯罪に当たるか否かの判断を事前に明確に判断できるようにすべきです。そして、責任とは「構成要件該当・違法行為を行った者に対する非難可能性」ですから、前提として「構成要件に該当する違法行為をした」ということを確定しなければなりません。したがって、違法性阻却事由の検討をしてからでないと、責任阻却事由の検討はできないはずです。

司法試験及び予備試験の答案を書くときも、必ずこの順序は守らねばなりません。**その問題のメインの論点が違法性阻却事由や責任阻却事由にあるからといって、構成要件該当性の検討をすっ飛ばすようなことは絶対にしてはいけないのです。**

以上、犯罪論の体系について述べてきましたが、**刑法における議論は何を原則形態と考えているかを想定すれば体系的理解がしやすくなりますし、原則→例外という順序に書いていくと、答案構成もしやすくなります。**刑法の論述式試験は、解答を求められている人物の行為について答案上で何罪が成立するのかを示し、各行為の構成要件、違法性阻却事由の要件、責任阻却事由の要件を展開し、あてはめて、争点があるところは議論し、結論（罪数）を書けば、問いに答えたことになります。

Column 結果無価値論と行為無価値論

刑法の学習を始めると、結果無価値論と行為無価値論の対立に突き当たると思います。結果無価値論とは、違法性の本質を法益侵害ないし法益侵害の危険を引き起こしたことに求める法益侵害説を前提として、「結果」を中心に違法性を捉える見解です。他方、行為無価値論とは、違法性の本質について、法益侵害説をベースとしつつも、社会倫理規範違反も加える見解（結果無価値論と行為無価値論の二元論）です。行為無価値論は、「実行行為」を中心に違法性を捉えます。学説では結果無価値論が優勢ですが、実務では行為無価値論を前提として公判が進められます。両説の対立は違法性が関わる論点全般で現れますが、あまり深入りせず、どちらの立場を取るかを決めた上で割り切るとよいでしょう。

*1 **実行行為**とは、**特定の構成要件に該当する、結果発生の現実的危険性を有する行為**のことをいいます。

*2 **因果関係**とは、**実行行為が原因となって結果が発生したといえるような関係**のことをいいます。「その行為がなければその結果は発生しなかった」という関係(条件関係)を前提に、適切な処罰範囲を決めるため様々な学説が対立していますが、本書では詳述しません。

*3 実行行為前に結果が発生した場合を早すぎた構成要件の実現、実行行為時に責任能力がなかった場合を原因において自由な行為、実行行為と故意の内容がずれている場合を錯誤と呼びます。

また、刑法総論の議論では、**「1人の人間が、自らの手で直接実行行為[*1]を行い、法益侵害結果・危険を惹き起こし、実行行為と結果の間に因果関係[*2]があって、実行行為当時に故意(客観的構成要件の認識・予見)がある」という形態を原則**と考えています。したがって、自らの手で実行した者が複数の場合(実行共同正犯)や、他の行為者を通じて法益侵害・危険を惹起した場合(間接正犯、共謀共同正犯、教唆犯、幇助犯)のように、複数人で法益を侵害した場合は行為者が1人という原則に対する例外です。この例外を正当化するためには、そもそも正犯とは何か、共犯とは何かを考える必要があるわけです。さらに、実行行為時に行為と対応する故意がない場合[*3]は、行為と責任の同時存在の原則の例外となることがあります。

以上のとおり、原則―例外のフレームワークに沿って、原則ルールは何か、なぜそれが原則なのか、例外ルールは何か、なぜその例外が許容されるのかという観点から判例や学説を眺めれば、自然と体系的な整理ができるはずです。

では、次に刑法における利益衡量のフレームワークを紹介する前提として、刑法にはどのような原理・原則があるのかを紹介しましょう。

2 刑法における利益衡量のフレームワーク

(1) 刑法におけるマクロな利益衡量

刑法においても様々なレベルの利益衡量がありますが、刑法の究極的な使命は法益保護機能と自由保障機能を調整することにあります。この利益衡量がどのように刑法理論に影響を与えているかを知ることは、非常に重要です。

まず、**法益保護機能**とは、**刑法で定めた行為を刑罰という形で禁止・命令することによって、国民の法益等を守る機能**のことです。**自由保障機能**とは、**刑罰という国家権力の行使を制約し、恣意的な処罰から個人の自由を守る機能**のことです。刑法は、国民の法益保護のために存在するわけですが、同時に刑法によって禁止・命令されていない行為は不可罰であることを保障しなければなりません。いわば、刑法においては常に処罰の必要性と処罰の限定性とが対立しているといえます。そして、この2つの要請の調和点を探るのが、刑法の解釈の課題です。

この2つの原理の調整を可能にするために導かれた原則が、**法益保護の原則・謙抑性の原則・罪刑法定主義の原則・責任主義の原則**です。[*4] 主に法益保護機能との関係で問題になる原則が法益保護の原則と謙抑性の原則、自由保障機能との関係で問題になる原則が罪刑法定主義の原則と責任主義の原則です。刑法の解釈にあたってはこれらの原理・原則を常に念頭に置いておく必要があります。

法益保護の原則は、**「法益侵害なければ犯罪なし」という考え方**です。この原則の中心的な問題は、そもそも「法益」とは何か？ということです。これは裏返せば、「違法性とは何か」という話であり、先に述べた結果無価値論と行為無価値論の違いが最も反映される問題です。主に同意傷害などの法益の処分、実行の着手や不能犯、主観的な意思を違法判断の基礎とするか否か、違法性阻却事由の根拠、因果関係の議論において問題となります。

謙抑性の原則は、**「刑罰という国民の人権を直接的に制約する手段を使う以上、その行使は法益侵害もしくはその危険があったときにのみ許される」という考え方**で、法益保護機能を制約しつつ自由保障機能と調整するための原理となっています。この原理から問題となる争点はありませんが、解釈全般において謙抑的な解釈をとるべきという形で妥当します。

罪刑法定主義の原則は、**「ある行為を処罰する規定があらかじめ法律で定められていなければ、その行為を処罰できない」という考え方**です。あらかじめ処罰規定がなければ、何が処罰されるかわからず、人は自由に行動することができませんから、自由を保障するための原理です。この原理は、不真正不作為犯や正犯とは何かという議論で問題となります。

責任主義の原則は、**「責任なければ刑罰なし」という考え方**です。これは、法益侵害という客観的な結果が発生したとしても、その結果を発生させた個人に客観面と対応する主観面がなく、当該個人を非難することができなければ、処罰できないということです。つまり、自分以

＊4 大塚裕史『刑法総論の思考方法』(早稲田経営出版、第4版、2012年)42頁以下を参照。

外の者の行為によって処罰を受けることもないし、刑罰を受けるような結果を発生させてしまっても、その結果を回避するための反対動機（その結果を発生させないように差し控えること）を形成できないのであれば、処罰することができないということです。責任主義の原則からは、先に述べた行為と責任の同時存在の原則が導かれます。したがって、原因において自由な行為において問題になりますし、錯誤や誤想防衛、共謀共同正犯においても考えねばなりません。

また、責任主義の原則は、よく法益保護機能と対立します。これは心神喪失者が人を殺してしまった場合のことを考えるとわかるでしょう。人の生命という法益を保護するための処罰の必要性と、規範に直面して反対動機を形成できない人は、処罰しないという責任主義とが対立しています。

刑法の議論を眺める際は、法益保護機能と自由保障機能という2大原理の衝突と、それを調整するための法益保護の原則・謙抑性の原則・罪刑法定主義の原則・責任主義の原則という4大原則を念頭に置いておき、今自分が学んでいる論点はどの原理・原則から出発しているのかを意識するようにしましょう。議論の出発点をきちんと押さえれば、自分の頭で理論体系を構築することができるようになります。

⑵ 刑法におけるミクロな利益衡量

刑法においても、当該事案におけるミクロな利益衡量が問題となります。ミクロな利益衡量は大きく分けて2つあり、1つはそもそも①罪責を負うか否かというレベルと、②罪責を負うとしてもどの程度の責任を負うのかというレベルです。

①のレベルについて、構成要件に該当するにも関わらず、感覚的に罪責は負わない、といってしまうのは、法曹実務家が絶対にやってはいけないことです。しかし、実際には法的な結論と感覚的な結論が衝突することはままあります。第2章で紹介した立川ビラ事件（39頁）は、まさにそういう事案でしょう。弁護人と検察官は、法律論の枠内で具体的規範を操作し、裁判所を説得し、妥当な結論を導く必要があります。

また、②罪責を負うとしても、どの程度の責任を負うのか、すなわち適切な量刑はどのくらいかを考える必要があります。一般に量刑は責任の量に比例するといわれますが、同じ法益侵害でも行為態様や動機などを見れば、行為者を非難できる程度は大きく変わります。司法試験ではこのようなことは問われませんが、法曹実務家を目指すのであれば、判例の事案を読むときなどに量刑相場もみておくとよいでしょう。

3 刑法の答案作成のフレームワーク

司法試験及び予備試験の刑法の問題を解くときに、どのような順序で思考を進めるとよいかというフレームワークを紹介します。かなり細かくSTEPを分けています[*1]が、慣れれば一瞬でできるようになるはずです。このSTEPは、答案作成のフレームワーク（113〜114頁）と利益衡量のフレームワークを組み合わせ、刑法の問題に応用したものです。

*1 たとえばSTEP0からSTEP3は、普通は同時にやる作業でしょう。

STEP0 問題文を読みながら、被害者の法益に影響を与える事情を発見する

いきなり論点を探すのではなく、とりあえず法律論はおいておいて、素朴な感覚で問題文の事案において法益に影響を与える（法益を侵害する方向・法益侵害がない方向）事情の大枠を掴むと、争点の取りこぼしが減ります。最初にマクロな視点からざっと全体を眺め、争点となるところに緩くフォーカスします。STEP1以下の効率を高める効果を狙っています。応用的なSTEPですので、できなくとも構いません。

- 法益を侵害する方向に影響を与える事情：
  加害者の被害者に対する働きかけ、それに先立つ共犯の正犯に対する働きかけなど
- 法益侵害がない方向に影響を与える事情：
  加害者が被害者の法益を侵害する行為をした後、法益を回復するような行為をしたこと、法益を侵害しているが、その侵害を正当化できる事情があるなど

STEP1　他者から影響を受けている法益を特定する

このSTEPから、法律論という観点で眺めます。実際には**STEP0**と同時並行で行います。行為無価値論も結果無価値論も、法益侵害説をベースにしている点では共通しますので、いずれの立場をとるにせよまずは他者から影響を受けている法益を特定します。最初に法益ではなく、行為を特定してしまうと、1つの行為が複数の者の法益を侵害している場合（1つの抵当権設定行為が所有者と抵当権者双方の法益を侵害する場合など）に気づかなかったり、複数の行為が1個の法益侵害を発生させているのに、複数の法益侵害を発生させているかのように考えてしまうという間違いを犯す可能性があります。したがって、**まずは行為ではなく影響を受けた法益を特定するという観点で眺めることが重要**です。漏れなく検討するには、法益の侵害と保護（未遂、中止犯、正当防衛等）につながる可能性を両方チェックしましょう。もっとも、法益だけでは構成要件の特定ができないこともあります[*1]ので、法益と行為を両方チェックするイメージを持つとよいでしょう。

＊1 たとえば、窃盗罪、強盗罪、詐欺罪、恐喝罪の保護法益は同じです。

STEP2　STEP1で特定した侵害法益から逆算して、法益を侵害している行為と行為者を特定する

侵害法益を特定したら、**その法益から逆算して法益侵害行為とその行為者を特定**します。その法益に影響を与えている人物は誰か（そもそも1人だけか複数か）という観点から問題文を眺めるということです。共犯の場合は、因果的共犯論から正犯を通じて法益に影響を与えていると考えられるので、侵害から逆算して共犯者のどの行為が正犯を介して法益を侵害しているのかも必ずチェックするようにしましょう。

このSTEPで考えるべきことは以下のとおりです。

- **実行の着手はあるか、着手時期はいつか（不能犯との区別、間接正犯の成否、共同正犯の成立範囲などに影響）**
- **法益侵害は発生したか否か（既遂か未遂か）**
- **既遂であれば、既遂時期はいつか（一体の行為か複数の行為かや罪数に影響）**
- **共犯の行為（共謀・教唆・幇助）はどれか**

STEP3　STEP2で特定した行為を犯罪として規定する条文を特定する

条文の根拠がない記述は、法的には意味がありません。STEP2で特定した行為には必ず条文番号と条文の文言を引用しましょう。

STEP4　構成要件をすべて展開する

犯罪が成立するためには構成要件をすべて満たさなければなりませんから、まずは頭の中か答案構成用紙の上で構成要件をすべて展開します。刑法の構成要件は、客観的構成要件として主体・客体・実行行為・結果・因果関係、主観的構成要件として故意・目的・不法領得の意思などがあります。これらのうち、STEP1からSTEP3の過程で主体・客体・結果については既に検討済みですので、刑法各論の犯罪の構成要件と因果関係、主観的構成要件について、必ずすべて展開しましょう。論点がありそうな構成要件だけを探していると、思わぬ落とし穴に引っかかります。

STEP5　仮あてはめにより、解釈によって結論が変わりうる争点を発見する

STEP4で展開した構成要件に問題文の事実をあてはめてみます。この「仮あてはめ」は、法的三段論法における小前提の正当化のあてはめではなく、争いのない事実と争点をそれぞれ発見し、区別するためのものです。仮あてはめにより、どの説からも問題なく要件充足が認められる構成要件は、争いのない事実として定義のみを書いてあてはめれば足ります。他方、複数の解釈があり、どの解釈を取るかで要件を充足するか否かが変わる争点の場合は、STEP6に進みます。争点については、必要に応じて問題提起をしましょう。問題提起は、必ずしなければならないというわけではありません。

STEP6　争点については、趣旨等から構成要件を解釈する

STEP6とSTEP7が、答案で主に評価の対象となる部分です。STEP5で

発見した争点について、保護法益や制度趣旨に遡って具体的法規範（定義）を導き、自らの立場を明らかにする必要があります。

STEP7　あてはめ

あてはめにおいては、事実の指摘及び事実が規範にどうあてはまるか評価するという2つの作業を行う必要があります。具体的なあてはめのやり方については、第2章（48頁）を参照してください。

なお、違法性阻却事由や責任阻却事由がある場合は、構成要件の検討と同様に、その要件についてSTEP3からSTEP7までを検討しましょう。

STEP8　罪数

最後に結論として、罪数処理をします。問いは罪「責」を問うているわけですから、どのような責任を負うかを明示しなければなりません。複数の行為が成立するのであれば、法条競合なのか、包括一罪なのか、科刑上一罪（観念的競合（刑法54条1項前段）、牽連犯（刑法54条1項後段））なのか、併合罪（刑法45条）なのかを指摘しましょう。

STEP9　マクロな視点から行為と行為、行為者と行為者の関係を俯瞰する

STEP1からSTEP8までは、個別の行為の構成要件該当性というミクロな視点で検討してきましたが、行為と行為の関係、行為者と行為者の関係というマクロな視点で見ることも重要です。なぜなら、ミクロな視点だけでは発見できない争点があるからです。たとえば、第1場面における傷害行為と第2場面における傷害行為がある場合、それぞれの場面だけをミクロな視点から見ると両方に傷害罪が成立するけれども、全体をマクロな視点から見れば、第2場面の傷害行為が第1場面の傷害行為に対する正当防衛行為になっているような場合があります。また、どこまでが一体の行為なのか（一度実行行為は既遂に達して終了し、別個の法益侵害が発生しているのか、それとも全体として1個の行為なのか）という検討や、正犯と共犯の関係が継続しているのか否かという検討が必要になることもあります。

以上のSTEPに基づいてすべての行為について検討すれば、刑法の答案構成は完成します。慣れれば、問題文を1回読んだだけで**STEP0からSTEP9**まで完了し、問題文の横に答案構成を書き込んで、すぐに答案作成に入るということが可能になります。

■ **刑法の答案作成のフレームワークのまとめ**

STEP0 問題文を読みながら、被害者の法益に影響を与える事情を発見する

STEP1 他者から影響を受けている法益を特定する

STEP2 STEP1で特定した侵害法益から逆算して、法益を侵害している行為と行為者を特定する

STEP3 STEP2で特定した行為を犯罪として規定する条文を特定する

STEP4 構成要件をすべて展開する

STEP5 仮あてはめにより、解釈によって結論が変わりうる争点を発見する

STEP6 争点については、趣旨等から構成要件を解釈する

STEP7 あてはめ

STEP8 罪数

STEP9 マクロな視点から行為と行為、行為者と行為者の関係を俯瞰する

4 刑法の答案構成上の注意点

(1) 答案構成の順序

刑法の問題で答案構成をする際には、刑法の体系上の理由と読み手の読みやすさから、図表7-1のような順序で検討するとよいでしょう。

■ 図表7-1 刑法の答案構成の順序

① 全体の基本構成：時系列で整理しつつ、構成要件該当性→違法性阻却事由→責任阻却事由→処罰条件

② 構成要件該当性の検討順序：
客観的構成要件要素→主観的構成要件要素→共犯（→錯誤）

③ 客観的構成要件要素の検討順序：
主体→客体→実行行為→結果→因果関係→既遂・未遂

④ 主観的構成要件要素の検討順序：
故意→不法領得の意思→目的犯の目的等

⑤ 正犯と共犯の検討順序：
直接正犯（実行共同正犯）→間接正犯・共謀共同正犯→教唆犯→幇助犯

⑵ 答案構成における項目立ての仕方

刑法の答案構成における大項目は、2種類あります。1つ目は、問いには「甲及び乙の罪責を論ぜよ」と書いてあることが多いので、「第1　甲の罪責」「第2　乙の罪責」というように、人ごとに分けるパターンです。2つ目は、「甲が〇〇した行為」「乙が〇〇した行為」というように、行為ごとに分けるパターンです。前者の方が一般的であるように思いますが、個人的には後者をオススメします。なぜなら、実際に思考するときは行為者ではなく行為（法益侵害）に着目するため、行為ごとに書いた方が思考の流れに忠実であるのと、共同正犯のように複数人間の罪責が問題になるときに、共犯者の罪責の説明がしやすい（「第1の行為について、〇〇であるから、乙は××罪の共同正犯の構成要件を満たす。」と書ける）ためです。

5 フレームワークで解く平成26年司法試験（刑法）

以上紹介してきた刑法の答案作成のフレームワークを、実際の司法試験の問題で使ってみましょう。

［刑事系科目］
〔第1問〕（配点:100）

以下の事例に基づき、甲、乙及び丙の罪責について、具体的な事実を摘示しつつ論じなさい（特別法違反の点を除く。）。

1　甲（23歳、女性）は、乙（24歳、男性）と婚姻し、某年3月1日（以下「某年」は省略する。）、乙との間に長男Aを出産し、乙名義で借りたアパートの一室に暮らしていたが、Aを出産してから乙と不仲となった。乙は、甲と離婚しないまま別居することとなり、5月1日、同アパートから出て行った。乙は、その際、甲から、「二度とアパートには来ないで。アパートの鍵は置いていって。」と言われ、同アパートの玄関の鍵を甲に渡したものの、以前に作った合鍵1個を甲に内緒で引き続き所持していた。甲は、乙が出て行った後も名義を変えずに同アパート（以下「甲方」という。）にAと住み続け、自分でその家賃を支払うようになった。甲は、5月中旬頃、丙（30歳、男性）と知り合い、6月1日頃から、甲方において、丙と同棲するようになった。

2　丙は、甲と同棲を開始した後、家賃を除く甲やAとの生活に必要な費用を負担するとともに、育児に協力してAのおむつを交換したり、Aを入浴させるなどしていた。しかし、丙は、Aの連日の夜泣きにより寝不足となったことから、6月20日頃には、Aのことを疎ましく思うようになり、その頃からおむつ交換や入浴などの世話を一切しなくなった。

3　甲は、その後、丙がAのことを疎ましく思っていることに気付き、「このままAがいれば、丙との関係が保てなくなるのではないか。」と不安になり、思い悩んだ末、6月末頃、丙に気付かれないようにAを殺害することを決意した。Aは、容易に入手できる安価な市販の乳児用ミルクに対してはアレルギーがあり、母乳しか飲むことができなかったところ、甲は、「Aに授乳しなければ、数日で死亡するだろう。」と考え、7月1日朝の授乳を最後に、Aに授乳や水分補給（以下「授乳等」という。）を一切しなくなった。

このときまで、甲は、2時間ないし3時間おきにAに授乳し、Aは、順調に成育し、体重や栄養状態は標準的であり、特段の疾患や障害もなかった。通常、Aのような生後4か月の健康な乳児に授乳等を一切しなくなった場合、その時点から、①約24時間を超えると、脱水症状や体力消耗による生命の危険が生じ、②約48時間後までは、授乳等を再開すれば快復するものの、授乳等を再開しなければ生命の危険が次第に高まり、③約48時間を超えると、病院で適切な治療を受けさせない限り救命することが不可能となり、④約72時間を超えると、病院で適切な治療を受けさせても救命することが不可能となるとされている。なお、甲は、Aを殺害しようとの意図を丙に察知されないように、Aに授乳等を一切しないほかは、Aのおむつ交換、着替え、入浴などは通常どおりに行った。

4　7月2日昼前には、Aに脱水症状や体力消耗による生命の危険が生じた。丙は、その頃、Aが頻繁に泣きながら手足をばたつかせるなどしているのに、甲が全くAに授乳等をしないことに気付き、甲の意図を察知した。しかし、丙は、「Aが死んでしまえば、夜泣きに悩まされずに済む。Aは自分の子でもないし、普通のミルクにはアレルギーがあるから、俺がミルクを与えるわけにもいかない。Aに授乳しないのは甲の責任だから、このままにしておこう。」と考え、このままではAが確実に死亡することになると思いながら、甲に対し、Aに授乳等をするように言うなどの措置は何ら講じず、見て見ぬふりをした。

甲は、丙が何も言わないことから、「丙は、私の意図に気付いていないに違いない。Aが死んでも、何らかの病気で死んだと思うだろう。丙が気付いて何か言ってきたら、Aを殺すことは諦めるしかないが、丙が何か言ってくるまではこのままにしていよう。」と考え、引き続き、Aに授乳等をしなかった。

5　7月3日昼には、Aの脱水症状や体力消耗は深刻なものとなり、病院で適切な治療を受けさせない限り救命することが不可能な状態となった。同日昼過ぎ、丙は、甲が買物に出掛けている間に、Aを溺愛している甲の母親から電話を受け、同日夕方にAの顔を見たいので甲方を訪問したいと言われた。Aは、同日夕方に病院に連れて行って適切な治療を受けさせれば、いまだ救命可能な状態にあったが、丙は、「甲の母親は、Aの衰弱した姿を見れば、必ず病院に連れて行く。そうなれば、Aが助かってしまう。」と考え、甲の母親に対し、甲らと出掛ける予定がないのに、「あいにく、今日は、これからみんなで出掛け、帰りも遅くなるので、またの機会にしてください。」などと嘘をつき、甲の母親は、やむなく、その日の甲方訪問を断念した。

6　7月3日夕方、甲は、目に見えて衰弱してきたAを見てかわいそうになり、Aを殺害するのをやめようと考え、Aへの授乳を再開し、以後、その翌日の昼前までの間、2時間ないし3時間おきにAに授乳した。しかし、Aは、いずれの授乳においても、衰弱のため、僅かしか母乳を飲まなかった。甲は、Aが早く快復するためには病院に連れて行くことが必要であると考えたが、病院から警察に通報されることを恐れ、「授乳を続ければ、少しずつ元気になるだろう。」と考えてAを病院に連れて行かなかった。

7　他方、乙は、知人から、甲が丙と同棲するようになったと聞き、「俺にも親権があるのだから、Aを自分の手で育てたい。」との思いを募らせていた。乙は、7月4日昼、歩いて甲方アパートの近くまで行き、甲方の様子をうかがっていたところ、甲と丙が外出して近所の食堂に入ったのを見た。乙は、甲らが外出している隙に、甲に無断でAを連れ去ろうと考え、持っていた合鍵を使い、玄関のドアを開けて甲方に立ち入り、Aを抱きかかえて甲方から連れ去った。

8　乙は、甲方から約300メートル離れた地点で、タクシーを拾おうと道路端の歩道上に立ち止まり、そこでAの顔を見たところ、Aがひどく衰弱していることに気付いた。乙は、「あいつら何をやっていたんだ。Aを連れ出して良かった。一刻も早くAを病院に連れて行こう。」と考え、走行してきたタクシーに向かって歩道上から手を挙げたところ、同タクシーの運転手が脇見をして乙に気付くのが遅れ、直前で無理に停車しようとしてハンドル及びブレーキ操作を誤った。そのため、同タクシーは、歩道に乗り上げ、Aを抱いていた乙に衝突して乙とAを路上に転倒させた。

9　乙とAは直ちに救急車で病院に搬送され、乙は治療を受けて一命をとりとめたものの、Aは病院到着時には既に死亡していた。司法解剖の結果、Aの死因は、タクシーに衝突されたことで生じた脳挫傷であるが、他方で、Aの衰弱は深刻なものであり、仮に乙が事故に遭うことなくタクシーでAを病院に連れて行き、Aに適切な治療を受けさせたとしても、Aが助かる可能性はなく、1日ないし2日後には、衰弱により確実に死亡していたであろうことが判明した。

STEP0　問題文を読みながら、被害者の法益に影響を与える事情を発見する

問題文のうち、以下のような事実関係が被害者の法益に影響を与える重要な事実です。以下の事実関係が被害者の法益との関係で重要であると気づくためにはある程度訓練がいるので、初学者の方は参考程度に読んでください。

① Aは、生後3ヶ月程度の幼児で、市販の乳児用ミルクにアレルギー

② 甲はAの母親で、乙はAの父親だが乙は出て行った。丙は甲と同棲しているがAの実の父親ではない

③ 丙がAの世話をしなくなり、甲も殺意を持ってAの世話をしなくなることにより、Aの生命が危機に陥る

④ 甲の母親が甲方に来るのを、丙が断念させたことにより、Aの生命がさらに危機に陥る

⑤ 甲が、衰弱したAを見てかわいそうになり、授乳再開したことで、Aの生命回復の可能性。しかし病院に連れて行かなかったことにより、Aの生命がさらに危機に陥る

⑥ かつて甲方に住んでいた乙が、合鍵を使って甲方に無断で侵入

⑦ 乙が、甲方からAを連れ去ることにより、乙がAの衰弱に気づくきっかけになる

⑧ 乙がAを連れ去った後、乙はAの衰弱に気づき、病院に連れて行こうとする

⑨ ⑥から⑧の乙の行為により、Aの生命回復の可能性が生じる

⑩ タクシーの運転手が乙とAに衝突し、乙が負傷、Aは死亡

STEP1　他者から影響を受けている法益を特定する

問題文中の事実関係から、法益を侵害する方向と保護する方向の双方で影響を受けている法益を特定します。本問では以下のような法益が影響を受けています。

① Aの生命

② 甲の管理権

③　Aの行動の自由・安全

④　②及び③を侵害することによって、①Aの生命が保護される関係にある
→違法性阻却を検討

⑤　甲が授乳再開により、Aの生命が保護される可能性
→中止未遂を検討

STEP2　STEP1で特定した侵害法益から逆算して、法益を侵害している行為と行為者を特定する

STEP1で特定した法益のうち、侵害を受けたものから逆算して法益侵害をした者を特定します。

①　Aの生命を侵害する行為は、甲が、7月2日昼前時点でAに授乳しなかった不作為

①'　①を通じて、丙が、①と同じころ、Aの衰弱に気づきながらも見て見ぬふりをした行為によりAの生命を侵害

①"　丙が、7月3日昼、甲の母親の訪問を断念させた行為によりAの生命を侵害

②　甲の管理権を侵害する行為は、乙が、7月4日昼、甲に無断で甲方に立ち入った行為

③　Aの行動の自由・安全を侵害する行為は、乙が、同日、甲方からAを連れ去った行為

STEP3　STEP2で特定した行為を犯罪として規定する条文を特定する

六法を開いて、STEP2の行為を犯罪として定める条文を探します。条文番号は答案にも必ず書きましょう。

①　199条

①'　199条・62条1項

①"　199条・62条1項

②　130条

③　224条

刑法

STEP4　構成要件をすべて展開する

六法を見ながら、STEP3で特定した条文の構成要件をすべて展開します。

①　殺人罪の実行行為（「人を殺した」）・結果・因果関係・故意

※　因果関係が否定されて未遂になるとしても、刑法43条本文が適用されるか、授乳再開を中止未遂と見て43条但書の適用を認めるかは問題となりますが、ここでは詳述しません。

①’ ①の構成要件に加えて、幇助行為・幇助→促進→結果の因果関係・幇助の故意[*1]

＊1 幇助の構成要件については149頁を参照。

①” ①または①’

②　住居侵入罪の実行行為（「人の住居」「侵入」）・結果・因果関係・故意

③　未成年者略取罪の実行行為（「未成年者」「略取」）・結果・因果関係・故意

STEP5　仮あてはめにより、解釈によって結論が変わりうる争点を発見する

STEP4で展開した構成要件に、問題文の事実を仮にあてはめてみることで、立場によって結論が変わる構成要件（＝争点）を特定します。その構成要件については解釈論を展開して厚く書く必要があります。本件で争点になりうる構成要件は以下のとおりです。

①　［実行行為］甲のどの不作為が実行行為となるか？不作為でも処罰してよいか？どの時点で実行の着手があるか？

［因果関係］Aの直接の死因は交通事故によるものだが、実行行為と死の結果との間に因果関係があるか？

①’ 見て見ぬふりをしたことは不作為の幇助となるか？

①” 甲の母親の訪問を拒絶した行為は、殺人罪の正犯か？幇助犯か？

②　甲方の名義は乙だが、「侵入」か？

③　乙はAに対して親権を有しているが、未成年者略取罪の主体になるか？（「略取」にあたるか？）

STEP6　争点については、趣旨等から構成要件を解釈する

各争点については論証を展開します。各争点について具体的法規範と論証の構成をまとめたものが以下のものです。

①　【殺人の実行行為について】

人の生命に現実的危険を生じさせる行為

【不作為】

作為犯の条文には不作者も含まれると解することができるし、人の生命の侵害は作為のみならず不作為でも可能なので、不作為が構成要件的に同価値といえれば処罰はできる

しかし罪刑法定主義の要請から何が殺人の実行行為かは明確にしなければならない

→期待された作為を行う法的義務（作為義務）があったといえれば、処罰可能。もっとも作為義務があっても、作為の可能性・容易性がなければ処罰できない

作為義務が認められるためには、構成要件的結果を防ぐ作為を行うことが法的に期待される地位（保障人的地位）にあることが必要

【因果関係】

作為に出ていたとしたら救命可能であったことに合理的な疑いがない程度に確実

①'【幇助】

正犯を援助することにより、実行行為の遂行を促進し、構成要件該当事実の惹起を促進すること

【不作為の幇助】

作為義務については前述

②　【侵入】

管理権者の意思に反する立ち入り

③　【未成年者略取罪の主体】

未成年者略取罪の保護法益は、未成年者の行動の自由・安全であり、未成年者の保護を目的としている。監護権も未成年者の保護を目的としたものであるから、監護権者は同罪の主体に含まれない。

STEP7　あてはめ

STEP6で展開した具体的法規範に、あてはめていきます。紙幅の都合上、すべてのあてはめについて行うのではなく、作為義務の認定のために拾いあげるべき事実とその評価についてのみまとめました。（図表7-2）

■ **図表7-2 甲の作為義務のあてはめ**

事実	評価
甲はAを出産（3月1日）	Aは生後4か月。自力で生きる能力がない。
Aが生まれてから乙名義のアパートで生育してきたこと	甲は自らAの保護を引き受けてきている。
6月20日頃に丙が世話をしなくなる	甲しかAの世話をする人間がいない。
Aは乳児用ミルクにアレルギーがある	Aが生きるためには、甲が母乳をあげるしかなかったし、それが十分可能だった。
7月1日朝に授乳中断、7月2日昼前に生命の危険発生	自力で生きることができないAの生命は、甲による世話に依存していたところ、甲はAが生まれたときからその世話を引き受けており、Aのアレルギーという事情から7月2日昼前の時点でAの命を救える人物は甲しかいなかったことからすれば、甲はその時点でAのために救急車を呼ぶなどの措置をとることが法的に期待される地位にあった。

STEP8　罪数

①の行為について、甲に殺人未遂罪、①”の行為について、丙に殺人未遂の幇助、②及び③の行為について、乙に住居侵入罪及び未成年者略取罪が成立し、②及び③の行為は牽連犯（54条後段）となります。

STEP9　マクロな視点から行為と行為、行為者と行為者の関係を俯瞰する

複数の不作為があることから、どの不作為を実行行為と捉えるかを検討する必要があります。また、甲及び丙の行為によってもたらされたAの生命侵害が、乙の行為によって結果的に救済される可能性があった（実

際にはタクシーの事故によって結果が発生してしまったし、事故に遭わなくともAは死亡していた）ことをどう評価するかも検討ポイントでしょう。[*1]

＊1 本問では乙の行為について違法性阻却を検討する余地がありますが、検討は省略します。

刑法

6 刑法の事実摘示の仕方について

刑法の答案構成のフレームワークにおいて、「構成要件はいちいち全部列挙してあてはめしないといけないの？」という疑問を持った方がおられるかもしれません。そこで、簡潔に事実を記載する方法をお教えします。

司法研修所が出している「刑事判決書起案の手引」という本があります。司法修習に入ると配られるいわゆる白表紙と呼ばれるもののうちの1冊です。この本は、刑事裁判官が判決書を起案するときの注意点や書き方、そして事実の書き方をまとめたものです。司法試験の刑法は裁判官的視点から事件を眺めることが想定されているので、同書の書き方は司法試験においても非常に参考になります。典型的な犯罪を使って具体的に使い方を説明しましょう。

（殺人罪）

「被告人は、……殺害しようと決意し、……その場にあったネクタイ（平成○年押第○号の1）を同女の首の前部から掛けて後部で交差させ、その両端を強く引っ張って締め付け、よって その場で同女を窒息により死亡させた」

——司法研修所『平成19年版 刑事判決書起案の手引』（法曹会、2007年）101頁

主体	被告人は
客体	同女
実行行為	その場にあったネクタイ（平成○年押第○号の1）を同女の首の前部から掛けて後部で交差させ、その両端を強く引っ張って締め付け
結果	その場で同女を窒息により死亡させた
因果関係	よって
故意	殺害しようと決意し

以上のように構成要件と判決書に記載されている事実を対比してみると、構成要件に該当する事実がすべて無駄なくあてはめられていることがわかると思います。司法試験でも、まったく争いなく構成要件にあてはめられる事実については、答案の冒頭でまとめてあてはめてしまうといいでしょう。問題のある構成要件についてだけ別途項目を立てて論ずれば、自然と基本に忠実かつメリハリのある答案になります。

司法試験、予備試験にもよく取り上げられる犯罪を、他にもいくつか紹介しておきます。

(事後強盗罪)

「被告人は、平成○年○月○日午前○時ころ、…A方6畳間で、たんすの引き出しを開けて金品を物色中、隣室で寝ていたA(当時55歳)が物音に目を覚まし、『泥棒』と叫びながらつかみ掛かってきたので、逮捕を免れる目的で同人の肩をつかみ、手にしたあいくちを示しながら、『声を出すな。騒ぐと突き刺すぞ。』と言って脅迫した」

——司法研修所『平成19年版　刑事判決書起案の手引』(法曹会、2007年)114頁

(一言コメント)

司法試験受験生としては、「暴行又は脅迫」は「相手方の反抗を抑圧する程度であることを要する」と規範を定立した上で、丁寧に事実を拾い、評価しましょう。[*1]

*1 48頁を参照。

(業務上横領罪)

「被告人は、…○番○号A株式会社に雇われて外交及び集金の業務に従事していた者であるが、売掛代金を集金した場合には直ちに同会社に納入しなければならないのに、平成○年○月○日…○番○号のBから同会社の売掛代金3万円を集金しながら、これを勝手に自己の用途に供する目的で…同会社に納入しないで横領した」

——司法研修所『平成19年版　刑事判決書起案の手引』(法曹会、2007年)127頁

(一言コメント)

業務上横領罪の客観的構成要件は、「業務上自己の占有する他人の物を横領した者」です。答案を書く際には、構成要件の検討順序に少し気をつけなければなりません。業務上横領罪における**「業務」**とは、**「社会生活上の地位に基づき、反復継続して、他人の委託に基づいて他人**

の財物を占有保管する事務」のことをいいます。そして、業務上横領罪における**「占有」**とは、**「財物に対して濫用のおそれのある支配力を有すること」**をいいます。業務の中に「占有」という言葉が出てきますから、**検討の順序としてはまず「占有」があること、そしてその占有が「業務上」であること、という順序で認定する必要があります。**

不法領得の意思についても、「他人の物の占有者が委託の任務に背いて、その物につき権限がないのに所有者でなければできないような処分をする意思」という判例[*2]の定義を用いて、きちんと「委託の任務」「に背いて」についてあてはめをしましょう。

*2 最判昭和24年3月8日刑集3巻3号276頁（刑法判例百選（第7版）II65番）

刑法

7 共犯論のフレームワーク

⑧共犯論のフレームワーク

(1) 共犯論の思考の出発点

刑法総論のうち、共犯論は「絶望の章」と呼ばれており、苦手な方が多いのですが、基本的な構造はシンプルです。共犯論のフレームワークをおさえた上で基本書等を読めば、理解が容易になるでしょう。

共犯論の思考の出発点も、条文です。錯綜する議論に迷いそうになりますが、法的三段論法のフレームワークのSTEP1から思考を始めましょう。

STEP1 法効果を手がかりに、条文を選択する

刑法第60条（共同正犯）
2人以上共同して犯罪を実行した者は、すべて正犯とする。

刑法第61条（教唆）
1. 人を教唆して犯罪を実行させた者には、正犯の刑を科する。
2. 教唆者を教唆した者についても、前項と同様とする。

刑法第62条（幇助）
1. 正犯を幇助した者は、従犯とする。
2. 従犯を教唆した者には、従犯の刑を科する。

共犯には3つの類型があります。2人以上で共同して犯罪を実行する共同正犯[*1]（刑法60条）、特定の者に犯罪遂行の意思を生じさせて犯罪を実行させる教唆犯（刑法61条）、正犯による犯罪遂行を援助・補助する幇助犯（刑法62条）です。教唆犯と幇助犯をまとめて狭義の共犯と呼びます。

＊1 共同正犯の中にも、実行行為を分担する実行共同正犯と、各自の犯意を実行に移すことを内容とする謀議に基づいて犯罪を実行する共謀共同正犯の2種類があります。共謀共同正犯については後述します。なお、説明の便宜上両者を区別していますが、共通する判断枠組みで処理できるため実際には区別する必要はありませんし、実務では区別しません。

STEP2　特定の法効果を発生させる要件を抽出する

まずは共犯の各類型の構成要件を「条文から忠実に[*2]」抽出してみましょう。

＊2 すぐ後で述べますが、これらの構成要件はいずれも不十分なものですので、そのまま使わないよう注意してください。

共同正犯の客観的構成要件は①2人以上共同して犯罪を実行すること、主観的構成要件は②共同して犯罪を実行する意思です。

教唆犯の客観的構成要件は①人を教唆すること、②被教唆者が犯罪を実行すること、主観的構成要件は③故意です。

幇助犯の客観的構成要件は①正犯を幇助すること、主観的構成要件は②故意です。

STEP3　事実を各要件にあてはめる

以下のケースに各共犯の構成要件をあてはめて、Xに殺人罪の共犯が成立するかを検討してみてください。

Case

【ケース①：共同正犯】
A暴力団組長のXは、子分のYにけん銃を渡し、「これでB組組長のZを殺してこいや。無事殺せたら幹部にしてやる」と告げた。Yは「わかりました」と言って受け取り、そのけん銃でZを殺害した。

Case

【ケース②：教唆】
YがZの文句を言っているところを聞いたXが、Yに「そんなにZに文句があるなら殺したったらどないや？」と告げたところ、Yは、Xの発言をきっかけとしてZを殺そうと思い立った。しかし、Yは実際にはZを殺さなかった。しばらく経ってから、Yは飲み屋でZと喧嘩になり、Xの発言とは関係なく殺意を持ってZを殺害した。

Case

【ケース③：幇助】
YがZの殺害計画を立てていることを知ったXは、Yを手助けするため、自分が持っている日本刀をYに貸した。Yは、Xへの義理から日本刀を借り受けたが、既に自前でけん銃を用意していたため、まったく日本刀を使うつもりはなかった。そして、計画どおりけん銃でZを殺害した。

STEP4　問題提起

具体的事案にあてはめをしてみると、STEP2で抽出した構成要件はいずれも不十分であることがすぐにわかると思います。

ケース①（共同正犯）は、①二人以上共同して犯罪を実行するという構成要件にあたるのか否かがよくわからないでしょうし、そもそも実務的には共同正犯の構成要件をこのようには理解していません。

ケース②（教唆）は、STEP2の構成要件どおり、①XがZを殺害するようYを教唆しており、②YがZを殺害していますから、客観的構成要件はすべて充足しているように見えます。しかし、YがZを殺害したのは飲み屋で喧嘩したからであって、Xにそそのかされたからではありません。そんな場合でもXに教唆犯は成立するのでしょうか。

ケース③（幇助）は、①XがYのZ殺害計画を手助けするために日本刀を貸していることから、「正犯を幇助」しており、客観的構成要件は充足しているように見えます。しかし、実際にはXがYに日本刀を貸した行為は何の役にも立っていません。このような場合でもXは幇助犯となるのでしょうか。また、幇助は教唆と同じく狭義の共犯ですが、客観的構成要件の内容が明らかに違います。条文には書いていませんが、教唆犯にあった「被教唆者が犯罪を実行すること」という要件と同じように、幇助犯にも「被幇助者が犯罪を実行すること」という要件はいらないのでしょうか。

以上のとおり、**各共犯の構成要件を条文から忠実に抽出して具体的事例にあてはめてみると、そのままの形ではあてはめができなかったり、そもそも明文の構成要件が足りなかったという問題点に気づく**と思います。

それでは、各共犯の要件はどのように理解すればよいでしょうか。

STEP5以下のプロセスとして法規範の趣旨を検討しましょう。共犯論における法規範の趣旨とは、共犯の処罰根拠のことです。原則―例外のフレームワークを使って分析してみましょう。

(2) 原則―例外のフレームワークで考える共犯の例外性

ここでもう一度、刑法総論の原則を思い出してください。刑法総論では、「1人の人間が、自らの手で直接実行行為を行い、法益侵害結果を惹き起こし、実行行為と結果の間に因果関係があって、実行行為当時に故意がある」という形態を原則としていますが、共犯の類型のうち、実行共同正犯は複数の人間が犯罪を実行する点、共謀共同正犯[*1]・教唆犯・幇助犯は、複数の人間が犯罪に関わり、なおかつ自らの手は下さないという点で例外にあたります。(図表7-3)

＊1 正確には、謀議に基づいて自らの手で実行行為を行った者も共謀共同正犯となるので、ここでいう例外にあたるのはそれ以外の者です。

■ 図表7-3 共犯の類型と原則に対する例外の内容

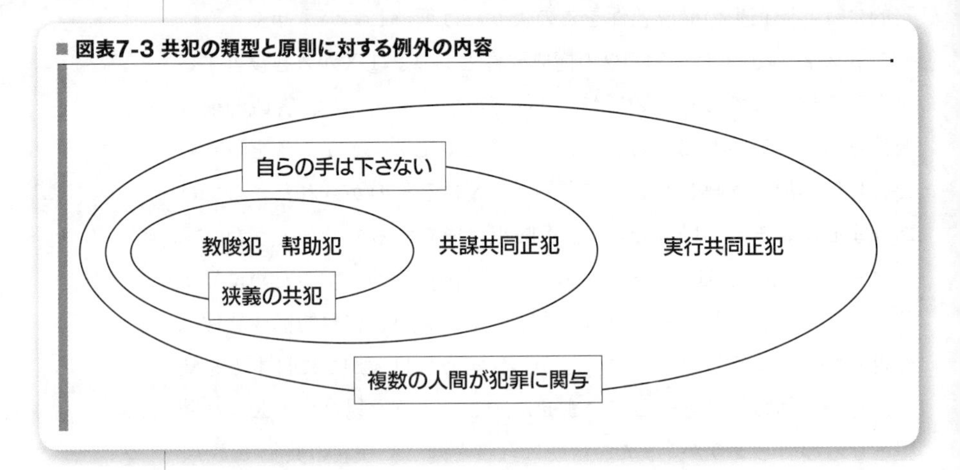

複数の人間が関与するということ自体は刑法60条が最初から想定していること、原則からほとんど離れていないことからさほど問題にはなりません。また、どの共犯の類型も犯罪遂行を促進するものですから、処罰の必要性はあります。

問題は、自らの手は下さない狭義の共犯と共謀共同正犯です。これらの類型の共犯者は直接的には法益を侵害していないわけですから、刑法の法益保護の原則からすれば、これらの共犯者を処罰することは極めて例外的な事態です。したがって、なぜ処罰してよいのか、処罰を正当化する根拠

（例外の許容性）が必要です。早速、共犯の処罰根拠について検討しましょう。

⑶ 共犯の処罰根拠と構成要件

共犯の処罰根拠は、共犯が正犯の行為を通じて間接的に法益侵害結果を惹起したことに求める因果的共犯論（惹起説）が判例・通説です。犯罪の処罰根拠は法益侵害にあることから、共犯が正犯を介して間接的に法益を侵害する点を捉えて処罰を正当化する考え方です。正犯と共犯は、法益侵害の態様が直接的か間接的かという違いしかないという理解です。

因果的共犯論（惹起説）から、「正犯による法益侵害結果の発生」と「共犯行為と法益侵害結果との間の因果関係」という2つの不文の構成要件が導かれます。2つのうち、因果関係をさらに分解すると、①共犯行為と正犯の犯意との間の因果関係、②正犯の犯意と正犯の実行行為との間の因果関係、③正犯の実行行為と法益侵害結果との間の因果関係に分けられます（図表7-4）。

■ **図表7-4 共犯行為と法益侵害結果との間の因果関係**

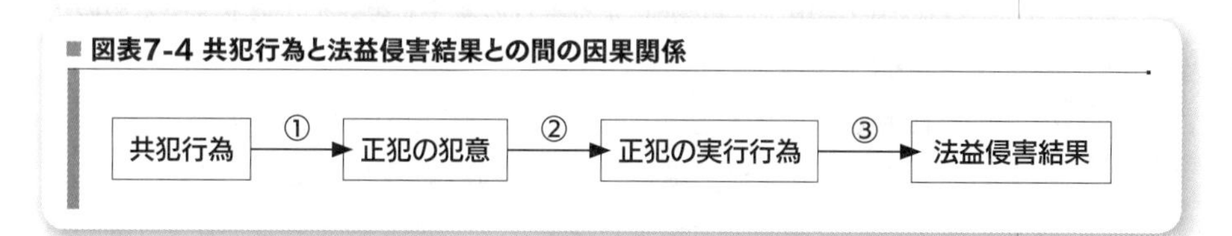

これまで述べてきた構成要件を単独正犯の客観的構成要件と比較してまとめてみましょう。単独正犯の客観的構成要件は、主体・客体・実行行為・結果・因果関係でした。共犯の客観的構成要件と照らし合わせると、主体＝共犯、客体＝正犯による実行行為の対象、実行行為＝共犯行為、結果＝正犯による法益侵害結果の発生、因果関係＝共犯行為と法益侵害結果との間の因果関係というように整理することができます（図表7-5）。

■ **図表7-5 単独正犯と共犯の客観的構成要件の比較**

	主体	客体	実行行為	結果	因果関係
単独正犯	正犯	正犯の実行行為の対象	正犯行為	正犯による法益侵害	正犯行為と結果の間の因果関係
共犯	共犯	正犯の実行行為の対象	共犯行為	正犯による法益侵害	共犯行為と結果の間の因果関係

ところで、先ほど共犯行為と法益侵害結果との間の因果関係を分解しましたが、図表7-4のうち、②と③には「正犯の実行行為」があります。これは、図表7-5の共犯の欄には出てきませんが、(不文の) 構成要件となるのでしょうか。これは「共犯行為があったけれども正犯が実行行為を行わなかった場合に共犯が処罰されるのか」という問題[*1]です。

通説は、刑法61条及び62条が正犯の実行行為の存在を前提としていること、正犯の実行行為があって初めて法益侵害の具体的危険が生じるなどの理由で、**「正犯による実行の着手」を共犯が成立するための構成要件としています**[*2]。

これまで述べたことをまとめると、共犯の一般的な要件は図表7-6のとおりになります。実際に共犯を検討するときは、必ず先に正犯の犯罪の成否を検討しているはず[*3]なので、既に検討済みの図表7-6の濃い網掛け部分は検討する必要がありません。答案では正犯の実行行為によってどのような結果が発生した、と簡潔に示せば足ります。

＊1 基本書では、この問題を共犯従属性のうち**実行従属性**の問題として紹介しています。大塚裕史他『基本刑法Ⅰ－総論』(日本評論社、2012年) 334頁以下を参照。

＊2 したがって、幇助についてはさらに「被幇助者が犯罪を実行すること」が不文の構成要件となります。

＊3 図表7-1 (132頁) を参照。

■ **図表7-6 共犯の一般的な構成要件**

主体	客体	共犯行為	正犯の実行行為	結果	因果関係
共犯	正犯の実行行為の対象	共犯行為	正犯による実行の着手	正犯による法益侵害	共犯行為と正犯の犯意との間の因果関係
					正犯の犯意と正犯の実行行為との間の因果関係†1
正犯の実行行為と結果との間の因果関係					
故意†2					

†1 **帮助犯の因果関係**は、**実行行為を強化し、結果の実現を促進することで足りる**とするのが通説です。**物理的・心理的に促進したか**を検討します。

†2 故意には結果発生の認識まで必要とするか、結果発生の危険の認識で足りるとするかは見解が分かれています。これらの見解は、「未遂の教唆」を不可罰とするか否かという対立です。大塚裕史『刑法総論の思考方法』(早稲田経営出版、第4版、2012年)524頁以下を参照。

Column 共犯の要素従属性と罪名従属性

共犯論には、他にも共犯が成立するために正犯がいかなる要素を具備しなければならないか（要素従属性）という問題があります。これは、正犯の行為に違法性阻却事由または責任阻却事由が認められる場合に、共犯も処罰されるのかという問題です。実際に正犯にどちらかの事由が認められる場合に検討すれば足ります。

さらに、共犯は正犯と同じ罪名でなければならないかという問題（罪名従属性）があります。通常は共犯と正犯は同じ罪名になりますが、正犯と共犯の故意に食い違いがある場合（共犯の錯誤）に問題となります。

以上を前提にケース②とケース③（144〜145頁）について検討します。

ケース②は、ＸのＹに対する殺人罪の教唆行為があり、結果的にＹはＺを殺害していますが、Ｘの教唆行為とＹの実行行為との間に因果関係がありません。したがってＸは教唆犯となりません。*4

ケース③では、Ｘの殺人罪の帮助行為はあり、結果的にＹはＺを殺害していますが、Ｘの帮助行為はＹの実行行為を物理的にも心理的に

＊4 教唆行為と実行行為との間に因果関係があり、正犯が実行に着手したけれども結果が生じなかった場合は、未遂犯の教唆となります。

刑法

も促進していないため、Xの幇助行為とYの実行行為との間に因果関係がありません。したがって、Yは幇助犯となりません。

ケース①の共謀共同正犯については、次項で検討します。

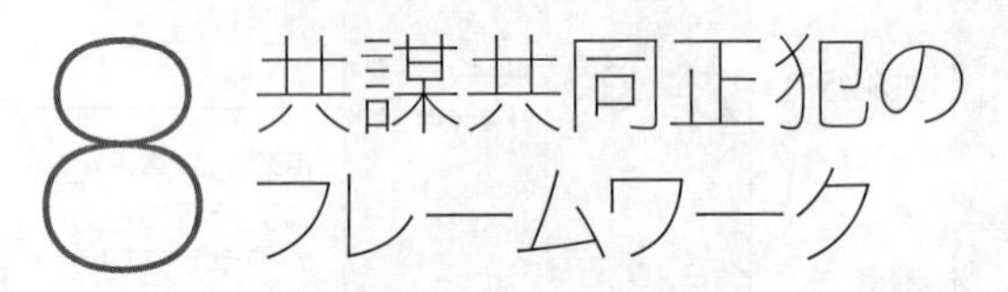

8 共謀共同正犯のフレームワーク

(1) 共謀共同正犯の概要

共謀共同正犯は、司法試験でもよく出題されますし、共犯事件の約95%は共同正犯なので、実務的にも非常に重要です。

既に述べたとおり、共謀共同正犯も出発点は条文です。あたかも共謀共同正犯は条文とは関係のない独自の概念であるかのような書き方をしている答案を見ることがありますが、刑法60条の解釈問題であることを見過ごしてはいけません。条文を再掲します。

> 刑法第60条(共同正犯)
> 2人以上共同して犯罪を実行した者は、すべて正犯とする。

ケース①も再掲します。

> Case
> 【ケース①:共同正犯】
> A暴力団組長のXは、子分のYにけん銃を渡し、「これでB組組長のZを殺してこいや。無事殺せたら幹部にしてやる」と告げた。Yは「わかりました」と言って受け取り、そのけん銃でZを殺害した。

既に述べたとおり、刑法は1人の人間が「自らの手で」「直接実行行為を行う場合」を原則としています。共同正犯について定めた刑法60条は、「2人以上共同して犯罪を実行した者」を正犯とすると定めています。この文言を忠実に読むと、刑法60条は、「2人以上が(自らの手で)共同して犯罪を実行した」場合のみを処罰するようにも読めます。そうすると、**「自らの手で」直接実行行為を行っていないXを、なぜ処罰できるのでし**

ょうか？ これは、共同正犯の処罰根拠（例外の許容性①）の問題です。

さらに、Xは、Yにけん銃を渡しただけですから、「直接実行行為を行う場合」にあたりません。それなのに、**なぜXを幇助や教唆ではなく殺人罪の正犯として処罰できるのでしょうか？** これは、そもそも正犯とは何かという問題（例外の許容性②）です。

以上のとおり、共謀共同正犯を処罰するためには、2つの大きな例外を正当化しなければなりません。多数の学説が存在し、混乱しやすいところですが、刑法60条の解釈問題として、実務的に一般的であろうと思われる考え方の枠組みを示すこととします。

(2) 共同正犯の正当化根拠

共同正犯は、共犯であるとともに正犯でもあるという特徴があります。そこで、共犯の側面についての処罰根拠は、共犯論のフレームワークで述べたとおり、共犯者を通じて間接的に法益侵害・危険を惹起したことに求められます（例外の許容性①）。したがって、共同正犯が犯罪を実現するための行為の一部に関与したことにより、他の共同正犯を通じて法益侵害・危険を惹起したのであれば、たとえ一部にしか関与していなくとも生じた結果全体について責任を負います。これを**一部行為の全部責任の法理**といいます。

また、正犯として処罰できる理由についてですが、そもそも**正犯**とは**自己の犯罪を行う者**をいいます。言い換えると、自分の利益のために犯罪を行う者を正犯と呼びます。逆に、他人の利益のために犯罪を行う者が共犯です。共同正犯は、2人以上の者が互いに利用補充しあい、一体となって「各自の犯罪」を実行するものですから、いわば**相互利用補充関係[*1]を通じて各自が「自己の犯罪」を実現した**といえるため、全員を正犯と評価することができます（例外の許容性②）。

以上をまとめると、**共同正犯の処罰根拠は、2人以上の者が共同実行の意思の下で共同して実行行為を行った場合には、相互利用補充関係を通じて各自が自己の犯罪を実現したといえることにある**ということになります。そして、この処罰根拠は共謀共同正犯においても妥当します。そのことを確認したのが、次の練馬事件と呼ばれる判例です。

＊1 相互利用補充関係の中に、共犯者を通じた間接的な法益侵害が含まれていると考えることができます。

> 共謀共同正犯が成立するには、二人以上の者が、特定の犯罪を行うため、共同意思の下に一体となつて互に他人の行為を利用し、各自の意思を実行に移すことを内容とする謀議[†]をなし、よつて犯罪を実行した事実が認められなければならない。したがつて右のような関係において共謀に参加した事実が認められる以上、直接実行行為に関与しない者でも、他人の行為をいわば自己の手段として犯罪を行つたという意味において、その間刑責の成立に差異を生ずると解すべき理由はない。さればこの関係において実行行為に直接関与したかどうか、その分担または役割のいかんは右共犯の刑責じたいの成立を左右するものではないと解するを相当とする。(原文ママ)
>
> ――最大判昭和33年5月28日刑集12巻8号1718頁(刑法判例百選(第7版)I75番)
>
> †この「謀議」を以下「共謀」と呼びます。

共謀共同正犯においては、実際に実行行為を行ったかどうかは重要ではなく、**自己のために特定の犯罪をする意思**（これを**「正犯意思」**といいます）を持ち、同じように当該犯罪をしようと考えている他の者と協力しあうことを相談し、その相談に基づいて、一部の者が犯罪を実行した場合には、その相談に関与した者は、自ら手を下していなくとも自己の犯罪を実現したといえるので、正犯として処罰できるということです。逆に、**正犯意思がなければ共謀共同正犯とはならず、教唆犯または幇助犯となります。**

⑨共謀共同正犯のフレームワーク

(3) 共謀共同正犯の成立要件（共謀共同正犯のフレームワーク）

共謀共同正犯の処罰根拠から成立要件を導きます。共犯の行為（共謀共同正犯においては「共謀」がこれにあたります）と正犯の実行行為には因果性が必要ですから、共謀共同正犯においては**①共謀**と**②共謀に基づく実行行為**の2つが最低限必要な要件です。この枠組み自体は、共謀共同正犯の成立要件についてのどの見解でも共通です。正犯性を基礎づける根拠として①共謀という要件がどんな要素を含むと理解し、どこまで分解するかで見解が分かれますが、実務的にはこの2要件を共謀共同正犯の成立要件と考えるのが一般的かと思います。

⑷ 共謀共同正犯の事実認定

共謀共同正犯における事実認定の中心は、①共謀という要件をどのようにして認定するかにあります。共謀共同正犯の本質は利用補充関係にありますから、前提として共謀者の間で意思連絡があることが必要です。**この意思連絡を認定するためには、全員の意思の内容を個別に認定した上で、相互にその意思が連絡していることを認定する必要があります**（図表7-7）。

■ 図表7-7 共謀の事実認定

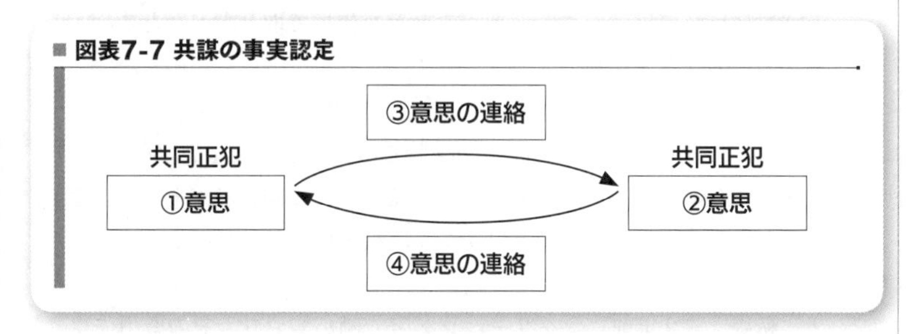

さらに**正犯性を基礎づけるためには、単なる意思ではなく、正犯意思がどの共謀者にもあることを認定しなければなりません。**正犯意思の認定につながる主たる要素は、**犯罪を実現する意欲や積極性**ですが、それらを認定する要素として**犯行の動機（特に犯行によって得られる経済的・感情的利益）・犯罪への寄与度（共謀者の地位・謀議への関与の程度・犯行遂行過程における貢献度）**といったものも踏まえて総合的に認定します。

共謀の事実認定に限った話ではありませんが、事実認定の際にはその要素がなぜ共謀の認定に結びつくのかという評価を忘れずにしてください。

⑸ 共謀共同正犯のフレームワークを使って司法試験の問題文を眺めてみよう

平成21年刑事系第2問（刑事訴訟法）の問題に添付されている資料1（供述調書）を、共謀共同正犯のフレームワークを使って眺めてみましょう。刑法のフレームワークを解説している中でわざわざ刑事訴訟法の問題を使うのには理由があります。共謀共同正犯のフレームワークが刑事訴訟法でも使えることの理解と、この供述調書ではかなり丁寧に共同正犯を基礎づける事実が書かれているため、事実認定の学習に非常に使いやすいからです。

供述調書

本籍、住居、職業、生年月日省略

甲野太郎

上記の者に対する殺人、死体遺棄被疑事件につき、平成21年1月24日○○県□□警察署において、本職は、あらかじめ被疑者に対し、自己の意思に反して供述をする必要がない旨を告げて取り調べたところ、任意次のとおり供述した。

1　私は、平成21年1月13日午前2時ころ、V方前の道で、Vの首をロープで絞めて殺し、その死体を海に捨てましたが、私がそのようなことをしたのは、乙からVを殺すように頼まれたからでした。

2　私は、約2年前に、クリーニング店で働いており、その取引先に乙が経営していたT化粧品販売という会社があったため、乙と知り合いました。私は、次第に乙に惹かれるようになり、平成19年12月ころから、乙と付き合うようになりました。乙の話では、乙にはVという夫がいるものの、別居しているということでした。

3　平成20年11月中旬ころ、私は、乙から「Vに3000万円の生命保険を掛けている。Vが死ねば約2000万円ある借金を返すことができる。報酬として300万円をあげるからVを殺して。」と言われました。[†1] 私は、最初、乙の冗談であると思いましたが、その後、乙と話をするたびに何回も同じ話をされたので、乙が本気であることが分かりました。そのころ、私にも約300万円の借金があったため、報酬の金が手に入ればその借金を返すことができると思い、Vを殺すことに決めました。[†2] そこで、平成21年1月11日午後9時ころ、乙から私に電話があったとき、私は、乙に「明日の夜、M埠頭で車の転落事故を装ってVを殺す。」と言う[†3]と、乙から「お願い。」と言われました。[†4]

†1 乙の正犯意思（動機）

†2 甲の正犯意思（動機）

†3 甲から乙への意思連絡

†4 乙から甲への意思連絡。殺人及び死体遺棄の共同正犯における共謀の成立

4　1月12日の夜、私がV方前の道でVを待ち伏せしていると、翌日の午前2時ころ、酔っ払った様子のVが歩いて帰ってきました。私は、V

を殺すため、その後ろから首にロープを巻き付け、思い切りそのロープの端を両手で引っ張りました。Vは、手足をばたつかせましたが、しばらくすると、動かなくなりました。私が手をVの口に当てると、Vは、息をしていませんでした。[†5]

†5 共謀に基づく殺人の実行行為

5 私は、Vの服のポケットから車の鍵を取り出し、その鍵でV方にあった軽自動車のドアを開け、Vの死体を助手席に乗せました。そして、私は、Vが運転中に誤って岸壁から転落したという事故を装うため、その車を運転してM埠頭に向かいました。私は、午前3時過ぎころ、M埠頭の岸壁から少し離れたところに車を止め、助手席の死体を両手で抱えて車外に持ち出し、運転席側ドアまで移動して、その死体を運転席に押し込み、その上半身にシートベルトを締めました。そして、私は、運転席側ドアから車内に上半身を入れ、サイドブレーキを解除し、セレクトレバーをドライブレンジにしてからそのドアを閉めました。すると、その車は、岸壁に向けて少しずつ動き出し、前輪が岸壁から落ちたものの、車の底が岸壁にぶつかってしまい、車がその上で止まってしまいました。そこで、私は、車の後ろに移動し、思い切り力を入れて後ろのバンパーを両手で持ち上げ、前方に重心を移動させると、軽自動車であったため、車が少し動き、そのままザップーンという大きな音を立てて海の中に落ちました。私は、だれかに見られていないかとドキドキしながらすぐに走って逃げました。[†6]

†6 共謀に基づく死体遺棄の実行行為

6 その後、私は、乙にVを殺したことを告げ、1月15日の夕方、乙と待ち合わせた喫茶店で、乙から報酬の一部として現金30万円を受け取り、その翌日の夕方、同じ喫茶店で、乙から報酬の一部として現金20万円を受け取りました。[†7]

†7 甲の正犯意思(動機)

甲野太郎指印

以上のとおり録取して読み聞かせた上、閲覧させたところ、誤りのないことを申し立て、欄外に指印した上、末尾に署名指印した。(欄外の指印省略)

前同日

〇〇県□□警察署

司法警察員警部補P

刑法

このように眺めてみると、この供述調書は3項で殺人及び死体遺棄の共謀、4項で共謀に基づく殺人の実行行為、5項で共謀に基づく死体遺棄の実行行為を認定するための事実が非常に丁寧に書かれていることがわかってもらえると思います。

では次に、司法試験の刑法（平成20年刑事系第1問）の問題における共謀共同正犯の事実認定もやってみましょう。

以下の事例に基づき、甲及び乙の罪責について、具体的な事実を示して論じなさい（特別法違反の点を除く。）。

1　甲（男性・30歳）は、勤務先会社が倒産して失職し、新たな就職先も見付からず、生活費に窮していた。甲は、同じく失職中の友人の乙（男性・28歳）の家に遊びに行った時、乙に対し、「このままでは家賃も払えないし、食べていけない。何か金を作る方法はないだろうか。泥棒でもするしかないかな。」などと話した。

乙は、3か月前までAが経営する会社に勤務していたが、Aがしばしば自宅で仕事をするため、売上金を届けるなどの用件でAの自宅に何度も行ったことがあり、Aが自宅の書斎にある机の引き出しの中に現金300万円くらいを入れているのを知っていたことから、「前に勤務していた会社の社長Aは、現金300万円くらいをいつも家に置いていた。Aは資産家だから、家にはほかにも金目の物がたくさんあると思う。」と言った。

甲は、それを聞いて、うまくA方に忍び込んで現金を盗むことができれば、当分金に困ることはないと思い、A方に盗みに入ろうと考え、乙に対し、[†1]「一緒にその金を盗みに入らないか。」と言ったが、乙は、「俺はそんな危ないことはしたくない。」と言った。そこで、甲は、乙に対し、「それじゃあ、俺が入るから、Aの家の場所と現金の在りかを教えてくれ。300万円手に入れることができたら、お前に100万円やる。」と言った。

†1 甲の正犯意思（動機）

乙は、Aの会社に勤務していたときの待遇に不満を持っていた上、乙自身も生活費に窮していたことから、甲が首尾よく現金を盗むこと

†2 乙の正犯意思（動機）

ができれば自分もまとまった金を手に入れることができると思い、[†2]「分かった。明日Aの家を見に行こう。家の間取り図も作っておくよ。」と答え、さらに、「Aは一人暮らしだ。毎週月曜日には必ず会社に出勤するので、月曜日の日中Aは家にいない。Aは月曜日の午前8時半ころ家を出るが、午前10時ころには通いの家政婦が来るので、やるんだったら月曜日の午前8時半から午前10時前までだ。トイレの窓にはいつも鍵が掛かっていないから、そこから家の中に入れると思う。書斎の机の引き出しには300万円くらいは入っているはずだし、ほかの場所にも金目の物があるはずだ。」[†3]と説明した。

†3 乙の正犯意思（犯行への寄与度）

2　同日夜、乙は、A方の間取り図面を作成し、トイレの場所、書斎の場所やAがいつも現金を入れていた机の場所等を同図面に書き込んだ。

そして、翌日の昼間、乙は、自分の自動車に甲を乗せてA方付近まで運転し、Aの自宅を指さして、甲に対し、「あれがAの家だ。」と教えるとともに、前記図面を甲に手渡した。[†4]

†4 乙の正犯意思（犯行への寄与度）

甲は、A方付近が閑静な住宅街で、日中も人通りがほとんどなかったことから、トイレの窓からA方に侵入してもだれにも見られないだろうと安心し、乙に対し、「今度の月曜日にやる。Aが家を出た後すぐに入るから、午前8時過ぎにAの家の近くに着けるように今度の月曜日の朝迎えに来てくれ。」[†5]と言った。乙は、これに対して、「分かった。」と答えた。[†6]

†5 甲→乙、住居侵入罪及び窃盗罪の意思連絡

†6 乙→甲、住居侵入罪及び窃盗罪の意思連絡。共謀成立。

甲は、帰宅後、乙から受け取った前記図面を再確認するとともに、万一家に人がいた場合に備え、カッターナイフ（刃体の長さ8センチメートル）を準備した。

3　翌週の月曜日、乙は、前記自動車を運転して甲方に行き、甲を同車に乗せて、A方付近に向かい、午前8時過ぎころA方付近に到着した。

乙は、甲がA方から出て来るまで付近道路に同車を停車させたまま待っていようと思い、甲に対し、「ここで待っているよ。」と言ったところ、甲は、乙が何度も同車でA方を訪れた旨聞いていたことから、だれかに乙の自動車を見られるのは絶対に避けたいと考え、「お前は先に帰っていてくれ。車を見られたらまずい。」と言った。そこで、乙は、甲を同車から降ろした後、すぐに同車を運転してその場を去った。

4　甲は、A方付近でA方玄関の様子をうかがっていたが、午前8時半ころ、Aが家を出たのを確認した後、A方に向かい、前記図面に示されていたトイレの窓を探し、無施錠の同窓を開けて屋内に入った。そして、甲は、書斎に行き、机の引き出しを開けて現金300万円を見付け、これを着ていたジャンパーのポケットに入れた。

甲は、簡単に机の引き出し内の現金を手に入れることができ、まだ時間に余裕があったことから、引き続き別の金品を探そうと考え、居間に入った。　　　　　　　　　　　　（以下の問題文は省略）

9 フレームワークに基づく刑法の学習方法

刑法は、すべての犯罪の保護法益を理解し、法的三段論法のフレームワークに基づいて、ひとつひとつの構成要件について丁寧に解釈してあてはめ、原則—例外のフレームワークに基づいて総論の理論体系を整理していれば、司法試験の合格水準に到達することはさほど難しくありません。すべての構成要件が満たされなければ犯罪は成立し得ないのですから、条文を読みながらきちんとあてはめをする習慣をつけましょう。[*1]

＊1 司法試験では、有印私文書偽造罪の「有印」（刑法第159条1項「他人の印章若しくは署名を使用して」）のように、基本書ではさほど触れられていない（ため多くの受験生はほとんど検討しなかった）けれども、実際の問題文との関係ではきちんと検討する必要があったということもあります（平成24年刑事系第1問）。

また、司法試験の刑法では、行為と行為の間の関係や、行為者と行為者の関係を考えさせる問題が多く出題されます。正犯と共犯との関係を問うたり、共謀の射程がどこまで及ぶのかを問うたり、複数の行為を一連のものと捉えると実は正当防衛が成立するのではないか、といったことを考えさせるのです。こういった問題から逃げずに、真正面から取り組めば、論点を1つ2つ落としていたとしても、十分に合格点には到達できます。小さな個別の論点に気づくミクロな視点も大事ですが、マクロな視点で問題の大きな枠組みを捉えて、出題者の問題意識を把握する訓練をすることも重要です。

第8章 刑事訴訟法のフレームワーク

刑事訴訟法† は、司法試験及び予備試験の試験範囲である七法の中で、最もフレームワークが効きやすい科目です。一度フレームワークを身に付ければ、最も少ない勉強量で合格水準の答案を書けるようになります。

まずは、刑事訴訟法の基本的な理念をフレームワークで整理していきましょう。

† 以下、条文を指摘する際は「刑訴法」といいます。

1 3大法律フレームワークで分析する刑事訴訟法の基本理念

(1) 憲法と刑事訴訟法の関係（原則―例外のフレームワーク）

最初に、刑事訴訟法の基本概念を原則―例外のフレームワークを使って確認します。刑事訴訟法の基本理念は、刑訴法1条に書かれています。

> 刑事訴訟法第1条
> この法律は、刑事事件につき、公共の福祉の維持と個人の基本的人権の保障とを全うしつつ、事案の真相を明らかにし、刑罰法令を適正且つ迅速に適用実現することを目的とする。

原則は憲法31条による自由の保障です。

> 憲法第31条
> 何人も、法律の定める手続によらなければ、その生命若しくは自由を奪はれ、又はその他の刑罰を科せられない。

条文のとおり、「その生命若しくは自由を奪はれ、又はその他の刑罰を科せられない」のが原則です。この憲法31条の保障を表現したものが、刑訴法1条の「個人の基本的人権の保障」という言葉です。

例外は、憲法31条の反対解釈から導かれます。すなわち、「法律の定める手続」に「よれば」、「その生命若しくは自由を奪い、又はその他の刑罰を科」してもよいということになります。そして、そのような刑罰を科してよいのは、刑訴法1条にいう「公共の福祉の維持」の必要があるとき、すなわち法益保護の必要性があるときです。

ここで、もしかしたらピンときた方がいるかもしれません。第7章で刑法の原理レベルの利益衡量においては法益保護機能と自由保障機能という対立があることを述べましたが、まさにその対立が刑事訴訟法にも現れています。

では、なぜ刑事訴訟法においては憲法31条による自由保障の例外が認められるのでしょうか？その理由は、刑訴法1条の後半部分に書いてあります。

「事案の真相を明らかに」とは、犯罪に関する事実を正確に認定することによって、刑罰法令の具体的な適用実現を図ることを意味します。これは法益保護の必要性（例外の必要性）を実現する手段といえます。ここでいう**「事案の真相」**とは、**刑罰法令適用の対象となるべき犯罪事実及び重要な量刑に関する事実**[*1]をいいます。

「刑罰法令を適正且つ迅速に適用実現」という文言は、真実発見のためであっても、その適用実現過程は基本的な正義・公正の観念にかなったものでなければならないという例外の許容性を示しています。適正手続が例外の許容性として具体化する例は、違法収集証拠排除法則です。**違法収集証拠排除法則**とは、**証拠の収集手続に重大な違法があり、将来における違法な捜査の抑制の見地から証拠とすることが相当でない場合に、その手続によって得られた証拠を排除するというルール**のことです。このルールが適用された証拠は、仮にそれが有罪の唯一の証拠で、その証拠がなければ被告人を有罪にすることができないという場合であっても、証拠から排除しなければなりません。違法収集証拠排除法則自体は直接憲法から導かれるものではなく、刑事訴訟法の解釈として創りだされたものという理解が一般的ですが、その背後にある憲法31条や35条の精神が、例外の許容性を担保しているとも考えられます。

憲法と刑事訴訟法の関係をまとめると、図表8-1のとおりです。

*1 酒巻匡『刑事訴訟法』（有斐閣、2015年）4頁

■ 図表8-1 憲法と刑事訴訟法の関係

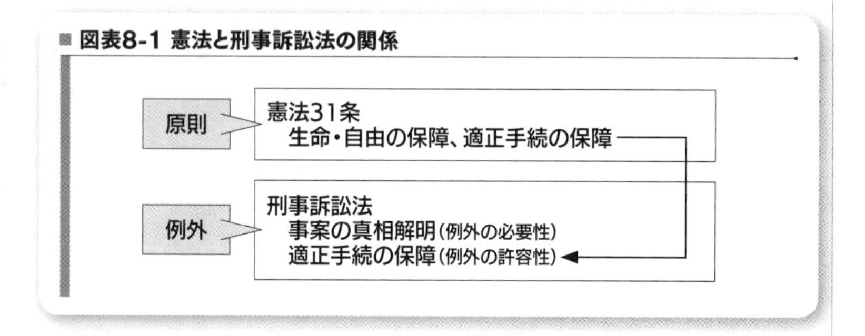

⑵ 刑法と刑事訴訟法の関係性（法的三段論法のフレームワーク）

今度は、法的三段論法のフレームワークを使って、刑法と刑事訴訟法の関係を分析してみましょう。法的三段論法においては、大前提たる法規範と、その法規範を適用する対象である小前提が必要です。刑事法の場合、大前提たる法規範は刑法をはじめとする刑罰法令、小前提である具体的な事実を認定する手続について定めているのが、刑事訴訟法です。

既に述べたとおり、刑訴法1条の「事案の真相」とは、「刑罰法令適用の対象となるべき犯罪事実」及び「重要な量刑に関する事実」を言いますが、何がこれらの事実にあたるかという理解は刑罰法令の理解と直結しています。そうすると、刑罰法令とその具体的法規範を理解していなければ、そもそも刑事訴訟法上問題となる「事案の真相」が何かがわかりません。たとえば、152頁で紹介した練馬事件大法廷判決は、共謀の意義について述べたあとでこのように判示しています。

> 他面ここにいう「共謀」または「謀議」は、共謀共同正犯における「罪となるべき事実」にほかならないから、これを認めるためには厳格な証明によらなければならないこというまでもない。しかし「共謀」の事実が厳格な証明によつて認められ、その証拠が判決に挙示されている以上、共謀の判示は、前示の趣旨において成立したことが明らかにされれば足り、さらに進んで、謀議の行われた日時、場所またはその内容の詳細、すなわち実行の方法、各人の行為の分担役割等についていちいち具体的に判示することを要するものではない。
>
> ――最大判昭和33年5月28日刑集12巻8号1718頁

「罪となるべき事実」は刑訴法256条3項などに出てくる文言で、先ほど出てきた「刑罰法令適用の対象となるべき犯罪事実」と同じ概念です。したがって、共謀の事実認定をするためには、共謀を基礎づける具体的事実について厳格な証明が必要となるわけですが、その具体的事実が何かは、刑法における共謀概念とその事実認定の方法を正確に理解していなければ導くことができません。[*1]

このように、刑事法においては刑法と刑事訴訟法が両輪であることを意識していることが重要です。

＊1 司法試験の刑事訴訟法の論文式試験でも、刑法の理解を前提とする出題はよくあります。たとえば、捜索差押えにおける被疑事実の関連性を検討しようと思えば、差し押さえようとしている証拠と被疑事実の関係が具体的にわかっていなければ検討できませんし、伝聞法則における要証事実も同様です。

(3) 刑事手続の存在意義

刑事訴訟法においては、刑事手続の流れと、なぜその刑事手続をやっているのか、という視点が重要です。刑事手続は概ね以下のような順番で進んでいきます。

捜査→公訴提起→（公判前整理手続）→公判手続→判決宣告

まず捜査で被疑者の身柄を確保し、証拠を収集保全します。次に、その証拠に基づいて公訴を提起します。複雑な事件や裁判員裁判対象事件であれば、公判前整理手続があってから、公判で証拠が法廷に提出され、審理されます。そして、裁判所がその証拠から犯罪事実を認定できるかを判断した上で、判決を宣告するという流れです。

これまで述べてきたことから**刑事手続の存在意義**を一言でまとめると、**「正確な犯罪事実の認定のためにある」**ということです。すべての刑事手続は正確な事実認定のためにあるといってよいでしょう。**この視点は、刑事訴訟法を学ぶときに非常に重要**です。学生の指導をしていると、特に捜査法でこの視点を持っていない方が多いです。

刑事訴訟法の究極の目的が犯罪の事実認定にあるという理解は、刑事訴訟法の学習効率を高める点で非常に有用なので、項を変えて刑事訴訟法のフレームワーク総論として詳述します。

2 刑事訴訟法のフレームワーク総論

(1) 捜査法のフレームワーク総論

⑩捜査法のフレームワーク
（166頁以下も参照）

刑事訴訟法特有のフレームワークについて具体的にみていきましょう。まずは捜査法からです。刑事訴訟法上の「捜査」については、刑事訴訟法189条2項に規定があります。

> 刑事訴訟法第189条2項
> 司法警察職員は、犯罪があると思料するときは、犯人及び証拠を捜査するものとする。

「犯人を捜査」とは、**被疑者を発見・掌握する手続**をいいます。捜査機関の逮捕や勾留があります。**「証拠を捜査」**とは、**犯罪事実に関する証拠を発見・収集・保全する手続**をいいます。捜索差押えがその例です。両者を複合したものが、刑事訴訟法の捜査です。

先ほど、捜査法においては刑事手続が正確な事実認定のためになされるという視点が重要と述べました。**捜査法では、どの犯罪のために身柄拘束をしているのか、またはどの事実を立証するために証拠を発見・収集・保全しているのかを常に意識する必要があります。**たとえば、逮捕勾留の根拠となっている被疑事実と関連性のない身柄拘束や、犯罪事実の認定という目的と関連性のない捜索差押えは違法です。

⑪証拠法のフレームワーク

(2) 証拠法のフレームワーク総論

次に証拠法のフレームワークについて説明します。証拠法の総則的規定は、刑訴法317条があります。

> 刑事訴訟法第317条
> 事実の認定は、証拠による。

非常に短いですが、非常に重要な条文です。本条における**「事実」**とは、**刑罰権の存否及び範囲を画定する事実**[*1]のことです。**刑罰権の存否及びその量・範囲を画定する事実の認定については、証拠能力**[*2]**を有する証拠に基づいて適法な証拠調べを経た証拠によって証明しなければならず、これを「厳格な証明」**といいます。

本条は、刑事手続の目的である事実認定をするためには証拠能力を有する適法な証拠調べを経た証拠によらねばならないということを定めています。逆にいえば、証拠能力のある証拠以外のものから事実認定をしてはいけない、というルールを定めているのです。したがって、**証拠法においては、①認定すべき事実（要証事実）は何か、②証拠と認定すべき事実（要証事実）**

＊1 石井一正『刑事実務証拠法（第5版）』（判例タイムズ社、2011年）108頁

＊2 **証拠能力**とは、厳格な証明の資料として用いることができる証拠の法律上の資格（許容性）のことをいいます。法学では「能力」という言葉を「適格」や「資格」といったような意味で使うことがよくあります。ドイツ語の翻訳です。

にはどのような関連性があるか、③証拠と事実の関連性があったとしても、証拠に証拠能力の制限があるかを常に意識しなければなりません。まず要証事実を特定した上で、証拠と要証事実との関連性を考えます。要証事実との関連性がない証拠は、そもそも証拠となり得ません。関連性があったとしても類型的に事実認定を誤るおそれが高い証拠として証拠能力が否定されるか否かを考える必要があります。以上が基本的な思考方法です。思考の流れをフレームワークの形としてまとめると、図表8-2のとおりです。

■ **図表8-2 証拠法のフレームワーク**

STEP1　その証拠によってどの事実を立証するのか（要証事実は何か）を検討

①　認定すべき事実（要証事実は何か）†
②　証拠と認定すべき事実（要証事実）にはどのような関連性があるか（自然的関連性）

STEP2　その証拠に、証拠能力の制限がかけられているかを検討

刑事訴訟法上、証拠能力が制限される主な場合は以下のとおりです。

①　自白法則（319条1項）…被告人の自白に適用
②　伝聞法則（320条1項）…公判廷外供述に適用
③　類似事実証拠排除法則（悪性格立証）
④　違法収集証拠排除法則

† 具体的な要証事実特定のフレームワークは、185頁で紹介します。

これらの証拠能力制限規定の適用がなければ証拠能力が認められますが、司法試験の答案については問題となるものについてのみ検討すれば足ります。

⑶　まとめ

以上をまとめると、**捜査法においても証拠法においても、犯罪事実を認定するという刑事手続の目的を達成するため、どの犯罪事実との関係でその捜査や証拠が必要なのかという視点を持つことが重要**だということです。非常に重要なので繰り返し述べますが、常に念頭に置くようにしてください。

3 捜査法のフレームワーク 各論（思考の順序・答案構成）

第6章（108頁）で述べたとおり、司法試験や予備試験に限らず、試験問題について思考するときの起点は、問いです。司法試験・予備試験の刑事訴訟法（捜査法）の問いは、バリエーションはありますが、聞いていることはひとつだけ。それは、「捜査機関の行為の適法性を論じなさい」ということです。では、何を書けばこの問いに答えたことになるでしょうか？　以下、刑事訴訟法の問いに答えるための捜査法の一般的なフレームワークを紹介します。

STEP1　捜査機関の行為を特定する

司法試験では検討対象行為が特定されていることが多いですが、されていない場合は、まず検討対象行為を特定しましょう。

STEP2　捜査機関の行為の根拠条文を特定する

(1)　刑事訴訟法と警察官職務執行法の適用の区別

刑訴法189条2項は、司法警察職員は「犯罪があると思料するとき」に捜査すると定めています。したがって、刑事訴訟法に基づく捜査（司法警察活動）ができるか否かは、司法警察職員が、ただ怪しいと思っただけでなく、**既に発生しているまたは発生の蓋然性が高度に見込まれる犯罪を具体的に認識したか否か**で決まります。司法警察職員が犯罪事実を認識していない場合は、警察官職務執行法に基づく行政警察活動を行います。

(2) 強制処分と任意処分の適用の区別

強制処分と任意処分の区別については後述しますが、任意処分は「強制処分にあたらない処分」と定義されるため、任意処分の適法性を検討するためには、まず「強制処分にあたらないこと」を示す必要があります。したがって、捜査の適法性を検討する場合、必ず強制処分該当性の検討から始めることになります。*1 また、「強制の処分」の意義については見解が分かれているので、定義及びその理由づけについても論証しなければなりません。*2

以上の捜査機関の行為の検討順序を図にしたものが図表8-3です。

*1 警察官職務執行法に基づく捜査機関の行為の適法性を検討する場合も、強制手段に該当するか否かの検討から始めます。

*2 ただし問いで逮捕／捜索等の強制処分の種類を特定して適法性を聞いている場合は除きます。

■ 図表8-3 捜査機関の行為の検討順序

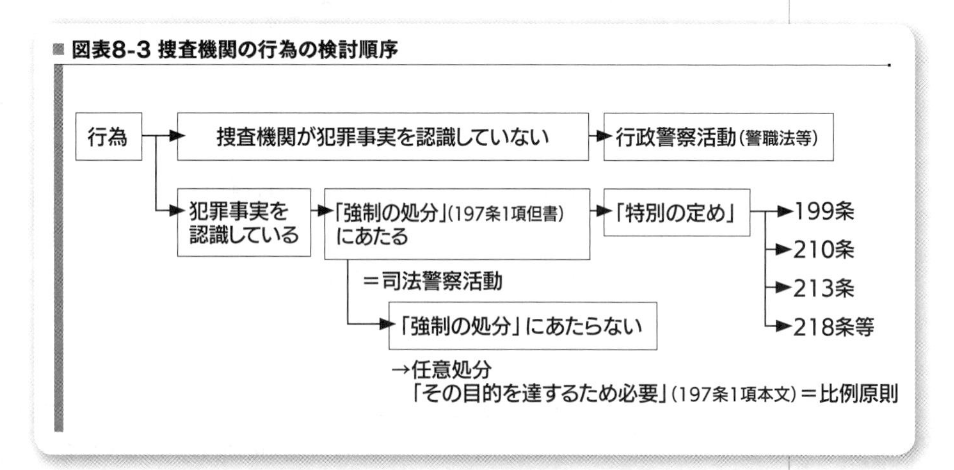

STEP3 要件の抽出・列挙

ここからは法的三段論法のフレームワーク(32頁)と同じです。該当する強制処分の要件は、必ずすべて抽出しなければなりません。

STEP4 事実を要件(具体的法規範)へあてはめ(あてはめの法的三段論法)

要件に事実があてはまるかどうかが不明確(あてはまるというためには法的評価が必要)な場合は、そこが争点となります。

捜査法の論文式試験の問題は、ほぼ共通して以上のSTEPを検討することになります。それでは、個別のフレームワークをみていきましょう。

⑫強制処分該当性判断のフレームワーク

4 強制処分該当性判断のフレームワーク

(1) 思考の出発点

司法警察活動の適法性を考える出発点として、強制処分とは何かについて検討します。条文は刑訴法197条1項です。

> 刑事訴訟法第197条1項
> 捜査については、その目的を達するため必要な取調をすることができる。但し、強制の処分は、この法律に特別の定のある場合でなければ、これをすることができない。

ここで、第4章（70頁）で述べた、原則―例外のフレームワークのポイント①を思い出してください。「例外ルールは原則ルールに優先する」です。刑訴法197条1項は、異論はありますが、本文が原則、但書が例外と考えるのが一般的です。例外ルールが適用されれば原則ルールが適用されることはありませんので、まずは但書から検討することとなります。

刑訴法197条1項但書を読むと、この例外規定が適用される場合は「強制の処分」がなされる場合です。では**「強制の処分」とは何でしょうか？　そして、強制処分という例外はなぜ認められるのでしょうか？**これが、強制処分該当性を検討する際の思考の出発点です。

(2) 強制処分該当性の思考の流れ

法的三段論法のフレームワークに則って、「強制の処分」の法効果から思考を始めましょう。刑訴法197条1項但書には、「この法律に特別の定のある場合でなければ、これをすることができない。」という法効果（強制処分法定主義[*1]）が書かれています。さらに、**「強制の処分」に該当すれば憲法33条・35条が規定する令状主義[*2]も妥当するため、「強制の処分」の法効果は、強制処分法定主義及び令状主義の2つということになります。**

＊1 刑事訴訟法により処分の内容等が予め一般的な法規範として定立されなければならないという**立法権による事前統制**のことをいいます。捜査機関は、刑事訴訟法にない「強制の処分」をすることはできません。

＊2 個別具体的な強制処分の発動に先立ち、裁判官が処分の正当な理由と必要性を審査した上で発付する令状がなければ、捜査機関は原則として当該強制処分を行えないという**司法権による事前統制**のことをいいます。令状主義という法効果は、憲法33条及び35条に書かれています。法効果は、必ずしも刑事訴訟法にすべて書かれているとは限らないことに注意してください。

以上のとおり、「強制の処分」に該当すれば、捜査機関に対し、強制処分法定主義及び令状主義という二重の事前規制がなされることになります。このような厳格な規制という法効果を発生させるのであれば、法律要件たる「強制の処分」も厳格に解すべき、という考え方が一般的です。具体的には、憲法や刑事訴訟法が「強制の処分」について厳格な規制をしているのは、「強制の処分」が、類型的にそのような規制で保護する必要のあるほど重要な権利利益を制約するからであると考えます。[*3]

そして、**「重要な権利利益」**とは、**憲法33条や35条等が保障する重要で価値の高い権利利益**をいいます。なぜなら、強制処分法定主義も令状主義も憲法に由来するものである以上、それらが保護する対象は憲法の基本権またはそれに類似する権利利益であると考えられるからです。

もっとも、対象者が権利利益の制約に同意していればそもそも制約というものが観念できませんから、権利利益の制約といえるための前提条件として、「強制の処分」が対象者の明示または黙示の意思に反することが必要です。

以上の思考の流れをまとめると、図表8-4のとおりとなります。強制処分該当性を判断する際には、**①捜査機関の処分によって制約されている権利利益の具体的な内容、②制約についての対象者の明示または黙示の同意の有無、③制約されている権利利益と憲法の基本権との同価値性**の3点を事実認定することになります。

＊3 井上正仁「強制捜査と任意捜査の区別」刑事訴訟法の争点56～57頁（有斐閣、2013年）を参照。

刑事訴訟法

■ **図表8-4 強制処分該当性判断のフレームワーク**

》捜査機関の処分が「強制の処分」(刑訴法197条1項但書)にあたるか

↓

》「強制の処分」は、**強制処分法定主義**(刑訴法197条1項但書)及び令状主義(憲法33条・35条・刑訴法199条・218条等)という**厳格な規制に服する**(強制処分の法的効果)

↓

》すると、このような厳格な規制によって保護する必要があるほど重要な権利利益を制約する場合に初めて「強制の処分」にあたると解すべき。

↓

》もっとも対象者が処分に同意していれば権利利益の制約はないことから、「強制の処分」とは、対象者の明示又は黙示の意思に反し、重要な権利利益を制約する処分のことをいう。

↓

》「重要な権利利益」とは何か?

↓

》憲法33条・憲法35条で令状がなければ制約できないとしている権利利益は、類型的に価値が高い=制約されないことにつき高度の期待を有している権利利益

↓

》すると、**「重要な権利利益」とは、憲法33条で保障されている身体の自由や35条で保障されている住居・書類・所持品のプライバシーの自由ないしそれに匹敵する、侵害されないことにつき高度の期待が認められる権利利益をいうと解すべき**

⑶ 強制処分該当性判断のフレームワークの注意点

強制処分に該当するかの判断においては、捜査機関の行為によって制約されている権利利益の内容・性質にのみ着目し、**捜査機関側の捜査の必要性は考慮しません。**したがって、後述する任意処分の適法性判断とは異なり、**どれだけ必要性・緊急性が認められようとも、制約されている権利利益が重要なものであれば、強制処分としての要件を満たさない限り違法[*1]な処分です。**たとえば、令状を取っていない捜査機関が、たまたま重要な証拠を見つけたからといって、被疑者を逮捕もせずに証拠

＊1 酒巻匡『刑事訴訟法』(有斐閣、2015年)32頁を参照。

の捜索差押えをする緊急捜索差押えは違法となります。

また、制約される権利利益の検討にあたっては、**捜査機関の行為から制約されることが想定される法益侵害を特定した上で、その法益侵害と、強制処分法定主義及び令状主義によって統制されている行為態様及び法益侵害の内容が同価値であるかを「類型的に」判断します。**逆にいえば、強制処分該当性の判断において、**個別事案において対象者が実際に被った法益侵害の程度は強制処分該当性の判断とは無関係ということです。**[*2] たとえば、警察が室内を盗撮するため隠しカメラを仕掛けたけれども、レンズを塞がれて何も見えなかった場合、何も具体的な法益侵害は発生していないように思えます。しかし、実際に被った法益侵害の程度は関係ありません。まずは「捜査機関の当該行為から制約されることが想定される法益侵害」を考えます。警察が室内を盗撮するため隠しカメラを仕掛けることは、対象者の住居のプライバシーやみだりに撮影をされない自由を制約するものですが、これらはそれぞれ憲法35条や憲法13条に由来する重要な権利と類型的に同価値ですから、現実に隠しカメラで撮影できたかに関係なく、「強制の処分」にあたると考えるのです。

＊2 酒巻匡『刑事訴訟法』（有斐閣、2015年）33頁を参照。

刑事訴訟法

5 任意処分の適法性判断のフレームワーク

⑬任意処分の適法性判断のフレームワーク

(1) 任意処分の適法性判断の基本枠組み

捜査機関の行為が「強制の処分」にあたるかを検討した結果、「強制の処分」にはあたらないという結論に達したら、次は原則である刑訴法197条1項本文の検討に入ります。

> 刑事訴訟法第197条1項
> 捜査については、その目的を達するため必要な取調をすることができる。但し、強制の処分は、この法律に特別の定のある場合でなければ、これをすることができない。

同条1項本文は、任意処分の一般的な根拠規定といわれています。したがって、この条文に従い、捜査機関の行為が適法か否かを検討することとなります。

解釈の対象は、「捜査については、その目的を達するため必要」という文言です。「目的」とは何でしょうか。ここで思い起こして欲しいのは、本章164頁で述べたとおり、刑事手続のうち捜査の目的は正確な事実認定をするために、被疑者の身柄を確保し、証拠を発見・収集・保全することにあるということです。もっとも、この目的を達成するためなら何でもしていいわけではありません。捜査機関が捜査をすれば、それに伴い国民の権利利益が制約される可能性があります。したがって、**任意処分は、捜査目的を達成するための捜査の必要性と、捜査によって侵害される法益の内容・程度を比較し、両者が合理的につりあいが取れていれば「目的を達するため必要」といえ、適法**となります。この検討は、利益衡量そのものです。逆に、そこまで捜査の必要性がないのに捜査機関が過大な法益侵害をしてしまった場合、「目的を達するため必要」ではない捜査ですから違法です。そして、一般に**任意処分が適法である状態を相当、違法である状態を不相当**と呼びます。以上のように、**国家機関による個人の自由に対する制約は目的に対し合理的権衡を保ったものでなければならないという原則を、比例原則**といいます。

ここまで述べたものをまとめると、図表8-5のとおりとなります。

■ **図表8-5 任意処分の適法性判断のフレームワーク**

広義の捜査の必要性と法益侵害の内容・程度を比較して合理的に双方のバランスが取れていれば、相当(=適法)な任意処分、両者を比較して「相当と認められる限度」を超えた捜査は不相当(違法)な任意処分(比例原則)

これらのバランスがとれている状態=**相当かを個別的具体的に判断**

⑵ 捜査の必要性の具体的内容の検討

さて、任意処分の適法性の判断枠組みは捜査の必要性と法益侵害の内容・程度を比較することにあることはわかってもらえたと思います。しかし、これだけをわかっていてもあまり意味がありません。実際の具体的な事例について適法性を判断するためには、具体的な事実のうち、どの事実を拾い上げて、どのようにその事実を評価すれば捜査の必要性及び法益侵害の内容・程度について論じたことになるのかまでわかっている必要があります。そこで、まずは捜査の必要性を事実認定するための具体的な要素を紹介します（図表8-6）。

■ **図表8-6 広義の捜査の必要性の具体的内容**

⑴ 必要性＝犯罪の嫌疑の存在、程度、犯罪の性質、捜査状況、事件の重大性（法定刑の重さ・保護法益の質）、より侵害的でない他の捜査手段をとり得たか（補充性）等（狭義の必要性）

⑵ 緊急性＝証拠隠滅の可能性・証拠の性質（覚せい剤などは隠滅しやすい）・散逸のおそれ・逃亡のおそれ等（言い換えると、今すぐに捜査する必要性）

⑶ 相当性＝法益侵害の内容・程度と捜査の必要性の権衡・捜査機関による法益侵害への配慮の有無

上記の要素[*1]のうち、**特に犯罪の嫌疑の存在・性質・捜査状況については、最初に具体的に検討すべき**です。なぜなら、嫌疑が存在しなければそもそも捜査を始められません[*2]し、犯罪の性質はその後どのような捜査をすべきかを決め、捜査状況は捜査機関のとりうる他の捜査手段を決める要素となるからです。

また、任意処分の相当性の事実認定をする際には、単に上記の要素を網羅的に拾い上げるのではなく、なぜその要素が捜査の必要性を基礎づけるのかという事実に対する評価を必ずしましょう。たとえば、いわゆる振り込め詐欺の事案であれば、「複数犯が携帯電話で連絡することによって遂行することが多い犯罪であるから、共謀者がまだ明らかではない段階では携帯電話の通話状況を把握する必要性がある」といった具合です。

＊1 「要件」はすべて満たさなければ法効果が発生しませんが、「要素」はある要件が満たされるかどうかを判断する際に考慮する内容のことであり、すべて満たさなければならないものではありません。

＊2 司法試験の問題で嫌疑の存在が不明確な場合は、犯人性（被疑者と犯人がなぜ同一といえるのか）について事実認定をする必要があります。

⑶　法益侵害の内容・程度の検討

次に、法益侵害の内容・程度です。これも事例において具体的な分析をすることが要求されます。たとえば、捜査機関が公道から被疑者の家の玄関に向けて監視カメラをセットしたという事例を想定しましょう。このような事例で、「監視カメラによって被疑者のプライバシーが侵害されている」というような抽象的な分析では不十分です。「被疑者は、住居についてのプライバシーという法益を有しており、捜査機関による監視カメラの撮影行為は当該法益を侵害している。しかし、捜査機関は公道から見える範囲のみを撮影しているのであり、住居のプライバシーの侵害の程度は高くないといえる。」といったように、具体的に法益侵害の内容・程度の分析をする必要があります。

捜査の必要性と法益侵害の内容・程度のそれぞれについて分析したら、最後にそれらのバランスがとれているか＝相当かを検討することとなります。ポイントは、**「相当性」はバランスがとれている状態を示す言葉であって、要件でも要素でもない**ということです。

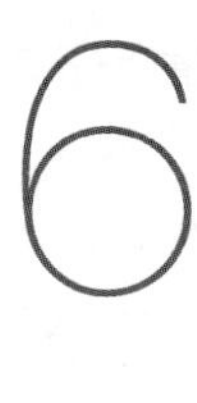

強制処分と任意処分のフレームワークに基づく判例の読み方（最決昭和51年3月16日）

強制処分の意義と、任意処分がどのような場合に許容されるかについて最高裁が判断した最決昭和51年3月16日[*1]（以下「昭和51年決定」といいます）があります。ここで、強制処分と任意処分のフレームワークに即して判例を読むとどうなるか、判例の読み方の練習も兼ねて一緒に見てみることにしましょう。第5章（104頁）で述べた判例分析のフレームワークも合わせて参照してください。

＊1　刑集30巻2号187頁（刑事訴訟法判例百選〔第9版〕1番）

STEP1　事実関係の把握

昭和51年決定の事案を簡単に説明します。A巡査が、飲酒運転の疑いがあった被疑者Xを警察署に任意同行したところ、Xは呼気検査に応じず、部屋から出て行こうとしたので、A巡査が両手でXの左手首を掴みました。すると、Xは、A巡査の両手を振り払い、右手でAの左肩や制服の襟首を掴んで左肩章を引きちぎり、さらに右手拳でA巡査の顔面を殴ったのです。これにより、Xは、公務執行妨害罪の現行犯で逮捕され、起訴されました。

STEP2　争点となっている適用条文の把握

刑事訴訟法の判例ではつい刑事訴訟法の条文に目が行きがちですが、正確に事案を把握するためには、刑法の条文にも目を配る必要があります。さもなければ、なぜ昭和51年決定が強制処分と任意処分についての判断枠組みを示す必要があったのかが理解できないからです。

本件で、Xは公務執行妨害罪で起訴されています。したがって、まず見るべきは公務執行妨害罪（刑法95条1項）です。

> 刑法第95条1項（公務執行妨害及び職務強要）
> 公務員が職務を執行するに当たり、これに対して暴行又は脅迫を加えた者は、3年以下の懲役若しくは禁錮又は50万円以下の罰金に処する。

本件でXは、公務中の警察官であるA巡査に対して暴行を加えており、問題なく公務執行妨害罪が成立するようにも思われます。しかし、もしA巡査がXの左手首を掴んだ行為が、違法な職務行為であったとしたらどうでしょうか。刑法95条1項の「職務」という文言は、「適法な職務」であると解釈されています。なぜなら、違法な職務行為を刑法によって保護する必要性はないからです。そうすると、本件のA巡査の行為が違法行為であったのであれば、刑法95条1項の「職務を執行するに当たり」という構成要件を満たさない、または違法な行為に対するXの反撃は正当防衛であるといういずれかの理由により、Xの行為は犯罪とならない可能性があります。

したがって、X側はA巡査の行為の違法性について激しく争い、最高裁もA巡査の行為が違法行為であったのか否か、さらにいえば「強制の処分」にあたるのか、強制処分にあたらないとしても任意処分として相当かを判断する必要があったのです。

以上より、昭和51年決定について検討すべき適用条文とその文言は、刑法95条1項の「職務」、刑訴法197条1項但書「強制の処分」及び同条本文の「目的を達するため必要」である、ということになります。

STEP3　裁判所の判断

以上のとおり事案を把握したとして、実際に昭和51年決定の原文を読んでみましょう（なお、ⅠⅡⅢという段落番号は、便宜上著者が付したものです）。

> Ⅰ　原判決の事実認定のもとにおいて法律上問題となるのは、出入口の方へ向つた被告人の左斜め前に立ち、両手でその左手首を掴んだA巡査の行為が、任意捜査において許容されるものかどうか、である。
>
> Ⅱ　捜査において強制手段を用いることは、法律の根拠規定がある場合に限り許容されるものである。しかしながら、ここにいう強制手段とは、有形力の行使を伴う手段を意味するものではなく、個人の意思を制圧し、身体、住居、財産等に制約を加えて強制的に捜査目的を実現する行為など、特別の根拠規定がなければ許容することが相当でない手段を意味するものであつて、右の程度に至らない有形力の行使は、任意捜査においても許容される場合があるといわなければならない。ただ、強制手段にあたらない有形力の行使であつても、何らかの法益を侵害し又は侵害するおそれがあるのであるから、状況のいかんを問わず常に許容されるものと解するのは相当でなく、必要性、緊急性などをも考慮したうえ、具体的状況のもとで相当と認められる限度において許容されるものと解すべきである。
>
> Ⅲ　これを本件についてみると、A巡査の前記行為は、呼気検査に応じるよう被告人を説得するために行われたものであり、その程度もさほど強いものではないというのであるから、これをもつて性質上当然に逮捕その他の強制手段にあたるものと判断することはできない。また、右の行為は、酒酔い運転の罪の疑いが濃厚な被告人をその同意を得て警察署に任意同行して、被告人の父を呼び呼気検査に応じるよう説得をつづけるうちに、被告人の母が警察署に来ればこれに応じる旨を述べたのでその連絡を被告人の父に依頼して母の来署を待つていたところ、被告人が急に退室しようとしたため、さらに説得のためにとられた抑制の措置であつて、その程度もさほど強いものではないというのであるから、これをもつて捜査活動として許容される範囲を超えた不相当な行為ということはできず、公務の適法性を否定することができない。したがつて、原判決が、右の行為を含めてA巡査の公務の適法性を肯定し、被告人につき公務執行妨害罪の成立を認めたのは、正当というべきである。

まずは大きく構成を掴みます。この判決書には、ⅠⅡⅢと3つの段落があります。Ⅰで検討対象を明示し、Ⅱで強制処分及び任意処分についての具体的法規範を定立し、Ⅲであてはめをしています。Ⅰについては**STEP2**で述べたとおりですから、Ⅱについて検討します。

ここで、強制処分と任意処分についてのフレームワークを思い出してください。そうすると、Ⅱの段落は強制処分該当性についての具体的法規範と任意処分の適法性判断についての具体的法規範の両方を明示していることに気づくはずです。それぞれの規範の中核部分を抜き出してみます。

> ○強制処分該当性についての具体的法規範
> 　個人の意思を制圧し、身体、住居、財産等に制約を加えて強制的に捜査目的を実現する行為など、特別の根拠規定がなければ許容することが相当でない手段を意味するもの
> ○任意処分の適法性判断についての具体的法規範
> 　強制手段にあたらない有形力の行使であつても、何らかの法益を侵害し又は侵害するおそれがあるのであるから、状況のいかんを問わず常に許容されるものと解するのは相当でなく、必要性、緊急性などをも考慮したうえ、具体的状況のもとで相当と認められる限度において許容されるものと解すべきである

前述した強制処分と任意処分についてのフレームワークを学んでいれば、以上の記述が何を言っているのか、よく理解できるのではないでしょうか。法律フレームワークを学ぶ前と比較して、その理解度が上がっている感覚があれば、まさにフレームワークが身についてきた証拠です。

任意処分についての具体的法規範については、よく誤解している学生がいます。答案で「必要性、緊急性などをも考慮したうえ、具体的状況のもとで相当と認められる限度において許容されるものと解すべき」というところだけを抜き出している学生です。捜査の必要性と法益侵害の内容・程度を比較するという観点で判例の原文をもう一度眺めてみましょう。判例は、この具体的法規範の前に「強制手段にあたらない有形力の行使であつても、何らかの法益を侵害し又は侵害する

おそれがあるのであるから」と述べていることに気づくはずです。すなわち、「必要性緊急性を考慮した上、具体的状況の下で相当と認められる限度において許容される」という具体的法規範だけを定立するのは、完全に任意処分のフレームワークを誤解しているということです。

STEP4 あてはめ

判例は、Ⅲの段落において、強制処分と任意処分についての具体的法規範にそれぞれあてはめています。まずは強制処分の規範についての昭和51年決定のあてはめを見てみましょう。

> これを本件についてみると、A巡査の前記行為は、呼気検査に応じるよう被告人を説得するために行われたものであり、その程度もさほど強いものではないというのであるから、これをもつて性質上当然に逮捕その他の強制手段にあたるものと判断することはできない。

A巡査は両手でXの左手首を掴んでいます。もしこの行為が憲法33条で保障している身体の自由を制約するものであれば、それは令状なくして逮捕していることにほかならず、違法です。しかし、本件のA巡査の行為を類型的に分析すると、呼気検査に応じるよう説得するために一瞬Xの手首を掴んだだけであり、逮捕と同程度に身体の自由を奪ったとまでは評価できません。そうすると、憲法33条で保障されている重要な権利としての身体の自由を侵害したわけではないから、A巡査の行為は強制処分にあたらないといえます。

次に、任意処分についての昭和51年決定のあてはめです。

> また、右の行為は、酒酔い運転の罪の疑いが濃厚な被告人をその同意を得て警察署に任意同行して、被告人の父を呼び呼気検査に応じるよう説得をつづけるうちに、被告人の母が警察署に来ればこれに応じる旨を述べたのでその連絡を被告人の父に依頼して母の来署を待つていたところ、被告人が急に退室しようとしたため、さらに説得のためにとられた抑制の措置であつて、その程度もさほど強いものではないというのであるから、これをもつて捜査活動として許容される範囲を超えた不相当な行為ということはできず、公務の適法性を否定することができない。

法益侵害の内容・程度と捜査の必要性の2つに分けて分析してみましょう。

まず、法益侵害の内容・程度です。以上のあてはめ部分には直接には出てきませんが、前提となっている被侵害法益は、Xの身体の自由、すなわち自由に警察署から立ち去る自由です。法益侵害の内容・程度及び捜査の必要性に関わる判例の文言と、その文言に対する分析を以下のとおり整理してみました。

> また、右の行為は、【A】酒酔い運転の罪の疑いが濃厚な被告人を【B】その同意を得て警察署に任意同行して、被告人の父を呼び呼気検査に応じるよう説得をつづけるうちに、【C】被告人の母が警察署に来ればこれに応じる旨を述べたのでその連絡を被告人の父に依頼して母の来署を待つていたところ、被告人が急に退室しようとしたため、さらに説得のためにとられた抑制の措置であつて、【D】その程度もさほど強いものではないというのであるから、これをもつて捜査活動として許容される範囲を超えた不相当な行為ということはできず、公務の適法性を否定することができない。
>
> 【A】犯罪の嫌疑の存在と程度を認定しています。また、酒酔い運転という性質上、早く呼気検査をしなければ、血中アルコール濃度が低下して証拠を保全できなくなります。いずれも捜査の必要性を基礎づける事情です。
>
> 【B】任意同行に同意して滞在しているわけですから、Xの身体の自由の制約の程度は低いと評価できます。
>
> 【C】被告人が母が来れば応じると述べて待っていたわけですから、急に退室しようとしたXを説得のために一時的に抑制する必要性は認められます。
>
> 【D】A巡査は、呼気検査をするよう説得するという目的のために一瞬Xの手首を掴んだだけですから、法益侵害の程度は低いと評価できます。

以上の2つの要素を比較衡量した結果、「これをもつて捜査活動として許容される範囲を超えた不相当な行為ということはでき」ないと判例は結論づけているわけです。

いかがでしょうか。判例の文言にはまったく無駄がなく、すべてに意味があることがおわかり頂けたのではないでしょうか。このように、判例が何を言っているのかを独力で気づけるようになれるのも、法律フレームワークの威力です。

昭和51年決定については、刑事訴訟法判例百選（第9版）1番の大澤教授の解説もぜひお読みください。

7 捜査法のフレームワークまとめ

強制処分と任意処分のフレームワークは、すべての捜査に妥当する汎用性の高いフレームワークです。逮捕や捜索差押え（それに至らない程度の類似行為も含む）のみならず、警察での取調べやICレコーダーによる録音、ビデオ撮影、盗聴、おとり捜査、GPSを利用した捜査など、刑訴法189条2項の「捜査」にあたれば共通した判断枠組みが使えます。[*1] たとえば、任意処分のフレームワークは、おとり捜査（捜査機関又はその依頼を受けた捜査協力者が、その身分や意図を相手方に秘して犯罪を実行するように働き掛け、相手方がこれに応じて犯罪の実行に出たところで現行犯逮捕等により検挙するもの）についても本書と同様の思考で考えることが可能です。

おとり捜査の適法性判断においては、おとり捜査をする必要性とおとり捜査によって失われる利益の内容・程度を比較衡量することになります。もっとも、おとり捜査の場合、相手方は自らの意思で犯罪を実行しているので、被侵害法益というものを想定することは困難です。また、捜査機関が犯罪を実行するよう働きかけるので、捜査機関自らが特定の犯罪の教唆ないし幇助という違法行為をしているともいえます。このような特殊性から、**おとり捜査の適法性判断において、どのような捜査の必要性が必要なのか**、そして**捜査の必要性と比較する対象は何なのか**について判例及び学説の見解が分かれているのです。このような視点を持っておとり捜査及び判例の学説を眺めてみると、すっきり整理ができることと思います。これもフレームワークの威力です。

また、**判例は捜査類型によって判断枠組みを変えているように見えますが、その背後にある基本的な思考方法は共通しています。**一度上記フレームワークに沿って取調べなど捜査の適法性が問題となった判例を読み直すと、新たな気づきがあると思います。

なお、捜査法のフレームワークは、逮捕と捜索差押えについても存在します。たとえば、第1章（9頁）で紹介したフレームワークがある

＊1 ただし、本書で紹介している強制処分のフレームワークがすべての強制処分について妥当するのか、捜査機関による有形力の行使の場面のみに限られるのかは見解が分かれています。最決昭和51年3月16日の判例の射程を、有形力行使による強制処分に限定し、類型によって定義を変えるという立場については、まず古江頼隆『事例演習刑事訴訟［第2版］』（有斐閣、2015年）11頁以下を参照し、さらに詳しく知りたい方は同書で引用されている論文と判例を追いかけてください。

状態の見え方は、捜索差押えのフレームワークと伝聞法則のフレームワークに基づいて平成20年刑事系第2問を眺めるとどうなるかを示したものです。本章では、刑事訴訟法の原則からかなり丁寧にフレームワークを作り上げる思考方法を記述しましたので、これを参考にしてぜひ自力でフレームワークを組み上げてみてください。

8 証拠法と事実認定

「公判手続の核心ともいうべき部分は、**証拠に基づいて誤りなく事実を認定する過程**である」
——松尾浩也著『刑事訴訟法（下）新版』1頁

証拠法の問題を解く鍵は、これがすべてといっていいでしょう。「証拠に基づいて誤りなく事実を認定する」とは、事実認定の作業そのものです。

しかしながら、ほとんどの刑事訴訟法の基本書は、その性質上事実認定を念頭に置いた記述をしません。そのため、司法試験考査委員が出題にあたって念頭に置いている以下のような理解が、なかなか学生に伝わっていないのではないかと感じています。

要証事実を的確にとらえれば甲乙間及び甲丙女間の会話部分については、会話内容が真実かどうかを立証するものではなく、甲乙間及び甲丙女間でそのような内容の会話がなされたこと自体を証明することに意味があり、会話の存在を立証するものであるから、この会話部分は伝聞証拠には該当しないとの理解が可能であろう。
——平成22年新司法試験論文式試験問題出題趣旨　刑事系第2問

そこで、本書では伝聞法則のフレームワークを紹介する中で、事実認定と証拠法との関連を示すことを試みます。

9 伝聞法則のフレームワーク

⑴ 伝聞法則の意義

伝聞法則とは、**伝聞証拠の証拠能力を否定する原則**のことをいいます。すなわち、法廷外の供述証拠（たとえば、警察官が作成した供述調書や、証人の証言中のまた聞きの部分など）を証拠として採用することを原則として禁止するというものです。

平成18年に新司法試験が始まって以来、伝聞法則の問題は平成27年までの全10回中、7回も出題されています。これだけ出題されているのは、実務上伝聞法則が問題となる場面が非常に多いことと、要証事実に関する部分は具体的事案に即して考えなければならないため、試験現場での思考力を試せること、そして多くの受験生が苦手としていることが理由ではないかと思われます。そこで、伝聞法則の基本的な思考の枠組みを紹介しましょう。

⑵ 伝聞法則のフレームワーク

法的三段論法のフレームワークに則り、思考を条文からスタートさせましょう。

> 刑事訴訟法第320条1項
> 第三百二十一条乃至第三百二十八条に規定する場合を除いては、公判期日における供述に代えて書面を証拠とし、又は公判期日外における他の者の供述を内容とする供述を証拠とすることはできない。

本書では、「公判期日における供述に代え」た書面と「公判期日外における他の者の供述を内容とする供述」を合わせて**「公判廷外供述」**と呼ぶこととします。

さて、刑訴法320条1項を素直に読むと、公判廷外供述は、刑訴法321条から328条に該当する場合を除き、すべて証拠とすることができないように読めます。しかし、実際にはそうではないのがややこしいところです。以下、伝聞証拠の検討における思考の流れを紹介します（図表8-7）。

■ **図表8-7 伝聞法則のフレームワーク**

》形式的に320条1項「公判期日における供述に代え」た書面又は「公判期日外における他の者の供述を内容とする供述」にあたることを確認

↓

》320条1項の適用がある伝聞証拠の意義が問題となる

↓

》320条の趣旨

↓

》供述証拠（×伝聞証拠と書いてはいけない）は、知覚・記憶・叙述（表現・叙述）の各過程に誤りが入りやすいが、公判期日外における供述はその誤りを供述態度の直接観察・反対尋問・偽証罪の制裁によって是正できず、**事実認定を誤る危険性が高い**ため、原則として証拠能力を否定したもの（この趣旨の理解が伝聞例外の要件の理解に直結する）

↓

》もっともその危険性が顕在化するのは、公判期日外における供述がその内容の真実性を証明するために用いられる場合であるから、そのようなときだけ証拠能力を否定すればよい

↓

》したがって、320条1項の適用がある伝聞証拠とは、公判期日における供述に代えた書面又は公判期日外における他の者の供述を内容とする供述でその内容の**真実性が問題となるもの**であり、内容の真実性が問題となるかどうかは**要証事実との関係で相対的に決せられる**

重要なことは、伝聞法則の趣旨を正確に理解することです。そして、その趣旨を正確に理解するためには、刑事訴訟法の目的や、証拠法のフレームワークの理解が重要です。そう、すべては事実認定のためにある、ということです。**不正確さを是正できない法廷外の供述証拠を証拠として採用すると、事実認定を誤る危険性が類型的に高いため、原則として証拠能力を否定した、**ということをしっかりおさえましょう。逆にいえば、**公判廷外の供述証拠であっても、事実認定を誤る危険がなければ、証拠としてもよい**のです。このような場合を**「非伝聞」**といいます。

⑶ 伝聞法則における要証事実

⑵で述べたフレームワークの中には、「要証事実との関係で相対的に決せられる」という文章が出てきました。**要証事実**とは、**当該証拠によって直接立証の対象とする事項**をいいます。複数の定義があるため混乱を生じやすいですが、伝聞法則における要証事実とは、究極的な立証対象＝公訴事実ではなく、その証拠によって直接立証しようとしている事項のことです。

また、立証趣旨と要証事実を混同している学生がいるので、その違いについても述べておきます。立証趣旨と要証事実の根拠条文は、刑事訴訟規則189条1項です。

> 刑事訴訟規則第189条1項
> 証拠調の請求は、証拠と証明すべき事実との関係を具体的に明示して、これをしなければならない。

この条文のうち、「証明すべき事実」が要証事実であり、証拠と証明すべき事実「との関係」が立証趣旨です。要証事実は、その証拠によって「何を」立証するのかを指し示すものです。他方、立証趣旨は、その証拠の「どの部分をどのように使って」立証するのかを指し示すという違いがあります。立証趣旨は証拠調べ請求をした者が設定します。

要証事実と立証趣旨は、結果的に一致することもありますが、食い違うこともあります。たとえば、迷惑防止条例違反（痴漢行為）の事件で、検察官が、被告人及び被害者の犯行再現を写真撮影・記録した実況見分調書の立証趣旨をそれぞれ「犯行再現状況」「被害再現状況」と設定し、実況見分調書の再現部分を使って被告人及び被害者の供述内容を明確とすることを目的とすると主張した[*1]けれども、最高裁は「再現されたとおりの犯罪事実の存在が要証事実」としたものがあります。[*2]なお、本決定の事案とは異なり、要証事実が「被告人の供述どおりの犯行態様が可能であること」となる場合であれば、検察官の主張する「被害再現状況」という立証趣旨は意味を持ちます。

要証事実と立証趣旨は、概念的には区別されるものであることは理解しておきましょう。

＊1 この場合、検察官の主張する立証趣旨から導かれる要証事実は、「犯行再現状況」です。

＊2 最決平成17年9月27日刑集59巻7号753頁（刑事訴訟法判例百選（第9版）86番）。本決定の事案において、起訴前は被疑者は自白していたのですが、起訴後に否認に転じて被告人と被害者の言い分が食い違ったため、どちらの言い分が信用できるかという点が争点となっていました。検察官は、被疑者の自白調書の内容の信用性を立証するため、被疑者と被害者の供述を明確にして「自白調書の内容と犯行再現状況が同じである」ということを立証しようとしたのです。

⑷ 要証事実と証拠構造

さて、ここから要証事実の認定方法の話に入ります。要証事実を特定するためには、その刑事訴訟における証拠構造を理解しておかなくてはなりません。**証拠構造**とは、**起訴されている公訴事実を立証するために、どの証拠を使って立証するのかという全体構造**のことです。

証拠構造には大きく分けて直接証拠型と間接証拠型があります。**直接証拠型**とは、**直接証拠[*3]によって公訴事実を立証する場合**をいいます。この場合、**要証事実は直接証拠の信用性**です。直接証拠が信用できるものであれば、（自白の場合は補強証拠が必要ですが）そのまま公訴事実どおりの事実認定ができるからです。

他方、**間接証拠型**とは、**間接証拠[*4]によって公訴事実を立証する場合**をいいます。間接証拠から間接事実を認定し、その間接事実から経験則によって犯罪事実を推認する、ということです。[*5] 間接証拠型の場合、**要証事実は間接証拠から推認できる間接事実**です。

このように、要証事実を特定するためには、まず証拠構造が直接証拠型か間接証拠型なのかを判断し、その後、要証事実を特定するという手順を踏むことになります。

＊3 証拠からの推認を経ずに、直接犯罪事実を認めることができる証拠。犯罪事実全てにわたる自白やビデオ録画など。

＊4 証拠からの推認を経ることによって犯罪事実を認めることができる証拠。

＊5 なお、間接証拠と間接事実を合わせて情況証拠と呼ぶことがあります。

刑事訴訟法

⑸ 要証事実特定のフレームワーク

⑮要証事実特定のフレームワーク

ではもう少し具体的に、要証事実を特定するための思考の流れを追ってみましょう。図表8-8は、公訴事実を起点にどういう順番で証拠構造を把握して要証事実を特定するかをまとめています。

■ 図表8-8 要証事実特定のフレームワーク

STEP1　公訴事実を見て構成要件を抽出

最終的な証明対象は公訴事実です。問題文中に他の犯罪の事実があっても検察官が起訴しているとは限りません。また、刑法60条の共謀も構成要件であることを忘れないでください。

↓

STEP2　被告人の公判での認否と証拠を見る

被告人が公訴事実のうちどの部分を否認しているのか（構成要件のみならず犯人性を否認している場合もあります）と、当該否認部分を立証する証拠を見て間接証拠型か直接証拠型かを判断します。

↓

STEP3　証拠構造に即して要証事実を特定

①　直接証拠型の場合

要証事実は直接証拠（多くの場合は自白調書）の信用性ですので、自白の内容と客観証拠が一致するかどうかを見ます。

②　間接証拠型の場合

まず証拠能力が問題なく認められる証拠から推認できる事実を検討します。このように、要証事実の検討は、伝聞証拠自体だけでなく証拠全体を見る必要があります。証拠能力に問題のない証拠から公訴事実すべてを認定できれば供述証拠は非伝聞となりますし、認定できない事実があれば、それが供述証拠によって立証すべき要証事実です。

↓

STEP4　立証趣旨と合わせて推認過程を検討

通常は検察官が立証趣旨を設定していますから、STEP3までの検討と合わせて供述証拠から要証事実をどのように推認するかを検討します。

それでは、具体的に司法試験の問題を使って、どのように証拠構造を特定するのかを説明します。

⑹平成22年新司法試験刑事系第2問の証拠構造及び要証事実の検討

〔第2問〕（配点:100）

次の【事例】を読んで、後記〔設問1〕及び〔設問2〕に答えなさい。

【事例】

1　暴力団A組は、けん銃を組織的に密売することによって多額の利益を得ていたが、同組では、発覚を恐れ一般人には販売せず、暴力団に属する者に対してのみ、電話連絡等を通じて取引の交渉をし、取引成立後、宅配等によりけん銃を引き渡すという慎重な方法が採られていた。司法警察員Pらは、A組による組織的な密売ルートを解明すべく内偵捜査を続けていたが、A組幹部の甲がけん銃密売の責任者であるとの情報や、甲からの指示を受けた組員らが、取引成立後、組事務所とは別の場所に保管するけん銃を顧客に発送するなどの方法によりけん銃を譲渡しているとの情報を把握したものの、顧客が暴力団関係者のみであることから、甲らを検挙する証拠を入手できずにいた。

平成21年6月1日、Pらは、甲らによるけん銃密売に関する証拠を入手するため、A組の組事務所であるアパート前路上で張り込んでいたところ、甲が同アパート前公道上にあったごみ集積所にごみ袋を置いたのを現認した。そこで、Pらは、同ごみ袋を警察署に持ち帰り、その内容物を確認したところ、「5/20 1丁→N.H 150」などと日付、アルファベットのイニシャル及び数字が記載された複数のメモ片を発見したため、この裁断されていたメモ片を復元した［捜査①］。

さらに、同月2日、Pらは、甲が入居しているマンション前路上で張り込んでいたところ、甲が同マンション専用のごみ集積所にごみ袋を置いたのを現認した。なお、同ごみ集積所は、同マンション敷地内にあるが、居住部分の建物棟とは少し離れた場所の倉庫内にあり、その出入口は施錠されておらず、誰でも出入りすることが可能な場所にあった。そこで、Pらは、同集積所に立ち入り、同所において、同ごみ袋内を確認したところ、「5/22 1丁→T.K 150」などと記載された同様のメモ片を発見したため、このメモ片を持ち帰り復元した［捜査②］。

Pらが復元した各メモ片の内容を確認したところ、甲らが、同年5月中に、10名に対して、代金総額2250万円で合計15丁のけん銃を密売したのではないかとの嫌疑が濃厚となった。

2　その後、Pらは、更なる内偵捜査により、A組とは対立する暴力団B組に属する乙が、以前に甲からけん銃を入手しようとしたものの、その代金額について折り合いがつかずにけん銃を入手できなかったため、B組内で処分を受け、甲及びA組に対して強い敵意を抱いているとの情報を入手した。

そこで、Pは、同年6月5日、乙と接触し、同人に対し、もう一度甲と連絡を取ってけん銃を譲り受け、甲を検挙することを手伝ってほしい旨依頼したところ、乙の協力が得られることとなった。この際、Pは、乙に対し、電話で甲に連絡をした際や直接会って話をした際には、甲との会話内容をICレコーダーに録音したいこと、さらに会話終了後には、引き続き、乙にその会話内容を説明してもらい、それも併せて録音したい旨を依頼し、乙の了解を得た。

同月7日午前11時ころ、乙は、乙方近くのE公園において、自らの携帯電話から甲の携帯電話に電話をかけ、甲に対し、「前には金額で折り合わなかったが、やはり物を購入したい。もう一度話し合いたいんだ。」などと言い、甲から、「分かった。値段が張るのはやむを得ない。よく考えてくれよ。」などとの話を引き出した。乙の近くにいたPは、この会話を乙の携帯電話に接続したICレコーダーに録音し、さらに、同会話終了後にされた「自分は、平成21年6月7日午前11時ころ、E公園において、甲と電話で話したが、甲は自分にけん銃を売ることについての話合いに応じてくれた。明日午後1時ころ、F喫茶店で直接会って更に詳しい話合いをすることになった。」という乙による説明も録音した［録音①］。

翌8日午後1時ころ、待ち合わせ場所のF喫茶店において、甲と乙は、けん銃の譲渡について話合いをした。その際、甲と乙は、代金総額300万円でけん銃2丁を譲渡すること、けん銃は後日乙の指定したマンションへ宅配便で配送すること、けん銃の受取後、代金を直接甲に支払うことなどを合意するに至った。隣のテーブルにいたPは、このけん銃譲渡に関する会話をICレコーダーに録音し、さらに、甲が同店を立ち去った後にされた「自分は、平成21年6月8日午後1時ころ、F喫茶店で甲と直接話合いをした。甲が自分にけん銃2丁を300万円で売ってくれることになった。けん銃2丁は宅配便で、りんごと一緒に自分のマンションに配送される。代金300万円は後で連絡を取り合って場所を決め、その時渡すことになった。」という乙による説明も録音した［録音②］。

3　翌9日以降、Pらは、乙がけん銃を受け取ったことを確認し次第、甲をけん銃の譲渡罪で逮捕し、関係箇所を捜索しようと考え、度々乙と電話で連絡を取り、甲からけん銃2丁が配送されてきたか否か確認を続けた。しかし、同月14日午後9時ころ、Pらは、乙が電話に出なくなったことから不審に思い、乙の生命又は身体に危険な事態が発生した可能性があることからその安全を確認するため、乙方マンション管理人立会いの下、乙方に立ち入ると、乙が居間において、頭部右こめかみ付近から出血した状態で死亡しているのを発見した。乙の死体付近にはけん銃2丁が落ちており、その近くには開封された宅配便の箱があり、その中を確認するとりんごが数個入っていた。また、机上には乙の物とみられる携帯電話1台があった。Pらは、甲によるけん銃譲渡の被疑事実について、裁判官から捜索差押許可状の発付を得た上で、発見したけん銃2丁及び携帯電話1台を押収した。さらに、Pらは、押収した乙の携帯電話の発信歴や着信歴を確認したが、すべて消去されていたため、直ちに科学捜査研究所で、消去されたデータの復元・分析を図った［捜査③］。その結果、頻繁に発着信歴のある電話番号「090—7274—△△△△」が確認され、さらにこの契約者を捜査すると丙女であることが明らかとなった。なお、Pらは、乙方では遺書等を発見できず、押収したけん銃2丁には乙の右手指紋が付着していたものの、乙が死亡した原因を自殺か他殺か特定できなかった上、捜査の必要から、乙死亡についてマスコミ発表をしなかった。また、宅配便の箱に貼付されていた発送伝票の発送者欄には、住所、人名及び電話番号が記載されていたが、捜査の結果、それらはすべて架空のものであることが明らかとなった。

4　翌15日午後7時ころ、Pらが乙の携帯電話を持参して丙女方を訪ねると、丙女は、当初は乙を知らないと供述したものの、Pらが乙の携帯電話の電源を入れ、丙女の携帯電話番号の発着信歴が頻繁にあったことを告げると、ようやく、乙と約2年前から交際していたことを認め、乙から、今回警察の捜査に協力していることやそのためにA組の甲からけん銃を譲り受けることを打ち明けられていたなどと供述した。そのような事情聴取を継続中に、突然、乙の携帯電話の着信音が鳴った。Pらは、着信の表示番号が以前に乙から教わっていた甲の携帯電話番号であったので、甲からの電話であると分かり、とっさに、丙女から、電話に出ること及び会話の録音についての同意を得た上で、丙女に電話に出てもらうとともに、乙の携帯電話の録音機能を使用して録音を開始した。すると、甲と思われる男の声で、「もしもし、甲だ。物届いただろう。約束どおりりんごと一緒に届いただろう。300を早く支払ってくれよ。」との話があり、丙女が、乙が死亡してしまったこと、自分は乙の婚約者であることを告げると、甲と思われる男は、「婚約者なら乙の代わりに代金300万円を用意して持ってこい。物は約束どおり届いたはずだろう。」などと強く言ってきた。Pがメモ紙に代金は警察が用意するので待ち合わせ場所を決めるようにと記載して示すと、丙女は、その記載に従って、「分かりました。代金は、乙に代わって私が用意します。待ち合わせ場所を指定してください。」などと言い、同月17日に甲とF喫茶店で待ち合わせることになった。Pは、電話終了後、乙の携帯電話の録音機能を停止して再生し、丙女と甲と思われる男の会話内容が録音されていることを確認した［録音③］。

5　同月17日午後3時ころ、丙女がF喫茶店に赴いたところ、甲が現れたので、Pらは、甲をけん銃2丁の譲渡罪で緊急逮捕した。

甲は勾留後、否認を続けたが、検察官は、本件けん銃2丁、甲乙間及び甲丙女間の本件けん銃譲渡に関する［録音①］、［録音②］及び［録音③］を反訳した捜査報告書**【資料】**、丙女の供述等を証拠に、同年7月8日、甲をけん銃2丁の譲渡罪で起訴した。

被告人甲は、第一回公判期日において、「自分は、乙に対してけん銃2丁を譲り渡したことはない。」旨述べた。その後の証拠調べ手続において、検察官は、「甲乙間の本件けん銃譲渡に関する甲乙間及び甲丙女間の会話の存在と内容」を立証趣旨として、前記捜査報告書を証拠調べ請求したところ、弁護人は、不同意とした。

〔設問1〕下線部の［捜査①］から［捜査③］の適法性について、具体的事実を摘示しつつ論じなさい。

〔設問2〕**【事例】**中の捜査報告書の証拠能力について、前提となる捜査の適法性を含めて論じなさい。

【資料】

捜査報告書

平成21年6月18日

○○県□□警察署
司法警察員警視P　殿

○○県□□警察署
司法警察員巡査部長K

被疑者甲
（本籍、住居、職業、生年月日省略）

上記の者、平成21年6月17日、銃砲刀剣類所持等取締法違反被疑事件の被疑者として緊急逮捕したものであるが、被疑者は、乙及び丙女との間で電話等による会話をしており、その状況を録音したICレコーダー及び携帯電話を本職が再生して反訳したところ、下記のとおり判明したので報告する。

記

1　平成21年6月7日午前11時ころ～午前11時5分ころ、電話による通話等

(1)　乙「もしもし、乙ですが、この間は申し訳なかったね。」
「やはり、物必要なんだ。前には金額で折り合わなかったが、やはり物を購入したい。もう一度話し合いたいんだ。」
甲「今更何言ってるの。物って何のことよ。」
乙「とぼけないでくださいよ。×××のことですよ。」

甲「前は、高過ぎるとか、ほんとに良い物なのかとか、うるさかったじゃない。うちのは××××とは違うんだよ。」

乙「悪かったね。やはりどうしても欲しいんだ。助けてほしい。」

甲「分かった。うちの回転×××の×××は物が良いので、値段が張るのはやむを得ない。よく考えてくれよ。」

乙「よく分かったよ。明日1時に前回と同じF喫茶店でどうだい。」

甲「分かった。明日会おう。」

ここで、甲乙間の会話が終了し（なお×××部分は聞き取れず）、引き続き、乙の声で、(2)乙「自分は、平成21年6月7日午前11時ころ、E公園において、甲と電話で話したが、甲は自分にけん銃を売ることについての話合いに応じてくれた。明日午後1時ころ、F喫茶店で直接会って更に詳しい話合いをすることになった。」との話が録音されていた。

2　同月8日午後1時ころ、F喫茶店における会話等

(1)　乙「お久しぶり。この前は悪かったね。」

甲「だから、この間の条件で買っておけばよかったんだよ。うちの条件は前回と同じ、1丁150万円、2丁なら×××××、物がいいんだからびた一文負けられないよ。」

乙「分かったよ。それでいいよ。物どうやって受け取るんだい。」

甲「うちのやり方は、直接渡したりはしないんだ。そこでパクられたら、所持で逃げようないからね。あんたのマンションへ宅配便で送るよ。りんごの箱に入れて、一緒に送るから。受け取ったら、×××渡してくれよ。場所はまた連絡する。」

乙「それでいこう。頼むね。」

ここで、甲乙間の会話が終了し（なお×××部分は聞き取れず）、引き続き、乙の声で、(2)乙「自分は、平成21年6月8日午後1時ころ、F喫茶店で甲と直接話合いをした。甲が自分にけん銃2丁を300万円で売ってくれることになった。けん銃2丁は宅配便で、りんごと一緒に自分のマンションに配送される。代金300万円は後で連絡を取り合って場所を決め、その時渡すことになった。」との話が録音されていた。

3　同月15日午後7時15分ころ～午後7時20分ころ、電話による通話

甲「もしもし、甲だ。物届いただろう。約束どおりりんごと一緒に届いただろう。300を早く支払ってくれよ。」

丙女「私は、乙の婚約者の丙女です。乙は死んでしまいました。」

甲「ええ。死んだ。本当かよ。どうして死んだんだ。××か。」
丙女「分かりません。でも、遺書はありませんし、近くにけん銃が落ちていました。」
甲「それはお気の毒だ。でも物は届いたんだろう。それなら、あんたが代わりに300万円払ってくれ。」
丙女「そんなお金は持っていません。」
甲「婚約者なんだろ。婚約者なら乙の代わりに代金300万円を用意して持ってこい。物は約束どおり届いたはずだろう。」
丙女「分かりました。代金は、乙に代わって私が用意します。待ち合わせ場所を指定してください。」
甲「本当に用意できるのか。それじゃあ。明後日の17日午後3時、F喫茶店に金を持ってきてくれ。××には言うなよ。」
丙女「分かりました。必ず行きます。」

ここで甲丙女間の会話が終了した（なお××部分は聞き取れず）。

では、要証事実特定のフレームワークに沿って検討していきましょう。

STEP1　公訴事実を見て構成要件を抽出

【事例】における公訴事実は、直接は書いていませんが、「甲をけん銃2丁の譲渡で起訴した」とあるので、けん銃2丁の譲渡が公訴事実であると考えていいでしょう。

STEP2　被告人の公判での認否と証拠を見る

甲は、「自分は、乙に対してけん銃2丁を譲り渡したことはない。」と述べています。この認否を分析するには刑法の基本的な知識が必要なので、簡単に説明します。

犯罪の構成要件には、客観面と主観面の両方があります。けん銃譲渡罪の場合、けん銃を譲渡したという客観的な事実と、けん銃を譲渡したという事実の主観的な認識が構成要件となります。したがって、本問の甲は、けん銃譲渡の客観的な事実とその認識の両方を否認しているというように分析できます。

そして、本問においては甲の自白などの直接証拠がないことから、**間接証拠型の証拠構造**であることがわかります。

STEP3　証拠構造と立証趣旨に即して要証事実を特定

本件は間接証拠型の証拠構造ですから、まずは証拠能力に問題のない証拠からみます。【事例】では何を証拠として取調べ請求しているかは、明示はされていませんが、実際の公判を想定すれば確実に請求すると思われる証拠がいくつかあります。たとえば、乙方にあったけん銃2丁及びけん銃のそばに落ちていたりんご数個入りの宅配便の箱です。これらと合わせて、乙方におけるこれらの証拠の発見時の状況を記録した実況見分調書も証拠請求するでしょう。

次に、これらの間接証拠から推認できる事実を考えます。りんご数個が入った宅配便の箱がけん銃2丁のそばにあったことからすると、宅配便の箱によってけん銃2丁が配達されてきたことが推認できます。もっとも、発送者は架空の人物ですから、これだけでは甲が乙にけん

刑事訴訟法

銃2丁を送ったことは推認できません。もちろん、甲にけん銃譲渡の認識があったことも推認できません。したがって、けん銃譲渡の事実及びその認識については、【事例】中の捜査報告書によって推認せざるを得ないのです。また、以上の分析により、捜査報告書の要証事実は、けん銃譲渡の事実及びその認識ということになります。

ここで、検察官の設定した立証趣旨を見てみましょう。検察官は、捜査報告書の立証趣旨を「甲乙間の本件けん銃譲渡に関する甲乙間及び甲丙女間の会話の存在と内容」としています。この立証趣旨がけん銃譲渡の事実及びその認識という要証事実とどう結びつくのでしょうか。その理解が本問を解く鍵となります。

STEP4　立証趣旨と合わせて推認過程を検討

【資料】の内容と客観的な証拠とを合わせてみていきます。【資料】の読み方として注意しなければならないのは、電話による通話とF喫茶店における会話において、誰もけん銃を直接示すような言葉は一言も言っていないことです。それらしき言葉はすべて×××と伏せ字にされています。したがって、勝手に「甲と乙はけん銃について話している」などと考えてはいけません。**証拠そのものから明らかになる事実と、その事実から推測できる事柄を区別することは、証拠の見方の基本**です。

しかしながら、甲はいくつかけん銃の譲渡を匂わせるような発言をしています。たとえば、「回転×××」「1丁150万円」「パクられたら、所持で逃げようない」「あんたのマンションへ宅配便で送るよ。りんごの箱に入れて、一緒に送るから」などです。甲は、乙に対し、回転する何かでそれは1丁2丁と数えるものであり、1丁あたり150万円という価格のもので、所持しているだけで逮捕されるような法禁物をりんごの箱に入れて送ろうとしていることが推認できます。

さらに、これらの甲の発言と、乙方にけん銃2丁及びりんごの入った宅配便の箱があったことを合わせて考えてみましょう。甲の言うとおり、りんごの入った箱がけん銃2丁の横に落ちていました。そうすると、甲の発言と乙方の状況は、客観的に一致しています。付け加えていえば、甲は乙が死亡した後の丙女との会話で、「約束どおりりんごと一緒に届いただろう。300を早く支払ってくれよ。」と述べていますが、【事例】において、警察は、乙の死亡についてマスコミに発表していないとの記述があります。なぜ、甲は、乙方にりんごと一緒にけん銃が届いたことを知っているのでしょうか？ 甲は、犯人しか知り得ないけん銃の譲渡という事実を知っているということになりますから、この事実からも、甲が乙に対してけん銃を譲渡し、かつ、その事実を認識していたという事実を推認することができます。

以上より、【資料】の捜査報告書のうち、1(1)、2(1)の甲乙間の会話及び3の甲丙女間の会話の存在自体から、甲のけん銃譲渡の事実及びその認識を推認することができるのです。これは検察官の立証趣旨と一致します。したがって、要証事実は、結果的に検察官の設定した立証趣旨どおりの要証事実ということになります。

そして、以上の説明を理解すると、181頁で紹介した平成22年新司法試験における刑事系第2問の出題趣旨の「要証事実を的確にとらえれば甲乙間及び甲丙女間の会話部分については、会話内容が真実かどうかを立証するものではなく、甲乙間及び甲丙女間でそのような内容の会話がなされたこと自体を証明することに意味があり、会話の存在を立証するものであるから、この会話部分は伝聞証拠には該当しないとの理解が可能であろう。」という一文の意味が理解できると思います。**「要証事実を的確にとらえ」るためには、事実認定ができなければならないのです。**

10 訴因変更のフレームワーク

(1) 訴因変更の意義

最後に、訴因変更のフレームワークご紹介します。訴因変更は学説が錯綜しており、受験生がよくわからない印象を持ちがちな分野ですが、訴因変更という制度が何のためにあるのか、なぜ訴因を変更しなければならないのかを理解すれば、わかりやすくなります。

まず、**訴因**（刑訴法256条3項前段）とは、**検察官が裁判所に対して審判を求める「罪となるべき事実」[*1]の具体的な主張**のことをいいます。裁判所は、訴因についてのみ審理し、判決する権限と責務を負います。訴因以外の事実について判決を下すことはできません（刑訴法378条3号後段）。そして、被告人は立証責任を負う検察官が提示した訴因についてのみ防御します。訴因として提示されていない（つまり起訴されていない）事実については、仮に被告人が犯罪になる行為をしていて証拠からそのような事実が認定可能だったとしても、被告人は一切何もする必要はありませんし、裁判所も判断できません。このように、**裁判所が、検察官が提示する訴因とそれに対する被告人側の防御活動を踏まえて、証拠により訴因が合理的な疑いを超えて証明されているかどうかを吟味する形式を、当事者追行主義**といいます。

＊1 実際の刑事裁判においては、逮捕したときの被疑事実から被害額や犯行の範囲を大幅に縮減した起訴状の記載になっていることはよくあります。検察官が、証拠上確実に有罪にできると考えるものに絞って起訴するからです。

⑵ 訴因変更の要否

さて、以上の知識を前提とした場合、検察官が被告人を起訴した後に見つかった新たな証拠が起訴状の記載と食い違っていたり、刑事裁判を進めるうちに検察官の主張する訴因と裁判所の心証がずれたりしたら、検察官はどうしたらいいでしょうか。[*2]

訴因変更は、このように**起訴時の訴因と検察官が立証しようとする（あるいは立証した）事実にずれが生じた場合に、検察官が1回の刑事手続の中で有罪判決を獲得するための制度**です。いわば、検察官救済のための制度といえます。そして、訴因の第一次的機能は審判対象の画定にあることから、**訴因変更が必要となるのは、「罪となるべき事実」の特定に必要不可欠な部分[*3]に変動が生じた場合**です。たとえば、Xが盗品を所持していたことなどから検察官がXを窃盗罪で起訴したけれども、その後の捜査でXは盗品を窃取したのではなく、無償で譲り受けたという事実（刑法256条1項　盗品等無償譲受け罪）が判明したとします。この場合、検察官が訴因変更をしなければ、裁判所は盗品等無償譲受け罪について審理することができないため、仮に証拠から盗品等無償譲り受けの事実が認定できたとしても、無罪判決を下すほかありません。

また、審判対象の画定の見地から訴因変更が必要不可欠でなくとも、

＊2 実際の刑事裁判でこのような事態になった場合、検察官が自ら訴因変更を申し立てるか、裁判所が検察官に対して訴因変更するよう促します。

＊3 罪となるべき事実の特定に必要不可欠な事項とは、訴因が他の犯罪事実から識別可能な程度に特定するために必要な事実をいいます。岩瀬徹「訴因変更の要否」刑事訴訟法の争点（有斐閣、2013年）120頁を参照。

訴因には被告人側に防御対象を示すという機能を有することから、**被告人側の具体的な防御活動にとって重要な事実が変動した場合にも訴因変更が必要**です。たとえば、共謀共同正犯において誰が実行行為者かは、審判対象の画定の見地からは必要不可欠な事実ではありません。[*4] もっとも、実際に手を下したか否かは被告人にとっては重要な関心事ですから、具体的審理状況に照らして被告人に不意打ちとなる場合には、訴因変更が必要となります。[*5]

訴因変更せずとも裁判所が有罪判決を下せるし、被告人の不意打ちにもならない場合は訴因変更の必要はありません。

*4 162頁で紹介した最大判昭和33年5月28日（練馬事件）により、共謀共同正犯における「罪となるべき事実」は「共謀」であって、謀議の日時場所や実行の方法、役割分担についてはいちいち判示しないとされているため、実行担当者の特定も「罪となるべき事実」との関係では必要不可欠なものではありません。

*5 最決平成13年4月11日刑集55巻3号127頁（刑事訴訟法判例百選〔第9版〕46番）を参照。

刑事訴訟法

⑶ 訴因変更の可否

次に、**訴因変更が必要だとして、訴因変更により一回の手続で有罪判決を下せるか（紛争の一回的解決）、それとも別訴を提起しなければならないかという問題が、訴因変更の可否の問題**です。そして、その判断基準が「公訴事実の同一性」（刑訴法312条1項）という概念です。

> 刑事訴訟法第312条1項
> 　裁判所は、検察官の請求があるときは、公訴事実の同一性を害しない限度において、起訴状に記載された訴因又は罰条の追加、撤回又は変更を許さなければならない。

刑訴法312条1項が訴因変更の範囲を「公訴事実の同一性」に限定した趣旨は、刑事手続による刑罰権の具体的実現に際して、別訴で2つ以上の有罪判決が併存し二重処罰の実質が生じるのを回避することにあります。したがって、**変更前の訴因と変更後の訴因を比較して、仮に両訴因が別訴で共に有罪とされると二重処罰となる場合には、別訴提起を禁止すれば二重処罰を防ぐことができるので、この場合が公訴事実の同一性の範囲内である**といえます。[*6]

公訴事実の同一性が認められないのであれば、訴因変更はできず、別訴を提起すべきということになります。

公訴事実の同一性の範囲内で訴因変更ができる場合には、2つの類型があります。1つは、**両訴因が実体法上一罪[*7]となる場合**です。たとえ

*6 酒巻匡『刑事訴訟法』（有斐閣、2015年）298頁を参照。これは、確定判決の一事不再理効（337条1号）が「公訴事実の同一性」が認められる範囲に及ぶため、公訴事実の同一性の範囲内であったにも関わらず、検察官が訴因変更しなかった場合、検察官は公訴事実の同一性の範囲内の事実について後訴を提起することができなくなるのと表裏の関係にあります。

*7 単純一罪のほか、包括一罪、科刑上一罪、牽連犯等のことです。講学上「公訴事実の単一性」と呼ばれます。

ば、住居侵入罪と窃盗罪は牽連犯（刑法54条1項後段）として刑法上一罪であるため、住居侵入罪のみを起訴した後に別訴で窃盗罪で起訴すると、二重処罰となります。したがって、住居侵入罪に加えて窃盗罪についても処罰を求めるのであれば、住居侵入罪の公判において窃盗罪の訴因を追加できる必要があります。逆に、変更前の訴因と変更後の訴因が併合罪の関係にある場合は実体法上別罪なので、別々に有罪判決が出ても何の問題もありません。したがって、訴因変更はできず、別訴を提起することになります。[*1]

もう1つの類型は、講学上「狭義の公訴事実の同一性」と呼ばれる、**両訴因の事実を比較したときに、基本的事実関係の同一性があるといえる場合**です。基本的事実関係が同一である2つ以上の訴因を仮に別々に起訴したとすると、同じ事実関係にある事件を両方処罰することになります。したがって、二重処罰を防ぐ必要があるので、訴因変更が許されます。

もっとも、基本的事実関係の同一性は、犯罪の日時場所、犯罪の方法ないし行為の態様、被害法益の内容等を総合的に評価して判断せざるを得ないため、不明瞭です。[*2] そこで、判例は**基本的事実関係の同一性を判断するのが困難な場合、補充的に両訴因の「両立しない関係」（非両立性）という判断枠組み**を用います。[*3] 両訴因が両立しない関係にある場合として、10月14日頃に静岡県で背広一着の窃盗の起訴事実と、10月19日頃の東京都内における同じ背広一着の盗品等有償処分あっせん罪（刑法256条2項）の事実との関係が問題になった事件があります。[*4] 10月14日に静岡で背広を盗んで、10月19日に東京で盗品の背広を有償で処分するあっせんをすることは、日付も場所も異なっていることから明らかに基本的事実関係の同一性がある、とは明言しにくそうです。しかし、窃盗罪が成立すれば盗品関与罪は成立しません（不可罰的事後行為となります）し、盗品関与罪が成立するのであれば、そもそも窃盗罪は成立していないことになります。仮に両方の訴因について公訴提起されると、本来両立しないはずの罪を二重に処罰することになるため、1回の公判の中で訴因変更を可能にする必要があるわけです。このとおり、訴因変更を理解するためにも、刑法についての理解は必須です。

＊1 実務的には検察官が追起訴をし、裁判所が最初に公訴提起された事件と追起訴事件を併合して審理します(刑訴法313条1項)。

＊2 酒巻匡『刑事訴訟法』(有斐閣、2015年)300頁を参照。

＊3 古江賴隆『事例演習刑事訴訟[第2版]』(有斐閣、2015年)229頁を参照。

＊4 最判昭和29年5月14日刑集8巻5号676頁。当時の刑法では、盗品等有償処分あっせんは「贓物牙保」と呼ばれていました。

⑷　訴因変更のフレームワーク

これまで述べてきた訴因変更の思考過程をフレームワークの形でまとめると、図表8-9のとおりとなります。

■ 図表8-9 訴因変更のフレームワーク

STEP1　公訴事実（変更前の訴因）を確認する

STEP2　公訴事実と裁判所が認定するであろう事実のズレを把握する

（訴因変更の要否）

STEP3　そのズレは審判対象を画定するのに必要な事項かを検討する

⇒審判対象画定の見地から訴因変更が不要な場合→STEP4
⇒審判対象画定の見地から訴因変更が必要な場合→STEP5

STEP4　そのズレは一般的に被告人の防御にとって重要な事項かを検討する

⇒重要かつ検察官が明示
　→原則として訴因変更必要→STEP5
　　ただし具体的な審理経過に照らし被告人に不意打ちを与えないかつ認定事実が訴因より不利益でない
　→例外的に訴因変更不要

（訴因変更の可否）

STEP5　変更前の訴因と変更後の訴因の記載を比較し、ともに科刑上又は実体法上の一罪に含まれているか（＝公訴事実の単一性）を検討する

⇒ともに科刑上又は実体法上の一罪に含まれる場合→STEP6
⇒併合罪の関係にある場合→別訴提起

STEP6　変更前の訴因と変更後の訴因の基本的事実関係の同一性を検討する

⇒基本的事実関係の同一性が認められる場合：訴因変更は可能
⇒基本的事実関係の同一性が認められない場合→STEP7

STEP7　変更前の訴因と変更後の訴因が非両立の関係にあり、両訴因につき別訴を提起すると二重処罰になるかを検討する

⇒非両立の関係にあり、二重処罰となる場合：訴因変更は可能
⇒非両立の関係になく、二重処罰とならない場合：訴因変更は不可能
　→別訴提起
⇒非両立の関係にあり、二重処罰とならない場合：訴因変更は不可能
　→別訴提起

刑事訴訟法

11 フレームワークに基づく刑事訴訟法の学習方法

司法試験も予備試験も、基本を正確かつ深く理解できているかを問うている、という点で共通しています。違いは、予備試験については事実認定の科目が他にあるので、事実認定をした上であてはめるような出題はされないくらいです。しかし、予備試験であっても刑事訴訟法が事実認定のためにあるという点は変わりません。したがって、学習の指針としては、判例を読み、判例がどの事実を認定するために手続の適法性を検討しているのか、どのような事実を拾い上げてあてはめているのかを重点的にチェックすることが大切です。

そして、刑事訴訟法を正確に理解するためには、捜査法においても証拠法においても訴因においても刑事実体法の正確な理解が必要であることは、何度も述べたとおりです。

また、司法試験の刑事訴訟法は、感覚的に適法・違法の結論を先に決めてから答案を書くと、罠にかかる可能性が高い問題となっていることがあります。たとえば、複数の検討対象となる捜査があったとして、一方が違法で他方が適法となりそうな気がしても、よく検討してみると実は両方とも同じ判断過程をたどるため、結論が分かれることはおかしい、というような出題がされる傾向があることには要注意です。

以上で刑事法のフレームワークについては終わりです。紙幅の都合上、すべてのフレームワークを網羅することはできませんでしたが、刑事法は他の分野に比べて比較的フレームワークがしっかりしているため、自分でフレームワークを作りやすい分野です。本書に載っていないフレームワークは、ぜひ自分で作ってみてください。

民事系

第9章 民法（要件事実）のフレームワーク

本章では、まず私法の基本法である民法のフレームワークについて述べた後、私法全体で通用するフレームワークとしての要件事実のフレームワークを紹介し、次章以降で商法・会社法及び民事訴訟法固有のフレームワークを紹介します。

本章の内容は私法の基本となるものであり、法曹実務家を目指すのであれば必ず身につけておかなければならないものですので、ぜひマスターしてください。

1 民法のフレームワーク

(1) 重要だけれど学習は大変な民法

民法は、他の法律と比べて条文数が多く、社会で起こる無限ともいえる社会現象を扱っているため、個々の法律関係を認識するためのフレームワーク（後述する要件事実のフレームワーク）はあるものの、複雑に絡み合った社会現象を大括りして解決できるようなフレームワークが、本書で扱う7法の中で最も作りにくい法律です。民法の学習においては、基本的には3大法律フレームワークに即して思考するしかありません。[*1]

しかし、民法は私法の基本法であり、実務で最もたくさん使われる法律の1つですから、時間をかけて全体について正確に理解することが非常に重要です。そこで、民法を少しでも効率的に学習するために理解しておくとよいフレームワークを紹介します。

＊1 3大法律フレームワークに基づく民法の思考方法や学習方法は、88頁を参照してください。

民法

(2) 法効果で整理することの重要性

学習の効率性は、一般的にはより少ない勉強量で多くの課題（たとえば試験問題）に正しくかつ早く答えられることで測られます。その観点からすると、学習のゴールは課題、学生の場合は**試験問題における問いから出発することが鍵**となります。そして、司法試験、予備試験、学部やローの定期試験を問わず、ほとんどの民法の試験問題は、当事者間の法律関係や相手方に対する請求権の有無といった法効果の存否を問う問題となっています。

したがって、**民法を学習する際は、法効果という側面から知識を整理すれば学習効率を高めることが可能といえます。**また、法的三段論法のフレームワークモデル（30〜31頁）をみてもわかるように、法効果は法的三段論法の思考の出発点ですから、法効果（を定めている条文）を特定できなければ、絶対に試験問題に正答することはできません。特に、請求権を基礎づける条文を特定し、答案で示すことは非常に重要です。

それでは、法効果で整理するとはどういうことかをみていきましょう。

⑶ 民法の全体構造

まず民法は、定める対象を大きく2つに分けています。財産関係と家族関係です。第一編の総則、第二編の物権、第三編の債権を合わせて**財産法**、第四編の親族、第五編の相続を合わせて**家族法**と呼びます。[*1] 財産法と家族法は、その性質上ルールが異なることがあります。ここで深くは立ち入りませんが、一般的に家族法は、当事者の意思と形式を重要視し、取引の安全といった財産法上の利益衡量が妥当しないことが多くあるので、注意してください。

＊1 民法は、もともと財産法が明治29年法律第89号、家族法が明治31年法律第9号という別々の法律からなっていました。平成16年法律第147号で口語化された際に、1つの法典にまとめられています。

先に、家族法が定める法律関係について説明します。家族法は、大きく**親族法**と**相続法**に分かれます。親族法は、婚姻関係・親子関係・後見関係という3つの法律関係について定めています。相続法は、人が死亡したときにその財産を誰に帰属させるかを定めており、家族法は、どんなときに法律上の身分関係が形成されるのかを定めているので、そのような観点から学習するとよいでしょう。

次に、財産法が定める法律関係です。財産法は、大きく**物権**と**債権**に分かれます。物権は、さらに所有権と制限物権（用益物権及び担保物権）と占有権に分かれ、制限物権の中に抵当権などの8つの物権が法定されています。債権は、大きく**契約**と**法定債権**に分かれます。**法定債権**とは、当事者間に契約がなくとも法律に基づいて発生する債権のことです。主なものは、**不当利得**、**不法行為**、**事務管理**があります。

以上の説明を図で表現したものが、図表9-1です。

問題文を読むときは、問題文中の法律関係が図表9-1の中のどれにあたるのかというところから思考を出発させると、検討漏れがなくなります。

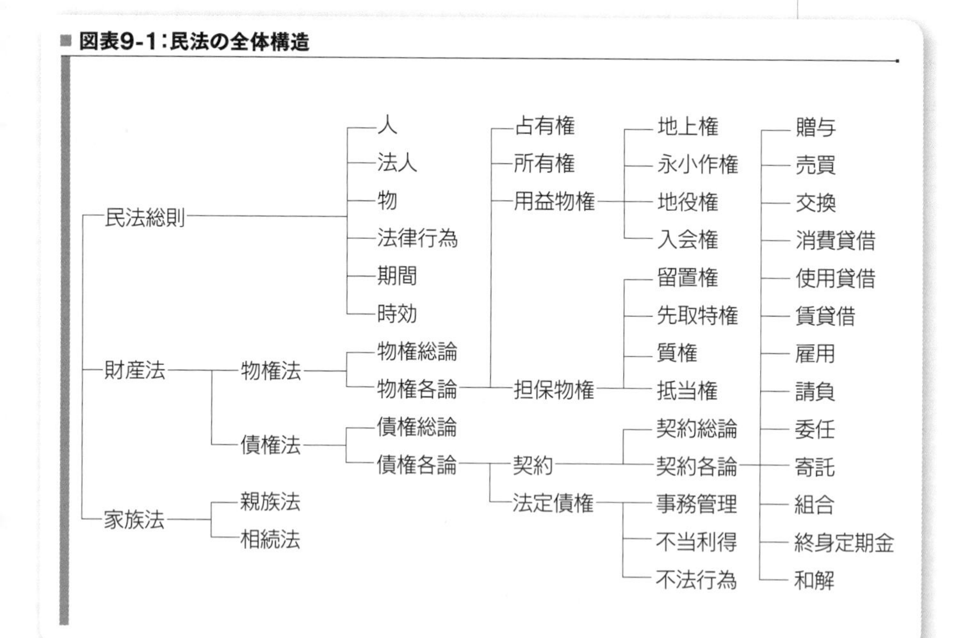

■ **図表9-1：民法の全体構造**

民法

⑰民法のフレームワーク

⑷ フレームワークで解く平成24年司法試験（民法・設問1⑴）

以上述べてきたことは、民法の体系に沿って思考することと同義です（以下「民法のフレームワーク」と呼びます）。試験問題を解くときには、必ず民法の体系に即して適切な法効果を選択するという作業が必要となります。この作業は、問題文の事案に適用すべき条文を発見することと同じです。

実際に、平成24年司法試験の民法の問題を使って、この作業をやってみましょう。

［平成24年司法試験　民法］

【事実】

1. Aは、店舗を建設して料亭を開業するのに適した土地を探していたところ、平成2年（1990年）8月頃、希望する条件に沿う甲土地を見つけた。

甲土地は、その当時、Bが管理していたが、登記上は、Bの祖父Cが所有権登記名義人となっている。Cは、妻に先立たれた後、昭和60年（1985年）4月に死亡した。Cには子としてD及びEがいたが、Dは、昭和63年（1988年）7月に死亡した。Dの妻は、Dより先に死亡しており、また、Bは、Dの唯一の子である。

2. Aが、平成2年（1990年）9月頃、Bに対し甲土地を購入したい旨を申し入れたところ、Bは、その1か月後、Aに対し、甲土地を売却してもよいとする意向を伝えるとともに、「甲土地は、登記上は祖父Cの名義になっているが、Cが死亡した後、その相続について話合いをすることもなくDが管理してきた。Dが死亡してからは、自分が管理をしている。」と説明した。Aが、「Bを所有権登記名義人とする登記にすることはできないのか。」とBに尋ねたところ、Bは、「しばらく待ってほしい。」と答えた。

3. AとBは、平成2年（1990年）11月15日、甲土地を代金3600万円でBがAに売却することで合意した。そして、その日のうちに、Aは、Bに代金の全額を支払った。また、同月20日、Aは、甲土地を柵で囲み、その中央に「料亭「和南」建設予定地」という看板を立てた。

4. 平成3年（1991年）11月頃、Aは、甲土地上に飲食店舗と自宅を兼ねる乙建物を建設し、同年12月10日、Aを所有権登記名義人とする乙建物の所有権の保存の登記がされた。そして、Aは、平成4年（1992年）3月14日から、乙建物で料亭「和南」の営業を開始した。なお、料亭「和南」の経営は、Aが個人の事業者としてするものである。

5. Aは、平成15年（2003年）2月1日に死亡した。Aの妻は既に死亡しており、FがAの唯一の子であった。Fは、他の料亭で修業をしていたところ、Aが死亡したため、料亭「和南」の営業を引き継いだ。乙建物は、Fが居住するようになり、また、同年4月21日、相続を原因としてAからFへの所有権の移転の登記がされた。

〔設問1〕【事実】1から5までを前提として、以下の(1)及び(2)に答えなさい。

(1) Fは、Aが甲土地をBとの売買契約により取得したことに依拠して、Eに対し、甲土地の所有権が自己にあることを主張したい。この主張が認められるかどうかを検討しなさい。

(2) Fが、Eに対し、甲土地の占有が20年間継続したことを理由に、同土地の所有権を時効により取得したと主張するとき、【事実】3の下線を付した事実は、この取得時効の要件を論ずる上で法律上の意義を有するか、また、法律上の意義を有すると考えられるときに、どのような法律上の意義を有するか、理由を付して解答しなさい。

この問題文を、法効果という観点から分析します。まず見るべきは、問いです。設問1(1)からすると、最終的にFが主張したい法効果は、自らに甲土地の所有権があることです。そして、自らに甲土地の所有権があることを主張するためには、所有権を取得するに至った経緯が説明できなければなりません。すると、最終的に甲土地の所有権がFまで移転したという経緯に着目することとなります。問題文では、一連の所有権移転の理由のひとつとして「Aが甲土地をBとの売買契約により取得した」という根拠が挙げられています。

この時点で、民法の学習が進んでいる人は、頭の中にある民法の体系から物権法における所有権の移転（民法176条）と債権法における売買契約（民法555条）という2つの根拠条文を発見しているはずです。そして、物権行為の独自性を否定することが一般的であることから、売買による所有権移転という法効果の直接の根拠条文は民法555条であると考えるでしょう。

さて、以上を前提に、問題文から甲土地の所有権移転という法効果が発生する事情を拾い上げてみましょう。

> 甲土地は、その当時、Bが管理していたが、登記上は、Bの祖父Cが所有権登記名義人となっている。Cは、妻に先立たれた後、昭和60年（1985年）4月に死亡した。Cには子としてD及びEがいたが、Dは、昭和63年（1988年）7月に死亡した。Dの妻は、Dより先に死亡しており、また、Bは、Dの唯一の子である。

以上の記載からは、まずCが甲土地の所有権を有していたことを前提とすることが読み取れます。相続法を学習した人であれば、Cの死亡という事実から、民法896条に基づいて被相続人であるCの甲土地の所有権が相続人であるD及びEに相続されているという法効果（そして、DとEの持分は民法900条4号により、2分の1ずつ）に気づくはずです。さらに、Dの相続人はBのみですから、CからDが相続した持分はBが相続し、この時点で甲土地の所有権はBとE（各2分の1ずつ）に移転していることがわかります。ところで、相続法では、複数の相続人が共同して相続した場合の法効果について定めた規定があります。

民法

民法898条です。この規定により、甲土地はBとEが共有することとなります。

さらに、甲土地の所有権の帰趨を追っていきましょう。

AとBは、平成2年（1990年）11月15日、甲土地を代金3600万円でBがAに売却することで合意した。

既に述べたとおり、BはAに対し、売買契約（民法555条）によって所有権を移転しようとしています。しかし、Bは甲土地について2分の1の持分しか持っていません。他人の物であっても売買契約はできますが（民法560条）、所有権を移転できるのは自らが所有権を有している場合（売買契約後に取得した場合も含みます）だけですから、Bは、Eの持分2分の1を売買契約によってAに移転することはできません。[*1]

＊1 Bは、他人物の売主として、Eの持分を取得してAに移転するという契約上の義務を負うだけです。

Aは、平成15年（2003年）2月1日に死亡した。Aの妻は既に死亡しており、FがAの唯一の子であった。

Aは、甲土地については売買契約で取得したBの持分2分の1しか取得していません。したがって、FはAの死亡による相続の法効果として甲土地の2分の1を取得することとなりますが、BとAとの売買契約に依拠して、甲土地全体の所有権を取得することはできません。[*2]

本問の解答としては、甲土地のC所有というところからFが甲土地の2分の1を取得するまでの経緯を民法上の根拠を明示して順番に説明するだけで足ります。

以上の経緯をまとめると、図表9-2のとおりとなります。

＊2 ここで、問いは売買契約以外の理由で甲土地全体の所有権を取得できるか否かは聞いていません（**課題は、売買契約により取得したことに依拠して所有権の主張ができるかです**）。問題文を読んですぐに取得時効を思い浮かべる方や、民法94条2項の類推適用の問題が思い浮かぶ人もいると思いますが、課題が何を問うているかをきちんと把握することは極めて大切です。

■ 図表9-2 甲土地の所有権移転の経緯

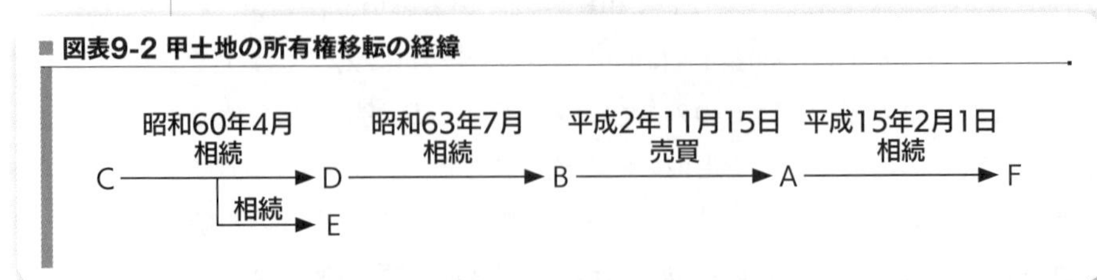

⑸ 民法のフレームワークの使い方のまとめ

以上の問題検討でしたことは、事実関係を見て、**民法の体系全体から当該事実関係に適用できる条文（法効果）を発見する**ということだけです。具体的には、**当該事実関係で対象となっている法律関係は、財産関係と家族関係のどちらか、財産関係のうち物権か債権か、債権のうち契約か法定債権か、という順序で思考しています。**

このような順序で思考していれば、法律関係を見落とすことがなくなりますし、思考の起点がはっきりします。民法の問題を解くときは、常に民法の体系全体を念頭に置くことがポイントです。

また、学習の際も、1044条もある民法の条文を平板に学ぶようなことをすれば、際限なく時間がかかります。特に**相手方に対する請求権を基礎づける条文を中心に、法律関係の発生・変更・消滅をもたらす条文を重点的に押さえることが民法の学習のポイントです。**そして、民法の学習の際に、次から述べる要件事実論のフレームワークを組み合わせると、試験問題はもちろんのこと、実務でも民法を使いこなせるようになります。

民法

2 私法全体のフレームワークとしての要件事実論

⑱要件事実のフレームワーク

要件事実論は、フレームワークそのものです。第1章（3頁）で述べたとおり、フレームワークとは、特定のテーマに関する具体的な課題を解決するため、①当該課題に関わる事実を認知し、②当該課題について思考し、③他者に伝達できる形で当該課題に対する結論を出すための構造化・組織化された思考の枠組みのことです。そして、**要件事実論の目的**は、**民事上の権利関係または法律関係に関する紛争を解決するため、目に見えない権利関係または法律関係（訴訟物）を要件事実という形で把握し、民事訴訟の当事者がしなければならない主張立証の体系的なルールを提供することにより、原告側に権利等を主張する手段を与え、被告側に原告の権利行使を阻止する手段を与え、裁判所が権利関係また**

は法律関係の存否を当事者の弁論を通じて判断することで、訴訟物の存否を定めることができるようにすることにあります。以上の思考枠組みを、本書では**要件事実のフレームワーク**と呼びます。

もし要件事実論がなければ、どうなるでしょうか。原告と被告は、自らに有利な結論を導くために、主張できることはすべて主張し（たとえば、売買代金の請求をしようとする場合、契約の締結と代金の支払だけでなく、代金の支払を約束した時期や条件、代金を支払った場所、その代金の出所など関連するあらゆる事情まで）、立証できることもすべて立証しようとするでしょう。その結果、大量の主張と証拠が提出され、それらを整理することもままならない状態になり、民事裁判が非常に長引きます。そのような事態を防ぎ、効率的な訴訟運営を実現するためのフレームワークが、要件事実論です。

司法試験及び予備試験との関係で要件事実論が役立つのは、民法だけではありません。実は、民事訴訟法や会社法などでも威力を発揮します。さらに、民事法が問題の素材となっている場合の憲法と行政法でもかなり役に立ちます。なぜなら、**これらの法律に関する紛争はすべて民事裁判の中で争われ、民事裁判においてはどんな紛争類型であっても、裁判官と弁護士は要件事実論というフレームワークを当然の前提として訴訟活動をするから**です。**民法以外で要件事実論という発想を使っていない方は、この機会に武器として使えるようにしましょう。**要件事実論は、法科大学院に入ってからでいいや、と考えている法学部生がいるかもしれませんが、学習の効率性という観点からは、できるだけ早く身につけた方がいいでしょう。もっとも、要件事実論は民法の理解を前提としていますので、いきなり要件事実論の勉強をしても丸暗記にしかならない可能性があります。

そこで、要件事実論を学ぶにあたって、必要最低限知っておくべき基本知識を紹介します。

要件事実論の基本知識

⑴ 思考の出発点としての訴訟物

法的三段論法のフレームワークモデル（30〜31頁）において、まず法効果から検討していたことを覚えているでしょうか。法効果から検討を始めるのは、民事訴訟における当事者が、常にそれを念頭に置いて訴訟活動をするからです。この場合における法効果は、ある権利または法律関係の存否を内容としていますが、**民事訴訟において審判の対象となっている権利または法律関係**を、**訴訟物**といいます。

民事訴訟は、常に訴訟物の存否、すなわち請求が認められるか否かを念頭に置いて進められます。民事訴訟の始まりである訴状の最初に書かれる「請求の趣旨」には訴訟物を記載しますし、判決書の「主文」には、訴訟物に対する判断を書きます。

要件事実論における思考の出発点は、訴訟物を特定することです。したがって、**民事法の問題を考える時は、常に訴訟物とは何か（つまり、どういう権利または法律関係が問題になっているか）を考えることとなります。**これは、要件事実論に限りません。民法でも、民事訴訟法でも、会社法でも、憲法でも、必ず訴訟物から思考を出発させます。**民事法の問題においては、何よりもまず「訴訟物はなんだろう？」と考える習慣をつけてください。**

⑵ 要件事実論における法効果

民法などの実体法は、法律要件と法効果から構成されています。法効果には、**「権利の発生」**、**「障害」**、**「消滅」**、**「阻止」**という4種類があります。**障害**とは、**権利の成立「当時」に、権利の行使を妨げる事実が存在したことによって、権利行使ができないこと**をいいます。契約時に契約の無効や取消事由がある場合が典型例です。**消滅**とは、**権利の成立「後」に、権利の行使を妨げる事実が発生したことによって、権利行使ができなくなること**をいいます。貸金請求に対する弁済が典型例です。**阻止**とは、**権利の成立後、現時点においてもその権利は存在しているけれども、その行使を阻止する事実があるために権利行使ができないこと**をいい

民法

＊1 **同時履行の抗弁**とは、双方が対価的な意義を有する債務を負う契約（双務契約）をする場合に、**相手が債務を履行するまでは自己の債務の履行を拒絶する権利を行使するという主張**です。

＊2 司法研修所編「新問題研究　要件事実」（法曹会、2011年）5頁。主要事実と要件事実を区別する見解もありますが、本書は司法研修所の立場と同じく区別しないこととします。

ます。同時履行の抗弁[＊1]が主張される場合が典型例です。

これらの**法効果の発生を基礎づける具体的な事実**が、**要件事実**です。

⑶　要件事実の意義

要件事実とは、**一定の法効果を発生させる法律要件に該当する具体的事実**[＊2]をいいます。そして、要件事実と法効果のセットが、法的三段論法における大前提を構成します。この定義には、大きく分けて2つの意味があります。

まず、**ある法効果を発生させたいときには、その法効果を発生させる要件事実を主張立証する方法による**ということです（それ以外の方法で、観念的な権利等を主張することはできません）。

もう1つは、要件事実は当該事案に即した**具体的事実**であって、**抽象的な法律要件ではない**ということです。たとえば、100万円の自動車を買ったXが、売主Yを被告として、その引渡しを求めたいとします。その自動車をXが所有しているから返せと主張すればいいようなものですが、「所有している」というのは抽象的な権利ですから、その事実を直接証明する方法はありません。たとえば、その自動車を買ったときに同行してもらった友人を証人にして、「この自動車はXの所有物です。」と証言してもらっても、裁判官はなぜXの物なのかがわかりませんから、その証言を鵜呑みにするわけにはいかないのです。自動車の所有権を取得するには、買った（売買）、貰った（贈与）、相続したなどいろいろな原因があります。売買だとすれば、売買契約書を作成したという事実、すなわち、原告がこれを買いたいといい、被告が売りましょうといって代金を合意したというような事実は、証明の対象にできる事実です。このように所有権を有しているという抽象的な権利の発生を基礎づける具体的な事実が要件事実なのです。

このように、要件事実は、具体的事案の内容によっても変わりますし、法効果（ここでは自動車の所有権）の発生原因はたくさんありますから、基本的な要件の暗記は必要でも、すべての事象について、暗記をすることはできません。原則形態から変形した場合でも対応できる考え方を身につけておく必要があります。

Column 所有権を基礎づける要件事実と権利自白

要件事実の勉強を始めると、いろいろな例外に出くわします。たとえば、Xが所有している甲土地をYが占有しているので、XがYに対して所有権に基づく土地の明渡請求をするとします。この場合、Xが甲土地を所有していることを自ら主張立証する必要があります。この要件事実は「Xが土地を所有している」ではありません。一般的には「Aが甲土地を所有しており、そのAからXが買った」というような要件事実の主張になります。「AからXが買った」という部分は通常の要件事実ですから特に問題ないと思います。

問題は、「Aが甲土地を所有しており」という部分です。「AからXが買った」という部分と同じようにみえますが、実は権利の帰属者を示しているだけで、Aが権利を取得した要件事実の主張はされていません。したがって、本来であれば、Aがさらに誰から甲土地を取得したのかという過去の経緯を遡って具体的事実を主張立証する必要があります。

しかし、Yがこの事実（A所有）を争わないのであれば、あえてAの所有権取得の要件事実を主張させなくても、それを前提として、A以降の所有権の変遷についてだけ要件事実を主張させれば、審理はできるのです。それでこのような場合は**「権利自白」**といって、Aの所有権取得の要件事実の主張を省略することが許されています。実際の審理においても、どんどん遡って要件事実を主張させることは、Xに不可能を強いることにもなりかねませんし、裁判としても必要のないことに踏み込むことになります。そのような具体的な審理も見据えた「要件事実の修正」が必要なこともあるので、要件事実の丸暗記は禁物なのです。

⑷ 要件事実と主張立証責任

さて、先ほどある法効果を発生させるためには、その法効果を発生する要件事実を主張立証しなければならない、と書きました。この仕組みを機能させるためには、あらかじめ定めておかねばならないルールがあります。それは、**「要件事実の存否が真偽不明になった場合、裁判所はどのような判断をすべきか」**ということです。国民には裁判を受ける権利（憲法32条）が保障されていますから、裁判所は、司法権の及ぶ限りは必ず何らかの結論を出さなければなりません。「要件事実の存否が真偽不明なので、結論を出せない」ということは許されないのです。

要件事実の存否が真偽不明になった場合、取り得る手段は、大きく

民法

分けて「真偽不明でも要件事実は存在することとする」というルールと「真偽不明であれば要件事実は存在しないこととする」というルールがあります。現在、民事訴訟法では後者の考え方を採用しています。これを立証責任といいます。**立証責任**は、**ある要件事実の存否が真偽不明となった場合、当該法効果の発生を認められないという訴訟の一方当事者の不利益**と定義されます。

また、**当事者から要件事実が主張されない場合に、裁判所はどう対応すべきかというルール**[*1]も定めておく必要があります。こちらも論理的可能性としては「要件事実が主張されなくても、裁判所が補充して要件事実の存在を認定する」というルールと「要件事実が主張されなければ、裁判所が要件事実の存在を認定することはできない」というルールがあり得ます。現在は後者のルールが採用されており、このルールを主張責任といいます。**主張責任**は、**ある法効果の要件事実が弁論に現れない場合、裁判所がその要件事実の存在を認定することが許されない結果、当該法効果の発生が認められないという訴訟の一方当事者の不利益**、と定義されます。

＊1 このルールを弁論主義といいますが、第11章民事訴訟のフレームワーク（272頁）で説明します。

⑸ 主張立証責任の分配基準

さて、それでは主張立証責任は、当事者間でどのように分配するのでしょうか。現在の実務においては、主張責任と立証責任の所在は一致することを前提としており、主張責任と立証責任の分配基準を同じものと考えます。そして、主張立証責任がどちらに分配されるかは、**実体法規の解釈から、法効果の発生によって利益を受ける当事者が主張立証責任を負うことを原則としつつ、立証責任の公平な分担という観点も考慮して決定するという「修正された法律要件分類説」**という立場がとられているとされています。

要件事実は、先ほど述べた4種類の法効果（211頁）に対応して、権利根拠事実、権利障害事実、権利消滅事実、権利阻止事実の4種類に分類できます。これらのうち、法効果の発生によって利益を受ける当事者が原則として主張立証責任を負いますので、一般的には権利根拠事実の主張立証責任は原告が負い、権利障害事実、権利消滅事実及び権利阻止事実については、被告が主張立証責任を負います。[*2]

＊2 もっとも、原告側が権利障害事実等を主張する場合もあります。たとえば、被告が「錯誤により契約が無効だという主張（権利障害事実）」をし、これに原告が再反論の中で「被告には重大な過失があった（権利障害事実）」と主張する場合です。要は、**その主張をすることによって利益を受ける側に主張立証責任がある**という観点で考えてください。

なお、原告が、**請求を理由付ける事実（民訴規則53条1項）として主張する具体的な権利根拠事実**のことを、（広義の）**請求原因**といいます。そして、**被告が、原告の請求を排斥するために主張する具体的な権利障害事実、権利消滅事実、権利阻止事実のこと**を、**抗弁**といいます。**抗弁を基礎づける事実は、請求原因事実と両立しなければなりません。**[*3]

＊3 抗弁は、請求原因事実を前提として、その障害・消滅・阻止の主張をするのですが、請求原因事実と両立しない事実を主張するということは、請求原因事実を否定するということですから、抗弁ではなく、否認といいます。

Column 「抗弁」を正しく理解する

請求原因事実と抗弁事実が両立するという点は、学生がよく誤解します。「両立する」というのは、原告の主張する「事実」と被告の主張する「事実」が両立する必要があるということです。抗弁についての理解が曖昧で「原告の主張を法的に否定する主張が抗弁だ」というように誤解していると、法的に両立しない場合が抗弁だと勘違いしてしまいます。

たとえば、請求原因事実と抗弁事実が「両立する」のは、契約を締結したという原告の主張に対し、被告が錯誤だったと主張する場合です。契約をした事実と、契約当時に当事者の一方に錯誤があった事実は、両方とも認定でき、後者は前者の法的効果を否定するものですから、錯誤の主張は抗弁となります。

これに対し、「両立しない」のは、たとえばXが甲自動車をYに売ったと主張して代金を請求したのに対し、Yがその自動車は貰ったと主張した場合（贈与の主張）です。売買の事実の主張に対する贈与の事実の主張は、両方認められないかどちらかしか認められないかしかあり得ず、両立することはありません。さらにいえば、Yの主張は、Xの「Yに甲自動車を売った」という事実を否認するものですから、裁判所はXに売買契約の成立を立証させなければならず、真偽不明であれば、売買の主張は立証不十分で退けられます。Yの贈与の主張は売買と両立する事実ではありませんので、抗弁とはなりません[†]からYに立証責任はなく、裁判所は真偽がわからなくても、贈与がなかったことを理由としてXを勝たせることはできないのです。

† 積極否認または理由付き否認といわれます。

さらに、**抗弁による法効果を消滅・障害・阻止する事実の主張**を、**再抗弁**といいます。この場合も、抗弁と両立することが絶対条件となります。以下、再々抗弁、再々々抗弁等と主張が積み重ねられることがありますが、常に「両立」関係に留意が必要です。その基本が守れないと、的確な要件事実の分類は不可能になります。

実体法の学習をする際には、法効果の性質に着目して、①その法効果を

民法

導く要件事実は何か、②その要件事実は原告と被告のどちらが主張立証するのかという観点を持っておくと、実務的でも司法試験でも使える知識になります。

4 要件事実論の4つの基本原理

要件事実を正確に理解するために知っておくべき4つの原理を紹介します。これらの原理を知っておくと、「なぜそのような要件事実の記載の仕方をするのか」という疑問に答えることができるようになります。

(1) 要件事実最小限の原理(ミニマム原則)

要件事実論は、訴訟当事者が主張すべき事実を整理し、効率的な訴訟運営をするために有用な道具です。そこで、要件事実においては**法効果を発生させるために必要最小限の事実は何か**、という観点から考えます。これにより、訴訟当事者が当該事案においてすべき攻撃防御が明確になり、過剰な主張が排斥されて、効率的な訴訟運営が可能になります。

たとえば、売買契約の要件事実を見てみましょう。

> 民法第555条(売買)
> 　売買は、当事者の一方がある財産権を相手方に移転することを約し、相手方がこれに対して その代金を支払うことを約することによって、その効力を生ずる。

売買契約は、①「当事者の一方がある財産権を相手方に移転することを約し」(財産権移転の合意)、②「相手方がこれに対してその代金を支払うことを約すること」(代金支払の合意)という2要件によって成立します。売買の対象となる「財産権」は売主所有である必要はありません[*1]し、財産権の移転時期や代金の支払時期も売買契約の本質的構成要素でないと解されています。もし、売買契約に基づく代金の請求をしたい原告がそれらの不必要な主張をしてしまうと、その財産が誰の物であったかとか、

＊1 民法上は他人物売買が可能です。民法560条を参照。

代金の支払時期がいつだったかなど、本来、請求原因レベルでは問題にならないことについて、被告の無用の反論を招きます。また、主張責任の所在についての混乱をきたす可能性もありますので、真の争点が不明確になり、主張責任に沿った効率的な審理が阻害されかねません。

この原理（ミニマム原則）の表れのひとつとして、たとえば**請求原因事実に一度現れた要件事実は、抗弁以下の要件事実を主張する場合において、本来は主張せねばならない事実であっても明示しない**、という現象を指摘できます。この現象を知らないと、抗弁以下で要件事実の記載が一部省略されているケースにおいて、なぜ省略されているのかわからない（そもそも省略されていることに気づけない）ということになりかねません。この現象は、売買代金の支払請求に対する同時履行の抗弁などで現れます。具体的に説明します。

売買契約に基づく代金支払請求の要件事実は、先に述べたように、①財産権移転の合意及び②代金支払の合意のみで、これが請求原因事実として原告から主張されます。この請求に対して、被告が同時履行の抗弁を主張する場合があります。

民法第533条（同時履行の抗弁）
　双務契約の当事者の一方は、相手方がその債務の履行を提供するまでは、自己の債務の履行を拒むことができる。ただし、相手方の債務が弁済期にないときは、この限りでない。

同時履行の抗弁の法律上の要件は、❶同一の双務契約から生じた対立する債務が存在すること、❷相手方（原告）の債務が弁済期にあること、❸相手方がその債務の履行またはその提供をしないで履行の請求をしたこと、❹同時履行の抗弁権[*2]を行使することの意思表示となります。しかし、❶の事実は、①及び②の事実によって原告が既に主張しています。❷の事実も、売買契約の履行期は契約締結時が原則であることから、①及び②の事実で原告が既に主張していることになります。[*3]❸の事実は、原告が再抗弁で主張します。したがって、被告は、同時履行の抗弁の要件事実としては❹のみを主張すれば足りることとなり、❶から❸の事実についてはすべて記載を省略します。

＊2「抗弁」と「抗弁権」という言葉を使い分けていることに注意してください。抗弁とは請求原因事実と両立しつつその法効果を排斥する「事実の主張」であり、抗弁権は自己の債務の履行を拒む「権利の名称」です。抗弁として同時履行の抗弁権を行使する旨の意思表示を「同時履行の抗弁」と呼びます。

＊3 なお、原告が請求原因で主張した要件事実を、被告が抗弁の要件事実として主張しなくともその事実を裁判所が裁判の基礎とできる理由は、273頁で説明するとおり、弁論主義の第1テーゼから導かれる主張共通の原則があるからです。

Column a+b（aプラスb）の理論について

要件事実最小限の原理の例として、いわゆる「a+bの理論」についても簡単に説明します。a+bの理論は、実務においても学説においてもほぼ採用されていません[†1]。実際には、攻撃防御方法の提出の選択は、当事者の自由に任せることがほとんどです。もっとも、要件事実に関する書籍を読むとよく出てきますし、理解しにくい理論のひとつですので、紹介しておきます。

実体法上の法効果の面だけを考えると、複数の攻撃防御方法（たとえばAとB）が成り立つ場合、Bの要件事実がaとbであり、Aの要件事実がaだけであるとすると、aが証明できれば攻撃方法Aによって主張が認められますし、aが証明されなければ、攻撃方法Aだけでなく、Bも成立はしませんから、攻撃防御方法Bは、訴訟上の攻撃防御方法として無意味であるといえます。この場合における攻撃防御方法Bは、攻撃防御方法Aと「a+b」の関係にあるといいます[†2]。言い換えると、攻撃防御方法Aの要件事実aだけで必要最小限の主張となっているので、a+bの要件事実を主張する必要のある攻撃防御方法は、過剰主張であるとして排斥されるということです。

a+bの関係にある主張は、たとえば賃料債務の不履行を理由とする賃貸借契約解除に基づく明渡請求に対する「供託の抗弁」と「弁済の提供の抗弁」の関係のような例です。供託の抗弁には、弁済の提供（a）をしたが拒絶された事実と供託を実行した事実（b）が必要ですが、弁済の提供（a）があれば、債務不履行にはなりませんから、供託の主張は無用となるというわけです。

なお、攻撃防御方法Aとの関係で予備的主張となっているため、a+bの関係となっていても過剰主張とならない「許されたa+b」というものもあります。

---

†1岡口基一『要件事実入門』(創耕社、2014年)82頁を参照。
†2村田渉他編著『要件事実論30講』(弘文堂、第3版、2012年)116頁を参照。

⑵ 有理性の原理

有理性の原理とは、**当事者の請求原因や抗弁等の主張が、それ自体において理由がなければならないこと**をいいます。すなわち、原告や被告の主張がそれ単体で法効果が発生するものになっていなければならないということです。**有理性がない主張**のことを、**「主張自体失当」**といいます。

有理性の原理の表れのひとつとして、「せり上がり」と呼ばれる現象があります。**せり上がり**とは、**ある法効果の発生原因である要件事実を**

主張する場合に、その主張を主張自体失当としないために、本来は相手方の主張以後に主張すべき要件事実を、相手方より先に主張しなければならない場合をいいます。

たとえば、売買代金債務の履行遅滞に基づいて損害賠償を請求する場合、一般的な請求原因は図表 9-3（ただし、この要件事実は誤りです）のとおりになります。

■ **図表9-3 売買代金債務の履行遅滞に基づく損害賠償請求の請求原因事実（誤）**

① 原告と被告間の売買契約の締結
② ①の売買契約で定められた代金支払時期を経過したこと
③ 損害の発生とその数額

しかし、原告が①売買契約の締結を主張立証したことによって、自動的に、**原告の目的物引渡債務と、被告の売買代金債務が同時履行の関係（民法533条）にあることをも主張立証したことになります。**同時履行の抗弁権が存在する限り、原告が被告の履行遅滞は違法であることを主張立証しなければ、被告は履行遅滞に陥らないという法効果が発生しますから、原告が①ないし③を主張立証しただけでは、履行遅滞に基づく損害賠償請求の主張が成立せず、主張自体失当となります。そこで、本来は被告が同時履行の抗弁を主張した後に、原告が再抗弁として主張するはずの**④原告が、売買契約の目的物を被告に引き渡した（または「提供」した）という事実を、原告が請求原因段階で主張しなければならなくなる**のです（図表 9-4）。

■ **図表9-4 売買代金債務の履行遅滞に基づく損害賠償請求の請求原因事実（正）**

① 原告と被告間の売買契約の締結
② ①の売買契約で定められた代金支払時期を経過したこと
③ 損害の発生とその数額
④ **原告が、売買契約の目的物を被告に引き渡した**
←再抗弁からせり上がる

Column 「せり上がり」、一歩前へ

少し学習が進んだ方であれば、本文の例とは異なって「売買契約に基づく代金支払請求」であれば、被告が同時履行の抗弁を主張するか否かは自由[†1]なのだから、売買契約の履行遅滞に基づく損害賠償請求の場合も同様に、被告が同時履行の抗弁を主張してから原告が再抗弁として「履行したこと」の主張をすれば足りるのではないかとの疑問を持つかもしれません。この疑問は、要件事実の問題を自分の頭で考えようとするとよくぶつかることで、そのような疑問を持つことは大変大事なことです。

この疑問に対する答えとしては、売買契約の履行遅滞に基づく損害賠償請求の場合、売買契約に基づく代金支払請求とは異なり、講学上「履行しないことが違法であること」が要件とされており、原告による双務契約の存在の主張は履行遅滞の違法性阻却事由の存在を基礎づけるため、原告は積極的に被告の履行遅滞が違法である、すなわち同時履行の抗弁権の発生障害事由または消滅事由を主張立証しなければならないからと説明されます（同時履行の抗弁権の存在効果）[†2]。そのため、売買契約の履行遅滞に基づく損害賠償請求の場合は、同時履行の抗弁をなくしておくために自己の債務を履行したことを主張することが、その請求の根拠として必要となるのです。

もっとも、権利抗弁なのであれば、請求原因事実に履行遅滞の違法性阻却事由を基礎づける事実が現れていても、被告が同時履行の抗弁を主張してから検討すればいいのであって、「反対債務の履行またはその提供」という要件事実を請求原因で主張する必要はない、という考え方もあります。

---

†1 このように、原告が主張する権利の消滅・障害・阻止をするか否かが被告の権利行使の意思表示にかかっている抗弁を「権利抗弁」といいます。被告が主張しなければ、仮にその抗弁が成立する場合であっても、裁判所は判断の対象としません。

†2 村田渉他編著『要件事実論30講』(弘文堂、第3版、2012年)167頁

このような「せり上がり」は、売買代金債権を自働債権とする相殺による債権の消滅を主張する場合（本来は再々抗弁となる目的物の引渡=同時履行の抗弁権を消滅させる事実が、抗弁にせり上がります）、建物の賃貸借契約の期間満了を理由に建物の返還を請求する場合（本来は再抗弁事実となる借地借家法26条1項（更新拒絶の通知）及び同法28条（更新拒絶の正当事由）が、請求原因事実にせり上がります）、土地の賃貸借契約における無催告解除特約に基づいて契約が解除されたとして土地の返還を請求する場合（本来は再抗弁事実となる被告の背信性を基礎づける評価根拠事実が、請求原因事実にせり上がります）にも現れます。[*1] 売買代金の履

＊1 村田渉他編著『要件事実論30講』(弘文堂、第3版、2012年)108頁以下を参照。

行遅滞に基づく損害賠償請求の場合と同じように、「なぜか」を考えてみてください。それはそのまま民法の深い理解につながります。

⑶ 権利関係不変の原理

ある権利が発生すると定める法律要件に該当する事実の存在が認められた場合にはその権利が発生しますが、一旦発生したからといって、いつまでもその権利がその者に帰属しているとは限りません（自分が購入した時計を友人にあげる場合もあるでしょう）。しかし、一旦取得した権利が消滅していないことを主張立証することは、無限の可能性をすべて潰さなければならないことになり、不可能を強いることになるだけでなく、多くは無駄な審理立証に時間を浪費させることになります。ですから、一旦生じた権利は、「その権利は消滅した」と相手方が主張立証しない限り、その後も権利が存続しているものとして取り扱うのが双方の負担や審理の効率性からいっても合理的です。[*2] すなわち、**一度ある時点で権利が発生したら、その後権利が消滅する事実が発生するまでは、ずっと権利が存続している**と考えます。これを**権利関係不変の原理**といいます。逆に、**事実（事件）はこのようには考えません。**ある時点である事実があるとしても、それはその時点においてその事実があったとして取り扱われるだけであり、その後もその事実が継続していたとは取り扱われません。[*3]

この原理は、権利の消滅及び阻止との関係で意味を持ちます。権利の消滅と阻止は、いずれも権利が消滅または阻止という法効果が発生するまで、一度発生した権利が存続することを前提としているからです。

＊2 村田渉他編著『要件事実論30講』(弘文堂、第3版、2012年)5頁を参照。

＊3 ただし民法186条2項のように、法律上の事実推定規定がある場合は除きます。

⑷ 要件事実特定の原理

要件事実は具体的「事実」ですから、権利関係不変の原理のところで述べたとおり、ある時点で要件事実が備わっていたとしても、法律上の事実推定規定がない限り、その後もその要件事実が存在するとは考えられません。また、要件事実は「具体的」事実ですから、「売買契約を締結した」という抽象的な記載ではなく、どの売買契約なのかを具体的に特定する必要があります。**要件事実においては、必ず「どの時点の事実か」を「具体的に」特定する必要がある**のです。

ところで、要件事実の記載においては、時的因子と時的要素を区別する必要があります。**時的因子**とは、**要件事実を特定するためになされる時間の適示**のことをいいます。他方、**時的要素**とは、**一定の時間の要素ないし時間の先後関係が、法律要件となる場合**をいいます。

そのような違いから、時的因子については、証拠関係と多少違っても、裁判所は、厳密には拘束されず、主張された時期と近接した時期での法律行為等を認定することが許されます。しかし、時的要素は、それ自体が要件事実のひとつですから、裁判所が勝手に時期を認定することはできません。

たとえば、有権代理（民法99条1項）の要件は、以下のとおりです。

> 民法第99条1項（代理行為の要件及び効果）
> 代理人がその権限内において本人のためにすることを示してした意思表示は、本人に対して直接にその効力を生ずる。

有権代理の一般的な要件事実は、図表9-5のとおりです。

■ 図表9-5 有権代理の要件事実

① 代理人による意思表示
② 代理人が、①のとき、本人のためにすることを示したこと
③ ①に先立つ代理権の発生原因事実

③の事実において、「①に先立つ」という文言が入っているのは、代理に基づく法律行為の「前」に代理権が授与されていなければ、その法律行為は無権代理となってしまうからです。[*1] したがって、①及び③の事実が行われた日時は、時間の先後関係が法律要件となる場合にあたり、要件事実における時的要素となります。

＊1 代理人による法律行為「後」に代理権を授与したという事実は、無権代理行為の追認の事実（民法116条）にあたります。

Column 代理権授与の時期は、時的因子？ 時的要素？

要件事実は「具体的」事実の主張でなければならないと述べましたが、有権代理の要件事実は「先立つ」というような抽象的な主張でいいでしょうか。具体的に「いつ」なのかを主張しなければならないとの疑問はないでしょうか。

代理権授与の時期は、具体的にいつということよりも、「代理行為の前であること」が重要です。ですから、要件としては「先立つ」で足りるのです。実際の民事事件ではもっと具体的に主張されることが多いのですが、裁判所は主張の時期とズレた時点を認定することが可能とされています。その意味では、具体的な時期は「時的因子」と同様の扱いとされています。

他にも、時効の起算点も時的要素として要件事実の一部となります。この場合は、時効の起算点を、時効期間（たとえば10年）から逆算して、今から10年以上前というような具体性のない主張は許されません。時効の起算点において、時効開始の要件（所有権であれば占有の開始）の主張立証が必要となるからです。異なる時期を起算点とする主張もしたいのであれば、予備的な請求原因を定立する必要が生じます。

代理の場合と時効の場合でなぜ違うか、しっかり考えてみてください。

要件事実は、暗記するものではありません。ひとつひとつ考えれば、たくさんの疑問が生じるはずです。その疑問は、ぜひ教員に質問してみてください。法学部やロースクールの教員は、そのためにいます。

⑸ 4つの基本原理の使い方と要件事実論の学習法

要件事実論を学ぶとき、最初は司法研修所が編集した『新問題研究要件事実』から始めることが多いと思いますし、入門書としては非常によくできている本です。しかし、ここまで述べてきた4つの基本原理は明示的には書かれていないため、同書の記載が理解できないことがあります。そんなときは、4つの基本原理に立ち戻ってみてください。謎が解けるはずです。

また、要件事実論を学習すると、基本書に書かれている法律要件と要件事実に関する書籍に書かれている要件事実がかなり乖離しているように見えることがあると思います。たとえば、先ほど出てきた履行遅滞解除（確定期限のある場合）の講学上の法律要件と一般的な要件事実を比較してみましょう。まずは条文です。

民法第412条1項（履行期と履行遅滞）
　債務の履行について確定期限があるときは、債務者は、その期限の到来した時から遅滞の責任を負う。

　民法第415条（債務不履行による損害賠償）
　債務者がその債務の本旨に従った履行をしないときは、債権者は、これによって生じた損害の賠償を請求することができる。債務者の責めに帰すべき事由によって履行をすることができなくなったときも、同様とする。

　民法第541条（履行遅滞等による解除権）
　当事者の一方がその債務を履行しない場合において、相手方が相当の期間を定めてその履行の催告をし、その期間内に履行がないときは、相手方は、契約の解除をすることができる。

　上記条文から導かれる履行遅滞解除の要件をまとめたのが、図表 9-6です。

■ **図表9-6 履行遅滞解除の要件の比較**

	講学上の法律要件†1	一般的な要件事実†2
履行遅滞の要件（民法412条1項・415条）	①　債務が履行可能なこと ②　債務の確定期限が経過したこと ③　債務者が確定期限に履行しないこと ④　履行しないことが債務者の責に帰すべき事由に基づくこと ⑤　履行しないことが違法であること	①　債務の発生原因事実（契約の成立） ②　確定期限の定めがあること ③　②の期限の経過
履行遅滞解除の要件（民法541条）	⑥　相当の期間を定めた催告 ⑦　催告期間内に履行されなかったこと	④　原告が被告に履行の催告をしたこと ⑤　催告期間後相当期間が経過したこと ⑥　原告が被告に催告期間経過後に解除の意思表示をしたこと ⑦　催告以前に原告が自己の債務について履行の提供をしたこと

†1　我妻栄『債権各論上巻』（岩波書店、1954年）152頁を参照。
†2　村田渉他編著『要件事実論30講』（弘文堂、第3版、2012年）165頁を参照。講学上の法律要件との違いとこのような要件事実になる説明が詳細に述べられているので、ぜひ読んでみてください。

以上のとおり、講学上の法律要件と一般的な要件事実は大きく異なっているようにみえます。このように、**基本書の要件と要件事実を見比べることによって、なぜこのような違いが生じるのか、なぜこのような要件事実になるのかを理解すると、履行遅滞についての理解を大きく深めることにつながります。**要件事実を丸覚えすることなく、民法の理解を通じて条文から自分で要件事実を引き出せるように訓練してください。

5 民法の答案作成のフレームワーク

これまで述べてきたフレームワークを、答案作成に使える形にまとめてみましょう。

STEP1 当事者の主張から訴訟物を選択する

訴訟物を選択する場合、まずは**当事者の主張から物権的請求権と債権的請求権のどちらかを把握**します。また、**債権的請求権であれば、契約関係があるかないかで分岐し、契約関係がある場合は契約に基づく請求権（債権者代位権や詐害行為取消権も含みます）、契約関係がない場合は事務管理・不当利得・不法行為のいずれか**になります。**訴訟物を特定する場合には、主体と客体（誰の誰に対する請求権か）も特定**しましょう。

STEP2 請求原因の要件事実を列挙し、具体的事実を仮あてはめして争点を抽出

法効果を導く要件事実を抽出し、具体的事実をあてはめます。問題なくあてはまるのであればその要件は充足したことになりますが、要件事実が不明確等の理由であてはまらないのであれば、法的三段論法のフレームワークに沿って趣旨から解釈し、具体的法規範を定立することになります。

STEP3　抗弁以下の要件事実を検討する

STEP2で原告側の主張を検討したら、次は被告側の主張も検討します。抗弁以下の要件事実（一般的には権利の消滅・障害・阻止を基礎づける事実）、特に対抗関係を基礎づける要件事実は司法試験で出題されやすいので、気をつけてください。

STEP4　具体的事実を要件事実にあてはめる

請求原因と抗弁以下の要件事実に、具体的事実をあてはめます。それでは、実際に司法試験の問題で答案構成をしてみましょう。

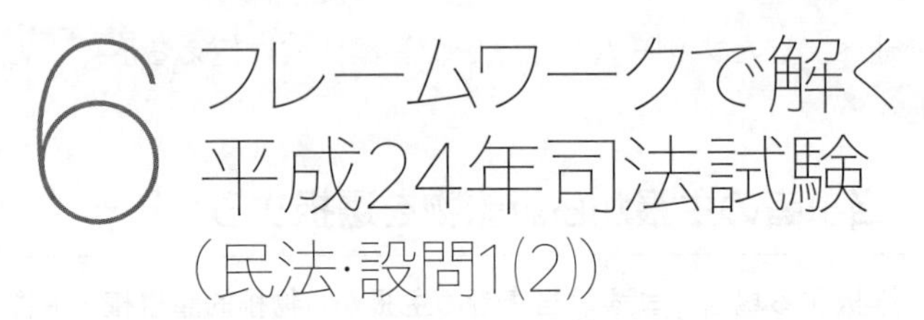

6 フレームワークで解く平成24年司法試験（民法・設問1(2)）

本章1(4)（205頁）で検討した平成24年司法試験民法の設問1(2)の問題を検討しましょう。問題文は206頁をご覧いただくとして、設問を再掲します。

> (2)Fが、Eに対し、甲土地の占有が20年間継続したことを理由に、同土地の所有権を時効により取得したと主張するとき、【事実】3の下線を付した事実は、この取得時効の要件を論ずる上で法律上の意義を有するか、また、法律上の意義を有すると考えられるときに、どのような法律上の意義を有するか、理由を付して解答しなさい。

STEP1　当事者の主張から訴訟物を選択する

まず考えることは訴訟物です。本問では訴訟になっているわけではありませんが、仮に訴訟になったと考えた場合、どうなるでしょうか。問いでFは、Eに対し、甲土地の所有権を取得したと主張したいわけですから、訴訟物は甲土地の所有権です。そして、甲土地を時効により取得したと主張するので、取得時効の要件事実を検討することになります。

STEP2　請求原因の要件事実を列挙し、具体的事実を仮あてはめして争点を抽出

それではまず、取得時効の主張に関連する条文をみてみましょう。民法第1編総則第7章に時効に関する規定があります。取得時効は占有を根拠とする制度ですから、占有権を規定した第2編物権第2章の占有権もみる必要があります。

> 民法第145条（時効の援用）
> 時効は、当事者が援用しなければ、裁判所がこれによって裁判をすることができない。
>
> 民法第162条1項（所有権の取得時効）
> 20年間、所有の意思をもって、平穏に、かつ、公然と他人の物を占有した者は、その所有権を取得する。
>
> 民法第186条1項（占有の態様等に関する推定）
> 1.　占有者は、所有の意思をもって、善意で、平穏に、かつ、公然と占有をするものと推定する。
> 2.　前後の両時点において占有をした証拠があるときは、占有は、その間継続したものと推定する。
>
> 民法第187条1項（占有の承継）
> 占有者の承継人は、その選択に従い、自己の占有のみを主張し、又は自己の占有に前の占有者の占有を併せて主張することができる。
>
> 民法第188条（占有物について行使する権利の適法の推定）
> 占有者が占有物について行使する権利は、適法に有するものと推定する。

所有権の長期取得時効の要件は、①「20年間の占有」②「他人の物の占有[*1]」③「所有の意思」④「平穏」⑤「公然」（以上民法162条1項）、そして⑥時効の援用（民法145条）です。しかし、③、④、⑤の要件は、民法186条1項によって占有の事実から法律上推定されますので、請求原因の要件事実とはなりません。これらの事実の不存在が抗弁の要件事実となります。①の要件については、民法186条2項により、占

＊1 ただし、自己の物も時効取得の対象となるとした判例（最判昭和42年7月21日民集21巻6号1643頁等）がありますが、物を永続して占有するという事実状態を権利関係にまで高めようとする取得時効制度の趣旨から、取得時効の目的物件が何人の所有に属していたかを確定する必要は、必ずしもないため（最判昭和46年11月25日集民104号445頁）、「他人の物」は請求原因の要件事実とはなりません。岡口基一『要件事実入門』（創耕舎、2014）132頁を参照。

民法

有の開始時期とそこから20年後に占有をしていることが要件事実となります。

これらの規定を念頭においた上で、この小問(2)が何を問おうとしているかを把握することが出発点です。上記の分析から、原告が主張すべき要件事実は、①20年間の占有、②他人の物の占有と③時効の援用ですね。③は設問で時効を主張する前提となっているので、以下では省略します。

AがBから甲土地を3600万円で購入したという事実は、②に関係することであることはわかりますね。Bから購入したのですから、Aは普通、甲土地の所有権を取得したと考えるでしょう。しかし、小問(1)で検討したように、甲土地の半分はEが共有しており、Bが相続したのも2分の1の共有持分でしかありません。したがって、BがAに売却したのも、他人物売買部分を除けば、Bの共有持分だけしかAに移転していないことになり、Fが相続によって取得したのもその限度にしかなりません。そうすると、Fは、2分の1の共有持分は売買によって取得したため、「他人の物」ではない甲土地を占有し、Eの2分の1の持分については、「他人の物」の時効取得が問題になることとなります。

そして、他人の物を売買などによって取得したことは、特段の事情がない限り、「所有の意思」のある占有であることを基礎づける事実です（自主占有権原）。もっとも、民法186条1項によって推定されていますので、所有の意思を請求原因で主張する必要はありません。

STEP3　抗弁以下の要件事実を検討する

以上のFの主張に対し、Eは「Eの持分について、Fは他主占有である」という抗弁[*1]を主張します。

*1 抗弁として抽象的に「他主占有」と主張しただけでは足りず、外形的事実からも所有の意思による占有でないと見られる事実、たとえば甲土地の半分に相当する賃料を支払っていたなどの事実の主張が必要です。

これに対し、Fは、他人の物を売買によって取得したという事実を、Eの抗弁における他主占有事情を否認する（Fの積極否認事実）ものとして主張すべき事実と位置づけることになります。

STEP4　具体的事実を要件事実にあてはめる

本来であれば、解釈で導いた具体的法規範にあてはめる必要がありますが、本問では既に**STEP2**であてはめた以上のことをする必要がないので、省略します。実際の答案ではきっちりあてはめもしてください。

7 フレームワークに基づく民法の学習方法

民法は私法全体の原則を定める法律であり、実務においても最も使う法律といってよいでしょう。したがって、学習の優先度は最も高いといえます。

法学部の段階ではあまり要件事実の指導はないと思いますが、予備試験の民事実務科目では出題されますし、いずれ司法試験を目指すのであれば学部のうちから馴染んでおくことが重要です。演習書や過去問の問題文中に出てくる権利関係を、要件事実的思考で整理する訓練をすれば、民法の理解も深まるでしょう。

88頁で紹介したとおり、基本書を読む際も、3大法律フレームワークで自分の頭の中に体系を作っていくようにしてください。

第10章 商法・会社法のフレームワーク

商法・会社法は、民法の特別法です。そのため、民法の原則的な規定をどのように修正しているのか、民法では想定していない利害調整をどのようにしているのかを学ぶことが重要になってきます。

本章では、特に会社法における利害調整を重点的に取り上げました。基本書ではあまりない形式で書かれているようにみえるかもしれませんが、実はよく読むと本書で書いているようなことが基本書にも書かれています。

それでは早速、商法と会社法のフレームワークをみていきましょう。

1 商法の意義

(1) 原則―例外のフレームワークから考える商法の意義

商法と会社法は、民法の特別法です。すなわち、商法と会社法は民法の例外ルールを定めています。商法は、商取引を行う商人のためのルールです。たとえば、卸売をする商人（いわゆる卸元）と、その商人から商品を買って一般消費者に売る小売商（たとえばスーパーやコンビニエンスストアなど）がいます。このような商売の場合、小売商は卸元から頻繁に商品を仕入れます。このように、商取引は、大量性、継続性、反復性などの特徴を有することから、取引行為の判断等が迅速かつ円滑に行われる必要性が高いため、商法は民法よりも取引の安全の確保をかなり重視した規定を置いています。本書では会社法を中心に取り上げますが、商法（そして商法から平成17年に独立した会社法）が、民法の例外ルールであるということを体感してもらうことから始めましょう。

(2) 原則―例外の具体例

たとえば、民法の留置権（民法295条）と商事留置権の違い（商法521条）を比較してみます。条文は以下のとおりです。

> 民法第295条1項（留置権の内容）
> 　他人の物の占有者は、その物に関して生じた債権を有するときは、その債権の弁済を受けるまで、その物を留置することができる。ただし、その債権が弁済期にないときは、この限りでない。
>
> 　商法第521条（商人間の留置権）
> 　商人間においてその双方のために商行為となる行為によって生じた債権が弁済期にあるときは、債権者は、その債権の弁済を受けるまで、その債務者との間における商行為によって自己の占有に属した債務者の所有する物又は有価証券を留置することができる。ただし、当事者の別段の意思表示があるときは、この限りでない。

2つの留置権の要件とその違いをまとめたものが、図表10-1です。

■ **図表10-1 民法の留置権と商事留置権の違い**

	民法の留置権	商事留置権
要件	① 他人の物の占有者 ② その物に関して生じた債権を有する ③ 弁済期の到来	① 当事者双方が商人 ② 債権が当事者双方のために商行為たる行為によって生じたこと ③ 弁済期の到来 ④ 債務者所有の物または有価証券 ⑤ 債務者との間における商行為によってその目的物が債権者の占有に属したこと
違い	被担保債権と留置目的物の間に、個別に牽連性が必要	個別の牽連性は必要なく、商人間の取引によって生じる債権一般と、取引によって取得した債務者の所有物一般の間に牽連性があればよい

少し勉強した方であれば、民法の留置権と商法の留置権は、牽連性の内容が異なるということを知っているでしょう。しかし、なぜそのような違いが設けられているのか、さらにいえば、なぜ以上のような要件の違いがあるのかについて、考えたことがあるでしょうか。

先に述べたとおり、商行為においては取引が迅速かつ円滑に行われる必要性が強く要求されます（原則—例外のフレームワークにおける必要性①）。なぜならば、商行為はその性質上反復継続して大量に行われるため、取引の迅速性と円滑さが確保されていなければ、怖くて取引を行うことができないからです。また、商行為は反復継続して行われるので、債権者が債務者に対してある商品についての債権を有していたとしても、既にその商品は債権者が第三者に転売してしまって手元にないという可能性があります。したがって、その債権回収を担保するための手段として留置権を使おうと思えば、個別の牽連性を要求せず、一般的な牽連性でもよい（つまり、同じ当事者間の別の取引で占有を取得した物について留置権を主張してもよい）とする必要性があります（原則—例外のフレームワークにおける必要性②）。

他方、個別の牽連性ではなく、商人間の債権一般と所有物一般の間に牽連性があればよいというように、民法の原則を修正してよいのはなぜでしょうか。そもそも、民法が留置権によって債権者を保護しようとした趣旨は、公平の理念の実現にあります。すなわち、債権者がある物について債権を有しているのに、債権の弁済を受けないままその物を債務者に返すことは公平に反するので、物を返してもらえないという不利益を課すことにより、間接的に債務者に債務の弁済を強いることが公平である、ということです。

この趣旨からすれば、一般的に物を返してもらえないという不利益を課すことが公平であるといえる理由があれば、民法の原則の例外を認めてもよさそうです。商事留置権の場合は、当事者双方が商人であり、取引行為が双方にとって商行為＝営利目的で反復継続して行う行為であることを要件としています。このような場合、相手方の所有物が自分の元にあれば、債務の弁済を受けられない場合に担保にしてもよいという期待が双方に生じますので、弁済を滞らせればその代わりに物を返さないことは公平であり、また、そのような債務の弁済を滞らせた商人はそのような扱いを受けてもしかたがないといえるでしょう（原則―例外のフレームワークにおける許容性）。

もっとも、そのような期待をしてよいのは債権者の所有物の場合についてのみです。したがって、民法の留置権とは異なり、商事留置権の場合は、債務者の所有物以外には留置権は生じません（図表 10-1、商事留置権の要件④）。

このように、民法と商法を原則―例外のフレームワークで分析すると、かなり理解が深くなることがわかるのではないでしょうか。なお、これまで私が述べてきたことは、必ず民法や商法の基本書に書かれています。基本書の記述の意味を理解するためにも、民法と商法が原則と例外の関係にあることからなぜ商法がそのような規定になっているのかを導き出してみてください。また、商法と会社法を学習する際は、必ず背後に民法の原則が控えていることを忘れないでください。

2 会社法における利益衡量のフレームワーク

会社法は、もともとは商法の中の一部として定められていたのですが、経済の変動にともなって頻繁に改正する必要があるため、平成17年に商法から独立しました。会社法を理解するためのポイントは、**会社法があらかじめ会社に関わる多数の利害関係人の利害を調整するという形で制度設計をしているという点を押さえること**です。それでは、利害関係人の利害をどのように調整しているかを説明するのに先立ち、会社法における株式会社の基本事項について整理しておきます。

(1) 会社法の基本知識

会社法の基本的な知識を図表10-2にまとめました。以後の記述はこの図表中に書いていることを前提としますので、よく読んでおいてください。

■ **図表 10-2 会社法の基本知識**

株式	細分化された割合的単位の形をとる株式会社における社員たる地位
株主	株式会社に対する出資または株式の承継取得により、株式会社の社員となった者。自益権(株主が会社から経済的利益を受ける権利。たとえば、剰余金の配当を受ける権利)と共益権(経営に参与・経営を監督する権利。たとえば、株主総会における議決権)を有する。株主は、出資の限度で責任を負う(株主有限責任の原則。会社法104条)。すなわち、株主は、株主となった後は、原則として何の義務も責任も負わない。
株主総会	株主によって構成される株式会社の意思決定機関
取締役	株主から委任を受けて(取締役は、就任時に株式会社と委任契約を締結する。会社法330条・民法644条)業務を執行する機関
取締役会	取締役会設置会社の業務執行の決定、取締役の職務の執行の監督、代表取締役の選定及び解職をする機関(会社法362条)
資本	資産(現預金や不動産など)から負債(借金)を引いた残り。事業活動の元手。会社に対する出資=株式を発行した場合は資本が増加し、剰余金を配当すると資本は減少する。
公開会社	その発行する全部又は一部の株式の内容として譲渡による当該株式の取得について株式会社の承認を要する旨の定款の定めを設けていない株式会社(会社法2条5号)。要するに**一部でも譲渡制限のついていない株式がある会社**のこと。逆に、**すべての株式に譲渡制限がついている会社**を**非公開会社**と呼ぶ。
大会社	貸借対照表における資本金が5億円以上または負債が200億円以上の会社(会社法2条6号)

⑵ 株式会社における利害関係人の最小限の構成

会社法を理解するには、まず利害関係人の最小限の構成を想定し、その場合の利害関係と、利害関係を調整するために置かれている制度を把握することが有用です。そこにいろいろな制度を追加していくという順番で学習を進めると、効率がよくなります。会社法自身も、まず非公開会社を念頭に置いて柔軟な法規制を定め、そこに取締役会設置会社や公開会社における規制を加えるという形で特別規定を置いています。

本書では、会社法の全範囲を網羅することはできませんが、基本に忠実な学習のファーストステップをお手伝いする限度で整理を試みることとします。

まず、**株式会社の利害関係人の最小限の構成は、株式会社、株主総会、取締役及び債権者**です。最初は取締役会もなく、非公開会社でかつ大会社でなく、上記以外の機関は一切ないという前提で考えましょう。多くの基本書は取締役会を設置している場合と設置していない場合を並列的に書いていますが、まずは最小の構成における利害調整を学ぶことが効率的な学習につながります。

非公開会社とは、図表10-2のとおり、株式すべてに譲渡制限をかけている会社です。このような会社がどんな会社かというイメージを持っておくと、会社法の規律がわかりやすくなります。たとえば、いわゆる同族会社は非公開会社であることが多いです。株主も取締役も親族のみで、外部の人間を入れずに身内だけで経営しているような会社です。そのような会社では、株主に同族以外の人間を入れたくありませんので、他の取締役の承認がなければ、株式を譲渡することができないようにしています。そのため、株主が入れ替わることが少なく、株主が比較的自由に会社のあり方を決めてもあまり問題が生じません。そこで、非公開会社における株主総会は、会社法に規定する事項及び株式会社の組織、運営、管理その他株式会社に関する一切の事項について決議をすることができ（会社法295条1項）、「万能の意思決定機関」といわれます。また、非公開会社では株主ごとに異なる扱い（剰余金の配当を受ける権利、残余財産の分配を受ける権利、株主総会における議決権）をする定款の定めを置くことを認める（会社法109条2項、105条1項）と

商法・会社法

いうように、かなり自由な設計をすることが可能です。

しかし、非公開会社の株主総会が何でも意思決定ができるといっても、会社を経営するには実際に職務を執行する人が必要です。株主総会が、実際に職務執行をする経営のプロ、つまり取締役を選任し、会社と取締役が委任契約を締結することにより、選任された人が取締役に就任します。これにより、株主は、取締役に対し、職務執行に関する意思決定、すなわち経営判断を委ねることとなります。株主は自ら経営のプロとして取締役を選任しているわけですから、取締役が会社の経営判断を誤っても、その判断の過程・内容に著しく不合理な点がない限り、注意義務違反として責任追及されることはありません（経営判断原則）[*1]。

＊1 経営判断原則については7頁も参照。

さらに、会社に対する第三者（主に債権者）がいます。たとえば、会社にお金を貸した銀行や、商品を卸した卸元などです。

以上のとおり、**会社・取締役・株主総会・第三者（主に債権者）の四者が株式会社における利害関係人の最小限の構成**であり、そして日本で最も多い株式会社の形態です。四者の関係をまとめると、図表 10-3のようになります。**このような形態の会社において発生する利害関係とその調整規定を原則形態として考えておき、機関が増えたり、公開会社や大会社になったりするとその原則形態がどのように修正されるのかという順序で分析してみると、会社法は非常にわかりやすくなります。**

■ 図表10-3 株式会社における利害関係人の最小限の構成

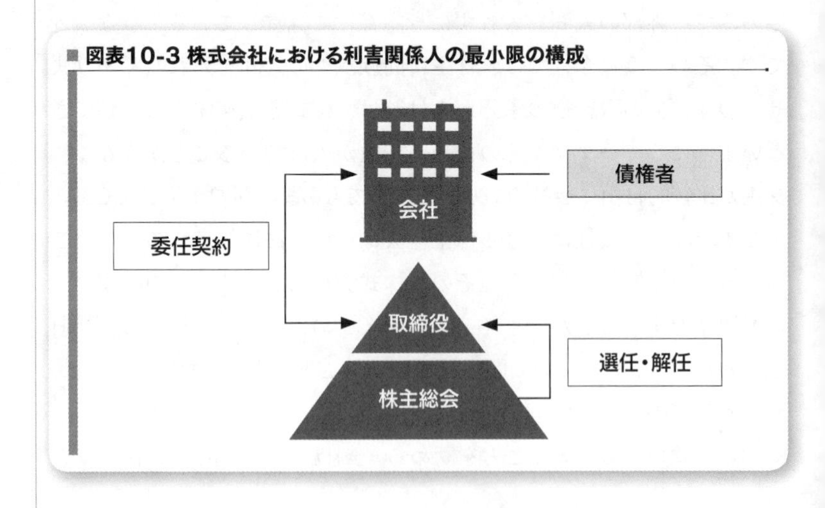

⑶ 会社法における利害関係の対立と調整規定

非公開会社で大会社ではなく、機関は（代表）取締役と株主総会のみという会社における利害関係の対立とそれを調整する規定の例を整理してみます（取締役会もないという前提です）。まずは、株式会社の最小限の構成において、誰のどんな利益を保護することが想定されているかをおさえましょう。そして、その利益の衝突をどのように調整しているのかを把握すれば、会社法の理解は一気に進みます。

このように、**会社法の各規定を利害関係の調整規定として認識し、どのような形で利害を調整しているかという形で理解する思考枠組み**を、本書では**会社法のフレームワーク**と呼びます。それでは早速、利害が対立する当事者ごとに、どのように調整しているのかをみていきましょう。

⑳会社法のフレームワーク

① 株主V.S.会社

株主が取締役を選任し、取締役と会社が委任契約を締結して取締役が業務執行にあたるわけですが、会社が企業価値向上のために株式発行という形で資金調達をしたり、会社の組織を変更したりすることが、株主の利益を損なうように受け取られることがあります。経営者である取締役が大丈夫と考えていても、株主はリスクが高過ぎるのでやりたくないと判断するといったことがあるわけです。このように、**会社の業務執行と株主の意思が衝突する場合、会社法は原則として株主総会で決議することを求め、株主の意思決定を優先するというように調整しています。**

もっとも、株主総会を開くためには一定の手続と時間が必要で、開いたとしても株主が賛成してくれるとは限りません。そうなると、機動的に意思決定をして業務執行をすることができません。事業環境は毎日激しく動くので、すぐに対応しないと命取りになることもあります。そこで、一定の事項については、会社の組織と行動についての根本的なことを定めた**定款**で取締役や取締役会で決定してもよいと定めていれば、例外的に株主総会で決議しなくともよい、ということになっているものがあります。

以上の大枠を前提に、具体的に会社法の制度は会社と株主の利害をどのように調整しているかを見ていきましょう。かなりたくさんの条文が出てきますが、**本格的に会社法を学習するのであれば、必ず条文を引きながら読むようにしてください。**どの条文がどのあたりにあるかすぐわからなければ、試験でとても苦労することになります。

ⅰ　募集株式の発行(会社法199条以下)

株式会社では、資金を調達するために株式を発行します。募集株式の割当方法は、大きく分けて①株主割当て（会社法202条）と②第三者割当て（会社法205条）があります。**株主割当て**とは、**すべての株主にその持株割合に応じて株式を割り当てる場合**、**第三者割当て**とは、**特定の第三者（既存の株主を含む）に対して株式を割り当てる場合**をいいます。

株主割当てと第三者割当てとでは、会社側の利益が資金調達にあることは共通しますが、株主側の利益が異なります。株主割当ての場合は株主全員に株式を割り当てるので、持株比率や1株あたりの株式価値について一部の株主が不利益を受けることはありません。もっとも、募集株式の申込みをすれば持株比率を維持できますが、手元資金に余裕がない、経営方針に賛同できない等の理由で株式の引受けを望まない場合は、株主が事実上払込みを強制される可能性があります（払込みを拒絶すれば、持株比率が低下するからです）。

第三者割当ての場合は、詳しくは後述しますが、募集する株式の価格が時価より低ければ既存株主の株式価値が下がりますし、既存株主の持株比率が変動するという点で既存株主の利益に影響を与えます。

そこで、会社法は、いずれの場合についても**原則として株主総会の特別決議で募集事項を決定しなければならない**としています（会社法199条2項・309条2項5号）。ただし、迅速に会社が資金調達することを重視する会社では、株主総会が募集株式数の上限と払込金額の下限を定めれば、その特別決議によって募集事項の決定を取締役に委ねることができます（会社法200条1項・309条2項5号）。また、株主割当ての場合のみ、株主の持ち株比率に影響がないため、募集事項及び株主割当てに関する事項の決定を取締役に委ねるという定款の規定を置くこともできます（会社法202条3項1号2号）。

Column 会社における資金調達

実際に会社を経営してみないとなかなか資金調達の重要性はわからないのですが、会社法における会社の利益を理解するためには資金調達の意味について知っておくことが重要ですので、簡単に説明します。

会社にとっての資金とは、人間にとっての血液と同じです。会社が支払日までに銀行や取引先に支払できなければ、帳簿上黒字であっても会社は倒産します（いわゆる黒字倒産）。資金がなくなれば、血液がなくなるのと同じように即死するわけです。したがって、いかにして資金を調達して、支払を滞らせないようにするかが経営者の主たる仕事のひとつとなります。

資金調達の方法は、大きく分けて直接金融と間接金融の２種類があります。直接金融とは、投資家（個人法人問わず）の資金を直接会社に供給する仕組みです。役員からの借り入れや会社法で定める株式または社債の発行がこれにあたります。間接金融とは、投資家と会社の間に仲介業者（主に銀行）が入って資金を供給する仕組みをいいます。銀行の融資が典型例です。みなさんは銀行に預金という形でお金を預けていると思いますが、そのお金は銀行を通じていろんな会社に貸し付けるという形で投資されているのです。

銀行は、昔から「晴れた日に傘を貸し、雨が降り始めると傘をもぎ取る」といわれます。会社の業績が好調であれば、「もっと借りてください」と銀行の方からお願いに来ますが、一度業績が悪化すると、「今すぐ返してください」といっていわゆる貸し剥がしにかかります。そのため、会社はある程度業績が安定しないと銀行から資金を貸してもらえないので、業績が悪い経営状態では直接金融に頼らざるを得ません。最もよく行われる直接金融は役員個人からの借入れですが、銀行からの貸付を容易にするため、募集株式の発行による増資をして、貸借対照表の見かけをよくするということも行われます。こういった知識がなければ会社法をどう使うか、なぜそのようなことをするのかがわかりませんので、この機会に金融についても学んでみてください。

ⅱ　募集株式発行の差止め（会社法210条）

一度募集株式が発行されてしまうと、株式を引き受けた者との間で法律関係が形成されるため、その株式発行を無効とすることは取引の安全・法的安定性を著しく害します。そのため、**募集株式発行の無効が認められるのは重大な法令・定款違反の場合に限定されています。**したがって、単に違法な法令・定款違反の場合や不当な募集株式発行については無効とすることができないため、発行される前に止める必要があります。そのための制度が、**募集株式発行の差止め**です（会社法210条）。

募集株式発行の差止めは、株式発行が法令または定款違反の場合（同条1号）か、著しく不公正な発行（同条2号）の場合に認められます。司法試験的にも実務的に重要なのは、後者です。それでは「著しく不公正な発行」とはどのような場合でしょうか。

募集株式発行が著しく不公正な発行として争われる場合の多くは、会社側（多数派株主）が、対立する一部の株主の支配権を弱めようとする（持株比率を下げる）場合です。このときに、会社が行う募集株式発行の目的が資金調達ではなく、一部の株主の支配権に悪影響を与えようとする目的がある場合が「著しく不公正」といわれます。

その判断方法は、**会社の機動的な資金調達という目的**と、**既存株主の持株比率や株価の維持という目的を比較衡量**することで、どちらが主要な目的かを検討するという形で行います。[*1] 判例・裁判例を読むときには、以上の判断枠組みを念頭に置きながら読んでみると、判例の論理と事実認定の意味がよくわかるようになります。

＊1 これを主要目的ルールといいます。東京地決平成元年7月25日（忠実屋・いなげや事件）、東京高決平成16年8月4日（ベルシステム24事件。会社法判例百選（第2版）97番）等を参照。

Column　募集株式発行の差止め（発展編）

募集株式発行の差止めは、実務においてはもっと複雑な利益衡量を要することがあります。たとえば、X会社の3分の1の持ち株を有する株主Yが、X会社の同業他社の代表取締役であるというような場合を考えてみましょう。X会社が債務超過に陥ったため、欠損を填補するために増資しようとしたけれども、発行可能株式数が残り少ないので、発行可能株式総数を増加させる定款変更をしたいのに、同業他社の株主Yが賛成しないため、定款変更ができません。期末までに欠損を填補できなければ、X会社は銀行からお金を借りることが非常に難しくなり、倒産する（次頁へ続く）

Column（前頁から続く）

危機に陥ります。倒産すれば、従業員も路頭に迷うことになるでしょう。しかし、Yにとっては、X会社が倒産して自分の株式が無価値になっても、同業他社であるX会社を倒産させて、その取引先を自分の会社が奪取（シェアの拡大）できた方がより大きな利益を得ることができるし、増資によってX会社が成長してしまうと、Yにとっては自分の取引先が減るという関係にあります。したがって、Yは定款変更を絶対にさせないようにしたいのです。

そのため、X会社は残りの発行可能株式を分割した上で、1株あたりの価格を時価より大幅に引き上げて株主割当てをしました†。この場合、Yは募集株式発行を差し止められるでしょうか。また、差し止めるにあたって、どのような証拠を準備し、どんな事実を主張しなければならないでしょうか。

実務についてから法律を使いこなすためには、基本となるフレームワークを確実に押さえて、規範と事実、そしてその事実を裏付ける証拠まで見据えておく必要があります。法曹実務家を目指すのであれば、普段からそのような意識を持って勉強しておくことが非常に重要です。

---

†いわゆる有利発行の反対の「不利発行」をしたということです。

iii　まとめ

以上のとおり、会社法は、会社と株主の利害が対立したときに、株主総会で決議することを原則としつつ、機動的な会社経営もできるようにするため、株主に不当な影響を与えない限度において取締役が自ら決定することもできるようにしています。このような利害対立を調整する規定は他にもありますので、学習する際には具体的に誰のどのような利益を保護するための規定なのかを考えながら学習してみてください。

（会社と株主の利益を調整する規定の例）
授権資本制度（会社法113条3項）・株式の譲渡自由の原則（会社法127条）・株主名簿（会社法130条1項）・株式併合（会社法180条）・株式分割（会社法183条）・総会の議決権（会社法308条1項）を中心とする共益権、会計帳簿の閲覧請求権（会社法433条）・計算書類等の株主への提供（会社法437条）・剰余金の配当請求権（会社法453条）を中心とする自益権、事業譲渡（467条）・会社分割・合併・定款変更（638条）

② 会社V.S.取締役

図表10-2（234頁）で述べたとおり、会社と取締役は委任契約を締結しています。その現れとして、会社法は民法の委任に関する規定を準用しています（会社法330条）。また、会社法は取締役に対し、法令・定款並びに株主総会の決議を遵守し、会社のため忠実にその職務を行う義務（会社法355条）といういわゆる忠実義務を定めていますが、民法の委任における善管注意義務をより明確化したものが忠実義務であるという理解が一般的です。[*1]

＊1 最大判昭和45年6月24日民集24巻6号625頁（会社法判例百選（第2版）2番）

このように、会社は取締役に対して、会社のために忠実に業務執行を行うことを委任しているわけですが、会社と取締役の利害が対立する場合にはその利害を調整する必要があります。そのために置かれた規定を見ていきましょう。

i 競業取引（会社法356条1項1号）

競業取引とは、**取締役が自己または第三者のために会社の事業の部類に属する取引をする場合**をいいます。たとえば、取締役が会社のノウハウを使って、顧客（含む潜在顧客）を奪う行為などです。このような行為は、会社（ひいては株主）にとって不利益なことは明らかですから、全面的に禁止してしまうというルールも考えられます。しかし、会社法は競業取引を全面禁止まではしていません。その理由は、委任契約を締結しているだけの取締役に対し、会社の職務以外に事業を行うことを禁止するのは行き過ぎであり、会社として取締役に競業取引をさせる必要があることも想定できるからです。

その代わり会社法は、取締役に対して、競業取引について重要な事実を開示し、事前に株主総会で承認を受けなければならず（会社法356条1項1号）、事後の報告を求め（会社法365条2項）、競業取引によって損害が発生した場合には、株主総会の承認を受けていたとしても、会社に対して損害賠償責任を負うことがある（会社法423条1項）という形で利害調整を図っています。

ⅱ　利益相反取引（会社法356条1項2号3号）

利益相反取引とは、**取締役が会社の利益の犠牲において、自己または第三者の利益を図る場合**をいいます。会社法は直接取引と間接取引の2つの類型を定めています。

直接取引とは、**取締役が自己のために（つまり当事者として）または第三者のために（つまり他人の代理人・代表者として）、会社と取引する場合**です。たとえば、X社の取締役AがY社の代表取締役をしており、AがY社を代表してX社との間で取引をする場合が典型例です。

なお、取締役AがY社の代表権のない平取締役である場合や、取締役AがY社の代表取締役であっても、当該取引においてY社を代表していない場合は、「第三者」（会社法356条1項2号）にあたらないので、利益相反取引になりません。

間接取引とは、**会社が取締役以外の者との間で、会社と取締役の利益が相反する取引をする場合**です。たとえば、会社が銀行との間で、銀行から取締役が借り入れた債務の保証契約を締結する場合がこれにあたります。

会社法は、利益相反取引についても禁止しておらず、株主総会での事前承認、取引後の事後報告、損害賠償義務という形で、競業取引と同様の規制をしています。もっとも、利益相反取引は競業取引よりも直接的に会社に損害を与えるので、損害賠償義務を加重しています。たとえば、利益相反取引によって会社に損害が生じた場合、当該取引をした取締役のみならず、当該取引をすることを決定した取締役も「任務を怠った」と推定される結果、原則として損害賠償義務を負います（会社法423条3項1号2号）。さらに、自己のために直接取引をした取締役については、任務を怠ったことが自己の責めに帰することができない事由によるものであることをもって任務解怠責任を免れることができません（無過失責任。会社法428条1項）。

iii　取締役の報酬（会社法361条）

取締役は、会社と委任契約を締結し、職務執行の対価として報酬を受け取ります。取締役が多くの報酬を受け取ればその分会社からキャッシュが流出するので、取締役の報酬についても会社と取締役の間で利害が対立します。そこで、会社法は、取締役の報酬については取締役自身には決めさせず、定款で定めるか株主総会決議で定めることとしています（会社法361条）。

iv　取締役の会社に対する損害賠償責任（会社法423条）

既に述べたとおり、取締役は会社に対して善管注意義務を負っていますので、善管注意義務に違反したことによって会社に損害を発生させれば、委任契約の債務不履行として損害賠償義務を負います。しかし、それだけでは会社の保護として不十分なので、取締役の連帯責任とするなど、会社法は一般の債務不履行責任を加重した特別な責任（任務懈怠責任）を定めています。

> 会社法第423条（役員等の株式会社に対する損害賠償責任）
> 取締役、会計参与、監査役、執行役又は会計監査人（以下この節において「役員等」という。）は、その任務を怠ったときは、株式会社に対し、これによって生じた損害を賠償する責任を負う。
>
> 会社法第428条第1項（取締役が自己のためにした取引に関する特則）
> 第356条第1項第2号（第419条第2項において準用する場合を含む。）の取引（自己のためにした取引に限る。）をした取締役又は執行役の第423条第1項の責任は、任務を怠ったことが当該取締役又は執行役の責めに帰することができない事由によるものであることをもって免れることができない。

会社法423条1項の損害賠償責任の要件は、①役員等が、②任務を怠ったこと、③損害の発生、④②と③の因果関係です。このうち、**「任務を怠った」**というのは、**取締役が会社との委任契約に基づいて委任された職務を怠った**ということを意味します。取締役に任務懈怠責任が認められる場合は、大きく分けて2つあります。①取締役が法令に違反した場合、②善管注意義務に違反した場合です。

取締役は法令を遵守する義務がある（会社法355条）ので、会社法を含むあらゆる法令に違反する行為をすれば、任務を懈怠したことになります。たとえば、株主総会の承認を受けずに競業取引や利益相反取引をした場合や、独占禁止法違反の行為をした場合です。[*1]

また、取締役の職務遂行について善管注意義務違反があったといえる場合についても、任務を懈怠したことになります。もっとも、取締役が会社に損害を生じさせたからといって、その結果責任を取締役に負わせるわけにはいきません。結果責任を負わせてしまうと、取締役は萎縮してしまい、リスクはあるがメリットもある経営判断をしなくなります。そうすると、会社が成長しなくなって長期的には株主の利益を損ないますし、会社が経営のプロであることを前提として取締役に経営を委任し、経営判断について広範な裁量を与えた意味がなくなるからです。

そこで、経営判断については、前提となる事実の認識及び判断過程に著しく不合理な点がない限り、取締役は善管注意義務違反として責任を負いません（経営判断原則）。

＊1 利益相反取引における自己のための直接取引をした取締役については無過失責任とする会社法428条1項の反対解釈として、それ以外の任務懈怠責任については過失責任であるとされています。そのため、法令違反行為によって会社法423条1項の損害賠償責任を追及されても、取締役が法令違反行為をとったことについて無過失であることを立証すれば、責任を免れます。

v　まとめ

これまでみてきたとおり、**会社法は、競業取引や利益相反取引については禁止せず、取締役が取引について重要な事実を開示して、株主総会の承認を受け、取引によって会社に損害が生じれば、承認の有無に関わりなく取締役は任務懈怠責任を負う（損害賠償責任を負う）という形を原則と定め、会社と取締役の利害を調整しています。**特に、競業取引や利益相反取引は司法試験でも実務でもよく問題となりますので、会社と取締役との間の委任契約であるという点から思考を出発させ、原則的な規制を正確におさえるようにしましょう。

③　会社V.S.第三者（債権者）

これまでは株主と会社、会社と取締役という会社の内部における利害調整のルールをみてきましたが、次は会社と外部の者との関係の調整です。前提として、取締役は、代表取締役等の会社を代表する者が他にいなければ、株式会社を代表します（会社法349条1項）。対外的な関係を説明する際には代表取締役の行為として説明されるのが一般的ですので、ここでは代表取締役がいるという前提で説明します。

代表取締役は、会社の業務に関する一切の裁判上または裁判外の行為をする権限を持ちます（会社法349条4項）。したがって、代表取締役が第三者と取引をする場合、第三者には会社と有効に取引ができるという期待（取引の安全）が生じます。もっとも、様々な事情によって代表取締役の行為が無効になる場合があるため、会社の取引を無効にするという利益（静的安全）と取引の安全という利益をどのように調整するかが問題となります。以下、代表取締役の行為が無効となるいくつかの類型を紹介します。

243頁で述べたとおり、代表取締役が利益相反取引をする場合は株主総会の事前承認を受けなければなりません。承認を受けない利益相反取引は、原則として無効です。したがって、会社は代表取締役に対しては問題なく無効を主張できます。しかし、既に代表取締役が第三者と取引している場合は、取引の安全を図るため、利益相反取引について承認を受けていないことを第三者が知っていたこと（悪意）を会社が立証した場合にのみ、会社は無効を主張できます。[*1]

また、代表取締役が権限の範囲内で、会社ではなく自己の利益のために代表権限を濫用するという場合があります。このとき、代表取締役は権限の範囲内の行為をしているので、原則として有効です。もっとも、代表取締役と取引をした第三者が権限濫用行為であることについて知っていたか、または知り得た場合には、民法93条但書の類推適用により取引を無効とするのが判例です。[*2] 民法93条但書を類推適用できる理由は、権限を濫用している代表取締役の行為は、会社のためという外形を持ちつつ、真意は代表取締役個人の利益のためというように表示と内心に不一致があるからです。[*3]

以上のほか、代表権がない者に代表権があるかのような名称を付した場合に、会社の責任を認める表見代表取締役（会社法354条）の規定や、会社の基礎が大きく変更されるために、会社に対する債権者の債権回収についての期待が害される可能性がある資本の変更や組織変更における債権者保護手続も、会社と第三者の利害を調整する規定といえます。

＊1 相対的無効説。最大判昭和46年10月13日民集25巻7号900頁（会社法判例百選（第2版）57番）

＊2 最判昭和38年9月5日民集17巻8号909頁

＊3 判例が、利益相反取引の場合は相対的無効説、権限濫用の場合は民法93条但書の類推適用というように使い分ける理由は、前者が原則として無効、後者が原則として有効だからではないかと考えられます（私見）。後者については軽過失でも無効になってしまうこと、前者との関係でバランスを欠くことから、相手方が悪意または重過失の場合に限って取引を無効とする学説が有力です。

以上で基本的な利害関係人の利害調整の枠組みはひととおりみたことになりますので、次はもう少しミクロな利害調整規定をみてみましょう。

④　株主(会社)V.S.債権者

会社法における株式会社の株主は、会社に対して株式の引受価額を限度とする出資義務を負う以外に、会社の債務について責任を負いません（会社法104条)。逆にいえば、株主は、出資義務を履行した後は会社の債務について一切責任を負わなくてよいということです。これを**有限責任**といいます。

有限責任を債権者側から見ると、会社が債務を弁済しなかった場合でも債権者は株主に請求することはできないということですから、債権者としては、会社財産を弁済の原資とするほかありません。しかし、会社は株主に対し、剰余金の配当ができるので（会社法453条)、会社財産が少ないときに株主に配当されてしまうと債権者が弁済を受けられなくなります。このように**株主の利益を優先することによって債権者が害されてしまう事態を防ぐための制度が、資本金と計算書類等の開示制度**です。

資本金とは、一般的には、株式会社において、株主の出資を一定金額以上会社財産として保有させる仕組み、というように説明されます。もっとも、この説明は資本金制度を誤解させるおそれがあります。たとえば、資本金が1000万円の株式会社があったとします。この「資本金が1000万円」という事実からは、株主が1000万円を出資して、会社がその全額を資本金としたということがわかるだけで、その資本金は事業のために使われ、財産としては会社に残っていないのが通常です。したがって、資本金の意義を「出資された金銭等をそのまま会社財産として保有し続けること」と理解するのは誤解です。

会社法における資本金の意義を理解するために、資産が1000万円、負債が500万円、資本金が300万円、剰余金が200万円という貸借対照表がある株式会社で考えてみましょう（図表10-4)。このとき、債権者からすると、500万円の負債を弁済してもらうためには、現金が500万円あれば十分のはずです。しかし、貸借対照表はある一時点における会社の財務状況を記載したものなので、貸借対照表を作成後に会社が株主に配当すれば会社の現金は減りますし、負債が500万円より増えている可能性もあります。そのため、**会社法は、負債の金額と資本金（及び準備金）の合計額を越える資産がなければ、会社は株主に対し、剰余金の配当をすることができないというルールを定めることによって、資本金を会社債権者保護のためのバッファーを設ける制度としました。**以上の趣旨を反映したものが、会社法461条の定める**分配可能額**という概念です。分配可能額の計算[*1]は非常に複雑ですが、貸借対照表の項目のうち「その他資本剰余金」と「その他利益剰余金」という2つの剰余金の合計額と覚えておけば、概ね問題ありません。

＊1 江頭憲治郎『株式会社法　第6版』（有斐閣、2015年）675頁

■ **図表10-4 資本金制度の意義と分配可能額のイメージ**

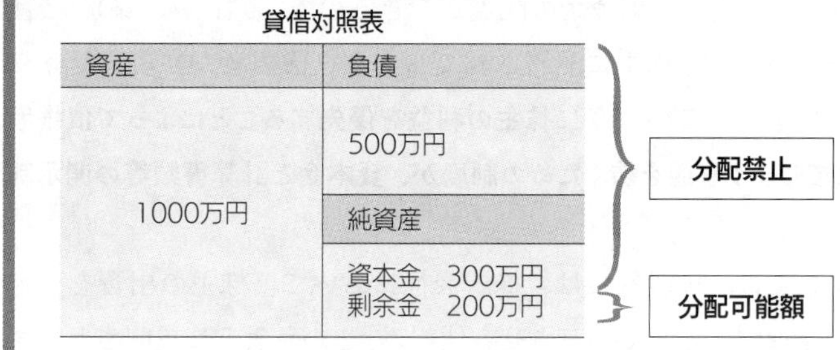

貸借対照表

資産	負債	
1000万円	500万円	分配禁止
	純資産	
	資本金　300万円	
	剰余金　200万円	分配可能額

さらに、会社法は最低資本金制度を撤廃しましたので、株式会社の資本金は1円でも設立可能です。そのため、資本金だけでは会社債権者を保護するのに不十分となったので、会社法は純資産額が300万円を下回る場合には、剰余金の配当をすることができないこととしました（会社法458条）。

たとえば、図表 10-5のような貸借対照表を持つ株式会社は、剰余金はありますが、剰余金の配当はできません。

■ 図表10-5 剰余金があるけれども剰余金の配当ができない場合

貸借対照表

資産	負債
1000万円	800万円
	純資産
	資本金　100万円 剰余金　100万円

純資産額が300万円に満たない

会社が分配可能額の規制に違反して剰余金を配当した場合、金銭等の交付を受けた者は、自分が交付を受けた金銭等の帳簿価額に相当する金銭（分配可能額を超える部分だけでなく、交付を受けたものすべて）を、会社に対して支払う義務[*2]を負います（会社法462条1項柱書）。また、会社の債権者も、金銭等の交付を受けた株主に対して債権額の範囲内で直接支払うよう請求することができます（会社法463条2項）。さらに、剰余金を配当した業務執行者や、違法な剰余金配当の議案を提案した取締役は、連帯して、違法に配当された剰余金等の帳簿価額の総額に相当する金銭を支払う義務[*3]を負います（会社法462条1項柱書）。

＊2 この義務は無過失であっても逃れられません。

＊3 この義務については、無過失を立証すれば免れることができます（会社法426条2項）。

なお、自己株式の取得は、剰余金の配当と同じように会社から財産が流出するので、剰余金の配当と同じ規制がかけられています（会社法461条1項各号）。

以上が会社法における株主（会社）と債権者の利害調整の説明ですが、まとめると、**株式会社における株主は有限責任であるため、会社債権者を保護するために、分配可能額の範囲内では会社債権者が株主に優先するという形で調整している**といえます。

⑤　既存の株主V.S.新しい株主

会社法は、既存の株主と新しい株主（新規に株式を引き受けた既存株主を含め、「新株主」といいます）との間の利害調整もしています。問題となるのは、株式の第三者割当て（会社法205条）と有利発行（会社法199

条3項）の場合です。前者の場合、既存株主の持株比率が低下しますし、後者の場合は、既存株主の株価より安い価格で発行するわけですから、既存株主から有利発行を受けた新株主へ株式価値が移転されることになります。[*1] そのため、第三者割当ての場合は、株主割当てのときのように定款で募集事項等について取締役の決定に委ねることは認めていません。また、有利発行の場合は、取締役会で募集事項を決定できる公開会社であっても、必ず株主総会特別決議が必要となります（会社法201条1項・199条2項・309条2項5号）。

＊1 たとえば、従前の株価が1株100円であったところ、1株50円で新株が発行されたために株価が75円に下落したとすると、1株50円で引き受けた新株主は、既存株主の有していた株式価値のうち25円分を取得したことになります。

⑥ 特定の株主V.S.それ以外の株主

会社に支配株主（発行株式の過半数を所有する株主）がいる場合、多数決によって支配株主が株主権を濫用する可能性があるため、それを防ぐ手段として株主平等の原則（会社法109条1項）があります。

また、会社が自己株式を取得した場合（会社法156条以下）、会社債権者を害する可能性があるので分配可能額の規制があることは既に述べたとおりですが、それ以外にも株主間に不平等を生じる可能性もあるため、会社法は、自己株式の取得について次に述べるような規制をしています。

まず、自己株式を取得するにあたっては、株主全員に申込みの機会を与える場合と、特定の株主から取得する場合があります。

株主全員に申込みの機会を与える場合は、会社は株主総会の普通決議で、取得する株式の数・種類等を定め（会社法156条1項）、その内容を株主に通知します（会社法158条）。通知を受けた株主が申込みをすれば、会社はその株式を取得します。

他方、特定の株主から取得する場合は、特定の株主から株式を取得する旨を株主総会の特別決議で決議します（会社法160条1項・309条2項2号）。さらに株主間の平等を確保するため、株式を譲渡する特定の株主は上記決議で議決権を行使できず（会社法160条4項）、他の株主は自己を売主に加えるよう会社に請求することができます（会社法160条2項3項）。

このように、特定の株主だけが会社財産を犠牲にして利益を得ることがないように手続が整備されています。

⑦ 取締役V.S.第三者(債権者)

第三者(債権者)が取引をする相手は会社であって取締役ではないので、**第三者が取締役に対して損害賠償請求をすることは原則としてできません。**もっとも、会社が倒産することがわかっているのに、取締役が第三者と取引し、商品等を受け取りながら代金債権を支払不能にして商品等も返還不能にしたような場合には、例外的に第三者が取締役に対して直接損害賠償請求をすることができます(会社法429条)。

> 会社法第429条1項(役員等の第三者に対する損害賠償責任)
> 役員等がその職務を行うについて悪意又は重大な過失があったときは、当該役員等は、これによって第三者に生じた損害を賠償する責任を負う。

会社法429条に基づく請求の要件は、①取締役が、②その職務を行うについて悪意又は重大な過失があったこと、③第三者の損害の発生、④②と③の因果関係です。この責任は民法709条の例外にあたります。民法709条に基づく損害賠償責任であれば、第三者に対する権利侵害及び故意または過失が必要です。しかし、会社の現代社会における重要な役割及び会社における取締役の職務執行への依存性から、民法709条の要件の一部(他人に対する故意または過失)がなくとも、取締役等の会社に対する任務懈怠について悪意または重過失があれば、損害賠償責任を負うことを定めた特別の法定責任です。[*2]

会社法429条は、実務で最も使われる条文のひとつ[*3]ですし、司法試験でもよく出題されます。

*2 たとえば、取締役の放漫経営により結果的に債権者に損害を与えたような間接侵害型の場合、取締役は第三者に対して直接何かをしたわけではありませんから、民法709条に基づく不法行為責任は負いませんが、会社法429条に基づく責任は負う可能性があります。

*3 実務においては、会社債権者が、会社倒産時に取締役に直接請求して債権回収するためによく使います。

⑧ 株主V.S.取締役

株主と取締役が接点を持つのは、基本的には取締役の選任または解任のときだけで、取締役の選任後は会社が当事者となるため、原則として株主と取締役の利害が直接対立することはありません。**株主が取締役の責任(会社法423条)を追及する株主代表訴訟(会社法847条1項)は、直接的には株主のためではなく、会社のために訴えを提起するもので、会社が取締役等に対して有する権利を代わりに行使しているだけです。**[*4]

もっとも、例外的に株主が取締役に対して権利行使できる場合があ

*4 株主代表訴訟で株主が勝訴しても、勝訴判決による利益は会社に帰属し、直接的には株主には帰属しません。

ります。それが、既に述べた取締役の第三者に対する損害賠償責任（会社法429条）です。同条の「第三者」に株主が含まれるときには、株主は直接損害賠償請求をすることができます。ただし、取締役の任務懈怠の場合、株主は株主代表訴訟も提起できることから、株主が会社法429条に基づいて取締役に直接請求できる場合は限られています。

⑷ 取締役会設置会社における規律の修正

ここまでは、株主総会と取締役のみの株式会社における利害調整の規律についてみてきました。ここからは、非公開会社で取締役会を設置した場合に、ここまで述べてきた規律がどのように修正されるのかをみてみましょう。

まず、取締役会設置会社に関する規律は、ある程度会社の規模が大きな会社であることを想定しています。そのため、**業務執行の決定については、取締役のみの会社では万能の意思決定機関とされていた株主総会に委ねず、取締役会と代表取締役に大幅に意思決定権限が移譲されるとともに、株主による経営者に対する監視が行き届かない可能性があるので、原則として監査役を設置することとしています（会社法327条2項）。**すなわち、取締役会設置会社における株主総会において決議できるのは、法令と定款で定められた事項に限定され、それ以外の事項の決議をしても無効となります。

たとえば、非公開会社かつ取締役会を設置していない会社で株主総会決議を要求している事項[*1]は、**取締役会設置会社ではすべて取締役会で決議することとなり、株主総会では決議できなくなります（会社法295条2項）。**

取締役会設置会社における株主総会で決議できる法定事項は、概ね図表10-6のような内容です。以下の事項については、取締役会等が決定することができると定款で定めても無効となります（会社法295条3項）。

なお、定款で定めることにより、株主総会の決議事項を拡張することもできます（会社法295条2項）。

＊1 株式の譲渡不承認の場合における株式を買い取る者の指定（会社法140条5項）、新株予約権の譲渡承認（265条1項）、自己株式の取得に関する事項の決定（会社法163条、168条1項、169条2項）、株式分割（会社法183条2項）、株式無償割当てに関する事項の決定、単元株式数の減少または単元株式数についての定款の定めの廃止（会社法195条1項）、募集株式が譲渡制限株式の場合における割当てを受ける者及び割り当てる株式数の決定（会社法204条2項）、新株予約権（243条2項）、競業取引及び利益相反取引における株主総会の承認（会社法365条1項）等。

■ **図表10-6　取締役会設置会社における株主総会の決議事項**

① 取締役等の機関の選任・解任に関する事項（取締役や監査役等の選任・解任）

② 会社の基礎的事項の変更に関する事項（合併や会社分割、定款変更等）

③ 株主の重要な権利や利益に関する事項（剰余金配当、株式併合、有利発行等）

④ 取締役と株主の利益が相反する事項（取締役の報酬の決定等）

⑤ 計算に関する事項（計算書類の承認等）

また、取締役のみの会社では、取締役が業務執行の決定と業務の執行をしていましたが、取締役会設置会社では、**業務執行の決定については取締役会で行うことが原則**となります（会社法362条2項1号）。ただし、重要な財産の処分及び譲受け、多額の借財など会社法362条4項各号に定める事項及びその他の重要事項以外については、取締役に業務執行の決定を委任することができます。業務の執行は、取締役会で行うことはできず、権限のある取締役が行うことになります。

さらに、取締役会設置会社は相当程度の規模であることが想定されているため、株主総会における規律が強化されています。非公開会社の場合、基本的に株主は身内の人間しかいないため、招集手続や議決方法はかなり柔軟にできますが、取締役会設置会社では、書面等による招集通知が義務づけられ（会社法299条2項2号・3項）、株主の議題提案権が制限される（会社法303条2項）など、身内以外に多数の第三者が株主になっていることを前提として、株主の権利確保や株主総会の円滑な運営のための規定が設けられています。

このように、取締役会設置会社においては、**原則として業務執行の決定権限が株主総会または取締役から取締役会へと移譲され、取締役は業務の執行のみを行うこととなるとともに、株主総会の運営の規律が厳格になるように規律が修正される**ことを押さえておきましょう。

⑸ 公開会社における規律の修正

公開会社は、必ずしも上場会社を意味するものではありませんが、実際にはほとんどが上場会社です。その全部または一部の株式が自由に譲渡され、頻繁に株主が交代することが予定されているため、かなり大規模の会社であることを前提としています。すなわち、公開会社における株主は、非常に数が多く（100万人を超える会社もあります）、経営に参画する意思が乏しい集団ですので、**非公開会社かつ取締役会設置会社における規制よりも、さらに迅速に意思決定や手続が進められるような特則が定められています。**また、公開会社は、個々の株主が業務執行を監視することが困難なため、取締役会を必ず設置することによって取締役の業務執行を監視することとしています（会社法327条1項1号）ので、取締役会設置会社における規律の修正（252頁）で述べたものに加えて、以下に述べるような特則があると理解するとよいでしょう。

まず、公開会社であることによって大きく規律が変化するのは、募集株式の発行関係です。非公開会社における募集事項は、原則として株主総会の特別決議によって決定する必要がありましたが、公開会社においては、株主割当て以外の方法による有利発行の場合を除き、取締役会で決定することができます（会社法201条1項・株主割当てにつき202条3項3号）。そのため、株主は株主総会で募集株式に関する事項を知る機会がないので、既存株主に差し止める機会を与えるために、株主に対する通知に関する規定が充実しています（会社法201条3項～5項・202条4項等）。

また、募集株式の発行を取締役会の判断で決定できるので、既存株主の持株比率が低下する可能性があります。その限界を画するための制度が**授権資本制度**です。株式会社の設立時には発行可能株式総数を定め、その4分の1以上の株式を発行しなければなりません（会社法37条1項2項）。公開会社の場合、この制限を排除することはできません（同条3項）。これはつまり、公開会社が設立後に募集株式を発行する場合、無制限に発行することはできず、発行可能株式総数の4分の3までしか株式を発行できないという形で既存株主の持株比率の低下に歯止めをかけているということです。

さらに、公開会社は株主の数が非常に多いことを前提としているため、株主総会に関する手続や株主の権利行使要件を厳格に保護する方向の特則が設けられています。たとえば、株主総会の招集通知は2週間より短縮することができません（会社法299条1項）し、株主による議題提案権や株主総会招集請求権における6か月の株式保有期間要件は排除できません（会社法303条2項・305条2項）[*1]。株主数が1000人以上であれば、書面による議決権行使を義務づけられます（会社法298条2項）。また、法律関係を早期に確定する必要があることから、会社の組織に関する訴えの訴訟要件が、非公開会社の1年から6か月へと短縮されています（会社法828条1項2号ないし4号）。

そして、公開会社では、経営陣に対する監視体制を強化する規定をおいています。たとえば、取締役が株主でなければならない旨を定款で定めることはできません（会社法331条2項）し、取締役の任期を2年より長く延ばすこともできません（会社法332条2項）。監査役の監査の範囲を会計に関するものに限定することもできません（会社法389条1項）。

以上をまとめると、**会社法における公開会社は、会社の迅速な意思決定及び手続の実施、株主の権利の保護または制限、取締役に対する監視体制の強化という方向性で規律されている**といえます。

⑹　大会社における規律の修正

大会社とは、貸借対照表における資本金が5億円以上か負債の合計額が200億円以上の会社です（会社法2条1項6号）。このような会社は、会社規模が非常に大きく、債権者の数も多い会社であるといえます。そのため、適切に計算書類の適性性を監視し、信頼を確保できるような規制をおいています。

たとえば、大会社は監査役会及び会計監査人の設置義務があります[*2]（会社法328条）し、取締役の職務執行が法令及び定款に適合することを確保するための体制（いわゆる内部統制システム）の構築義務（会社法362条4項6号、会社法施行規則100条）があります。

＊1 ほかにも、株主による取締役の行為の差止めにおける6か月の株式保有期間要件（会社法360条1項）、責任追及等の訴えにおいても、公開会社であれば6か月の株式保有期間要件（会社法847条2項）があります。

＊2 公開会社でない場合は監査役会の設置義務はありません。

㉑会社法の問題分析のフレームワーク

3 会社法の問題分析のフレームワーク

(1) 機関に応じた規律の選択

ここからは、これまで述べてきた会社法の基本的な規律をもとに、実際に司法試験の問題を解く際にどのような思考過程をたどるかを紹介していきます。

司法試験においても実務においても、**会社法の問題でまず確認しなければならないのが、当事会社の機関構成です。**会社法は、取締役会設置会社か否か、公開会社か否かで大きく規律の仕方を変えています。したがって、**検討対象となる当事会社に取締役会があるか否か、株式の全部に譲渡制限がかけられているか否か（公開会社か非公開会社か）をまずチェックし、機関構成に応じた規律を選択できるようになりましょう。**[*1]

＊1 会社法の施行（平成18年5月1日）の際に既にあった株式会社及び同法施行前に設立手続等を開始した株式会社は、定款に取締役会を置く旨の記載がなくとも、取締役会を置く旨の定めがあるものとみなされるため（会社法整備法76条2項）、**実務においては会社の設立日もチェックする必要があります。**取締役会の有無で大きく会社法の規律が変わるので、実務において会社法の問題を検討する際は、注意が必要です。たとえば、募集株式を発行する場合、取締役会がなければ株主総会の特別決議が必要ですが、会社法施行時に株式会社であった会社の場合、定款に会社法202条3項2号に規定する定めがあったものとみなされる結果、取締役会決議のみで株主割当てによる株式発行が可能です（会社法整備法76条3項）。

(2) 訴訟類型及び責任追及の方法に基づく思考

会社法の問題は、当事者間の法律関係について検討するか、ある当事者から誰かに対して何らかの請求または責任追及をするという場合がほとんどです。したがって、会社法の問題分析は、法的三段論法のフレームワークとほぼ同じ思考過程をたどることになります。会社法の場合は請求や責任追及の手段が限られているため、どのような場合にどのような請求ができるかを整理しておくとよいでしょう。このうち、株主代表訴訟については頻出ですので、訴訟要件も含めて準備することが重要です。

4 フレームワークで解く平成26年司法試験（会社法）

それでは、平成26年司法試験の会社法の設問1を検討してみましょう。

［平成26年司法試験　会社法］

〔第2問〕(配点:100〔〔設問1〕から〔設問3〕までの配点の割合は、3:4:3〕)

次の文章を読んで、後記の〔設問1〕から〔設問3〕までに答えなさい。

1. 甲株式会社（以下「甲社」という。）は、食品の製造及び販売等を業とする取締役会設置会社である。平成26年4月の時点における甲社の登記事項証明書（履歴事項全部証明書）は、別紙のとおりである。

2. 甲社の創業者であるAには、妻Bとの間に子Cがあり、Bの死亡後に再婚した妻Dとの間に子Eがある。甲社の株主構成としては、Aが300株、Cが50株、Dが100株、Eが50株をそれぞれ有していた。

甲社では、設立当初から、Aが代表取締役として対外的な事業活動を行い、CはAを手伝って事業活動に従事し、Dは資金管理・人事管理等を担当していた。

3. Eは、Cと性格が合わなかったため、甲社で就労することはなく、不動産の販売等を業とする乙株式会社（以下「乙社」という。）の取締役を務めていた。乙社の取締役は、Eのほか、Eの妻Fと乙社の創業者Gの合計3人であり、その代表取締役はGであった。

4. 甲社は、平成21年6月、その店舗に隣接してFが所有する狭小な土地（以下「本件土地」という。）があったことから、これを駐車場の用地として取得することとし、Fとの間で、本件土地の売買契約を締結した。その際、売買代金は、本件土地に関する不動産鑑定士の鑑定評価に従い、250万円と定められた。

Fは、上記の売買代金を受領し、甲社に対し本件土地を引き渡したが、本件土地の所有権移転登記手続に必要な書類を交付せず、甲社も、Fに対してその所有権移転登記手続を督促しなかったため、本件土地の登記名義人は、Fのままであった。

5. 甲社の売上げは順調に推移し、平成22年頃には、その年商は2億円程度に達した。これに対し、乙社は、不動産開発のための資金調達に苦労し、不動産販売等の事業展開が低迷した。

Eは、乙社の将来に不安を覚えて転身を考え、Dに相談したところ、Dは、Eに対し、甲社に入社した上でCと接触の少ない部門において勤務することを勧めた。そこで、Eは、平成22年2月、乙社の取締役を辞任し、甲社の総務・企画部長として勤務を開始したが、間もなくして、新規出店の計画立案、店舗用地の調達、金融機関からの資金調達等につき経営手腕を発揮し、頭角を現した。

6. その後、Dは、自らの存命中にEの甲社における地位を強固にすることを望み、Aと相談の上で、平成24年5月20日、自らの取締役の任期が満了する機会に、その後任としてEを取締役の地位に就かせ、さらに、Aのほか、Eも代表取締役の地位に就かせることとした。

商法・会社法

Aは、必要な書類を準備して甲社の役員の変更の登記を申請し、その旨の登記がされた。

Aは、Eが甲社の代表取締役に就任することにつき、あらかじめCの了解を得る予定であったが、Cの反発を恐れ、Cに説明をすることができず、また、上記の登記がされた後も、Cに何らの説明をしなかった。A及びDは、当面、引き続きAが代表取締役として活動しつつ、Eに副社長という肩書で対外的に活動することを認めることとした。

7. Eは、将来のAの相続の在り方によっては、その保有株式数に照らして甲社における地位が安定的でないことを懸念していた。

そこで、Dは、平成24年6月、Eが甲社の支配株主となることを目的として、甲社が400株の募集株式を発行し、その全部をEに割り当てることを計画した。Eは、甲社株式の1株当たりの直近の純資産額が10万円である旨の専門家の鑑定評価があったことから、自ら所有する4000万円相当の賃貸用の建物を出資の目的とすることとした。この建物は、必要経費を控除しても、毎年100万円の収益が見込まれるものであった。

Dは、A、C及びEに対し、甲社の将来の運営について相談したい旨を伝え、これらの者が集まった席上で、EをAの後継者としたいこと、及び甲社が400株の募集株式を発行してその全部をEに割り当てたいことを説明し、賛同を求めた。Cは、この提案に反発して直ちに退席し、Aは、時期尚早であるとして態度を保留した。

しかし、Eは、上記の甲社の募集株式の発行（以下「本件株式発行」という。）につき、株主全員の賛成があった旨の株主総会議事録を作成し、甲社に対し上記の出資の履行をした。なお、出資の目的とされた建物に関しては、価額が相当であることについての弁護士の証明及び不動産鑑定士の鑑定評価を受けており、検査役の調査を経ていない。

Eは、必要な書類を準備して甲社の募集株式の発行による変更の登記を申請し、その旨の登記がされた。そして、Dは、A及びCに対し、本件株式発行の計画を断念したなどと、虚偽の事実を述べた。

8. その後、Fは、Eが甲社を代表して金融機関との折衝を行っていたことから、甲社から乙社に対する貸付けにより乙社の不動産開発計画を推進することを計画し、開発した不動産の分譲後に借入金を甲社に返済する旨を説明して、この計画をEに提案した。Eが甲社の運転資金から貸付金を捻出することは難しい旨を述べると、Fは、知人のHが甲社に資金を貸し付けた上で、甲社がその資金を乙社に貸し付けるという方法を提案した。

Eは、平成24年12月、上記のFの提案についてDに相談したところ、Dは、「既に取締役を退任して資金管理をEに委ねているので、自分が判断すべき事柄ではないが、甲社にはリスクがあるだけでメリットがないので、やめた方がよいのではないか。」と述べた。

Eは、Dの助言に戸惑いつつも、Fの要請に抗し難く、その提案を受け入れることとし、独断で、甲社を代表して、Hから2億円を年10%の利息の約定で借り入れた（以下「本件借入れ」という。)。本件借入れに先立ち、Eは、Hに対し、甲社の店舗建設のための資金として必要である旨を説明したが、その説明が曖昧であったため、Hから、甲社の事業計画に関する資料等を交付するよう求められていた。もっとも、本件借入れは、Eがこれらの資料等を交付しないまま実行された。

そして、Eは、平成25年1月、独断で、甲社を代表して、乙社に対し上記の2億円を年10%の利息の約定で貸し付けた(以下「本件貸付け」という。)。

9. Fは、平成26年3月に死亡し、その全財産をEが相続した。これに伴い、本件土地につき、相続を原因とするEへの所有権移転登記がされた。

10. A及びCは、平成26年4月、本件借入れ及び本件貸付けの事実を知り、その調査を進める中で、上記の一連の経緯が明らかになった。

また、乙社は、不動産開発計画が行き詰まって財務状態が悪化し、その結果、甲社は、本件貸付けに係る金員の返済を受けられないことが確実になった。

〔設問1〕平成26年4月の時点で、本件株式発行の効力を争うためにCの立場において考えられる主張及びその主張の当否並びに本件株式発行に係る法律関係について、論じなさい。

履歴事項全部証明書

○○県○○市○○一丁目2番3号
甲株式会社
会社法人等番号　0123－01－123456

商　号	甲株式会社	
本　店	○○県○○市○○一丁目2番3号	
公告をする方法	官報に掲載してする。	
会社成立の年月日	平成20年6月2日	
目　的	1．食品の製造及び販売 2．不動産の賃貸 3．前各号に附帯する事業	
発行可能株式総数	2000株	
発行済株式の総数並びに種類及び数	発行済株式の総数 500株	
	発行済株式の総数 900株	平成24年　6月10日変更 平成24年　6月20日登記
資本金の額	金2000万円	
	金4000万円	平成24年　6月10日変更 平成24年　6月20日登記
株式の譲渡制限に関する規定	当会社の株式を譲渡により取得するには、取締役会の承認を要する。	
役員に関する事項	取締役　A	平成24年　5月20日重任 平成24年　6月　1日登記
	取締役　C	平成24年　5月20日重任 平成24年　6月　1日登記
	取締役　D	平成24年　5月20日退任 平成24年　6月　1日登記
	取締役　E	平成24年　5月20日就任 平成24年　6月　1日登記
	○○県○○市○○一丁目2番4号 代表取締役　A	平成24年　5月20日重任 平成24年　6月　1日登記
	○○県○○市○○五丁目6番7号 代表取締役　E	平成24年　5月20日就任 平成24年　6月　1日登記
	監査役　○○○○	平成24年　5月20日重任 平成24年　6月　1日登記
取締役会設置会社に関する事項	取締役会設置会社	
監査役設置会社に関する事項	監査役設置会社	
登記記録に関する事項	設立	平成20年　6月　2日登記

これは登記簿に記録されている閉鎖されていない事項の全部であることを証明した書面である。

平成26年　4月21日
○○地方法務局
登記官　　法　務　太　郎　公　印

整理番号　あ987654　＊ 下線のあるものは抹消事項であることを示す。

113頁で紹介した問題分析のフレームワークを会社法用にアレンジした思考手順に則って検討していきます。

STEP1　何よりもまず問いを見る（問題文中の誘導も問いに含む）

問題文より先にまず問いを見ます。本問では平成26年4月の時点において、本件株式発行の効力を争いたいようです。この時点で、訴訟類型の選択肢は、事前措置として差止請求（会社法210条）、事後措置として新株発行の無効（会社法828条1項2号）または不存在の確認の訴え（会社法829条1号）が候補に上がります。そして、「Cの立場において考えられる主張」とあるので、おそらく本件株式発行が無効となる方向の主張を考えることになるのでしょう。「その主張の当否並びに本件株式発行に係る法律関係」が問われていますから、先に述べたCの主張が法律上成立し得るものかどうか、その結果として本件株式に関する法律関係がどうなるかを答えればよいということを把握します。以上のとおり問いを分析した上で、問題文を読みます。

STEP2　当事会社の機関構成を把握

会社法の場合、**具体的な検討に入る前に、まずは当事会社の機関構成を把握する必要があります。**甲社の履歴事項全部証明書を見ると、取締役会設置会社で、株式の全部に譲渡制限をかけているので非公開会社です。これらの情報から取締役会設置会社に関する規律を思い出します。

STEP3　問いと問題文から検討すべき対象（法効果・行政機関の行為等）を特定する

次に、検討対象として訴訟物（法効果）及び訴訟形式を考えます。本件募集株式発行は平成24年6月に行われているので、先に述べた3つの手段のうち、募集株式発行の差止めと株式発行の無効確認の訴えは使えません。[*1] そうすると、新株発行の不存在の確認の訴え（会社法829条1号）を提起することとなります。

＊1 非公開会社において、株式発行の無効確認の訴えは、株式の発行の効力が生じてから1年以内に提訴しなければならない（会社法828条1項2号）ため、本件株式発行から既に1年以上が経過している本問では使うことができません。

STEP4 検討対象の根拠条文を探し、六法を見ながら すべての要件を確認して書き出してみる

訴訟物及び訴訟形式が確定したので、次は新株発行の不存在という法効果を発生させる要件の検討です。条文上は「当該行為が存在しないこと」としか書いてありませんので、「存在しない」の意義を解釈する必要があります。ここでは、株主総会決議の不存在確認の訴えと同様に、およそ株式発行の実体が存在しない場合のみならず、手続的瑕疵が著しいゆえに、法的に株式の発行が存在したとは評価できない場合も含むと考えておきます。

STEP5 仮あてはめ

それではあてはめです。平成24年5月20日、DはEを代表取締役にしていますが、Eを取締役に選任する株主総会決議がありませんし、Eを代表取締役に選定する取締役会決議もないので、Eは代表取締役ではないどころか、そもそも取締役ですらありません。もっとも、A及びD（500株中400株保有者）がEを取締役就任及び代表取締役にしようとしているので、実質的にEは代表取締役になっていたと考えることはできます。しかし、反発が予想されるCには一切説明をしていない以上、招集手続の省略（会社法300条）が認められる余地はないことから、Eを取締役に選任する株主総会の成立自体が不存在と評価せざるを得ないと思われます。そして、そもそも取締役ですらないEが募集株式発行を行っているのに加え、Eの支配権獲得という不当な目的が存在すること、本件株式発行についての株主総会の招集手続がないためCは差止めの機会も奪われていることからすれば、手続的瑕疵が著しく、法的に株式の発行が存在したとは評価できないといえそうです。

次に、本件株式発行に係る法律関係です。本件株式発行が不存在であるとすると、Eが出資した4000万円相当の賃貸用の建物及び当該建物から発生している毎年100万円の収益の返還が問題となります。新株発行不存在確認の訴えについては、新株発行無効の訴えと異なり、遡及効を否定する規定がありません（会社法839条参照）。したがって、

商法・会社法

民法の原則どおり、不当利得（民法703条・189条以下）に基づいて、建物及び収益を返還する義務があると考えることができます。他方、本件株式発行が不存在であると認められない場合は、Cの持株比率が大幅に低下しますので、これによる損害賠償を請求することが考えられます（会社法429条1項）。

STEP6　問い及び問題文との関係で厚く論じるべき部分とそうでない部分を決める

問われているのは「Cの立場において考えられる主張及びその主張の当否並びに本件株式発行に係る法律関係」ですから、STEP2からSTEP4で検討したことをそのまま書けば足ります。

STEP7　形式的に問いと結論を一致させる（問いに答える）

最終的な結論の書き方としては、「Cの立場においては、新株発行が不存在であると主張する。（Cの主張の内容を述べる）以上より、その主張は認められる。そして、本件株式発行は不存在であるから、不当利得により建物及び収益を返還する義務が生じる。」というように、問いの形式に結論を合わせましょう。

5　フレームワークに基づく商法・会社法の学習方法

問題検討でおわかりいただけたかと思いますが、会社法は訴訟物と訴訟形式から整理することが有用です。そして、要件については会社法のいろんなところに散らばっていますし、条文にはなく判例が述べているだけということもありますので、まずは訴訟物及び訴訟形式にどのようなものがあるのかを押さえ、要件に該当する事実にどんな種類があるかを見てみるとよいでしょう。たとえば、株主総会決議の取消しや無効確認の訴えがどんな場合に提起され、どんな場合に認められるのかを整理しておくと、実際の問題でも実務でも使えます。

第11章 民事訴訟法のフレームワーク

民事訴訟法は、実務をやっていないと手続の流れや意義がどうしても実感できないこと、基本書や講義の構成が民法等の実体法とのつながりを意識しにくいものになっていることが多いことなどから、苦手とする学生が多いようです。

本書では、そんな学生が自分の力で民事訴訟法の力を身につけられるようなフレームワークを紹介します。特に、民事訴訟における判断過程と要件事実との関係を理解すると、なぜ基本書などがそのような記述をしているのかがわかるようになるでしょう。

1 民事訴訟の目的

民事訴訟制度の目的は、私人の権利救済の制度とする権利保護説、国家が自ら制定した法規による私法秩序を維持するために民事訴訟を設けたとする私法（秩序）維持説、私的紛争の解決にあるとする紛争解決説など、様々な議論がされているところです[*1]。しかし、実務家の感覚としては、なぜ民事訴訟をするのかといえば、訴訟をすれば良い結果が出るにせよ悪い結果が出るにせよ、必ず何らかの形で事件が終わりますので、やはり具体的な私人間の紛争を強制的かつ終局的に解決するためにするものだと考えます。この場合における紛争解決とは、裁判所が法令を適用することにより、権利関係の存否について判断することをいいます。そして、このような思考こそが民事訴訟法の理解の軸となります。

＊1 三木浩一他『民事訴訟法』（有斐閣、2013年）1頁以下を参照。

本章では、民法と民事訴訟法の関係、民事訴訟法と要件事実の関係等の説明を通じて、法曹実務家的な民事訴訟法の見方を紹介します。

2 民法と民事訴訟法の関係

民事訴訟における紛争は、法律関係または権利関係の存否についての争いです。そして、法律関係または権利関係とは、法的三段論法における法効果そのものです。法律関係または権利関係それ自体の内容を定める法のことを実体法といいますが、**民事訴訟法は実体法における法効果の存否について争う際の手続を定めている以上、実体法との関係は常に念頭に置いておく必要があります。**特に民法との関係が重要です。民事訴訟法の教科書や法学部・法科大学院における指導において、民法と民事訴訟法の関係はあまり紹介されないようですが、民事訴訟法関係の判例や制度を理解するためには非常に重要ですので、この機会に民法と民事訴訟法の関係を掴んでしまってください。

たとえば、複数人が共同原告となり、または複数人を共同被告として訴えを提起しなければ、当事者適格を欠くとして訴えが不適法却下されてしまう場合があります。これを**固有必要的共同訴訟**といいます。固有必要的共同訴訟の問題として、取締役解任の訴えを提起する場合に、会社のみを被告とするのか、取締役のみを被告とするのか、それとも会社と取締役を両方とも被告としなければならないのか、というものがありました。会社と取締役の関係は、234頁で述べたとおり委任契約に基づく委任関係にあります。取締役解任の訴えは、つまりこの委任関係を解消することを求めるわけですから、会社か取締役のどちらか一方だけを被告としても意味がありません。このような実体法上の視点に加えて、どちらか一方だけを被告とすると被告とされなかった当事者の手続保障を欠くという民事訴訟法上の配慮のもと、最高裁は取締役解任の訴えを固有必要的共同訴訟としました[*2]。また、第三者が夫婦の婚姻取消しを求める場合、夫婦双方を被告としなければ訴えが不適法とされる（人事訴訟法12条2項）のも、法律関係に変動を生じさせる訴訟においてはその法律関係に関与する両当事者を民事訴訟上の当事者としなければならない、という趣旨から規定されています。

他にも、共有権と共有持分権の違いに関する民法上の理解が固有必要的共同訴訟の成否に影響を与えていたり、民法の債権者代位権の理解が独立当事者参加の理解と、民法の代理の理解が弁論主義の理解と関係していたりします[*3]。

このように、民法の理解が民事訴訟法の制度や解釈、判例の理解につながっています。そして、民事訴訟法がわからない原因の大きな要因は、そもそも民法を理解していないことに起因していることがよくあります。民事訴訟法の学習の際には、民事訴訟法の話だけでなく、紛争の対象たる法律関係または権利関係そのものについての理解も合わせて深めるようにしましょう。

＊2 会社法施行前の判例（最判平成10年3月27日民集52巻2号661頁）です。現在は、会社法855条が上記判例と同趣旨の規定となっています。

＊3 弁論主義の理解と代理の要件事実については、276頁以下を参照。

3 民事訴訟法における基本原理

三木浩一他著『民事訴訟法』20頁では、「公正と効率」「信義誠実の原則」「手続保障」の3つを判決手続の基本理念として整理しています。本書においても、これらの3つを民事訴訟法における基本原理として紹介します。

(1) 公正と効率

民事訴訟の手続は、「適正」「公平」「迅速」「経済」の要請を満たすように実施される必要があります。「適正」とは真実に即した裁判のことであり、「公平」とは裁判所が当事者の一方に偏することなく、常に平等を心がけて当事者を扱うことをいいます。「適正」と「公平」を併せて「公正」といいます。

また、「迅速」とは訴訟の手続きが不当に停滞または遅延しないこと、「経済」とは単に当事者に無用の出費を強いることのないようにするだけでなく、当事者のみならず、裁判所も含めて、訴訟に要する手間や時間を含めた有形・無形のコスト低減を意味します。**「訴訟経済」**という言葉で説明されることもあります。「迅速」と「経済」を併せて「効率」といいます。裁判所の人的資源（裁判官や裁判所書記官、事務官が割ける労力）は限られているので、効率的に裁判制度を利用することは必要不可欠です。

公正と効率という原理は、場合によっては衝突することがあります。現在の民事訴訟法が制定される際の立案過程において、裁判所と弁護士会が対立したのがこの点でした。現在の民事訴訟法に改正する際の目玉は争点整理手続と証拠収集の拡充でしたが、弁護士会は、訴訟の迅速な運営は望むところではあるけれども、手続と内容の適正が迅速さの犠牲になってはならず、争点整理手続においても当事者の権利の確保がなされなければならないとして、様々な要求をしたのです。[*1]

このような立法当時の議論の経緯は、争点整理手続と証拠収集に関

＊1 三宅省三他編『新民事訴訟法体系―理論と実務―第1巻』（青林書院、1997年）9頁を参照。

する規定の制度趣旨を理解するのに役立ちますので、おさえておきましょう。

(2) 信義誠実の原則

民事訴訟法2条は、「当事者は、信義に従い誠実に民事訴訟を追行しなければならない」と定めており、当事者が信義誠実の原則（信義則）に反した場合、同条によって訴訟行為の効力が否定されます。信義則は民法の基本原理でもありますが、実体法上の権利関係・法律関係の存否を判断する民事訴訟においても適用されます。民法における信義則と同じく、信義則違反で訴訟行為が無効となるのは相当ハードルが高い[*2]ので、むやみに主張しないように気をつけましょう。

信義則違反となる類型は、以下の4分類とされています。[*3]

① 訴訟状態の不当形成の排除

当事者の一方が、自分に有利な訴訟法規の適用を導く要件を故意に作出して自分に有利な法的効果を不当に獲得した場合です。たとえば、既に裁判上の和解をして弁済も受けているにも関わらず、訴えを取り下げなかったため、判決が確定してしまったので、その確定判決に基づいて強制執行したことが正義に反するとして破棄差戻しした最高裁の判例があります。[*4]

② 訴訟上の禁反言（矛盾挙動の禁止）

一方の当事者が、訴訟上または訴訟外で一定の行為を行い、相手方がこの先行する行為を信頼して自分の法的地位を決定した後に、先行する行為と矛盾する行為を行った場合、この後の行為の効力を認めると先行行為を信頼した相手方の利益を不当に害する結果となる場合は、後の矛盾行為は信義則に反するとして無効とします。たとえば、売買契約が有効であることを前提として行動した後に、売買契約の効力を否定する主張を防御方法として援用したようなケースがあります。[*5]

＊2 信義則違反以外に妥当な解決を導きうる手段がないような限定的な場合にしか使えないと考えておいた方がよいです。

＊3 笠井正俊他編『新・コンメンタール　民事訴訟法（第2版）』（日本評論社、2013年）16頁以下を参照。

＊4 最判昭和44年7月8日民集23巻8号1407頁（民事訴訟法判例百選（第5版）86番）

＊5 最判昭和51年3月23日判時816号48頁（民事訴訟法判例百選（第5版）42番）

③ 訴訟上の権能の失効

当事者の一方がある訴訟上の権能を長期間にわたって行使せずに放置すると、その権能がもはや行使されないであろうという正当な期待が相手に生じた場合は、当該権能を行使できなくなるという場合です。この理由により訴訟行為の無効を認めた例はありません。

④ 訴訟上の権能の濫用禁止

当事者が、民事訴訟法上認められている訴訟上の権能を濫用して利益を得ようとする場合をいいます。この類型に該当するかは争いがありますが（どの類型にあたるかはさほど意味はないことではありますが）、金銭債権の数量的一部請求訴訟（一部請求であることを明示した訴訟）で、当該債権の存在が否定されて敗訴した原告が、残部請求の訴えを提起することは、既判力には反しないけれども、特段の事情がない限り、信義則に反して許されないとした判例があります。[*1]

＊1 最判平成10年6月12日民集52巻4号1147頁（民事訴訟法判例百選（第5版）80番）

⑶ 手続保障

民事訴訟法における最も重要な原理の1つです。**手続保障**とは、**具体的な権利義務の帰属主体は、当該権利義務が争われる民事訴訟の手続過程に参加し、その手続の主体となって主張、立証する機会を平等に与えられなければならない**ということを意味します。[*2] 一言でいうと、**「当事者に不意打ちとなる事態を生じさせない」**ということです。

＊2 笠井正俊他編『新・コンメンタール　民事訴訟法（第2版）』（日本評論社、2013年）2頁を参照。

手続保障の原理は、たとえば既判力による拘束の正当化根拠や、判決効の拡張、補助参加における参加的効力が及ぶか否かといった場面で姿を現します。司法試験でも、具体的事案をよく分析すると、実は一方当事者に手続保障が及ばないため、既判力等の効力を及ぼすべきではないという結論になる問題が出ることがあるので、両当事者に手続保障がなされているかは、常に念頭に置いておきましょう。

これまで3つの原理を紹介してきましたが、これらの原理は、民事訴訟法の制度の底流を常に流れています。また、**民法における私的自治の原則も、民事訴訟法の制度において随所に現れます。**最初に述べたとおり、民事訴訟法は、実体法における法効果の存否について争う際の手続を定めているものだからです。

民事訴訟法を学習する際は、民法の原理原則と民事訴訟法の原理原則が組み合わさって民事訴訟法の制度と原則ができていることを必ず念頭に置いて制度を眺めるようにしましょう。

4 民事訴訟における判断過程のフレームワーク

㉒民事訴訟の判断過程のフレームワーク

ここからは、実際に民事訴訟はどのように進み、その判断過程においてはどのような原則が妥当するかについてみていきましょう。民事訴訟法の講義や基本書では、最初に管轄・当事者・訴訟物理論について語られることが多いと思いますが、本書では詳しくは述べません。管轄は実務的には非常に重要（どこの裁判所に提訴するかで依頼者及び弁護士の負担が大きく変わるため）ですが、条文と基本書に書いてあることを理解すれば十分であり、当事者と訴訟物理論（実務は旧訴訟物理論[*3]で動いています）について実務上問題になることは、あまりないからです。

＊3 旧訴訟物理論とは、審判の対象は実体法上の請求権が訴訟物であり、法的根拠によって訴訟物が異なることになるという考え方をいいます。

⑴ 民事訴訟の手続過程と民事訴訟法の原則

さて、まず民事訴訟がどのような流れで進むのかをみてみましょう。民事訴訟法を理解するにあたっては、手続の流れをおさえて、現在学んでいる事項がその手続の中のどこに位置づけられるかというイメージを持つことが非常に重要です。

民事訴訟（第一審）の手続は、訴訟係属前、訴訟係属から口頭弁論終結まで、訴訟終了時と大きく3つに分かれます。各手続とその手続において妥当する民事訴訟法の原則をまとめたものが、図表 11-1です。

■ **図表11-1 民事訴訟の手続と民事訴訟法の原則**

	訴え提起から訴訟係属まで	訴訟係属から口頭弁論終結まで	訴訟終了時
主な制度や手続	訴状提出 訴状審査(管轄・当事者の確定・訴訟上の代理人・第三者による訴訟担当) 送達＝訴訟係属 二重起訴の禁止	訴訟要件(訴えの利益・当事者適格・当事者能力等) 口頭弁論 争点整理手続 証拠調べ	判決 訴えの取下げ・放棄・認諾・訴訟上の和解 既判力 主張責任 立証責任
妥当する原則	処分権主義	処分権主義 弁論主義(主張共通の原則) 口頭弁論の原則(口頭主義・適時提出主義・直接主義・公開主義・双方審尋主義) 職権進行主義 自由心証主義(証拠共通の原則)	処分権主義
請求または当事者が複数の場合		請求の併合・訴えの変更・反訴 共同訴訟・補助参加・独立当事者参加・訴訟承継	
妥当する原則		共同訴訟人独立の原則 共同訴訟人間の証拠共通の原則 (共同訴訟人間の主張共通の原則)	

民事訴訟の流れを簡単に説明します。まず、原告が裁判所に訴状を提出して訴えを提起します。裁判所は、その訴状が適法なものかを審査して、被告に送達します。この時点で、**訴訟係属**となり、原告が審理を求める特定の訴訟物について、裁判所が審理判決できる（しなければならない）状態になります。

訴訟係属後、第1回口頭弁論期日が定められ、被告が答弁書で反論します。答弁書は、訴状に書かれた原告の主張について、被告の認否及び被告の主張を記載することが主たる目的です。その後、概ね1か月に1回の頻度で口頭弁論（準備的口頭弁論）または弁論準備手続が開かれ、原告と被告がそれぞれ主張を展開し、同時に証拠（人証以外）も提出して、裁判所が争点（法律上の争点と事実上の争点）を整理します。法律上の争点については、さらに主張を追加し、事実上の争点については証拠を整備して、争点が整理され、証拠調べ（人証中心）の計画が定まると争点と証拠の整理段階が完了し、多くの事件では、その後に集中的に人証尋問が行われ、裁判所が判断できるようになったら、口頭弁論を終結して判決を下します。訴訟上の和解等で訴訟が終わることもよくあります。

民事訴訟法は、訴訟係属の前と後、口頭弁論終結の前と後とで手続の状態が大きく変わるので、段階ごとに制度を分けて、各制度と各原則を紐づけて理解すると、民事訴訟法の制度や手続を構造的に整理することができます。司法試験の問題を分析する際にもこの視点は有用です。

以上に述べた一連の判断過程は、訴訟物を中心に、請求原因や抗弁等を基礎づける要件事実と、それに対する認否を確認して争点を整理し、争点についてどのように主張立証するのかを検討するということを積み重ねているといえます。ポイントは、**民事訴訟の手続が、常に訴訟物及び請求原因や抗弁等を基礎づける要件事実を念頭に置いて進められている**ということです。このことは、民事訴訟法の学習の際にも、司法試験の問題を解く際にも非常に重要な視点です。特に、**既判力・処分権主義・弁論主義・二重起訴の禁止・一部請求訴訟・共同訴訟等の多数当事者訴訟という民事訴訟法の最重要テーマを理解するためには、訴訟物と要件事実の観点から判例を分析することが必須**です。民事訴訟法の学習において、訴訟物及び要件事実を意識することの重要性は後述します。

(2) 民事訴訟の判断構造のフレームワーク

㉓民事訴訟の判断構造のフレームワーク

民事訴訟法を深く理解するための軸をもうひとつ紹介します。先ほど述べたのは、手続の時系列順の分析という横の軸でしたが、これから紹介するのは訴訟物を起点とする判断構造という縦の軸です。

民事訴訟法における判断構造は、図表11-2のとおり、4つのレベルに分けて分析することができます。

■ **図表11-2　民事訴訟の判断構造における4つのレベル**

レベル	妥当する原則	関連する制度
訴訟物	処分権主義	既判力
法律の主張		権利自白
事実の主張	当事者の主張(弁論主義の第1テーゼ) 相手方の主張を認めた場合(=自白。弁論主義の第2テーゼ) ──→ 証拠は不要 相手方の主張を争うか不知とした場合=争点 ↑証拠が必要	
立証	証拠の申出(弁論主義の第3テーゼ)──┘ 自由心証主義・証明責任	

各レベルについて、簡単に説明します。

まず、訴訟物のレベルです。**訴訟を提起するか否か、審判の対象・範囲をどうするか、判決によらずに訴訟を終了させるかという3つの点に関しての決定を当事者に委ねる考え方**を、**処分権主義**といいます。処分権主義は、訴訟物のレベルで妥当する原則であり、判決の効力である既判力も、訴訟物の存否の判断について生じます。**実務においても、司法試験においても、何よりもまず「訴訟物は何か?」と問うことが出発点となります。**

次に、法律及び事実の主張のレベルです。訴訟物が定まれば要件事実も定まります[*1]が、当事者のいずれかが要件事実を基礎づける事実の主張をしなければ裁判の基礎となりません。**「裁判所は、当事者のいずれもが主張しない事実を、裁判の基礎としてはならない」という原則**を、一般に**弁論主義の第1テーゼ**と呼びます。弁論主義の第1テーゼから導かれる3つの帰結があります。いずれも非常に重要なので、必ず弁論主義の第1テーゼとの関係も合わせて理解しておいてください。

まず、①**「訴訟資料と証拠資料との峻別」**[*2]があります。これは、**証拠から要件事実が認定できたとしても、当事者が主張していなければ、裁判**

＊1 通常は訴状に訴訟物及び要件事実が記載されていますが、訴訟物が明確になっていない場合は争点の形成もできないため、裁判所は、原告に対し、まず訴訟物が何かを確認します。

＊2 和田吉弘『基礎からわかる民事訴訟法』(商事法務、2014年)234頁

所はその事実を認定できないということです。このように、**事実の主張のレベルと立証のレベルは厳格に区別されている**ことをおさえましょう。

また、弁論主義の第1テーゼからは、**「当事者のいずれかが主張している事実は、裁判の基礎とすることができる」**という帰結を導くことができます。これを**②主張共通の原則**といいます。

さらに、両当事者ともある事実を主張していなければ、裁判所はその事実を認定できない結果、その事実の存在によって有利となる当事者にとっては不利益を被ります。この不利益のことを**③主張責任**といいます。弁論主義の第1テーゼの内容としては、以上の3つをおさえておきましょう。

訴状で原告から要件事実が主張されたら、被告は当該要件事実について認否をします。認否には認める・否認・不知・沈黙の4種類がありますが、認めた場合は自白が成立します。**「裁判所は、当事者間で争いのない事実については、証拠調べなしに裁判の基礎にしなければならない」という原則**を、**弁論主義の第2テーゼ**といい、裁判所は、自白が成立した事実は、仮に真実はそのような事実がなかったとしても、当該事実が存在するという前提で判断をしなければなりません。なお、自白が成立するのは、原則として事実の主張についてのみです。法律上の権利関係に関する自白については、自白の効力は生じないのが原則ですが、例外的に生じることもあります（権利自白）。

逆に、当事者が否認・不知という形で争った場合は、そこが争点となり、その事実を認定できるかどうかについて、次の立証のレベルに移行することになります。沈黙の場合は、弁論の全趣旨から明らかに争っているものと認められない場合は、自白したものとみなされます（民事訴訟法159条1項、擬制自白）。

最後に、立証のレベルです。立証のレベルにおいては、**「当事者間に争いのある事実について証拠調べをするときは、当事者の申し出た証拠によらなければならない」**という**弁論主義の第3テーゼ**が妥当します。事実を認定するための証拠は、当事者が申し出なければならないのと同時に、裁判所が職権で証拠調べをすることを禁止しています。[*3] 弁論主義の3つの内容のうち、第3テーゼ[*4]だけ判断構造中のレベルを異にし

＊3 人事訴訟などのように、職権証拠調べができる訴訟類型もあります。

＊4 もっとも、弁論主義の第3テーゼには多くの例外があり、それほど厳格な原則というわけではありません。

民事訴訟法

ています。裁判所は、当事者の申し出た証拠に基づいて、争点となっている事実につき、裁判官の自由な心証によって認定をします（**自由心証主義**）。

以上の4つのレベル（訴訟物、弁論主義の第1〜第3テーゼ）を理解すると、民事訴訟法の項目が構造化され、立体的に民事訴訟法を理解できるようになります。**民事訴訟法の学習及び司法試験の問題を分析する際には、民事訴訟の手続の流れという横の軸と、判断構造という縦の軸の両方を使ってみると、より理解を深める**ことができます。

(3) 処分権主義及び弁論主義と民法及び民事訴訟法の原理との関係

処分権主義と弁論主義という原則が認められる理由（両原則の根拠）は、自らの権利関係については自らの意思に基づく処分を認める私的自治の原則を権利関係の存否を判断する民事訴訟においても反映させ、どのような権利関係について裁判を求め、どのような形で訴訟を終わらせるか（処分権主義）、訴訟物の存否を判断するためにどのような主張と証拠を提出するかを当事者に委ねたもの（弁論主義）、と説明するのが通説です。

そして、処分権主義及び弁論主義は、民事訴訟法の原理である手続保障を確保するという機能もはたしています。すなわち、処分権主義によって訴訟を提起した当事者は、自ら審判するよう申し立てた事項から外れた事項について判決されることはありませんし、弁論主義により、両当事者が主張していない事実を判決の基礎とされることがないため、自らの予想していた範囲を超えた判決を下されて不意打ちとなる事態を生じさせないこととなるのです[*1]。

このように、民法の原理と民事訴訟法の原理が、民事訴訟法の基本的な概念を形成していることを理解してください。

＊1 仮に当事者が主張していない事実を判決の基礎としたけれども当事者に不意打ちとならなかったというケースであっても、弁論主義違反であることには変わりません。不意打ち防止という弁論主義の「機能」は、「根拠」とはならないからです。（三木浩一他『民事訴訟法』201頁を参照。）

また、処分権主義及び弁論主義の背後には、「自らの利益になる事柄は、その利益の帰属する当事者に主張させることが最も効率的」という考え方もあります。

5 民事訴訟法と要件事実のフレームワーク

民事訴訟の手続のうち、訴訟係属から終局判決までにおいて、裁判所と代理人弁護士が常に念頭に置いているのは、訴訟物と要件事実です。民事訴訟は、究極的には紛争解決のために行われますが、その主たる内容は訴訟物の存否を判断することにあります。そして、訴訟物の存否を判断するためには、要件事実の存否を判断しなければなりません。

民事訴訟法の制度や原則は、民法及び民事訴訟法の原理に照らして訴訟物と要件事実の存否を適正に判断できるように作られていますから、209頁で紹介した要件事実のフレームワークは、図表11-2（272頁）の4つのレベルのうち、**特に訴訟物のレベルと事実の主張のレベルに関する原則（たとえば処分権主義や弁論主義）を理解するにあたって非常に役立ちます。**また、司法試験の問題を解くにあたっても、問題の所在を的確に分析できるようになるというメリットもあります。

民事訴訟法の問題を検討するにあたって、訴訟物や要件事実から思考を始めるということは、法曹実務家であれば自然としていることです。あまりに自然にしているため、自覚すらしていないかもしれません。しかし、処分権主義や弁論主義の問題について判例を読む場合には、訴訟物や要件事実から思考しなければ、真の問題点に気づくことはできません。

学生のみなさんは、ロースクールで教員が訴訟物や要件事実の話を何もしていなくとも、そのまま話を聞くのではなく、自分の頭の中で再構成しながら聞くと、「眠素」といわれる民事訴訟法の講義を非常に充実したものにできるはずです。

さて、それでは実際に要件事実に即して判例を読んでみましょう。判例を深く理解できることが体感できるはずです。

6 要件事実のフレームワークに基づく判例の読み方

平成24年司法試験民事系科目第3問の問題文に、このような記述があります。

（修習生P）最高裁判所の判決にも、傍論ながら、契約の締結が当事者本人によってされたか、代理人によってされたかは、その法律効果に変わりがないからとして、当事者の主張がないにもかかわらず契約の締結が代理人によってされたものと認定した原判決が弁論主義に反しないと判示したもの（最高裁判所昭和33年7月8日第三小法廷判決・民集12巻11号1740頁）があるようですが。

（弁護士L）その判例の読み方にはやや難しいところがありますから、もう少し慎重に考えてください。（略）

上記問題文中に出てくる判決は、民事訴訟法判例百選（第5版）47番にも載っている、弁論主義に関する重要な判決（以下「昭和33年判決」といいます）ですので、司法試験受験生であれば必ず知っているはずです。それでは、なぜ弁護士Lが「その判例の読み方にはやや難しいところがあります」と述べたのか、検討してみましょう。

(1) 事案の概要

まず、昭和33年判決の事案の概要です。原告Xは、昭和24年3月18日、被告Yとの間で、Yが買い受ける黒砂糖をXがあっせんし、そのあっせん料として、一斤につき10円の支払を受ける契約をしました。Xは、同年4月までの間に、数回にわたって黒砂糖合計4300斤をYにあっせんしました。よって、Xは、Yに対して4万3000円を支払うよう求めるというのがXの主張です。

まず訴訟物と要件事実を確認しましょう。XはYに対し、あっせん料の支払を請求しているので、訴訟物はあっせん料支払請求権です。要件事実は、Xは、昭和24年3月18日、Yとの間で、XがYに対して黒砂糖をあっせんするにあたり、Yが黒砂糖一斤につき10円を支払うという契約が成立していること、XがYに対して4300斤をあっせんしたこと、となります。これらの事実は、前述のXの主張にすべて現れていますね。

これに対し、Yは相殺の抗弁などを主張しましたが、裁判所はいずれも採用しませんでした。

以上の事実関係の下で、第一審はXの請求を認容したので、Yが控訴しました。控訴審は証人尋問などをした上で、**Xと、Yの代理人であるAとの間で、本件あっせん契約が成立した**と認定しました。これに対し、Yは上告しました。

昭和33年判決は、以下のとおり判示しました。

> 民訴一八六条にいう「事項」とは訴訟物の意味に解すべきであるから、本件につき原審が当事者の申立てざる事項に基いて判決をした所論の違法はない。なお、斡旋料支払の特約が当事者本人によつてなされたか、代理人によつてなされたかは、その法律効果に変りはないのであるから、原判決が被上告人と上告人代理人Aとの間に本件契約がなされた旨判示したからといつて弁論主義に反するところはなく、原判決には所論のような理由不備の違法もない。

(2) 要件事実に即した問題状況の整理

まず、上記の控訴審の認定は弁論主義の観点から問題があります。弁論主義の第1テーゼからは、「裁判所は、当事者のいずれもが主張しない事実を、裁判の基礎としてはならない」のですから、当事者のいずれもが主張していない「Xと、Yの代理人であるAとの間で、本件あっせん契約が成立した」という事実は、仮に証拠から認定できたとしても裁判の基礎としてはならないはずです。代理人との間であっせん契約が成立したというためには、代理の要件事実として、①AがXとの間であっせん契約を締結したこと、②AがYのために意思表示をすることを示したこと、③①に先立ち、YからAにあっせん契約を締結する代理権を授与したことを、Xが主張立証する必要があります。本件において、Xはそのような訴訟活動をした形跡はうかがえません。あくまで、XはYとの間で直接契約をしたとしか主張していません。

このように、要件事実に基づいて分析をすると問題状況を上手に整

民事訴訟法

理できます。ここまでの整理を自力でできることが、司法試験合格のためには必要最低限のスキルとなります。平成24年司法試験民事系第3問の設問1は、以上の分析ができればほぼ答えが出る問題となっています。

本判決の検討すべき事項は、さらにその先にあります。昭和33年判決は、「斡旋料支払の特約が当事者本人によつてなされたか、代理人によつてなされたかは、その法律効果に変りはない」として、弁論主義に違反しないとしました。この判決は、どう理解すべきでしょうか。

⑶ 最高裁判決の検討

1つの考え方は、最高裁判決は弁論主義に違反する事態を容認したのか、あるいは、この事件の訴訟物は、XのYに対する契約に基づくあっせん料支払請求権であり、実際の契約者がXか代理人であるAかについては弁論主義が及ばないと判断したのかというもので、いずれにしても弁論主義による制約はないと判断したというものです。[*1] 最高裁の立論には反対する学説は多くありますし、反対論に論理的破綻があるようには思えません。ならば、最高裁が弁論主義を軽視しているのでしょうか。しかし、そんなに単純な話でしょうか。他の考え方もみてみましょう。

他の考え方としては、「XとYとの間で契約が成立した」という主張の中に、「XまたはYの代理人による契約であった」という事実の主張が含まれるという考え方があります。[*2] これは、代理の事実認定の特性に着目するものといえます。たとえば、Pさんがあるコンビニのジュースを買いたいとします。PさんはQさんにお金を渡して、「コンビニでジュースを買ってきて」とお願いして、自分の代わりにジュースを買ってきてもらいました。そんなPさんに「このジュースは誰が買ったんですか？」と尋ねたら、Pさんはなんと答えるでしょうか。おそらく「自分が買った」と言うでしょう。わざわざ「Qさんにジュースを買う代理権を授与して、QさんがPさんのために買うことをコンビニで述べ、自分の判断でジュースを購入した」なんてことは言わないはずです。このように考えると、Pさんの「自分が買った」という主

＊1 なお、現在の実務において、本判決のような事態が起こることはまずないと思われます。なぜなら、現在においては要件事実をベースに思考することが徹底されているため、裁判所が、代理人による法律行為があったという心証を抱いた場合には、当事者に釈明を求めて代理の要件事実を主張するよう促すからです。

＊2 中野貞一郎「民商法雑誌」40巻2号340〜341頁を参照。

張には、Qさんに代理人として買ってもらった、という主張が含まれると考えることもできるのです。

上記のコンビニのジュースの例において、単に訴訟でジュースの代金が不足していたかどうかだけが争点となる訴訟が提起されたとします。Qが証人として、きちんと代金全額を払ったと証言したというような訴訟状況であったすると、裁判所は、代金が不足していると判断しながら、代理についての主張がないといって請求を棄却するのが妥当でしょうか。このようなケースであれば、当事者も代理の要件事実は主張していないけれども、実際に買いに行ったのはQだという前提で代金額だけを争っていると見る方が常識的といえるでしょう（そうでなければQを証人として申請はしないでしょうし、裁判所も採用はしないはずです)。実は昭和33年判決も、以上と同じような状況の中で審理された判決だったと考えることができます。

冒頭の弁護士Lが、「その判例の読み方にはやや難しいところがあります」という発言をしていたのは、以上のように様々な読み方があるからではないでしょうか。このような分析ができるのも、要件事実に即して判例を分析し、正確に判例の問題点を見抜けているからです。必ずしも要件事実で分析することが功を奏するとは限りませんが、**民事訴訟法の判例を分析する際は、訴訟物と要件事実という観点から分析することを習慣化すべきです。**

ひととおり民事訴訟法の学習をした後に、田中豊著『民事訴訟の基本原理と要件事実』（民事法研究会、2011年）を読むと、一気に理解が深まりますのでお勧めします。

7 民事訴訟法における原則―例外のフレームワーク

司法試験の出題傾向を分析すると、ある特徴があることがわかります。それは、**司法試験は、原則及び例外を正確に理解しているか、当事者が対立する争点において、原則が妥当するのか、それとも例外が妥当す**

るのかを問うているということです。言い換えると、具体的事案について、当事者の立場から、ルールの射程が及ぶ範囲を問うているともいえます。民事訴訟法の主要な原則は、図表11-1（270頁）で整理したとおりです。

司法試験の問題を分析する際には、**まず「この問題は、どの原則について聞いているのだろう？」と考えてみることが非常に重要**です。また、問題文で明示的に例外ルールが妥当するかどうかを聞いている場合であっても、必ず原則論とその趣旨から書き始めるようにしましょう。それをするだけで、民事訴訟法の答案の評価はかなり上がります。

8 民事訴訟法における利益衡量のフレームワーク

民事訴訟法においては、利益衡量のフレームワークが前面に出てくることはありません。しかし、利益衡量のフレームワークは、なぜそのような制度や原則があるのを分析するのにとても有用なツールです。たとえば、弁論主義においては、まず当事者側には当事者の意思を尊重するとともに、手続を保障して不意打ちを防止するという利益があると考えることができます。他方、裁判所側には、証拠や主張の提出を当事者の責任とすることにより、裁判所のリソースを節約するという利益があります。すなわち、**弁論主義は、当事者側と裁判所側の利益が最大限効率化するような形を追い求めた結果できた原則**であると分析できます。

このように、「この制度や原則があることによって、当事者や裁判所にはどのような利益があるのだろう？（逆に、この制度や原則がなければ、当事者や裁判所はどのように困るだろう？）」という観点から分析してみると、民事訴訟法の規定の趣旨を理解することにつながりますので、ぜひしてみてください。

また、具体的事案における当事者間にどのような利害対立があるかを確認すると、正確な争点の発見につながります。司法試験の問題を考えているときに何が問題なのかわからなかったら、当事者や裁判所にはどんな利益/不利益があるのだろう？ という観点で考えてみてください。

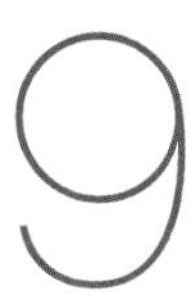

民事訴訟法の問題分析のフレームワーク

これまでに述べてきたことをまとめて、司法試験の問題を分析する際のツールとして作ったものが、以下のフレームワークです。

■ **民事訴訟法の問題分析のフレームワーク**

STEP1 訴訟物と要件事実（請求原因のみならず抗弁以下も含む）を確認する

STEP2 訴訟手続の段階を確認し、立論に影響を与えるかを確認する

STEP3 争点を確認する

判断過程のフレームワークのうち、どのレベルの問題か、当該事案に適用される原則または例外は何か、原則もしくは例外ルールまたは判例の規範との関係でどのような差異があるか、当事者間にどのような利害対立があるかを分析

STEP4 （問題文に誘導がある場合）誘導の具体的内容を確認し、答案に書くべき内容を特定する

実際に以上のSTEPを実践するためには、基本的な事項（要件事実、民事訴訟法の原則、例外、手続及び制度）を正確に理解している必要がありますが、過去問を解く際には、ぜひ上記フレームワークに沿って検討してみてください。それでは、実際に平成26年司法試験の民事訴訟法の設問1を解いてみましょう。

10 フレームワークで解く平成26年司法試験（民事訴訟法）

［平成26年司法試験　民事訴訟法］
〔第3問〕（配点:100〔〔設問1〕から〔設問3〕までの配点の割合は、4:2:4〕）
次の文章を読んで、後記の〔設問1〕から〔設問3〕までに答えなさい。

【事例】
Xは、横断歩道を歩行中、車道を直進してきたAの運転する車両に衝突されそうになったので、Aの運転態度を注意したところ、激高し降車してきたAにいきなり突き飛ばされた。路上に背中から倒れ込んだXは、路面に頭を打ち付けて意識を失い、救急車で病院に搬送された。幸い頭部には目立った外傷もなく、その他の異状も認められなかったが、腰部及び頸部の脊椎を痛めたため、検査等の目的で2日間入院した後、腰椎及び頸椎に受けた傷害の治療のため、約半年間通院して加療を受けた。上記車両は、運送業を営むB株式会社（以下「B社」という。）の所有する車両であり、Aは、配送業務を実施中であった。

Xは、上記の通院治療が終了した後に、A及び同人を雇用するB社に対し、上記傷害に関して、治療費や交通費などの実費のほか、入通院による休業損害及び傷害慰謝料を請求したものの、いずれからも誠意ある対応はなかった。Xから相談を受けた弁護士L1は、この事件を受任し、損害賠償金の支払を求める内容証明郵便をA及びB社に送付したところ、Aからは返事がなく、B社からは、従業員の起こした暴力事件のことであり会社としては関知しない旨の書面が返送されてきた。そこで、L1は、A及びB社を被告とし、上記の損害に係る賠償金に弁護士費用を加えた合計330万円を連帯して支払うよう求める訴えを提起することとした。

B社に対する訴えについては、L1が同社の登記事項証明書を入手した上、代表取締役として登記されていたCを代表者と記載した訴状を裁判所に提出したところ、訴状副本及び第1回口頭弁論期日への呼出状等がB社の本店所在地の住所に宛てて送達され、同社の従業員がこれらを受領した旨の送達報告書が裁判所に送付された。

第1回口頭弁論期日において、Aは、口頭で請求棄却を求める答弁をし、その余は弁護士を頼んでから対応したい旨を述べ、一方、B社の代表者として出頭したCは、Aの暴行はB社の業務とは無関係に行われたものであると答弁しつつ、道義的責任は感じるので和解による解決を希望する旨を述べたことから、裁判所は和解を勧試した。

その後、Aは弁護士L2に事件を依頼し、L2はAの訴訟代理人となった。その際、Aは、本件の内容を詳しく説明するほか、第1回口頭弁論期日に裁判所が和解を勧試するに至った経緯を説明し、和解のため指定された次回期日までに原告及び被告らがそれぞれ和解条件について検討してくるよう指示されたことを報告した。

和解期日において、X及びL1、L2並びにCが出頭し、XとA及びB社との間で訴訟上の和解が成立し、次のとおりの条項が調書に記載された。

（和解条項）

1　被告Aは、本件における傷害行為について深く反省し、原告に対し、心から謝罪の意を表し、今後二度と本件のような事件を起こさないことを誓約する。

2　被告らは、原告に対し、損害賠償債務として150万円を連帯して支払う義務があることを認める。

3　被告らは、原告に対し、連帯して、前項の金員を、平成○○年○月○日限り、○○銀行○○支店の原告名義の普通預金口座（口座番号○○○○○○○）に振り込む方法で支払う。

4　原告はその余の請求をいずれも放棄する。

5　原告及び被告らは、原告と被告らとの間には、この和解条項に定めるもののほかに何らの債権債務のないことを相互に確認する。

6　訴訟費用は各自の負担とする。

以下は、Xの訴訟代理人である弁護士L1と司法修習生Pとの間でされた会話である。

L1：P君にも検討してもらったXさんの事件ですが、被告であるA及びB社との間で成立した訴訟上の和解について、賠償金の支払期日を前にしてB社から代表取締役D名義の書面が送付されてきました。

それによれば、B社の内部には紛争があったようで、Cは訴状が送達される1年近く前に解任されていて代表者の地位になく、したがって、Cを代表者として成立した訴訟上の和解はB社に対して効力を有しないとのことです。書面に添付されていた同社の登記事項証明書を見ると、確かにCはDが主張する時期に解任され、その同じ日にDが新しい代表者として選定されて就任したようですが、ただこうした解任と就任の登記がされたのは和解が成立した期日の数週間後になっています。このように代表者に異動があったにもかかわらず、なぜ、登記がされないまま放置され、それが今になって登記されたのか、そもそもB社にどのような内紛があったのか、真の代表者は誰なのか、その経緯は我々には分かりません。しかし、いずれにしても早急に対応を考えなければなりません。仮にDの主張することが事実だとすると、訴訟上の和解の効力はB社には及ばないと言わざるを得ないでしょうか。

P：先生、最高裁判所昭和45年12月15日第三小法廷判決（民集24巻13号2072頁）があります。

L1：どのような事案においてどのような判示をした判例ですか。

P：はい。やはり登記上代表取締役であったが実際には代表取締役ではなかった者を被告会社の代表者として提起された訴えについて、請求を認容した第一審の本案判決を取り消し、訴状の送達からやり直すべし、として事件を第一審に差し戻したものです。

一般論としては、「民法一〇九条および商法二六二条の規定は、いずれも取引の相手方を保護し、取引の安全を図るために設けられた規定であるから、取引行為と異なる訴訟手続において会社を代表する権限を有する者を定めるにあたつては適用されないものと解するを相当とする。この理は、同様に取引の相手方保護を図った規定である商法四二条一項が、その本文において表見支配人のした取引行為について一定の効果を認めながらも、その但書において表見支配人のした訴訟上の行為について右本文の規定の適用を除外していることから考えても明らかである。」と述べています。訴訟手続において会社の代表者を定めるに当たって表見法理の適用はないという判例法理があるということになりそうです。

この判例法理の当否については議論があり、判旨が言及している点のほか、代表権の存否は職権調査事項であり、その欠缺は絶対的上告理由・再審事由であることや、手続の安定などが問題にされていたと思います。

L1：確かにこの判例の一般論については議論があるところですが、ここでは訴訟上の和解に表見法理を適用することの可否に絞って考えることにしましょう。本件のように訴訟上の和解が成立した事案においては、民法や商法の表見法理を適用することを否定する理由として、判旨が挙げるような取引行為と訴訟手続の違いや、P君が言うような手続の不安定を招くといった点を持ち出すことに果たして説得力があるかということを踏まえ、本件和解の訴訟法上の効力を維持する方向で立論してみてください。

P：訴訟上の和解には、私法上の契約とそれを裁判所に対して陳述するという両面がありますから、仮に訴訟行為としての和解の効力が否定されるとして、では私法上何の効果も生じないことになるのか、といった辺りも考えてみる必要がありそうです。

L1：頼もしいですね。それでは、和解が無効だとするDの主張を退け、無事に和解の履行期限を迎えられるよう、我々の側として用意できる法律論をまとめてみてください。実体法上の表見法理のうちどの条文の適用を主張すべきか、という問題もありますが、そこはひとまずおいて、まずは訴訟法の問題について検討してください。よろしくお願いします。

〔設問1〕
　あなたが司法修習生Pであるとして、弁護士L1から与えられた課題に答えなさい。なお、引用した判決文中の「商法二六二条」は現行会社法の第354条に相当する規定であり、「商法四二条」は現行商法の第24条に相当する規定であり、その内容は次のとおりである。
　「第四十二条　本店又ハ支店ノ営業ノ主任者タルコトヲ示スベキ名称ヲ附シタル使用人ハ之ヲ其ノ本店又ハ支店ノ支配人ト同一ノ権限ヲ有スルモノト看做ス但シ裁判上ノ行為ニ付テハ此ノ限ニ在ラズ　②前項ノ規定ハ相手方ガ悪意ナリシ場合ニハ之ヲ適用セズ」

　さて、以上の問題文について、民事訴訟法の問題分析のフレームワークに即して分析してみましょう。まず、問いで問われているのは、会社法354条（六法を引いて、表見代表取締役の責任の規定であることを確認）と商法24条（表見支配人の規定）についてであることを確認します。その上で、以下の点を考えながら問題文を読みましょう。

STEP1　訴訟物と要件事実（請求原因のみならず抗弁以下も含む）を確認する

訴訟物：民法715条1項（使用者責任）に基づく損害賠償請求権

　要件事実を想定して、問題文の事実関係からすべて満たすことを確認（→要件事実は争点に関係しないことがわかります）

（参考）民法715条1項に基づく損害賠償請求権の要件事実
①　原告の権利又は法律上保護される利益の存在
②　被用者が①を侵害
③　②がその事業の執行についてなされたこと
④　②について被用者の故意又は過失
⑤　損害の発生及び額
⑥　②と⑤との因果関係
⑦　被告が事業のために被用者を使用していたこと、または、
被告が事業のために被用者を使用している者に代わって事業を監督していたこと

STEP2　訴訟手続の段階を確認し、立論に影響を与えるかを確認する

始まったところか、証拠調べが終わっているか、終了間際かを確認。

→和解が成立し、訴訟は既に終了している。法定代理権の欠缺は、絶対的上告理由・再審事由（民訴338条1項3号）であるから、訴訟が終了していることは立論に影響を与えない。

STEP3　争点を確認する

これまで訴訟追行してきたB社の代表者Cには代表権がない。法定代理権の欠缺は、前述のとおり絶対的上告理由・再審事由であり、Cの訴訟行為の効果はB社に帰属しないのが原則である。しかし、登記簿上はCがB社の代表取締役であることから、民法109条及び会社法354条の表見法理により、Cによる訴訟行為の効果をB社に帰属させられるか否かが争点となっている。

STEP4　L1の誘導の具体的内容を確認し、答案に書くべき内容を特定する

①　本件和解の訴訟法上の効力を維持する方向で立論

ⅰ「訴訟上の和解」に表見法理を適用することの可否に絞る

ⅱ 表見法理が適用されない理由として判旨が挙げる取引行為と訴訟手続の違いが訴訟上の和解にも妥当するか

→判例の射程が和解には及ばないことを指摘

ⅲ 手続の不安定を招くという指摘に説得力がないことを主張

②　仮に訴訟行為としての和解の効力が否定されるとしても、私法上は効力があることを主張

ただし、実体法上何条の問題かは検討する必要なし

以上の問題分析を前提に、答案構成をしてみます。

①　問題提起

STEP3で述べたとおり

② 昭和45年判決の射程は訴訟上の和解に及ばないこと

【判例の前提とする問題状況の分析】

民法109条及び商法262条の規定は、いずれも取引の安全保護のための規定。取引行為と訴訟行為とは異なる。送達が適法に行われなければ手続保障がない（正当な代表者による訴訟追行ができない）。手続が不安定になる（訴訟行為は、主張・立証が順次積み重ねて進行していくが、途中から無効となると、無権限者の行為の一部のみが追認されたりして、相手方の保護に問題が生じる危険がある）。

【判例の規範の確認】

表見法理の規定は適用されない。

【判例の前提を崩す】

取引行為と訴訟上の和解は同じであることをいえば論理は崩れる。

【射程外であることの論証】

訴訟上の和解は訴訟手続上の効果を生じさせる訴訟行為でもあるが、同時に民法上の契約のひとつでもある。すると、私法上の和解は旧商法42条1項但書で適用除外している訴訟上の行為にあたらない。取引行為と同様、訴訟上の和解についても取引安全の保護の要請が働く以上、表見法理を適用すべきである。

そもそも、昭和45年判決は、送達からやり直しており、被告に手続関与の機会が与えられていなかったケースである。しかし、本件の送達はB社の本店に対してなされ、従業員が受領しているのであるから、B社に手続関与の機会は与えられていたのであり、手続保障の観点からも問題はなく、昭和45年判決とは事案を異にするので、判例の射程外である。

③ 訴訟上の和解に表見法理を適用しても手続の不安定は招かないこと

民事訴訟は、複数の訴訟行為が積み重なって発展していくため、訴訟行為の一部を限定して実体法上の効力を及ぼせば手続は不安定となる。しかし、訴訟上の和解は訴訟を終了させる効力を持ち、その後に訴訟行為が積み重なることはないので、不安定なものになるという批判はあたらない。

11 フレームワークに基づく民事訴訟法の学習方法

本章ではまず、民事訴訟法の学習においては民法の理解が重要であるということを説明しました。そして、要件事実のフレームワークに即して判例や問題文を分析すること、手続の段階及び判断のレベルのフレームワークに沿って基本書を読むことを強調しました。さらに、利益衡量のフレームワークによって、当事者間や裁判所と当事者の間の利害関係を分析することも述べました。

これらのフレームワークに基づいて民事訴訟法の基本書を読み、過去問を分析すれば、必ず民事訴訟法の力は身につきます。そして、多くの受験生はこのような作業をしていませんので、大きく差をつけることも可能です。ぜひ、基本に忠実な学習をしてみてください。

公法系

Part 4

第12章 憲法のフレームワーク

憲法は最高規範であること、すべての法の根本に常にあることから、法学部でも法科大学院でも最初に学ぶことが多い法です。本書でも、刑事系のフレームワークについて説明するときに憲法についてはふれました。

しかし、憲法を実際に実務に使える形で学ぼうと思うと、民事系と刑事系のフレームワークを両方とも理解していることが前提となります。なぜなら、憲法が実務で使われるのは、行政訴訟のみならず、民事訴訟や刑事訴訟の場面でもあるからです。また、憲法は抽象度が高いため、法的三段論法も使いこなせていることも必要となるからです。そこで、本書では民事系と刑事系の後に公法系を持ってくるという構成をとっています。

憲法のフレームワークは、これまで出てきたフレームワークの応用です。ここまで出てきたものを思い起こしながら、どのように応用しているかを確認しながら読んでみてください。

1 憲法の意義

(1) 主権国家体制の確立と立憲主義確立の歴史

現代において憲法と呼ばれる法ができるまでには、多くの権力と人民の戦いの蓄積がありました。憲法の意義を理解することは、その歴史を学ぶことにほかなりません。そこで、まずは現代の憲法ができるに至った過程を簡単に概観しておくことにしましょう。もっとも、ただ歴史を復習するだけでは面白くないので、歴史を学ぶ際のひとつの視点の持ち方も合わせて紹介します。

16世紀までのヨーロッパにおいては、1つの領域に複数の権力が存在するのが常態でした。たとえば、神聖ローマ帝国におけるカトリックとプロテスタントです。**1つの領域に複数の権力が存在すると、それらは必ず衝突するのがこれまでの歴史です。**その衝突がわかりやすい形で顕在化したものが、最後で最大の宗教戦争と呼ばれるドイツ三十年戦争（1618～1648年）です。三十年戦争は、ただの宗教戦争ではありませんでした。きっかけはカトリックに対するプロテスタントの反乱でしたが、途中からスペインとドイツを支配していたハプスブルク家とフランス・ブルボン朝の対立も加わり、巨大権力間の覇権争いという様相を呈したのです。

三十年戦争により諸国は荒廃したため、ウェストファリア条約（1648年）を締結しました。この条約により、条約締結国は相互の領土を尊重し、内政への干渉を控えることを約しました。**1つの領域に1つの権力のみが存在すること**を互いに承認したことによって、**近代主権国家体制**が確立されたのです。

三十年戦争で実質的に勝利したフランスは、繁栄の時代を迎え、君主が統治の全権能を持つ絶対君主制を確立しました。すると、今度は**支配する権力（君主）と支配される国民の間で衝突が起こるようになりました。**その衝突の象徴が、フランス革命（1789年）です。フランス革命により、個人の権利を守るために国家権力を制約するという近代的立憲主義が確立されました。このときにおける個人の権利とは、**権力に**

憲法

対してある行為をしないことを要求する権利、いわゆる**自由権**でした。なお、フランス革命の主な担い手は、都市の裕福な商人（ブルジョワジー）であったため、近代的立憲主義においては、財産権の自由が「神聖かつ不可侵の権利」（フランス人権宣言17条）として、経済的自由の保護に重きが置かれていることが特徴的です。*1

20世紀になると、資本主義経済が発展し、労働者の搾取が行われるようになります。すなわち、**1つの国家の中における対立構造が、君主と国民の対立から資本家と労働者の対立という方向へシフトした**のです。前者は国家と国民の対立という構図でしたが、後者は特定の国民とそれ以外の国民の対立という点で異なります。そこで、国家が介入して私的自治・経済的自由を制限する一方で、労働基本権を保障し、すべての国民に生存権を認めるべきだと考えるようになりました。さらに、弱者が国家に対して働きかけていくために、**参政権**や、その基礎となる表現の自由なども強化されました。このような時代背景から、**権力に対してある行為をするよう要求する権利**である、社会権等の**請求権**が発達したのです。

＊1 フランス革命の直後、革命勢力の中でも対立が生じました。それが、人民(peuple)主権と国民(nation)主権の対立です。人民主権派は、「下層ブルジョワジーや民衆も含めてすべての人民が主権者となるべき」と主張しましたが、上層ブルジョワジーたちは、自分たちの権力を守るため、「政治には高度な能力が必要であり、その能力を養うには生活のゆとりが必要であるから、一定程度の財産がある者のみが主権者となるべきである」とする国民主権を主張しました。ある一定の勢力ができると分裂して対立するという現象は、歴史の教訓といえるでしょう。

⑵ 立憲主義の内容

立憲主義を一言でいうと、**国民の自由・権利を守るために、憲法によって国家権力が制約されなければならないという思想**のことです。この思想が成立するために必要な要素が4つあります。**1つ目が、国民の自由・権利が保障されること（権利保障）、2つ目が、法によって国家権力の行使が制約されること（法の支配）、3つ目が、国家権力の制約を担保する仕組みとして、権力を分立させること（権力分立）、4つ目が、1つ目から3つ目までの要素を成立させる前提としての国民主権です。**

憲法によって主権者としての国民が自らどのような権利が保障されるべきなのかを決定し、法を制定し（立法権）、法に従って執行し（執行権）、法が忠実に執行されているかを判断する（裁判権）というように、1つの機関が2つ以上の国家作用を持つことを禁止することで、正しい法が制定され、執行されることを担保するとともに、すべての国家作用に民主的コントロールが及ぶことによって権力が拘束される状態を創り出す考え方を**立憲主義**といいます。

(3) フレームワーク的憲法の意義のまとめ

さて、ここまでの流れを、何と何が対立していたのかという観点からまとめてみましょう。ウェストファリア条約以前は、権力者同士が対立して覇権を求めて争っていました。しかし、これでは権力者が消耗するので、1つの領域には1つの権力しか存在せず、他の権力は干渉しないという原則を確立しました。1つの権力が1つの領域を支配すると、すべての権能を持つ権力と人民とが対立するようになりました。そこで、人民が権力を制約することにより、自由権を確立しました。すると次に、人民同士が対立するようになりました。そこで、弱者である人民が国家権力に働きかけて、強者である人民の自由・権利を制約する社会権が発達しました。

このように、**憲法の歴史は、何かと何かが対立し、その対立を調整する概念が発明され、さらにそこから新たな対立が生じ、また調整するという流れで進化してきた**というように分析することができます。このような見方も、ひとつのフレームワークといえるでしょう。

対立からの調整を経て確立された権利の例としては、アメリカにおける奴隷解放運動（南北戦争）を経て制定された合衆国憲法修正13条（奴隷または意に反する苦役の禁止）や修正14条（市民権の保障、デュー・プロセス、法の平等な保護）を挙げられるでしょう。このような歴史の蓄積があることによって初めて、ある権利は憲法上の権利として認められようになります。

憲法について理解するためには、なぜそのような自由・権利が存在し、誰のどんな利益が対立し、それをどのように調整しているのかを具体的に把握することが非常に重要です。これは、まさに司法試験における憲法の問題で問われていることです。

憲法

2 日本国憲法の基本原理

(1) 1つの根本原理と3つの基本原理

さて、それでは日本国憲法の理解へと話を進めましょう。日本国憲法には、1つの根本的な原理と、それを支える3つの原理があります。そして、これら4つの原理が日本国憲法の全条文の底流に流れています。したがって、日本国憲法を理解する際には、これら4つの原理、原理相互の関係性、そして原理と各規定の関係を理解することは必須です。この理解は、特に統治機構の学習において役に立つでしょう。順番に説明していきます。[*1]

日本国憲法の根本的な原理は、「個人の尊重（尊厳）の原理」です。日本国憲法は、国民がすべて平等に人間として尊重されること、すべての価値の根源が個人にあること、国家が人間の尊厳を損なうことは許さないことを究極の目標としており、憲法のすべての規定や制度は、個人が個人として尊厳を保っていられることを保障するためにあります。現在の日本の法体系における価値の序列の最高峰に位置するものが、個人の尊重（尊厳）であるといってもよいでしょう。日本国憲法がこのように定めたのは、全体の価値を強調して個人を軽視した戦前の全体主義を全面的に否定するという歴史の教訓を踏まえたからでもあります。憲法上の権利を学ぶ際も、統治機構を学ぶ際も、それらの究極の目的は個人の尊重（尊厳）の原理を守ることにあることを忘れないでください。

個人の尊重（尊厳）の原理を支える3つの原理とは、「国民主権」「人権保障」「平和主義」です。

国民主権とは、**国家の統治者と被統治者を一致させる原理**です。言い換えると、国民の政治的自律を認める原理ともいえます。[*2]日本国憲法は、前文第1項において「主権が国民に存すること」として国民主権を採用しています。

人権保障とは、**日本国憲法第三章で定める憲法上の権利を保障するという原理**です。憲法上の権利には大きく分けて自由権、平等権、参政

＊1 本項における以下の記述は、清宮四郎『憲法I』第3版（有斐閣、1979年）55頁以下を参照。

＊2 国民主権とは真逆の原理に基づく制度が、専主制です。これは、統治者と被統治者との間に超越的な関係を持たせて国民とは異なる存在が律する点が、国民主権とは異なるところです。

権、社会権の4つがあります。

以上2つの原理に**平和主義**を加えた3つの原理は、いずれも相互に不可分に関連しています。まず、人権保障は、個人の尊重（尊厳）原理を具体化するとともに、国民主権を実効的に機能させるために必要です。国民主権に基づく民主政治を行うためには、国民が高度の教養と正しい判断力に基礎づけられた自由かつ責任ある行動を取ることが前提条件となります。それを実現するため、日本国憲法は、内心の自由、表現の自由といった精神的自由、経済的自由、身体の自由といった自由権を定めています。なお、憲法は、自由を実現する手段として、自由権という国家権力に対する直接的な制約と、後述する権力分立という国家の権力組織内部における制約を課しています。

平等原則もまた、国民を平等に「取り扱う」という点で国民主権の前提です。もっとも、平等原則は人間が絶対的に平等であることは前提としていません。なぜなら、人間はひとりひとり個性を有しており、個性を無視して平等に取り扱うことは究極の目的である個人の尊厳を害することになるからです。いわば、憲法は「同じものは同じように、異なるものは異なるように取り扱う」ことを国家に対して要求しているといえます。

社会権は、人間に値する生存を保障するという点で自由の前提を基礎づけるものですし、参政権は政治に参加する権利として直接民主政治を基礎づけています。

平和主義は、平和なくして人間の自由と生存が確保されないという点で、国民主権と人権保障の原理の前提となっています。そして、これら3つの原理を実現するための手段として、統治機構が定められています。以上の説明をまとめたものが、図表12-1です。

■ 図表12-1 憲法の基本原理の相互関係

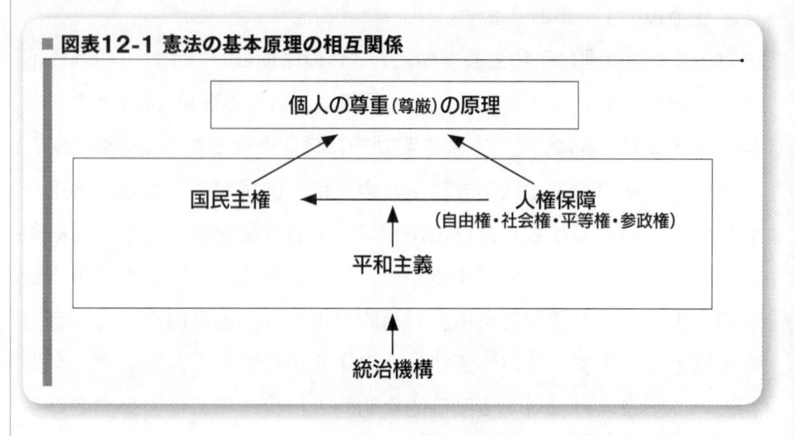

こうしてみると、1つの根本原理と3つの原理が有機的に連結されていることが理解できると思います。そして、この理解は司法試験の論証の説得力にも直結します。たとえば、これまで述べてきたことから人権保障は国民主権を機能させるために重要であることがわかると思いますが、もし国家権力による憲法上の権利の制約が民主政治への参加を妨げるようなものであれば、そのような制約は憲法に反するとして排除されやすくなるわけです。このように、4つの原理を念頭に置きつつ国家の行為を眺めるようにしてみてください。

⑵ 憲法における利益衡量のフレームワーク

ところで、これまで述べてきた日本国憲法の4つの原理は、他の様々な原理と同様、ときには原理間で衝突します。**憲法における多くの争点は、4つの原理のうち国民主権（民主主義）と人権保障（自由主義）の原理の衝突から生まれる**のです。たとえば、民主主義においては国民の多数派の意思に基づいて国家の意思決定をしますが、多数派の意思決定に基づいて国会で制定された法律が、少数派の憲法上の権利を制約する場合があります。これが典型的な憲法問題です。また、統治機構においても、民主主義的要請を重視するのか、自由主義的要請を重視するのかで学説の見解が複数対立します。この対立は、立法部を信頼するのか、司法部を信頼するのかという歴史的な対立に置き換えることもできます。

それでは、統治機構のフレームワークを紹介することを通して、民主主義と自由主義の対立がどのように顕在化するかをみてみることとしましょう。

3 統治機構のフレームワーク

㉕統治機構のフレームワーク

(1) 権力分立の原理

統治機構の基本原理は、**国民主権**と**権力分立**からなります。そして、権力分立の目的は、権力の濫用によって国民の権利・自由が侵害されるのを防ぐことにあり、すぐれて自由主義的な制度です。権力分立の特性のひとつは、自由主義を本質とするがゆえに、場合によっては民主主義にも対抗可能ということが挙げられます。

権力分立を最初に定式化したのはモンテスキューですが、彼はかなり厳格な権力分立を想定していました。[*1] 立法権力と執行権力と裁判権力を分離した上で、相互に他の権力の領域を侵害したり放棄したりしてはいけないとしたほか、各権力に携わる人を徹底的に分離し、兼職も禁止しています。特に、執行権力と立法権力の兼職については「執行権力が立法府から選ばれた若干の人々に委ねられるならば、もはや自由は存在しないであろう。なぜなら、二つの権力が結合され、同じ人々がそのいずれにもときとして参加し、また、常に参加しうるからである。[*2]」として、強く戒めています。

現代において、モンテスキューの権力分立を最も忠実に実現しているのが、アメリカ合衆国憲法です。立法権は連邦議会、執行権は大統領、司法権は裁判所が持った上で、互いに独立して他を侵さないようにできています。[*3] たとえば、大統領は議会に報告または勧告をすることはできますが、議会に出席して発言を求める権利はありませんし、法案を提出することもできません。また、大統領は議会を解散することもできません。ちなみに、日本の執行権を担う内閣（またはその構成員たる国務大臣）は、これらのいずれもすることができます。

モンテスキューの権力分立は、各国の歴史的事情を反映して様々な

＊1 モンテスキュー著、野田良之他訳『法の精神（上）』（岩波文庫、1989年）291頁以下を参照。

＊2 モンテスキュー著、野田良之他訳『法の精神（上）』（岩波文庫、1989年）『法の精神（上）』299頁

＊3 ただし、違憲審査権は除きます。

形に変容を遂げています。本書では、日本国憲法における権力分立の特徴として議院内閣制をとりあげてみることとしましょう。

⑵ 権力分立と日本の議院内閣制

議院内閣制とは、**「国会と内閣との関係において、国会に、内閣の存立を左右するほどの優位が認められ、内閣の成立と存続とが国会の意思に依存せしめられている制度[*1]」**をいいます。日本においては、内閣が国会に対して連帯責任を負うこと（憲法66条3項）、内閣総理大臣を国会議員の中から国会が指名すること（憲法67条1項）、衆議院において内閣の不信任決議ができること（憲法69条）などから、議院内閣制を採用しているとされています。

ここでひとつ疑問に思ってほしいことがあります。モンテスキューによる権力分立の理解からすれば、**立法権の担い手である国会議員が、行政権のトップである内閣を構成するなどということはあり得ないはずです。**それだけでなく、日本国憲法は、内閣を構成する国務大臣の過半数は国会議員の中から選ばれなければならないと定めています[*2]。本来、議院内閣制と権力分立とは相容れないものであり、兼職も禁止されるはずなのに、なぜこのような制度となっているのでしょうか。

仮にモンテスキューによる権力分立を原則的な権力分立とした場合、議院内閣制という例外的な制度が許容されている理由は2つあります。まず、立法権と行政権が密接に結びつくと、行政の現場の実情や法の制定による行政への影響を立法に反映させることにより、柔軟かつ弾力的に法律を執行できる結果、円滑かつ能率的な遂行が期待できることが挙げられます（例外の必要性）。そして、2つの権力が密接に結びつくことによる濫用の弊害に対しては、国民から選ばれた国会議員が内閣を構成することにより、国民が行政権に対して直線的に民主的コントロールを及ぼすことで対処しています。行政権が濫用されたとしても、国民が国会を通じて是正することが可能というわけです（例外の許容性）。そのために、内閣を構成する国務大臣の過半数は国会議員でなければならないというルールがあったり、行政権の濫用を止めない内閣に対しては国会が不信任決議をすることによって、総辞職か解散を

＊1 清宮四郎『憲法I』第3版（有斐閣、1979年）100頁

＊2 憲法68条1項参照。

迫ったりできるようになっています（憲法69条)。日本国憲法における議院内閣制は、自由主義と民主主義を融合した権力分立であるということができるでしょう。

(3) 民主主義と自由主義の対立

これまでは自由主義と民主主義が協働する場面をみてきましたが、学説で争いになるのは自由主義と民主主義が対立する場面です。たとえば、現在においてはさほど議論の実益はありませんが、かつては議院内閣制の本質として内閣が議会の解散権を有することが必要か否かという点について議論がされました。民主主義を強調する立場からは、内閣が議会に対して連帯して責任を負っていることこそが議院内閣制の本質であり、議会の信任を得て存在している内閣が国会を解散することは自己の存在基盤を否定することであるから、内閣による議会の解散権は議院内閣制の本質ではないと主張されました（責任本質説)。

他方、自由主義を強調する立場は、議会が内閣に対する不信任決議権を持っている以上、内閣も議会に対する対抗手段（特に不信任決議権の濫用に対する対抗手段）として解散権を持つべきであり、解散権は議院内閣制の本質であると主張しました（均衡本質説)。

このように、統治機構における学説の対立の分水嶺を見極める視点として、**他の権力の干渉を排除ないし均衡を保つことを優先する自由主義的発想と、他の権力に対して民主的コントロールを及ぼすことを通じた干渉を許容すべきかという民主主義的発想の対立という観点から分析するという統治機構のフレームワーク**は、統治機構に関する議論を理解するためにも有用であるように思われます。

憲法

4 憲法における原則—例外のフレームワーク

(1) 自由権と請求権

統治機構の次は、憲法上の権利の理解に役立つフレームワークを紹介します。本節では原則—例外のフレームワークの一環として自由権と請求権のそれぞれの原則的な形態について説明しますが、厳密には原則と例外の関係にあるものではありません。そのため、原則「的」という表現を用いることにご留意ください。

憲法上の権利の分類方法はたくさんありますが、国家行為との関係で大きく自由権と請求権とに分けることとします。**自由権**とは、**ある国家行為をしないことを要求する権利（不作為請求権）**であり、**請求権**とは、**ある国家行為をなすことを要求する権利（作為請求権）**です[*1]。**自由権の原則的状態**は、自由主義の原理から導かれるわけですが、**国家が国民に対して何もしない状態**です。何もしないわけですから、特段の根拠は必要ありません。

＊1 木村草太『憲法の急所　権利論を組み立てる』（羽鳥書店、2011年）4頁を参照。

他方、請求権は国民が国家に対して何かをなすことを請求するわけですが、通常その「何か」は複数の形があり得ます。たとえば、「健康で文化的な最低限度の生活を営む権利」（憲法25条1項）を国家に対して請求する場合、その権利の実現の形は、金銭の支給だったりクーポンの配布だったり現物支給だったりします。そして、そのような権利の実現は国家が積極的に国民に関与する行為ですから、国家が何もしないことを原則とする自由主義の原理に反するものです。したがって、権利の実現を正当化する根拠が必要ですし、権利実現の具体的内容を決める必要があります。そこで、請求権の実現のためには、憲法自身または国会が制定する法律によって、その具体的内容が定められなければなりません。すなわち、**請求権の原則的状態**は、**憲法が具体的に定めるか、そうでなければ国会が権利実現の具体的内容を審議した上で、法律で定める**ということになります。逆にいえば、**憲法や法律で具体的に定められていなければ、国民は請求権を行使することができないのが通常**

であるということです。これが自由権と請求権の大きな違いとなります。

以上のとおり、**憲法上の権利は自由権と請求権のどちらに分類されるかで、出発点が大きく異なります。**また、自由権と請求権は、憲法上の権利規定と1対1で対応しているわけではありません。たとえば、憲法20条1項は表現の自由を保障していますが、その中にはすぐ後で述べるとおり、自由権的側面と請求権的側面の両方がありますし、憲法25条が保障する生存権は典型的な請求権ではありますが、自由権的構成があり得ます。[*2]

このように、憲法上の権利を学習する際は、まず**①具体的にどのような権利なのか、②その権利は自由権なのか請求権なのか**、そして**③なぜその権利が憲法上の権利として保障されるのか**という観点から分析することが有用です。それでは、表現の自由を例にとって一緒に分析してみましょう。

*2 所得税法の定める給与所得の課税最低限(それを越えると税負担が求められる最下限)が、憲法25条1項の定める健康で文化的な最低限度の生活を維持するために必要な生活費(最低生活費)を下回っているため、当該課税最低限は、憲法25条の自由権的側面を侵害する違憲・無効なものであると主張した事件があります。
最判平成元年2月7日判タ698号128頁(総評サラリーマン税金訴訟。憲法判例百選(第6版)II138番を参照。

⑵ 表現の自由の原則的状態

表現の自由の具体的内容としては、まず内心における思想を外部に公表する意見表明の自由が挙げられます。もっとも、昨今はメディアの発達から、主に情報の送り手の観点から考えられてきた表現の自由を、情報の受け手から「知る権利」という形で再構成します。たとえば、情報を受領または収集する自由(知る自由)です。思想は情報を受領または収集することによって発展しますから、情報の受領と収集自体を国家が妨げないようにすることを保障する必要があります。他にも、メディアの関係でよく出てくる自由権として、報道の自由や取材の自由といったものがあります。最近のインターネットの発達に伴い、個人や法人が情報を提供する自由も重視されつつあります。

以上は表現の自由の自由権的側面の話ですが、表現の自由には請求権的側面もあります。たとえば、情報公開請求権(知る権利)です。これは、政府が保有している情報を公開することを求める請求権です。既に述べたとおり、情報公開請求権は請求権ですから、法律によって具体化されなければ行使することができません。

ここで注意すべきことは、「知る自由」という言葉と「知る権利」という言葉の区別です。司法試験考査委員は、「知る自由」は自由権、「知る権利」は請求権というように使い分けています。

> 本問において、X社はユーザーの「知る権利」侵害を理由として違憲主張できるとするのは、不適切であり、不十分でもある。まず、ここで「知る権利」と記すことが、「知る権利」に関する理解が不十分なものであることを示している。X社の提供する情報は、政治に有効に参加するために必要な情報ではないし、政府情報等の公開が問題となっているわけでもない。さらに、ユーザーは不特定多数の第三者であるので、特定の第三者に関する判例を根拠にX社がユーザーの「知る自由」を理由に違憲主張できるとするのは、不適切であり、不十分である。そもそも「知る自由」は、他者の私生活をのぞき見する自由を意味しない。
>
> ――平成23年司法試験出題趣旨　公法系第1問より

このように、**司法試験の問題を分析する際も、問題となっている憲法上の権利が自由権なのか請求権なのかという観点を持つことは非常に重要**で、それを怠ると試験委員に基本的な理解ができていないとみなされてしまうことがわかると思います。

以上述べた内容をまとめたものが、図表12-2です。

■ 図表12-2 表現の自由の具体的内容

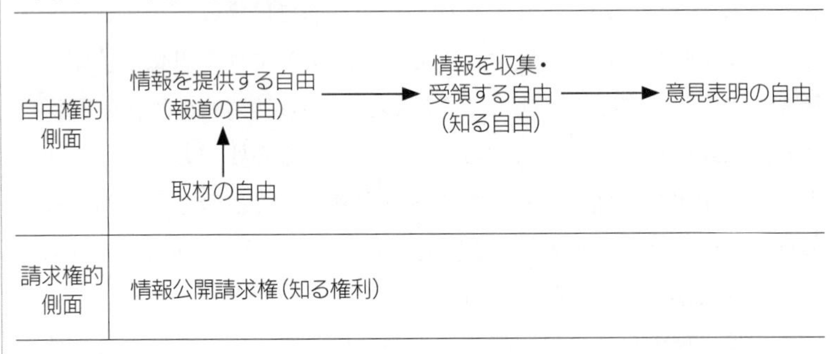

それでは、表現の自由の原則的状態とはどんな状態でしょうか。憲法の権利の原則的状態を考えるためには、その保障根拠を考える必要があります。

過去も現在も、国家権力が情報の流通と意見表明を弾圧してきたことは、国内外における過去の戦時中の状況や、現代の社会主義国家における情報統制を見れば明らかです。国家権力が表現の自由を抑圧するのは、国民に政治的意思決定に関与させないことにより、恣意的に権力を行使するためです。そこで、表現の自由における保障根拠のひとつとして、国民が政治的意思決定に関与するという、民主制に資する社会的な価値（**自己統治の価値**）が認められるようになりました。

また、憲法の根本原理である個人の尊重からすれば、個人が表現活動を通じて自己の人格を発展させることを価値あるものとして保障する必要があり、これが表現の自由の2つ目の保障根拠となります（**自己実現の価値**）。

以上をまとめると、**表現の自由の原則的状態**とは、**自己統治の価値及び自己実現の価値の双方を有する、情報の提供・収集・受領・意見表明の自由**であるといえます。

(3) 憲法上の権利の原則的状態を考えることの重要性

これまで憲法上の権利の原則的状態について述べてきましたが、これだけ原則を重視することには理由があります。司法試験においても実務においても、我々の目の前にあるのは常に個別具体的な事件です。基本書に書いてあるような典型例が問題になることはまずありません。そのような事件に対処するためには、まず**憲法上の権利の原則的状態を理解し、その原則的状態と目の前の個別具体的な事件において制約されている憲法上の権利とがどのような関係にあるのかを検討できる必要があります。**後述する違憲審査基準とも関係しますが、**問題となっている憲法上の権利が原則的状態に近ければ近いほど保護の程度は強くなりますし、離れれば離れるほど保護の程度は弱くなります。**そして、原則的状態と近いか遠いかは、先ほど述べた2つの保障根拠（自己統治の価値と自己実現の価値）を備えているか否かで判断します。たとえば、表現の自由で問題となる具体的な自由のイメージを表現したものが、図表12-3です。2つの保障根拠を両方備えていれば原則的状態に近くなりますし、片方でもなくなれば遠くなります。

■ 図表12-3 表現の自由の具体的内容のイメージ

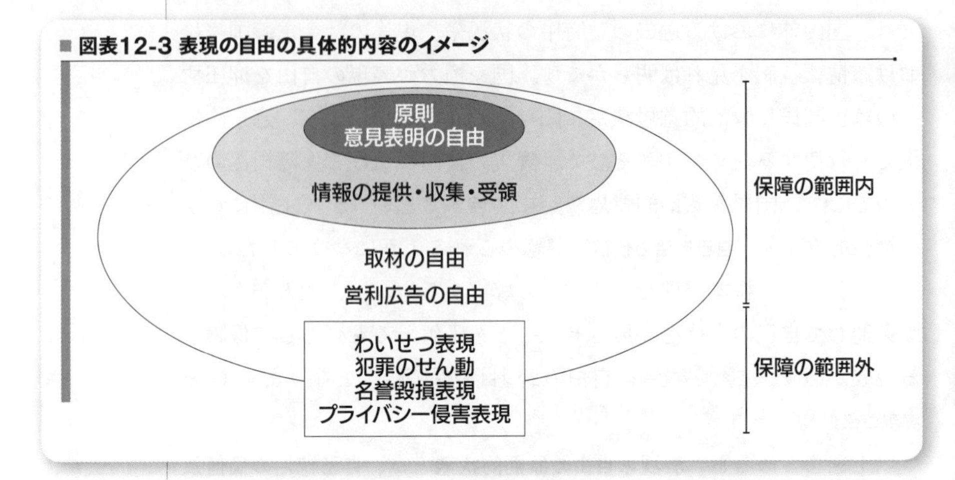

以上の発想を持つことは、憲法判例を読む際にも非常に有用です。司法試験は必ず何らかの判例をベースとして出題しますが、出題する際はよくその判例の前提条件を変えてきます。その前提条件を変えることにより、当該判例が定立した規範が司法試験で問題となっている憲法上の権利にも妥当するのか否か、妥当するとしてどの程度妥当するのかを受験生が判断できるかをみています。したがって、**憲法判例を読む際は、当該判例が当該事案において何を原則的状態としているのか、問題となっている憲法上の権利が原則的状態からどのくらい距離があると判断しているかという観点で分析することが必須**となります。

5 憲法と法的三段論法のフレームワーク

(1) 憲法における法的三段論法

憲法においても、法的三段論法のフレームワークに基づいて分析することは非常に重要です。**法的三段論法のフレームワーク**は、憲法において少なくとも3つの場面で活用されます。**①問題状況の分析、②訴訟において違憲と主張するターゲットの設定（法令違憲と処分違憲）、③憲法上の論証**です。以下、それぞれについて説明します。

(2) 問題分析ツールとしての法的三段論法

憲法問題が生じる場合、国家権力が法律に基づいて何らかの処分をし、その処分によって国民の何らかの権利利益が制約されるという過程をたどるのがほとんどです。このような問題を分析するときに、司法試験でも実務においてもまずしなければならないのは、**国家権力による処分を特定し、その根拠条文及び処分の要件を把握する**ことです。これはすなわち、法的三段論法における大前提（要件及び効果）をおさえるということに他なりません。**憲法の問題分析は、常に法的三段論法のフレームワークに沿って処分の構造の検討から始めるようにしましょう。**

(3) 訴訟において違憲と主張するターゲットの設定（法令違憲と処分違憲）

処分の構造を把握したら、次は何について違憲を主張するのかを検討する必要があります。法的三段論法の大前提・小前提・結論のそれぞれについて違憲のターゲットとできる可能性があります。

法令違憲とは、**処分の根拠たる法令そのものを違憲とする主張**をいいます。すなわち、**法的三段論法の大前提を否定する主張**のことです。法令違憲には大きく分けて2つあります。ひとつは立法事実に基づく審査、もうひとつは文面審査です。

立法事実に基づく審査とは、**処分の根拠となっている「法律の立法目的及び立法目的を達成する手段（規制手段）の合理性[*1]」を、立法事実[*2]の検証を通じて審査する方法**をいいます。法令違憲のほとんどは、立法事実に基づく審査方法によることになります。立法事実に基づく審査において注意すべきなのは、**司法事実[*3]に基づく審査を行ってはならない**ということです。あくまで立法目的と立法目的を達成する手段を基礎づける社会的・経済的・文化的な一般的事実に基づいて審査する必要があります。

文面審査とは、**「立法事実をとくに検出し論証せず、法律の文面を検討するだけで結論を導き出す[*4]」審査方法**をいいます。たとえば、法文の明確性の検証がこれにあたります。

次に、**法的三段論法の小前提または結論をターゲットとするのが、処分違憲**の主張です。適用違憲ともいいます。処分違憲（適用違憲）につ

＊1 芦部信喜（高橋和之補訂）『憲法（第6版）』（岩波書店、2015年）383頁

＊2 立法事実の内容を敷衍すると、ある法律が制定されるにあたり、前提となった社会的事象（特定の問題や利害対立など）ともいえるでしょう。最近でいえば、ドローンの墜落によってドローンの規制の必要性が叫ばれ、ドローン規制法（改正航空法）が成立しましたが、この場合におけるドローンの墜落による危険性が立法事実にあたります。

＊3 司法事実とは、当該事件における具体的事実のことです。たとえば、処分にあたって処分の要件を満たす事実があるはずですが、この事実は司法事実に含まれます。

＊4 芦部信喜（高橋和之補訂）『憲法（第6版）』（岩波書店、2015年）383頁

いては、用語法も含めて多様な学説があるため、ここで詳しく紹介することはしませんが、小前提をターゲットとする要件解釈型の処分違憲と、効果をターゲットとする狭義の処分違憲の2つをおさえておけばよいでしょう。

要件解釈型の処分違憲とは、**法令の解釈または適用が違憲であるという主張**です。訴訟においては、立法事実に基づいて合憲限定解釈（法律の違憲判断を回避する解釈）や憲法適合的解釈をすべきという要件解釈と、司法事実を解釈した規範にあてはめた適用の部分が争点となります。前者は立法事実、後者は司法事実に基づいて審査することに気をつけてください。

狭義の処分違憲とは、**法令そのものは合憲であることを前提として、当該事案に当該法令を適用することが違憲であるという主張**をいいます。たとえば、処分が平等原則に違反する、処分が検閲に該当する、適用すること自体が違憲であるというような場合です。39頁で紹介した立川ビラ事件において、建造物侵入罪を定めた刑法130条前段は合憲であり、被告人の行為は構成要件に該当するものの、被告人の行為は表現の自由の行使と評価できることから刑法130条前段を適用することは憲法21条1項に違反する、という被告人側の主張が典型例です。

以上をまとめたものが、図表12-4です。

■ **図表12-4 法的三段論法と違憲のターゲット**

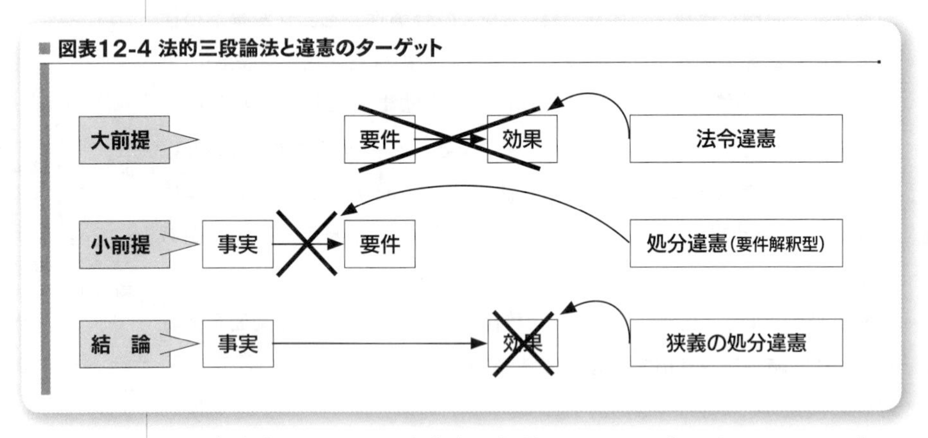

法令違憲の主張と処分違憲の主張のどちらを先にすべきかは、争いがあるところですが、司法試験においては「法令違憲の主張をまず行

い、それが認められない場合でも本件事件に関して適用違憲（処分違憲）が成り立つことを主張する方法が、まず検討されるべき[*1]」ということでよいでしょう。

*1 平成20年司法試験採点実感2頁

もっとも、必ず法令違憲と処分違憲の両方を主張できるとは限りません。処分の構造や当事者の立場から検討すべきという観点から、どちらか片方もしくは双方を主張すべきかを考えましょう。

(4) 憲法論証ツールとしての法的三段論法

憲法の論証も法的三段論法に則って行わなければ、法的に正当化することができません。たとえば、当該事案において制約されている法益が憲法の権利として保障されているかどうかの検討は、憲法の各権利規定を大前提として当該事案における法益を小前提とする法的三段論法によって行います（大前提の解釈は、保障根拠から導きます）。法的三段論法のフレームワークモデル図にあてはめると、図表12-5のようになります。

■ 図表12-5 法的三段論法と憲法上の権利保障の検討

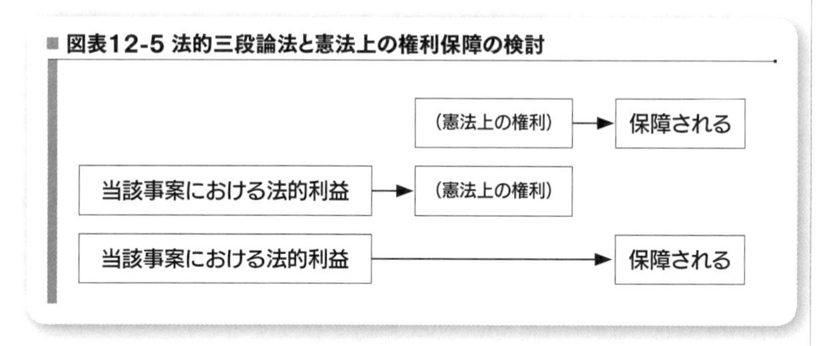

また、違憲審査基準や判例の規範は、法的三段論法における大前提となり、それに立法事実をあてはめて結論を導くこととなります。法的三段論法の形式から外れてしまうとただの作文になってしまいますので、注意しましょう。

それでは、ここまで述べてきたことを踏まえて、司法試験における憲法の問題を具体的にどのように分析すればいいかを憲法の答案作成のフレームワークという形でまとめていきます。

憲法の答案作成のフレームワーク

(1) 司法試験における憲法の出題形式

司法試験における憲法の出題形式は、年によって微妙な変化はありますが、新司法試験が始まった平成18年からほぼ一貫しています。民事事件の場合、まず、解答者が原告訴訟代理人弁護士であるという前提でどのような訴訟を提起するか（この記載があるかは年度によって異なります）、その訴訟においてどのような憲法上の主張をするのかにつき解答を求めます。刑事事件の場合は、被告人の刑事弁護人として、被告人を無罪にするためにどのような憲法上の主張をするかという観点からの解答を求められます。

次に、先に述べた憲法上の主張について、被告側の反論のポイントを指摘した上で、受験生自身の見解を述べさせます。いわゆる主張反論型の出題形式です。言い換えれば、当該具体的事件における憲法上の権利の制約が正当化できるか否かを答案上で「議論」することが求められているというわけです。

(2) 司法試験憲法の思考方法

さて、このような出題形式に対応しようとすれば、自ずと思考方法も定まってきます。まず前提として、設問1においては原告訴訟代理人弁護士（または刑事弁護人）として解答を作成することを求められています。これには少なくとも3つの意味合いがあります。

① 訴訟において法曹実務家が通常たどる思考過程に基づいて答案構成をすること
② 原告訴訟代理人弁護士（または刑事弁護人）という、裁判における一方当事者からの主張をすることが求められていること
③ 法律家として当然知っておくべき判例や学説などの知識に基づいた主張をすること

日本には「憲法訴訟」というものはありません。あるのは民事訴訟（行政訴訟）と刑事訴訟だけです。したがって、憲法の問題でも検討対象が民事訴訟（行政訴訟）か刑事訴訟のどちらかと同じ手順を経ることとなります。以下、問いが求める3つの意味を踏まえて、民事訴訟（行政訴訟）と刑事訴訟とで分けて述べます。

Ⅰ　民事訴訟（行政訴訟）の場合

STEP1　当事者の不満から提起すべき訴訟を検討する

i　当事者の不満を把握する

原告訴訟代理人として民事訴訟（行政訴訟）を提起する前にまず把握すべきことは、依頼者の不満は何か、ということです。訴訟はあくまで依頼者の不満を法的に解決するための手段ですから、依頼の趣旨を把握しておかなければ話になりません。たとえば、行政処分によって不利益を被った場合、処分の取消しを求めたいのか、国家賠償請求をして金銭的解決をしたいのかといった依頼者のニーズを理解する必要があります。また、行政庁が依頼者以外の一部の者の利益を保護しているとか、依頼者だけが不利益を被っているのかなど、不満の内容も具体的に把握しなければなりません。この検討は、一般常識に照らして考えるとよいでしょう。「依頼者だけが損している！」とか「一部の人だけ得してる！」といった、素朴な感覚が重要です。

さらに、原告側の不満だけでなく**行政庁側が規制を必要としている理由も具体的に把握する必要があります。**こうして両者の言い分を突き合わせ、原告と被告の間でどんな利益が衝突しているかを分析することにより、重点的に検討すべき争点がどこかが明確になってきます。

ii　訴訟形式と訴訟物の確定

次に考えることは、当事者の不満をどのような法的手段で実現するか、つまり**処分が違憲無効であるという結論を導くためにどのような訴訟を提起するか**です。具体的には、訴訟形式（金銭等の給付を求めるのか、権利関係の確認を求めるのか、法律関係の形成を求めるのか）と訴訟物（審判の対象となる法律関係・権利関係）を考えることになります。これらは、設問で解答を求められていようがいまいが検討すべきです。なぜなら、弁護士は目の前の依頼者が抱えている問題を、どのような法効果を発生させられれば解決できるかという観点から思考を始めるからです。訴訟で憲法問題を提起する場合は、処分によって何らかの権利利益を制約されているので、取消訴訟や差止訴訟によってその制約を除去したいということが大半です。

STEP2　処分の構造を把握し、違憲のターゲットを設定

訴訟形式と訴訟物を特定したら、次は違憲とするターゲットの特定です。既に述べたとおり、憲法の問題ではほとんどの場合において国家権力が国民の何らかの権利利益を制約しています。そこで、まずは**国民の権利利益を制約する国家権力の行為（処分）を特定し、その条文上の根拠と処分の全体構造を把握します。**ここで思い起こしてほしいのは、やはり法的三段論法です。

すなわち、処分とは法効果そのものですから、それに対応する要件を満たしているはずです。そうすると、処分による権利利益の制約を除去したいのであれば、処分の要件（ないし当該要件充足の前提となっている条文）が違憲無効（法令違憲）と主張するか、当該事案の事実関係では要件を満たさない（処分違憲）と主張することになります。以上の検討により、違憲とすべきターゲットを設定することができます。*1

＊1 なお、主観的な権利利益の侵害だけでなく、憲法の定める客観的な原則（政教分離、法律による行政の原理、委任立法の限界、租税法律主義、刑罰法規や表現の自由規制法規の明確性の原則など）に違反していないかも問題になります。

STEP3　憲法上の権利が制約されていることを認定する

i　制約されている法的利益を特定

次に、**当該事案において国家権力が制約している法的利益を特定します。**特定は、単に「表現の自由」といった抽象的なものでは足りません。表現の自由といっても、「集会」、「結社」、「言論」、「出版」などのように条文の文言上保障されている自由のほか、知る自由（情報摂取の自由）や請求権である知る権利のように明文規定がない自由など、様々なバリエーションがありますから、具体的事案に即してどのような自由・権利が国家権力によって妨げられているのかを考えなければなりません。

ii　当該法的利益がどの憲法上の権利として保障されているかの確認

そして、**当該事案において制約されている法的利益は憲法上のどの権利によって保障されているのかを確認します。**具体的には、**憲法のどの条文のどの文言に該当するかを特定し、指摘した憲法上の権利の保障根拠を検討して、その根拠が当該事案において制約されている権利利益についても妥当することを示す**こととなります。これにより、その権利利益が指摘した憲法上の権利に包摂される結果、国家権力が憲法上保障される権利を制約していると指摘することができます。なお、ここでいう憲法上の権利には、大きく分けて自由権と請求権があることは既に述べたとおりです（300頁）。制約されている権利利益が、憲法上自由権として保障されているのか、請求権として保障されているのかで検討すべき内容が変わるので気をつけましょう。**自由権も請求権も観念できない場合には、平等原則等の客観原則の適用を検討します。**[*2]

＊2 この検討においても、前頁の傍注1記載の客観原則は問題となります。

STEP4　判断枠組み（違憲審査基準、要件解釈による具体的法規範）を設定する

ここまでのプロセスで、依頼者のどのような憲法上の権利が制約されており、その制約を除去するために何をターゲットとすればよいかが定まっているはずです。すると次は、**その制約が憲法に反すると主張するための判断枠組みを設定することとなります。判断枠組みの設定において重要なことは、その違憲審査基準を採用できる理由を説明することです。**平成22年新司法試験の採点実感等に関する意見では、「どのようなものでも審査基準論を示せばよいというものではない。審査基準とは何であるのかを理解する必要がある。また、幾つかの審査基準から、なぜ当該審査基準を選択するのか、その理由が説明されなければならない。」と述べられています。

違憲審査基準については後述しますが、**当該事案に応用可能かつ原告側に有利な結論を導ける判例や学説を、法的三段論法の大前提とし、理由も説明することが基本**となります。

STEP5　設定した判断枠組み（違憲審査基準、処分要件）にあてはめる

法令違憲及び処分違憲のうち要件解釈型（合憲限定解釈等をする場合）については立法事実、要件解釈型（あてはめを争う場合）と狭義の処分違憲については司法事実をあてはめることに注意しましょう。

STEP6　被告の反論を組み立てる

被告側からは、原告の設定した大前提及びそのあてはめである小前提に対して反論していくこととなります。**反論**とは、**相手の主張の根拠または根拠を支える事実を攻撃すること**をいいます。

憲法上の主張における**「根拠に対する反論」とは、原告の主張する大前提を攻撃すること**です。たとえば、「原告の主張する保障根拠は本件では妥当しないから、憲法上の権利として保障されない」とか、「本件に適用すべき他の判例がある」といった主張が考えられます。

根拠を支える事実に対する反論は、**事実の取捨選択または事実の評価について攻撃すること**になります。[*1]

＊1　議論の構造に興味がある方は、383頁を参照してください。

STEP7　当該反論について自分自身の見解を論じる

自分自身の見解については、原告が主張し、被告が反論することによって形成された争点に対する自らの主張を述べることとなります。自分自身の見解を論じる方法としては、①原告または被告の論拠に賛同する、②原告または被告の論拠に反論する、③原告または被告の論拠とは異なる論拠を提示するというパターンが考えられます。

II　刑事訴訟の場合

刑事訴訟の場合も、思考の流れは基本的には民事訴訟（行政訴訟）と同じです。刑事訴訟において、被告人は刑罰法規に定められている構成要件をすべて満たす行為をしたとして起訴されているはずです。刑法のフレームワークで述べたとおり、構成要件を1つでも欠けば有罪とすることはできません。したがって、刑事訴訟において被告人の弁護人として憲法上の主張をするのであれば、刑罰法規の構成要件のどれかが違憲無効であると主張する（法令違憲）か、または刑罰法規は合憲だけれども当該事案における被告人には適用されない（処分違憲）と主張することになります。

(3)　憲法の答案作成のフレームワークのまとめ

これまで述べてきた憲法の答案作成のフレームワークをまとめると、図表12-6のとおりになります。

■ **図表12-6 憲法の答案作成のフレームワーク**

STEP1　当事者の不満から提起すべき訴訟を検討する
- i　当事者の不満を把握する
- ii　訴訟形式と訴訟物の確定

STEP2　処分の構造を把握し、違憲のターゲットを設定

STEP3　憲法上の権利が制約されていることを認定する
- i　制約されている法的利益を特定
- ii　当該法的利益がどの憲法上の権利として保障されているかの確認

STEP4　判断枠組み（違憲審査基準、要件解釈による具体的法規範）を設定する

STEP5　設定した判断枠組み（違憲審査基準、処分要件）にあてはめる

STEP6　被告（人）の反論を組み立てる

STEP7　当該反論について自分自身の見解を論じる

7 違憲審査基準のフレームワーク

形式的な思考の流れを紹介したあとは、実質的な議論の内容に踏み込んでいくこととします。憲法においてメインの争点となる違憲審査基準についてです。

具体的事案において制約されている法益が憲法上の権利として保護されていることを確認したら、次はその制約が憲法上正当化できるかを検討することになります。その際に用いられるのが、違憲審査基準です。この正当化のプロセスは、条文の文言でいうと「公共の福祉のために」（憲法12条）または「公共の福祉に反しない限り」（憲法13条）といえるかどうかという問題です。この検討にあたって、「人権は無制約に認められるものではなく、公共の福祉による制約を受ける」という論証パターンを思い起こす人がいるかもしれません。

しかし、新しい司法試験になってからこの論証パターンはまったく意味がなくなったどころか、試験委員から「有害」と言われています。[*1] なぜなら、当該具体的事案においてどのような性質・内容・程度の制約があって、その制約を具体的にどのように正当化できるかを問われているときに、このような抽象的な論証パターンを吐き出したところで何の実益もなく書くだけ無駄だからです。

⑴ 「公共の福祉」と違憲審査基準論の歴史

ここで、違憲審査基準論の意義を理解するために「公共の福祉」に反するかどうかの判断枠組みについての議論を整理しておきましょう。

戦後すぐの時期、最高裁は裸の利益衡量[*2]すら行わず、単に「公共の福祉」に反するか否かを抽象的に判断していました。すなわち、制約されている「憲法上の権利」と公共の福祉という名の「公益」のどちらが重要かという漠然とした感覚のようなもので、厳密な利益衡量を行わずに結論を出していたのです。

その後、最高裁は裸の利益衡量をするようになりましたが、この判

＊1「答案構成としては、「自由ないし権利は憲法上保障されている、しかしそれも絶対無制限のものではなく、公共の福祉による制限がある、そこで問題はその制約の違憲審査基準だ。」式のステレオタイプ的なものが、依然として目に付く。このような観念的でパターン化した答案は、考えることを放棄しているに等しく、「有害」である。」平成23年新司法試験の採点実感等に関する意見（公法系科目第1問）1頁

＊2 基準を定立することなく、単純に得られる利益と失われる利益を比較検討する利益衡量のことをこのように呼びます。

断方法には大きな問題が2つあります。一般的に、憲法上の権利が侵害されていると主張する側は、通常は国民の中では少数派です。他方、彼らの憲法上の権利を侵害しているという法律を作った国会議員は多数派の国民に選出されています。その両者を比較すれば、後者の方が重要に思えるに決まっています。しかし、憲法問題が生じるのはほとんどの場合少数派の憲法上の権利が制約されている場合ですから、**裸の利益衡量によって多数派の利益が優先されれば少数派の憲法上の権利などないに等しくなってしまいます。**これが第1の問題点です。

問題点の2つ目は、**裸の利益衡量では裁判所の判断過程がわからない**ことです。表現の自由を保障することにより得られる利益と、その表現によって迷惑を被る人の不利益とではどちらが大切でしょうか。その判断は、判断者の価値観に依存するしかないでしょう。そうすると、その判断の「正しさ」は検証ができないし、それゆえに予測可能性が低く、法的安定性がなくなるということになってしまうのです。

これらの問題点が顕在化したのが、全農林警職法事件[*3]でした。昭和40年代、最高裁は全逓東京中郵事件、全司法仙台事件、都教組事件等において、公務員の自由に対する制限を厳格に審査する判決を出していました。しかし、最高裁長官が代わった後の全農林警職法事件判決によって従前の判例を変更し、公務員の労働基本権制限を容認する方向に大転換したのです。10年も経たないうちに最高裁が立場を変更したのは当時の政治情勢が原因と思われますが、この事件をきっかけとして、憲法学者や法曹実務家は裁判所の思考過程に制約を加えるべきという強い問題意識を持つに至りました。

＊3 最大判昭和48年4月25日刑集27巻4号547頁（憲法判例百選（第6版）Ⅱ146番）

前述の2つの問題点を克服するため、憲法学者である芦部信喜教授はアメリカから違憲審査基準論という考え方を導入しました。この考え方は、憲法上の権利を精神的自由権や経済的自由権などに分類し、権利の性質ごとに審査基準を設定し、裁判所の判断を一定程度拘束しようとするものです。すなわち、**違憲審査基準論**とは、**「公共の福祉のために」（憲法12条）または「公共の福祉に反しない限り」（憲法13条）といえるかを判断するための具体的な規範**であるといえます。

従来の裸の利益衡量と違憲審査基準論の審査の違いを喩えるならば、

憲法

前者は天秤を使った審査で、後者は重量計を使った審査です。すなわち、裸の利益衡量は少数派の憲法上の権利と公共の福祉を天秤にかけているのに対し、違憲審査基準論は、「公共の福祉」を天秤に乗せず、「憲法上の権利だけ」を重量計に乗せて、権利の性質上保護の必要性が高いものや制約の程度が大きい場合（=重量計の数値が大きい）には、厳格な審査基準を適用します。違憲審査基準論は、憲法上の権利に関する事情にのみ着目してそれに対応する違憲審査基準（違憲または合憲とするための条件）[*1]をあらかじめ定めておくことにより、裁判所の思考過程を拘束しつつ判決の予測可能性を確保しようとするものです。[*2]

違憲審査基準論のポイントは、違憲審査基準設定にあたって「公権力による制約の必要性」を表立っては考えないことです。もし答案で違憲審査基準を導く理由として「本件のような権利は規制の必要性が高い」などと書いたら、違憲審査基準論がわかっていないとみなされてしまうでしょう。違憲審査基準論の最大の狙いは、裁判所の判断過程から公共の福祉、つまり公益による制約という曖昧なものを外し、制約されている憲法上の権利のみに着目して、できるだけ裸の利益衡量をさせないことにあるからです。**規制の必要性は、違憲審査基準が定まった後、具体的な審査をする段階で検討することになります。**

⑵ 目的手段審査の基礎

違憲審査基準論では、目的手段審査という手法を用いて具体的な利益衡量をします。

目的手段審査とは、**憲法上の権利を制約する法令の目的及びその目的を達成するための手段が立法事実によって基礎づけられているかを検証する審査**です。目的手段審査は、**主に自由権または平等権を制約している場合の正当化の検証**に用いられます。請求権は法律に依存する権利ですから、その合憲性審査は法律の解釈を通じて憲法上の権利の保障根拠を検討する形で行われるため、通常は目的手段審査を用いません。

目的手段審査には、①目的審査、②手段適合性審査、③手段必要性審査、④手段相当性審査という4つの審査があります。違憲ないし合憲とするために必要な条件の組み合わせで、厳格審査基準、LRA（Less

＊1 後述する実質的関連性の基準以上であれば、違憲性が推定されるため、それらは合憲とするために必要な条件となります。他方、合理的関連性の基準の場合は、合憲性が推定されるため、違憲とするために必要な条件となります。

＊2 木村草太「木村草太の力戦憲法」http://blog.goo.ne.jp/kimkimlr/e/18243c553ba6597943d3d24d2dc51fc1を参照。

Restrictive Alternatives）の基準（≒厳格な合理性の基準）、実質的関連性の基準、合理的関連性の基準の4つに分類するのが一般的です。[3]

①目的審査では、立法目的の正当性や重要性、言い換えれば規制の必要性の有無を審査します。法の目的として第1条に書かれている文言だけを審査するのではなく、当該規制の具体的な目的を特定して審査する必要があります。また、目的が複数あって、その主従関係を検討する必要があることもあります。

*3 LRAの基準と実質的関連性の基準はほぼ同じであるため、本書では同じカテゴリーとして扱うことがあります。
　また、以下の各審査の説明及び図表は、ロースクール・ポラリス「憲法の流儀 基礎編」における伊藤たけるの見解に依拠しています。

■ 図表12-7 ①目的審査のイメージ

違憲審査基準	厳格審査基準	LRAの基準 実質的関連性の基準	合理的関連性の基準
目的の内容	必要不可欠	重要	正当
①　他者の憲法上の権利や生命・身体または財産等を保護するためのもの	○	○	○
②　他の憲法条項より要請されるもの（憲法秩序の構成要素等）	○	○	○
③　権利の性質上要求されるもの（集会の自由における施設利用の競合など）	○	○	○
④　法律上保護に値する利益	×	○	○
⑤　法律上の保護に値しないが憲法と矛盾しない目的	×	×	○
⑥　憲法と矛盾する目的	×	×	×

②手段適合性審査は、手段としての規制が目的達成に役立つか、役立つとしても、どの程度役立つかという2点を審査するものです。判例は、前者をよく「関連性」と表現します。後者は、図表12-8のとおり、どの違憲審査基準を採用するかで違憲ないし合憲とするためにはどのような条件が必要かが変わります。

■ **図表12-8 ②手段適合性審査のまとめ**

違憲審査基準	厳格審査基準	LRAの基準 実質的関連性の基準	合理的関連性の基準
過大包摂な手段	×	△	△
過大でも過小でもない手段	○	○	○
過小包摂な手段	×	○	○

ここで、「実質的関連性」と「合理的関連性」という言葉の違いについて説明しておきます。**実質的関連性**の場合は、**立法目的と規制手段との間に、立法事実に裏付けられた関連性があること**をいいます。他方、**合理的関連性**の場合は、**立法目的と規制手段との間に抽象的・観念的な関連性があればよく、立法事実の裏付けがなくとも、立法裁量の範囲として合憲とします**。[*1]

*1 実質的関連性は違憲の推定が置かれる場合に使われ、関連性があるかないかわからないときは、「実質的関連性はない」とされます。他方、合理的関連性は合憲の推定が置かれる場合に使われ、関連性があるかないかわからないときでも「合理的関連性はある」とされます。
木村草太『憲法の急所 権利論を組み立てる』(羽鳥書店、2011年)14頁を参照。

③手段必要性審査は、**問題となっている規制手段より制限的でない他の選び得る手段で目的を充分達成できるか否か(LRA)を審査するもの**です。規制の必要性を審査するものではありません。また、より制限的でない他の選びうる手段は、問題となっている規制手段と同等の効果が得られることを論証する必要があります。

たとえば、届出制にした上で、立ち入り検査による営業停止処分を定めるなどの事後規制でも十分目的を達成できるのに、立法では許可制などの事前規制をかけているような場合に問題となります。厳格審査基準またはLRAの基準を採用した場合のみ、このような審査が必要となります。

■ **図表12-9 ③手段必要性審査のまとめ**

違憲審査基準	厳格審査基準	LRAの基準	実質的関連性の基準	合理的関連性の基準
手段必要性審査	○	○	×	×

④手段相当制審査は、**個別的に比較衡量して、得られる利益の方が大きいと評価できるかを審査するもの**です。結局は裸の利益衡量をするわけですから、違憲審査基準論の趣旨に反すると思われるかもしれません。しかし、手段相当性審査をするまでに、既に①〜③の審査が終わっているため、裁判所の主観的判断を拘束するという違憲審査基準論の目的は達成できているといえるでしょう。さらに、①〜③の審査を経てもなお不相当な規制を違憲にできる可能性があるともいえます。平成20年新司法試験採点実感の4頁が「規制手段の相当性」を指摘していますので、司法試験においても検討した方がよいでしょう。

以上、各違憲審査基準の違憲ないし合憲とするための条件[*2]をまとめたものが、図表12-10です。

■ **図表12-10 各違憲審査基準の違憲ないし合憲とするための条件のまとめ**

違憲審査基準	厳格審査基準	LRAの基準	実質的 関連性の基準	合理的 関連性の基準
①目的	必要不可欠	重要	重要	正当
②手段適合性	過大でも 過小でもない	実質的 関連性あり	実質的 関連性あり	合理的 関連性あり
③手段必要性	○	○	×	×
④手段相当性	相当であること	相当であること	相当であること	相当でないといえないこと

*2 図表12-10は、あくまでも違憲ないし合憲にするための条件に過ぎないため、**たとえば合理的の関連性の基準で手段必要性が条件となっていないからといって、まったく手段必要性を審査しなくていいわけではありません。結果的に立法裁量となるとしても、あてはめでは個別具体的に検討する必要があります。**

㉘違憲審査基準選択のフレームワーク

⑶ 違憲審査基準選択のフレームワーク

司法試験の試験委員は、何度も「なぜその審査基準を選択するのか」として、理由を述べるように求めてきました。違憲審査基準を丸暗記しても、まったく意味がありません。違憲審査基準を適切に選択し、選択した理由を説得的に論証するためには、まず**原則的な基準を知り、次いで原則の修正方法を知ることが非常に重要です。**

違憲審査基準の原則的な基準は、判例や学説を参考にして「この場合はこの違憲審査基準を採用する」という知識[*3]をストックしておく必要があります。いわば、**判例や学説の規範が法的三段論法の大前提にな**

*3 大島義則『憲法ガール』(法律文化社、2013年)212頁以下において、判例の具体的法規範がまとめられていますので参照してください。

憲法

るといえるでしょう。たとえば、具体的事例において職業選択の自由が規制されている場合、当該規制の目的が消極目的規制[*1]であれば薬事法違憲判決の厳格な合理性の基準（最大判昭和50年4月30日民集29巻4号572頁）、積極目的規制[*2]であれば小売市場距離制限事件判決の合理的関連性の基準（最大判昭和47年11月22日刑集26巻9号586頁）を原則的規範とします。このように、**具体的事例において選択すべき原則的な規範のストックを増やすことが、普段の学習ですべき内容のひとつ**となります。

法ではない判例を法的三段論法の大前提にするというのは不思議に思うかもしれません。これは、103頁で述べたとおり、実務においては最高裁の判例は下級審を拘束しますし、法曹実務家は最高裁の判例を事実上の法規範として扱うことに起因します。試験委員も、判例については言及のみならず引用することを求めています。[*3]

次に、原則的な規範の修正方法についてです。司法試験でも、原則的な規範を事案に合わせて修正することが求められています。[*4]**違憲審査基準は、①権利の重要性・保障の程度、②制限の程度・態様、③立法裁量の有無によって決定されます。**繰り返しになりますが、審査基準の選択にあたって、規制の必要性を考慮すべきではありません。審査基準は、裁判所の思考を拘束するためのツールですが、その選択にあたって規制の必要性を考慮するということは、「あらかじめ設定されている基準を越えられないのでケースバイケースで規制の必要性を持ちだして基準を下げる」ということを意味します。そんなことをしてしまっては、裁判所の思考を拘束するという審査基準の趣旨が完全に没却されて、場当たり的な判断を許すことになります。

①権利の重要性・保障の程度を分析する際には、303頁で述べた「憲法上の権利の原則的状態」が役立ちます。原則的状態に近ければ近いほど、権利の重要性や保障の程度は増しますし、離れれば離れるほど減ることになります。

②制限の程度・態様は、規制の態様が直接的/間接的/付随的か、事前規制か事後規制か、規制の範囲は全部か一部かといった観点から分

＊1 主として国民の生命及び健康に対する危険を防止もしくは除去ないし緩和するために課せられる規制（芦部信喜著（高橋和之補訂）『憲法（第6版）』（岩波書店、2015年）225頁）

＊2 福祉国家の理念に基づいて、経済の調和のとれた発展を確保し、とくに社会的・経済的弱者を保護するためになされる規制（前掲『憲法（第6版）』225頁）

＊3「内容的には、判例の言及、引用がなされない（少なくともそれを想起したり、念頭に置いたりしていない）答案が多いことに驚かされる。答案構成の段階では、重要ないし基本判例を想起しても、それを上手に持ち込み、論述ないし主張することができないとしたら、判例を学んでいる意味・意義が失われてしまう。」平成23年新司法試験の採点実感等に関する意見（公法系科目第1問）1頁

＊4「表現の自由を制約する場合の原則的な規範について、修正がきくかというのを問うているのに、自分の覚えている規範と合っていないときに、事実の方を切り捨てたり、無視してしまっている。」平成20年新司法試験考査委員（公法系科目）に対するヒアリングの概要3頁

析します。これらの制限の態様のうち、いずれも前にある方が制限の程度が強くなります。たとえば、事後規制より事前規制の方が強い制限となりますが、これは事前規制の方が、規制範囲が広範になりがちであり、国家権力の恣意的判断が入りやすいのに対し、事後規制は因果関係に基づいた判断が可能になるからです。[*5]

＊5 安西文雄他『憲法学読本（第2版）』（有斐閣、2014年）82頁を参照。

③**立法裁量の有無**とは、言い換えれば立法府の裁量を尊重すべきか否かを検討するということです。この検討で登場するのは、二重の基準論と目的二分論です。**二重の基準論**とは、「精神的自由は立憲民主政の政治過程にとって不可欠の権利であるから、それは経済的自由に比べて優越的地位を占めるとし、したがって、人権を規制する法律の違憲審査にあたって、経済的自由の規制立法に関して適用される「合理性」の基準は、精神的自由の規制立法については妥当せず、より厳格な基準によって審査されなければならない[*6]」というものです。**目的二分論**とは、経済的自由に対する規制の目的を消極目的と積極目的に区別した上で、消極目的規制は、一部の特殊利益に貢献していることを隠蔽するために使われやすい[*7]（たとえば、生命を守るために規制が必要だとしつつ、実は一部の利益を保護するなど）ため、立法裁量を尊重せずに厳格度の高められた基準で審査するべきであるという理論です。

＊6 芦部信喜（高橋和之補訂）『憲法（第6版）』（岩波書店、2015年）104頁

＊7 長谷部恭男『Interactive憲法』（有斐閣、2006年）186頁を参照。

以上の3つの要素について、判例や学説が前提としている原則的状態と具体的事案との間にどのような違いがあるかを見極め、その違いを違憲審査基準の修正理由として主張していくこととなります。

8 フレームワークで解く平成25年司法試験（憲法）

それでは、憲法の答案作成のフレームワークに沿って、平成25年司法試験の答案構成をしてみましょう。なお、本問では2つの不許可処分の合憲性が問われていますが、紙幅の都合上、第3回デモ行進の不許可処分についてのみ検討します。

［公法系科目］〔第1問〕（配点：100）

Aは、B県が設置・運営するB県立大学法学部の学生で、C教授が担当する憲法ゼミナール（以下「Cゼミ」という。）を履修している。Cゼミの202*年度のテーマは、「人間の尊厳と格差問題」である。Cゼミ生は、C教授の承諾も得て、ゼミの研究活動の一環として貧富の格差の拡大に関して多くの県民と議論することを目的としたシンポジウム「格差問題を考える」を県民会館で開催した。そのシンポジウムでの活発な意見交換を経て、「格差の是正」を訴える一連のデモ行進を行うことになった。そのデモ行進については、Cゼミ生を中心として実行委員会が組織され、Aがその委員長に選ばれた。実行委員会は、第1回目のデモ行進を202*年8月25日（日）に行うこととして、ツイッター等を通じて参加を呼び掛けたところ、参加希望者は約1000人となった。そこで、Aは、主催者として、B県集団運動に関する条例第2条（【参考資料1】参照）の定めにより、B県の県庁所在地であるB市の金融街から市役所、県庁に至る片道約2キロメートルの幹線道路を約1000人の参加者が往復するデモ行進許可申請書を提出した。デモ行進が行われる幹線道路沿いには多くの飲食店があり、市の中心部にある県庁や市役所の周りは県内最大の商業ゾーンでもある。B県公安委員会は、デモ行進は片側2車線の車道の歩道寄りの1車線内のみを使うことという条件付きで許可した。

第1回目のデモ行進の当日、Aら実行委員会は、デモ参加者に対し、デモ行進中は拡声器等を使用しないこと、また、ビラの類は配らず、ゴミを捨てないようにすることを徹底させた。第1回目のデモ行進は、若干の飲食店から売上げが減少したとの県への苦情があったが、その他は特に問題を起こすことなく終えた。そこで、Aら実行委員会は、第2回目のデモ行進を同年9月21日（土）に、第1回目と同じ計画で行うこととし、同月5日（木）にデモ行進の許可申請を行った。これに対し、B県公安委員会は、第1回目と同様の条件を付けて許可した。

B県では、次年度以降の財政の在り方をめぐり、社会福祉関係費の削減を中心として、知事と県議会が激しく対立していた。知事は、同月13日（金）に、B県住民投票に関する条例（【参考資料2】参照）第4条第3項に基づき、「社会福祉関係費の削減の是非」を付議事項として住民投票を発議し、翌10月13日（日）に住民投票を実施することとした。

第2回目のデモ行進も、拡声器等を使用せず、ビラの類も配らずに無事終了した。ただし、住民投票実施ということもあって参加者は2000人近くに達し、「県の社会福祉関係費の削減に反対」という横断幕やプラカードを掲げる参加者もいたし、「社会福祉関係費の削減に反対票を投じよう」というシュプレヒコールもあった。また、デモ行進が行われた道路で交通渋滞が発生したために、幹線道路に近接した閑静な住宅街の道路を迂回路として使う車が増えた。第2回目のデモ行進終了後、市民や町内会からは、住宅街で交通事故が起きることへの不安や騒音被害を訴える苦情が県に寄せられた。また、第1回目よりも更に多くの飲食店から、デモ行進の影響で飲食店の売上げが減少したという苦情が県に寄せられた。

Aら実行委員会は、第3回目のデモ行進を同年9月29日（日）に行うことにして、参加予定人員を2000人とし、その他は第1回目・第2回目と同様の計画で許可申請を行った。しかし、B県公安委員会は、住民投票日が近づいてきて一層住民の関心が高まっており、第3回目のデモ行進は、市民の平穏な生活環境を害したり、商業活動に支障を来したりするなど、住民投票運動に伴う弊害を生ずる蓋然性が高いと判断し、当該デモ行進の実施がB県集団運動に関する条例第3条第1項第4号に該当するとして、当該申請を不許可とした。

この不許可処分に抗議するために、Aら実行委員ばかりでなく、デモ行進に参加していた人たち約200人が、B県庁前に集まった。そこに地元のテレビ局が取材に来ていて、Aがレポーターの質問に答えて、「第1回のデモ行進と第2回のデモ行進が許可されたのに、第3回のデモ行進が不許可とされたのは納得がいかない。平和的なデモ行進であるのにもかかわらず、デモ行進を不許可としたことは、県の重要な政策問題に関する意見の表明を封じ込めようとするものであり、憲法上問題がある」と発言する映像が、ニュースの中で放映された。そのニュースを、B県立大学学長や副学長も観ていた。

AたちCゼミ生は、当初から、学外での活動の締めくくりとして、学内で「格差問題と憲法」をテーマにした講演会の開催を計画していた。デモ行進が不許可になったので学内講演会の計画を具体化することとなったが、知事の施策方針に賛成する県議会議員と反対する県議会議員を講演者として招き、さらに、今回のデモ行進の不許可処分に関するC教授による講演を加えて、開催することにした。C教授の了承も得て、Aたちは、Cゼミとして教室使用願を大学に提出した。同じ頃、Cゼミ主催の講演会とは開催日が異なるが、経済学部のゼミからも、2名の評論家を招いて行う「グローバリゼーションと格差問題：経済学の観点から」をテーマとした講演会のための教室使用願が提出されていた。

B県立大学教室使用規則では、「政治的目的での使用は認めず、教育・研究目的での使用に限り、これを許可する」と定められている。この規則の下で、同大学は、ゼミ活動目的での申請であり、かつ、当該ゼミの担当教授が承認していれば教室の使用を許可する、という運用を行っている。同大学は、経済学部のゼミからの申請は許可したが、Cゼミからの申請は許可しなかった。大学側は、Aらが中心となって行ったデモ行進が県条例に違反すること、ニュースで流されたAの発言は県政批判に当たるものであること、また講演者が政治家であることから、Cゼミ主催の講演会は政治的色彩が強いと判断した。

Aは、B県を相手取ってこの2つの不許可処分が憲法違反であるとして、国家賠償訴訟を提起することにした。

〔設問1〕あなたがAの訴訟代理人となった場合、2つの不許可処分に関してどのような憲法上の主張を行うか。

なお、道路交通法に関する問題並びにB県各条例における条文の漠然性及び過度の広汎性の問題は論じなくてよい。

〔設問2〕B県側の反論についてポイントのみを簡潔に述べた上で、あなた自身の見解を述べなさい。

【参考資料1】B県集団運動に関する条例（抜粋）

第1条　道路、公園、広場その他屋外の公共の場所において集団による行進若しくは示威運動又は集会（以下「集団運動」という。）を行おうとするときは、その主催者は予めB県公安委員会の許可を受けなければならない。

第2条　前条の規定による許可の申請は、主催者である個人又は団体の代表者（以下「主催者」という。）から、集団運動を行う日時の72時間前までに次の事項を記載した許可申請書三通を開催地を管轄する警察署を経由して提出しなければならない。

一　主催者の住所、氏名

二　集団運動の日時

三　集団運動の進路、場所及びその略図

四　参加予定団体名及びその代表者の住所、氏名

五　参加予定人員

六　集団運動の目的及び名称

第3条　B県公安委員会は、前条の規定による申請があつたときは、当該申請に係る集団運動が次の各号のいずれかに該当する場合のほかは、これを許可しなければならない。

一〜三（略）

四　B県住民投票に関する条例第14条第1項第2号及び第3号に掲げる行為がなされることとなることが明らかであるとき。

2　B県公安委員会は、次の各号に関し必要な条件を付けることができる。

一、二（略）

三　交通秩序維持に関する事項

四　集団運動の秩序保持に関する事項

五　夜間の静ひつ保持に関する事項

六　公共の秩序又は公衆の衛生を保持するためやむを得ない場合の進路、場所又は日時の変更に関する事項

【参考資料2】B県住民投票に関する条例（抜粋）

第1条　この条例は、県政に係る重要事項について、住民に直接意思を確認するための住民投票に係る基本的事項を定めることにより、住民の県政への参加を推進し、もって

県民自治の確立に資することを目的とする。

第2条　住民投票に付することができる県政に係る重要事項（以下「重要事項」という。）は、現在又は将来の住民の福祉に重大な影響を与え、又は与える可能性のある事項であって、住民の間又は住民、議会若しくは知事の間に重大な意見の相違が認められる状況その他の事情に照らし、住民に直接その賛成又は反対を確認する必要があるものとする。

第4条（略）

2（略）

3　知事は、自ら住民投票を発議し、これを実施することができる。

4　住民投票の期日は、知事が定める。

第14条　何人も、住民投票の付議事項に対し賛成又は反対の投票をし、又はしないよう勧誘する行為（以下「住民投票運動」という。）をするに当たっては、次に掲げる行為をしてはならない。

一　買収、脅迫その他不正の手段により住民の自由な意思を拘束し又は干渉する行為

二　平穏な生活環境を害する行為

三　商業活動に支障を来す行為

2（略）

STEP1　当事者の不満から提起すべき訴訟を検討する

i　当事者の不満を把握する

本問において、原告となるAは、第1回と第2回のデモ行進が許可され、平和的に行ったのに、第3回のデモ行進が不許可とされたことに不満を持っています。また、その不許可処分は意見表明を制約するものであると考えています。

他方、被告となるB県側は、第1回第2回のデモ行進で住民から住宅街で交通事故が起きることへの不安や騒音被害の苦情があったこと、デモ行進の影響で飲食店の売上が減少したという苦情があったことからすると、投票日直前の第3回デモ行進によって住宅街の平穏な生活環境を害したり商業活動に支障を来すなどの弊害が生じる可能性が高いため、デモを不許可とする必要性が高いと考えています。

以上からすると、**不許可処分によるAの権利利益の制約の内容及び程度が主たる争点**となりそうです。

ii　訴訟形式と訴訟物の設定

問題文中で既に指定されており、Aは不許可処分に対する国家賠償請求を提起します。

STEP2　処分の構造を把握し、違憲のターゲットを設定

それでは、処分を特定することから始めましょう。本件処分は、B県公安委員会によるAらによるデモ行進許可申請に対する不許可処分です。B県集団運動に関する条例3条では、同条各号のいずれかに該当する場合を除いて、デモ行進の許可をしなければならないと定めています。そして、同条4号は「B県住民投票に関する条例第14条第1項第2号及び第3号に掲げる行為がなされることとなることが明らかであるとき」を不許可事由と定めています。B県住民投票に関する条例第14条第1項第2号及び第3号は、それぞれ「平穏な生活環境を害する行為」、「商業活動に支障を来す行為」としていますので、B県公安委員会は、第3回のデモ行進がこれらの要件を満たすと判断して、不許可処分をしたということがわかります。

上記の処分構造とAの不満とを合わせて考えると、**本問においてはB県住民投票に関する条例第14条第1項第2号及び第3号の要件を満たさないという処分違憲の主張がメイン**となります。法令違憲も主張できないことはないですが、問題文に条例が制定されるに至った立法事実の記載がほぼないため、本問との関係では不要でしょう。

STEP3　憲法上の権利が制約されていることを認定する

i　制約されている法的利益を特定

本問で制約されている法的利益は、Aの「格差の是正」を訴えるデモ行進をする利益です。

ii　当該法的利益がどの憲法上の権利として保障されているかの確認

ある程度学習が進んでいれば憲法21条1項の問題であることはすぐ気づくと思います。

> 憲法第21条1項
> 集会、結社及び言論、出版その他一切の表現の自由は、これを保障する。

憲法も法的三段論法です。Aのデモ行進をする利益は、「集会」の自由でしょうか、それとも「その他一切の表現の自由」でしょうか。この問題については既に判例があります。

> およそ集団行動は、学生、生徒等の遠足、修学旅行等および、冠婚葬祭等の行事をのぞいては、通常一般大衆に訴えんとする、政治、経済、労働、世界観等に関する何等かの思想、主張、感情等の表現を内包するものである。この点において集団行動には、**表現の自由として**憲法によつて保障さるべき要素が存在することはもちろんである。
> ——東京都公安条例事件（最大判昭和35年7月20日刑集14巻9号1243頁）

Aのデモ行進をする利益は、「格差の是正」を訴えるとともに、住民投票の附議事項に関する政治的意見表明ですから、「その他一切の表現の自由」として保障されます。もっとも、デモ行進を動く「集会」と評価しても間違いではありません。

STEP4　判断枠組み（違憲審査基準、要件解釈による具体的法規範）を設定する

まずは原告側から、本件に適用すべき原則的な規範を提示します。本件は、デモ行進による表現を、実際に行う前に禁止されたとみることができますから、事前抑制と評価できます。そして、デモ行進に対する事前抑制に関する判例は、新潟県公安条例事件です。

憲法

「行列行進又は公衆の集団示威運動（以下単にこれらの行動という）は、公共の福祉に反するような不当な目的又は方法によらないかぎり、**本来国民の自由とするところである**から、条例においてこれらの行動につき単なる届出制を定めることは格別、そうでなく一般的な許可制を定めてこれを事前に制御することは、憲法の趣旨に反し許されないと解するを相当とする。しかしこれらの行動といえども公共の秩序を保持し、又は公共の福祉が著しく侵されることを防止するため、特定の場所又は方法につき、合理的かつ明確な基準の下に、予じめ許可を受けしめ、又は届出をなさしめてこのような場合にはこれを禁止することができる旨の規定を条例に設けても、これをもって直ちに憲法の保障する国民の自由を不当に制限するものと解することはできない。けだしかかる条例の規定は、**なんらこれらの行動を一般に制限するのでなく、前示の観点から単に特定の場所又は方法について制限する場合があることを認めるに過ぎない**からである。さらにまた、これらの行動について**公共の安全に対し明らかな差迫つた危険を及ぼすことが予見されるときは、これを許可せず又は禁止することができる旨の規定を設けることも、これをもって直ちに憲法の保障する国民の自由を不当に制限することにはならない**と解すべきである。」

——**最大判昭和29年11月24日刑集8巻11号1866頁（新潟県公安条例事件）**

原告は、新潟県公安条例事件の規範を判断枠組みとして提示することになります。具体的には、不許可処分をすることは原則として許されず、明白かつ現在の危険が認められる場合に限られる、と主張することになるでしょう。

そして、要件解釈型の処分違憲の場合、導き出した判例の規範の趣旨を要件の解釈に取り込む形で具体的法規範を設定します。本件でいえば、たとえば「平穏な生活環境を害する行為」と「商業活動に支障を来す行為」いう不許可処分の要件について、それぞれ「必要不可欠な目的は、周辺住民の生命、身体、財産や商業活動に対する積極的な侵害行為を意味するものに限定して解するべき」というように解釈します。

STEP5　設定した判断枠組み（違憲審査基準、処分要件）にあてはめる

STEP4で解釈により導き出した具体的法規範に、本問の事実をあてはめます。本問における第2回デモ行進では、シュプレヒコールはあ

ったものの、拡声器等は使用していないことから、身体を害するような騒音が発生することは考えられません。また、交通量の増加は、交通事故を引き起こして生命、身体の侵害に繋がる可能性はありますが、警察による交通整理によって容易にその危険を除去することはできますし、そもそもデモ行進の申請はそのために行うためのものであるはずです。したがって、「平穏な生活環境を害する行為」がなされるとはいえません。

さらに、飲食店の売上減少も、通常のデモ行進に伴って生じるものであって、Aが積極的に飲食店の営業を妨害しているわけではありません。したがって、「商業活動に支障を来す行為」とはいえません。

以上より、原告側は本件不許可処分は憲法21条1項に反し、違法だと主張します。

STEP6　被告の反論を組み立てる

上記の原告の主張に対し、被告側も本件に適用すべき原則的な規範を提示します。具体的には、被告は原告側が設定した厳格な審査基準に対し、より緩い審査基準を設定する論拠を提示することになります。**原告が設定した違憲審査基準への反論を考える際は、①権利の重要性・保障の程度、②制限の程度・態様、③立法裁量の有無という3つの視点から分析することが有用です。**

本問において、原告の審査基準を緩める論拠は2つ考えられます。1つは、付随的規制論（意見表明そのものの規制ではなく、行動に対する規制にすぎないので、表現活動に対する制約は限定的であるから、表現の自由に対する制約は付随的なものにすぎず、違憲性は推定されないので合理的関連性の基準を適用すべきである）、もう1つはデモ行進が持つ集団暴徒化という危険性ゆえに、デモ行進を許可するか否かは公安委員会の裁量に委ねるべきであるという集団暴徒化論です。付随的規制論は、国家公務員法による公務員の政治活動の規制は、単に行動の禁止に伴う限度での間接的、付随的な制約に過ぎないとした猿払事件上告審[*1]、集団暴徒化論は東京都公安条例事件[*2]を参照してください。

＊1 最大判昭和49年11月6日刑集28巻9号393頁（憲法判例百選（第6版）I 13番）

＊2 最大判昭和35年7月20日刑集14巻9号1243頁（憲法判例百選（第6版）I A4番）

憲法

STEP7　当該反論について自分自身の見解を論じる

結論としては原告と被告のどちらを支持してもいいのですが、今回は原告を支持することにしましょう。被告の論拠に反論する形で自分自身の見解を提示します。

被告の主張する付随的規制論は、Aの意見表明がデモ行進以外の方法でも実現可能であるゆえにAの表現の自由に対する制約は少ないということを前提としています。しかし、表現の自由は、単に意見表明の自由だけなく、どのような形で表現するかという表現活動の自由も保障していると考えられます。本件の第3回デモ行進の参加者は2000人近くに達し、その目的は格差の是正のほかにB県の社会福祉関係費の削減というB県地域の問題を訴えることにあったことが伺われるところ、それだけの人数がB県の地域住民に対して意見表明をする方法として、デモ行進以外の方法を選ぶことは事実上できません。

したがって、デモ行進という表現活動を制約する本件不許可処分は表現活動の自由を直接的に制約するものといえ、被告の主張は失当です。

また、集団暴徒化論は、安保闘争の時代にみられた暴力的なデモ隊を前提としていますが、昨今のデモにおいて暴徒化するという事態は発生していないことから、集団が暴徒化するという危険があると考えることはできません。

以上より、原告主張のとおり、本件不許可処分は憲法21条1項に反して違憲です。平成25年司法試験憲法の問題における原告・被告・私見の議論をまとめると、図表12-11のとおりです。

■ **図表12-11 平成25年司法試験憲法の議論構造**

	原告	被告	自分の見解
規範	明白かつ現在の基準	合理的関連性の基準	原告と同じ
根拠	表現の自由の事前抑制	原告への反論 ①付随的規制論（制約の程度が弱い） ②集団暴徒化論（行政庁の裁量に任せるべき）	被告への反論 ←表現活動の自由そのものを制約するので、制約の程度が弱いとはいえない ←集団暴徒化論は現代においては妥当しない

9 フレームワークに基づく憲法の学習方法

憲法は、判例学習が非常に重要な分野です。司法試験の問題を読んだときに、当該具体的事案に適用すべき原則的な規範を、原告と被告それぞれについて提示できるか否かで大きく差がつきます。

本章で紹介したフレームワークに沿って判例を分析し、司法試験でも実務でも使える判例知識をストックしてください。また、司法試験の過去問を何度も書いて、当該事案における具体的事情と真正面から取り組む練習をしてみてください。

第13章 行政法のフレームワーク

平成27年8月1日現在において、日本の法律は1950本あります。このうちの大部分が行政関係の法律です。「行政法」という法律はありませんが、行政法という科目は、この膨大な数の個別法に共通する基本的な考え方を学ぶことを目標としています。

行政法という科目の大きな特徴は、実体法と訴訟法の両方を含むのみならず、憲法・民事法・刑事法の理解をも前提とする、すぐれて融合的・発展的な内容となっていることです。本書が七法の中で最後に行政法を持ってきているのは、以上の特徴から、他の科目のフレームワークと基本知識を身につけてからでないとなかなか行政法の学習は難しいと考えているからです。

それでは法律フレームワーク論の総仕上げとして、行政法のフレームワークを一緒に身につけていきましょう。

1 法律による行政の原理

(1) 憲法と行政法の関係

行政権は、内閣に属しており（憲法65条)、内閣は国会によって制定された法律を執行します（憲法73条1号)。立法は、原則として国会しかできませんが、法律が委任していれば、その委任の範囲内で内閣は**政令**、各省大臣は**省令**という形で立法[*1]することができます。このように**行政機関が行う立法の形式を命令**といい、国会の制定する法律と合わせて**法令**と呼びます。

＊1 内閣が定める政令のタイトルは「施行令」、各省大臣が定める省令のタイトルは「施行規則」となっています。

(2) 法律による行政の原理

法律による行政の原理の内容は、次の3つを含むといわれます。①法律の優位の原理、②法律の法規創造力の原理、③法律の留保の原理です。3つの原理は並列的なものではなく、適用される場面がそれぞれ異なります。

①法律の優位の原理は、行政活動について定めている法律が存在する場合に妥当します。**行政機関が制定する命令は法律に反してはならず、すべての行政作用（行政機関による行為一般）は、法令に反してはならないという原理**です[*2]。

＊2 中原茂樹『基本行政法（第2版)』(日本評論社、2015年)33頁を参照。

行政活動について定める法律が存在しない場合に適用されるのが、②法律の法規創造力の原理と③法律の留保の原理です。これら2つは適用場面が異なります。

②法律の法規創造力の原理とは、**行政活動のうち、「法規（人の権利義務に関する一般的・抽象的な定め）の定立」は法律によってしか行えず、行政機関は行えないとする原理**です。国会が国の唯一の立法機関であること（憲法41条）から導かれます。先ほど述べたとおり、行政機関は、法律の委任があって初めて法規を制定することができます（これを**委任命令**といいます)。ただし、憲法が認めた例外として、行政機関は憲法または法律の規定を実施するための事項については、法律の委任がなくとも命令で定めることができます（憲法73条6号。**執行命令**といいます。た

だし罰則を設けることはできません）。

③法律の留保の原理は、**行政活動について定める法律がない場合に、行政活動に法律上の根拠がなければ行政活動を行えないとする原理**です。この原理は、**法規の定立以外で法律上の根拠がなければ行えない行政活動は何か**という形で問題となります。その範囲はいまだに議論のあるところですが、実務は侵害留保説（私人の自由や財産を侵害する行政活動については法律の根拠が必要）に立っています。

⑶　法曹実務家にとっての法律による行政の原理

法曹実務家が行政事件を受けたときにまず考えることは、「本件で問題になっている行政機関の行為の法律上の根拠は何か」です。法律の留保の原理のところで述べたとおり、すべての行政活動に法律上の根拠がなければならないわけではありません。まずは**法律上の根拠があるのかないのか、あるのであれば法令の解釈適用として適法といえるか、なければ法律上の根拠がなくともできる行為として適法か**を検討することとなります。

以上の思考過程は、すべて法律による行政の原理から導かれます。司法試験の行政法の問題で困ったときは、必ずここに戻ってきてください。たとえば、問題となっている処分等について定めている法令の根拠条文を探し、処分＝法効果を発生させる要件をチェックしたり、規則に基づく行政行為が問題となっているのであれば、その規則の上位にある法律の趣旨を確認して、規則が法律に記載のない制約を定めることを法律は許容しているかを検討する（法的三段論法のフレームワーク）というような場合があります。困ったときこそ、法的三段論法のフレームワークや原則—例外のフレームワーク、法律の趣旨を考えるときには、利益衡量のフレームワークという基本に立ち戻ることが大切です。

2 行政訴訟の概要

⑴ 司法権の対象

行政訴訟については行政事件訴訟法が規律していますが、同法の重要な概念（処分性や原告適格等）を理解するためには、三権のひとつである司法権について知っておく必要があります。

そもそも、国家機関は、憲法上付与された権限しか有していないのが原則です（授権規範としての憲法）。そして、憲法76条1項は、裁判所の権限として司法権を付与していますが、司法権は、あらゆる問題について違法性を判断するものではありません。司法権の担い手である裁判所の権能は、**①「一切の法律上の争訟を裁判し」②「その他法律において特に定める権能を有する」**（裁判所法3項1項）というように限定されています。

①における**「法律上の争訟」**とは**「当事者間の具体的な権利義務ないし法律関係の存否に関する紛争」であり、なおかつ「それが法律の適用によって終局的に解決し得べきものである」**[*1]ものをいいます。たとえば、特定の法律の違憲性のように抽象的な法律問題を争ったり[*2]、「事実」の存否を確認するだけの訴訟は、「具体的な権利義務ないし法律関係の存否に関する紛争」にあたりませんので、裁判所は判断せず、不適法として却下します。また、宗教上の教義に関する事項に関する紛争は、「法律の適用によって終局的に解決」できませんので同様に却下されます[*3]。

＊1 最判昭和28年11月17日行集4巻11号2760頁

＊2 最大判昭和27年10月8日民集6巻9号783頁（行政判例百選（第6版）II149番）

＊3 最判昭和56年4月7日民集35巻3号443頁

⑵ 主観訴訟と客観訴訟

以上のとおり、司法権の対象は、具体的な権利義務に関する紛争に限定されています。そのような**当事者間の具体的な権利義務に関する紛争を解決するための訴訟**を**主観訴訟**と呼びます。主観訴訟以外の訴訟は、原則として司法権の対象となりません。しかし、個人の権利義務にかかわらない訴訟であっても、法律が定めている場合に限り、例外的に司法権の対象とすることができます（上記②「その他法律において特に定める権能を有する」場合）。そのうちのひとつが**客観訴訟**です。たとえば、国または地方自治体の違法な行政機関による行為を是正するために提起される民衆訴訟（行政事件訴訟法5条）があります。

このように、日本における訴訟は主観訴訟を原則としているため、行政訴訟において原告となれる人は、行政行為が直接かつ具体的に権利義務に影響を与えた当事者に限定されます。後で詳しく述べますが、**処分性の問題は、行政作用が国民の権利義務に具体的に影響を与える「処分」であって司法権の対象となるか否か、原告適格の問題は誰が当事者として原告となれるかというもの**です。

⑶　行政訴訟における法曹実務家の問題意識

実務において問題となるのは、行政法規が複雑なためターゲットとすべき行政作用が「処分」にあたるか否かが不明確となり、どのような争い方ができるかがよくわからない場合や、行政庁が行政事件訴訟法等の適用を外すため、処分以外の方法で行政機関が行為をした（たとえば届出を受理しなかったり、契約という形態にしたり）場合、処分の直接の相手方ではないため、原告適格が認められなさそうな場合（たとえば都市計画に基づく工事の振動や騒音で体調を崩した近隣住民が訴訟を提起するとき）、行政庁が許可にあたって一見すると法律にない要件を行政規則等により付してきたような場合に、当事者をどうやって救済するかということです。司法試験の問題も、概ね以上のような問題意識をどう解決するかという観点から作られています。

このような問題意識に正面から向き合うためには、まず行政作用自体を的確に分析できるようになる必要があります。しかし、この分析の習得は、基本書を読んだり講義を聞いているだけでは難しいので、実際の法律を使ってイメージをつかんでみましょう。

3 行政作用分析のフレームワーク

STEP1 行政作用と根拠条文を特定する

行政作用とは、**行政目的を実現するために国または公共団体等の行政主体が、国民の権利利益に対して影響を及ぼす行為**をいいます。行政作用の具体例としては、行政による規範の定立としての行政立法・行政準則、行政活動の典型である行政行為、行政行為を実現するための義務履行確保及び行政罰という典型的なもののほか、行政指導、行政契約、行政計画、行政調査といったものがあります。[*1]

実務においてまず考えるべきことは、**行政機関のどの行為が国民の権利利益にどのような影響を及ぼしているかを特定すること**です。多くの場合、行政作用は法的三段論法の法効果そのものですから、行政作用の特定は根拠条文を特定した上で、法的三段論法のフレームワークの最初のSTEPに載せることと同じになります。

また、**根拠条文を特定する際、その法令を制定したのが誰か（国会、地方議会、行政機関）、その法令の形式は何か（法律、条例、法規命令、行政規則（裁量基準・解釈基準）等）に着目する必要があります。**なぜなら、法律以外の法形式の場合、法律の委任の範囲内か否かを検討する必要が出てくることがあるからです。

STEP2 行政作用の法律要件を特定する

法効果としての行政作用を特定したら、法的三段論法のフレームワークに即して、法効果を発生させる法律要件を特定します。その要件の解釈については、基本的には法的三段論法のフレームワークと同じです。しかし、行政法特有の難しさはここから先にあります。

＊1 櫻井敬子、橋本博之『行政法（第5版）』（弘文堂、2016年）20頁

STEP3 行政作用の全体のフローと当事者の不満を把握する

行政作用は、ほとんどの場合、複数の作用が前後に連続しています。したがって、単に問題となっている行政作用だけに注目するのではなく、**特定した行政作用の前後にどんなフローがあるのかを把握する必要があります。**

フローを把握するときにポイントとなるのは、**①当事者、②時系列、③国民の権利関係の変動**です。行政機関による法律の具体化のプロセスを的確に把握できなければ、そもそも誰を被告とすべきかわからなかったり、行政処分にあたるか否かがわからなかったり、当事者が何に不満を感じているのかがわからなかったりします。このように、行政過程をフローとして捉える思考方法は行政法学者も依拠していますので、学習の際に意識的に取り組んでみましょう。

STEP4 行政作用が行政処分にあたるか否かを検討する

335頁で述べたとおり、行政訴訟は主観訴訟が原則ですから、訴訟の対象は「当事者間の具体的な権利義務ないし法律関係の存否に関する紛争」でなければなりません。

また、行政処分は、円滑な行政活動の確保のため、仮に違法なものであったとしても、一応有効なものとして扱われます。**行政処分の効果を否定するためには、原則として取消訴訟によらねばなりません。すなわち、通常の民事訴訟で行政処分の違法性を争うことはできません。**

そのような制限は行政の優越的地位に基づくものですから、行政機関が私人と同様の立場で契約をするような場合には、通常の民事訴訟で争えば足ります。したがって、行政処分であるためには、行政作用が優越的地位に基づいて一方的に行われるものである必要があります。

以上の理由から、**行政処分**とは、①**「公権力の主体たる国または公共団体が行う行為」**のうち、②**「その行為によって直接国民の権利義務を形成しまたはその範囲を確定することが法律上認められているもの」**というように定義されます。**①は、抗告訴訟[*1]と民事訴訟**（**または当事者訴訟**）

＊1 抗告訴訟とは、行政庁の公権力の行使に関する不服の訴訟をいいます（行政事件訴訟法3条1項）。

のどちらで争うべきかを決めるための要件、②は司法権の対象となるか否かを判断するための要件ということです。

行政処分に該当すると、①処分の法的効果を否定するためには当該処分に対する取消訴訟によらねばならない（後続する処分に対する取消訴訟において、原則として前の処分の違法性を争うことができない。取消訴訟の排他的管轄）、②出訴期間経過後は処分の違法性を争えなくなる（行政事件訴訟法14条、不可争力）、③行政事件手続法第2章及び第3章の規定が適用されるという効果が生じます。

このように、**行政作用が行政処分に当たるか否かでそもそも審判の対象となるか否かとどのような手段で違法性を争うべきかが大きく変わるため、実務上も行政処分に当たるか否かの判断は極めて重要です。**

それでは、最大判平成20年9月10日（民集62巻8号2029頁。以下「平成20年判決」といいます）をベースに、行政作用の分析をしてみましょう。この判例は非常に重要で、既に司法試験でも出題されているため、法科大学院では必ず学ぶことになります。参照条文を読みながら、一緒に分析してみてください。

以下のCaseは、平成20年判決を簡略化した事案です。

Case

浜松市（被告）は、上島駅の高架化と合わせて駅周辺の公共施設を整備改善するため、土地区画整理事業を計画した。浜松市は、土地区画整理法（以下「法」という）52条1項の規定に基づいて、静岡県知事から本件土地区画整理事業の事業計画において定める設計の概要について認可を受け、事業計画の決定及び公告をした。
本件土地区画整理事業の施行地区内に土地を所有しているX（原告）は、本件事業計画の決定の取消し等を求めて出訴した。

【土地区画整理法（平成17年法律第34号による改正前のもの）（抜粋）】

（土地区画整理事業の施行）
第3条　1～2（略）
3　都道府県又は市町村は、施行区域の土地について土地区画整理事業を施行することができる。
4～5　（略）
（施行の認可）
第4条　土地区画整理事業を第3条第1項の規定により施行しようとする者は、……事業計画を定め、……その土地区画整理事業の施行について都道府県知事の認可を受けなければならない。
2　（略）

（事業計画）
第6条　第4条第1項の事業計画においては、国土交通省令で定めるところにより、施行地区……、設計の概要、事業施行機関及び資金計画を定めなければならない。
2～11　（略）

（施行規程及び事業計画の決定）
第52条　……都道府県又は市町村は、第3条第3項の規定により土地区画整理事業を施行しようとする場合においては、施行規程及び事業計画を定めなければならない。この場合において、その事業計画において定める設計の概要について、国土交通省令で定めるところにより、……市町村にあっては都道府県知事の認可を受けなければならない。
2（略）

（事業計画）
第54条　第6条の規定は、第52条第1項の事業計画について準用する。

（事業計画の決定及び変更）
第55条　1～8　（略）
9　……市町村が第52条第1項の事業計画を定めた場合においては、……市町村長は、遅滞なく、国土交通省令で定めるところにより、施行者の名称、事業施行期間、施行地区その他国土交通省令で定める事項を公告しなければならない。
10～13　（略）

（建築行為等の制限）
第76条　次に掲げる公告があつた日後、第103条第4項の公告がある日までは、施行地区内において、土地区画整理事業の施行の障害となるおそれがある土地の形質の変更若しくは建築物その他の工作物の新築、改築若しくは増築を行い、又は政令で定める移動の容易でない物件の設置若しくは堆積を行おうとする者は、国土交通大臣が施行する土地区画整理事業にあっては国土交通大臣の、その他の者が施行する土地区画整理事業にあっては都道府県知事……の許可を受けなければならない。
一～二　（略）
三　市町村……が第3条第3項……の規定により施行する土地区画整理事業にあっては、事業計画の決定の公告又は事業計画の変更の公告
四～五　（略）
2～5　（略）

（仮換地の指定）
第98条　施行者は、換地処分を行う前において、土地の区画形質の変更若しくは公共施設の新設若しくは変更

に係る工事のため必要がある場合……においては、施行地区内の宅地について仮換地を指定することができる。（以下略）
　2～7　（略）

（仮換地の指定の効果）
第99条　前条第一項の規定により仮換地が指定された場合においては、従前の宅地について権原に基づき使用し、又は収益することができる者は、仮換地の指定の効力発生の日から第百三条第四項の公告がある日まで、仮換地又は仮換地について仮に使用し、若しくは収益することができる権利の目的となるべき宅地若しくはその部分について、従前の宅地について有する権利の内容である使用又は収益と同じ使用又は収益をすることができるものとし、従前の宅地については、使用し、又は収益することができないものとする。
　2～3　（略）

（換地処分）
第103条　換地処分は、関係権利者に換地計画において定められた関係事項を通知してするものとする。
　2　換地処分は、換地計画に係る区域の全部について土地区画整理事業の工事が完了した後において、遅滞なく、しなければならない。（以下略）
　3　……市町村……は、換地処分をした場合においては、遅滞なく、その旨を都道府県知事に届け出なければならない。
　4　……都道府県知事は、……前項の届出があつた場合においては、換地処分があつた旨を公告しなければならない。
　5～6　（略）

（換地処分の効果）
第104条　前条第四項の公告があつた場合においては、換地計画において定められた換地は、その公告があつた日の翌日から従前の宅地とみなされるものとし、換地計画において換地を定めなかつた従前の宅地について存する権利は、その公告があった日が終了した時において消滅するものとする。
　2～11　（略）

（換地処分に伴う登記等）
第107条　施行者は、第103条第4項の公告があつた場合においては、直ちに、その旨を換地計画に係る区域を管轄する登記所に通知しなければならない。
　2～4　（略）
第140条　第76条4項の規定による命令に違反して土地の原状回復をせず、又は建築物その他の工作物若しくは物件を移転し、若しくは除却しなかった者は、6月以下の懲役又は20万円以下の罰金に処する。

【土地区画整理法施行規則（平成17年国土交通省令第102号による改正前のもの）】
（設計の概要に関する図書）
6条　法第6条第1項に規定する設計の概要……は、設計説明書及び設計図を作成して定めなければならない。
　2　前項の設計説明書には、次に掲げる事項を記載しなければならない。
　一～二　（略）
　三　土地区画整理事業の施行後における施行地区内の宅地の地積（保留地の予定地積を除く。）の合計の土地区画整理事業の施行前における施行地区内の宅地の地積の合計に対する割合
　四　保留地の予定地積
　五～九　（略）
　3　第1項の設計図は、縮尺1200分の1以上とし、土地区画整理事業の施行後における施行地区内の公共施設……の位置及び形状を、土地区画整理事業の施行により新設し、又は変更される部分と既設のもので変更されない部分とに区別して表示したものでなければならない。

行政法

STEP1　行政作用と根拠条文の特定

この事案における行政作用は、事業計画の決定及び公告です。根拠条文は、事業計画の決定については法52条1項、事業計画の公告は法55条9項です。

STEP2　行政作用の法律要件を特定する

法52条1項に基づく決定の要件は、「市町村は、第3条第3項の規定により土地区画整理事業を施行しようとする場合」です。要件の中に他の条文が入っていますから、そちらも参照しましょう。法3条3項には「市町村は、施行区域の土地について土地区画整理事業を施行することができる。」と書いてあります。結局、法52条1項に基づく決定は、市町村が施行区域の土地について土地区画整理事業を施行しようとする場合に必要となることがわかります。

法55条9項に基づく公告の要件は、「市町村が第52条第1項の事業計画を定めた場合」ですから、市町村は、法52条1項の事業計画を決定することにより、それを公告せねばならないことになります。

STEP3　行政作用の全体のフローと当事者の不満を把握する

さて、これだけの分析ではまだ何もわからないでしょう。事案を把握するために重要なのはこのSTEPからになります。ここからは、**STEP1及びSTEP2**で把握した行政作用を中心に、①当事者、②時系列、③国民の権利関係の変動を把握していきます。参照条文に記載されていない項目については、参考として丸括弧で記載しています（図表13-1）。

■ **図表13-1 土地区画整理法の行政過程のフロー**

X(原告)の権利関係の変動	浜松市(被告)	静岡県知事
	(都市計画決定) ↓	
	土地区画整理事業の事業計画(設計の概要等)の策定(法52条1項前段・法54条の準用する法6条・施行規則6条) ↓	
	設計の概要の認可申請(法52条1項後段) ↓	← 認可
	事業計画の決定(法52条1項前段) ↓	
建築行為等の制限(法76条1項3号・法140条)	事業計画の公告(法55条9項。公告の内容は法54条の準用する6条及び施行規則6条) ↓	
従前の宅地は使用できなくなり、仮換地を使用収益できるようになる。(法99条1項。所有権は従前の宅地に残る)	仮換地の指定(法98条1項) ↓	
	(工事) ↓	
従前の宅地から換地後の宅地に所有権が移転する(法104条1項)	換地処分の通知・公告(法103条)	
	換地処分の登記(法107条1項)	

ここまで整理すると、当事者の不満が把握できたと思います。すなわち、事業計画の公告によって、土地区画整理事業の施行地区内にある建物には、建築制限がかかります(法76条1項3号)。この建築制限に違反すると、刑事罰もあります(法140条)。その後、仮換地の指定によって従前の宅地は使用収益できなくなるとともに仮換地の使用収益ができるようになり、換地処分によって所有権が移転するわけですが、事業計画決定または公告から仮換地の指定までは相当時間がかかる[*1]のが通常です。すると、当事者は、いつ仮換地の指定を受けるのかもわからぬまま、建物

*1 1年程度のこともありますが、長いときは十数年を要することもあります。

の新築や改築ができなくないという不利益を被り続けるわけです。一般論として、建物の新築や改築ができない土地を買う人はあまりいませんから、施行地区内にある土地を所有している原告は、事実上土地を売りたくても売れないという不利益を被ることになります。したがって、原告としては、事業計画の決定または公告の時点で事業計画の違法性を争いたいわけです。

ちなみに、司法試験では前記のような参照条文が問題文につけられていて、当事者や時系列、国民の権利関係の変動を自分で分析できなければ解けないようになっています。実務では本書や司法試験のように、必要な条文だけ抜粋されているということはありません（そもそも法律を探すことから始める必要があります）ので、**行政法を学習する際（特に判例を読むとき）には、必ず根拠条文と条文の全体構造を把握する訓練をしましょう。**

STEP4　行政作用が行政処分にあたるか否かを検討する

行政処分に当たるか否かの判断は解釈に委ねられており、これまでたくさんの判例が蓄積されてきました。本件のベースとなった判例もそのひとつです。

最高裁は、本件と似た事案において、土地区画整理事業における事業計画の決定ないし公告の処分性を否定していました。

「土地区画整理事業計画……は、当該土地区画整理事業の基礎的事項……について、……一般的・抽象的に決定するものである。従って、……事業計画自体ではその遂行によって利害関係者の権利にどのような変動を及ぼすかが、必ずしも具体的に確定されているわけではなく、いわば当該土地区画整理事業の青写真たる性質を有するにすぎない」「（建築制限等の不利益な取り扱いは）当該事業計画の円滑な遂行に対する障害を除去するための必要に基づき、法律が特に付与した公告に伴う附随的な効果にとどまるものであって、事業計画の決定ないし公告そのものの効果として発生する権利制限とはいえない。」

——最大判昭和41年2月23日（民集20巻2号271頁）

ひとことで言うと、事業計画の決定ないし公告は**具体的に**権利関係を変動させるものではないため、司法権の対象とならないと判断したのです。

しかし、平成20年判決は、上記判例を変更し、事業計画の決定ないし公告に処分性を肯定しました。その理由は、土地区画整理事業の構造にあります。図表13-1のフローを参照するとわかりますが、事業計画の公告がなされると、違反すると罰則付きの建築制限がかけられます。また、設計の概要から施行地区内の宅地所有者の権利にどのような影響が及ぶかについてある程度具体的に予測できるようになります。そして、土地区画整理事業の場合、事業計画の公告がなされるとその後に必ず換地処分が行われることが予定されていますから、施行地区内の宅地所有者は、事業計画の決定によって建築制限等の規制を伴う土地区画整理事業の手続に従って換地処分を受けるべき地位に立たされるということができます。土地区画整理法の条文構造より、当事者は法によって強制的にそのような地位に立たされていると評価できるので、宅地所有者に具体的な義務を課すものであり、司法権の対象となるとして処分性を肯定したのです。[*1]

このように、処分性を判断するためには、特定の行政作用を含むフロー全体を分析できるようになることが必須です。

＊1 多数意見は、本文のように一連のフローに着目して処分性を肯定しましたが、涌井裁判官の意見は事業計画決定自体が直接的に法的効果を有するが故に処分性が認められるとしています。

4 行政過程分析のフレームワーク

㉚行政過程分析のフレームワーク

伝統的な行政法学は、現実の行政が様々な形で展開する複雑な過程であることを前提として、その過程を法的に把握しようとしてきました。その中でも、行政行為という法形式を中心として、**法律（行政立法）→行政行為→強制行為という三段階構造**が行政の過程の基本的骨格を成すと考えられてきました。[*2] ここでいう「行政行為」とは、これまで述べてきた「行政処分」とほぼ同じ意味です。**この三段階構造は、行政過程を分析するためのフレームワーク**といえます。すなわち、行政過程を法律によって一般的抽象的権利義務を定め、行政行為によって個別の国民に具体的な権利義務を生じさせて、その義務履行確保のた

＊2 藤田宙靖『第四版 行政法I（総論）【改訂版】』（青林書院、2005年）20頁を参照。

めに強制行為（行政上の強制執行）を行うというように行政過程を分類し、行政行為を中心に置いてきたのです。

近年ではこの三段階以外に、行政契約、行政指導、行政計画、行政調査を含む7種類の行為形式が注目されるようになっていますが、基本書を読む際には三段階構造をベースにしていることを念頭に置いておくと、基本書の構成や内容が理解しやすくなります。また、検討対象となる行政作用が、上記7種類のどれにあたるかという観点も、分析に役立ちます。

㉛行政訴訟選択のフレームワーク

5 行政訴訟選択のフレームワーク

行政作用の分析をして当事者の不満を把握し、処分性の有無が判断できたら、次はどのような訴訟を選択するかを検討します。[*1] 選択できる訴訟は、原告となる人が、裁判で行政作用による不利益の排除・是正・予防を求めたいのか、金銭債権の存否の確認またはその給付請求をしたいのかで大きく変わります。

＊1 本項及び次項については、伊藤たける『行政法の流儀 訴訟要件を突破せよ！』受験新報2015年6月号10頁以下及び同『行政法の流儀 死闘！ 原告適格』受験新報2015年7月号18頁以下も参照。

⑴ 行政作用による不利益の排除・是正・予防を求める場合

行政作用が行政処分であれば、抗告訴訟（公権力の行使に関する訴訟。行政事件訴訟法3条1項）によらない限り、直接その効力を否定することはできません。抗告訴訟には、大まかに分けて取消訴訟、無効等確認訴訟、不作為の違法確認訴訟、義務付け訴訟、差止訴訟の5つがあります。このうち、既に行政処分が行われている場合は、取消訴訟または無効等確認訴訟、まだ行政処分が行われていない場合は不作為の違法確認訴訟、義務付け訴訟、差止訴訟のいずれかに分岐します。

既に行政処分が行われていて、出訴期間（行政事件訴訟法14条）を過ぎていない場合は取消訴訟を選択できますが、出訴期間を過ぎると原則として行政処分の違法性を争えなくなります。例外的に、**処分に重大かつ明白な瑕疵がある場合**は、行政処分が無効であることを前提とする訴訟として3つの訴訟形式から選択することになります。**訴訟物が現在の公法上の法律関係である場合**は、**現在の公法上の当事者訴訟**（行政事件訴訟法4条後段）、**現在の私法上の法律関係である場合**は、**争点訴訟**[*2]（通常の民事訴訟であることもあります）、**以上2つの現在の法律関係に関する訴訟によっては目的を達することができない場合（処分の無効を前提とする当事者訴訟または民事訴訟と比べて、無効等確認訴訟の方がより直裁的で適切な争訟形態である場合）**には、**無効等確認訴訟**（行政事件訴訟法36条）を選択できます。[*3]

まだ**行政処分が行われていない場合**は、原告となる者の要望に応じて、**処分が行われていないことが違法であることを確認したい場合**は**不作為の違法確認訴訟、まだ行われていない一定の処分を求める場合は義務付け訴訟（申請型・非申請型）、一定の処分が今後も行われないことを求める場合は差止訴訟**を選択します。不作為の違法確認だけでは違法を確認するだけなので、義務付け訴訟とセットで提起することもあります。

なお、既に行政処分がされているか否かを問わず、行政処分の前提となる法律関係の確認を求める訴え（公法上の当事者訴訟または争点訴訟等）を提起することはできます。たとえば、行政処分の違法性を前提として、法律上の地位の存否を確認したり、国家賠償請求をしたりすることが可能です。これらの訴訟では、行政処分の違法性が審理・判断されることになりますが、行政処分の効力とは直接関係がないため、行政処分の効力を直接否定する場合には抗告訴訟によらねばならないというルールに反しないからです。

原告が抗告訴訟で争っている間に被る不利益を防ぐため、取消訴訟及び無効等確認訴訟については執行停止（行政事件訴訟法38条3項）、義務付け訴訟には仮の義務付け（同法37条の5第1項）、差止訴訟には仮の差止め（同法37条の5第2項）という仮の救済手段があります。なお、抗告訴訟以外の訴訟形式を選択した場合は、民事保全法上の仮処分ができることがありますが、仮処分の対象が「公権力の行使に当たる行為」であれば、仮処分はできません（同法44条）。

処分性がない場合は、行政事件訴訟法上の抗告訴訟は選択できません。公法上の法律関係であれば公法上の当事者訴訟（同法4条後段）、私法上の法律関係ならば争点訴訟を選択することになります。

以上とは別に、「当事者間の法律関係を確認し又は形式する処分又は裁決に関する訴訟で法令の規定によりその法律関係の当事者の一方を

＊2 行政事件訴訟法45条に規定がありますが、性質としては通常の民事訴訟と同じです。

＊3 公法上の当事者訴訟または争点訴訟では目的を達することができない場合でなければ無効等確認訴訟を提起できない理由は、前2者の訴訟は現在の法律関係を確認するものであるのに対し、無効等確認訴訟は過去の処分の無効を確認するものであるため、原則として訴えの利益を欠くからです。

被告とするもの」(同法4条前段) を形式的当事者訴訟といいます。

たとえば、土地収用法における損失補償額に関する訴え(土地収用法133条2項・3項) のように、本来的には行政処分に対する抗告訴訟だけれども、同法の規定によって私人間の訴訟(土地所有者と起業者) となるものです。

以上の訴訟選択の思考手順をまとめたものが、図表13-2です。

■ 図表13-2 行政訴訟選択のフレームワーク

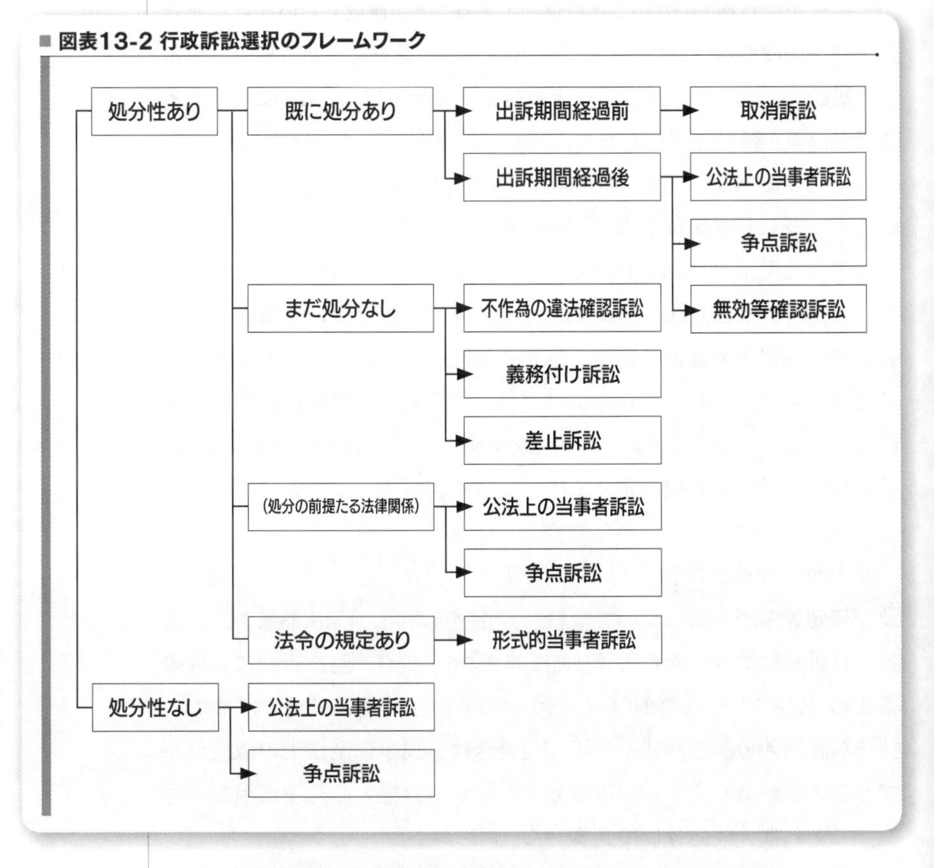

(2) 金銭債権の存否の確認またはその給付請求をする場合

違法な公権力の行使によって損害の賠償を求める場合は国家賠償法、国家の適法行為によって生じた特別の損失の補償を求める場合は、損失補償(個別法に損失補償の規定がなければ、憲法29条3項に基づく補償請求を検討) に基づいて請求します。

Column **「行政法」における4つの「確認訴訟」**

行政法では「確認訴訟」という言葉がよく出てきますが、どの訴訟を選択したかで訴訟要件と法効果が変わるため、どれを指しているのかは注意しましょう。行政法においては、①抗告訴訟としての無効等確認訴訟、②不作為の違法確認訴訟、③公法上の当事者訴訟としての確認訴訟、④民事訴訟としての確認訴訟（争点訴訟）の4つがあります。

①ないし③については、既判力の他に、関係行政庁に対する拘束力（行政事件訴訟法33条）があります。④には既判力しかありません。①は、確認の対象が行政処分であるときしか使えません。訴訟物が公法上の権利関係の場合（行政契約、行政計画、行政指導等のように処分性を認めがたい行政作用）は③、私法上の権利関係の場合は④という違いがあります（もっとも、この違いを厳密に解する必要はありません）が、訴訟手続はほぼ変わりません。実務的には、③は行政事件として扱われるため、裁判体が本庁で受訴（本庁に行政事件専門部があればそこに配点）されるという点で、手続選択に影響を与えます。

すべての確認訴訟に共通するのは、何の確認を求めるのかを慎重に検討する必要があることです。何度も述べているとおり、主観訴訟は「当事者間の具体的な権利義務ないし法律関係の存否に関する紛争」でなければなりません。当該法律関係の確認を求めることによって原告が法的に具体的に救済されなければ、訴えが不適法却下されることに気をつけましょう。

6 本案前の主張（訴訟要件）の検討

行政事件訴訟法は、取消訴訟の手続に関する規定を置き、他の訴訟類型がその規定を準用するという構造をしています。そして、行政事件訴訟については、同法に定めがない事項については民事訴訟の例によるとしています（行政事件訴訟法7条）。

民事訴訟においては、原告の請求に理由があるとする本案判決をするためには、当該訴えが適法であるとして具備しなければならない要件があります。それを**訴訟要件**といいます。行政事件訴訟においては、民事訴訟で要求される**①訴えの利益**のほか、**②処分性**（行政事件訴訟法3条2項）、**③原告適格**（同法9条1項）、**④被告適格**（同法11条）、**⑤管轄**（同法12条）、

⑥不服申立前置[*1]（同法8条1項但書）、**⑦出訴期間**（同法14条1項）が訴訟要件となります。訴えが適法として本案判決をしてもらうためにはこれらの要件すべてを満たす必要があり、1つでも欠けば訴えは却下されます。

行政事件において特に問題となる訴訟要件は、①訴えの利益、②処分性、③原告適格です。特に②と③は行政訴訟において原告の救済を阻んできた訴訟要件であり、数多くの判例が蓄積されています。

これら3つの訴訟要件を考える際にも念頭に置いておくべきなのが、行政訴訟が主観訴訟であることです。行政訴訟における審判の対象は「当事者間の具体的な権利義務ないし法律関係の存否に関する紛争」ですから、**原告の請求が認容されることによって、口頭弁論終結時において原告の具体的な権利利益が回復可能でなければなりません（訴えの利益）**[*2]。また、**取消しを求める行政処分が個別の当事者の具体的な権利義務を変動させるものでなければなりません（処分性）**。さらに、**原告適格が認められるのは、当該処分によって自己の権利もしくは法律上保護された利益を侵害され、または必然的に侵害されるおそれのある者のみです**[*3]。

したがって、**上記訴訟要件の検討にあたっては、問題となっている行政処分が原告となる者のどのような利益を侵害しているかを特定することから始まります。**次に、その**利益が法令上保護されているか否か**を検討します。その利益は、事実上のものではなく法的な利益といえる必要があります。また、**法令が保護または侵害する権利義務は、一般的なものではなく個別具体的なものでなければなりません。**

㉜訴訟要件検討のフレームワーク

以上を踏まえて、各訴訟要件の判例を検討してみてください。検討の際に参考となる基本的視点（訴訟要件検討のフレームワーク）をまとめておきます（図表13-3、13-4）。

＊1 条文上は原則として不服申立てと行政事件訴訟のどちらを提起するかは自由となっていますが、実務的には個別法で審査請求前置主義を定めている場合が圧倒的に多いので、審査請求前置主義が原則であると考えておいた方がいいでしょう。

＊2 訴えの利益が問題となるのは、口頭弁論終結前に、訴訟の対象となっている行政処分の効果が終了・消滅した場合（原則として訴えの利益がなくなるが、例外的に行政事件訴訟法9条1項括弧書きの場合はなくならない）、撤回された場合（訴えの利益がなくなる）、原状回復が不可能な場合（訴えの利益はなくならず、事情判決で処理する）、原告が死亡した場合などです。

＊3 実際に原告適格が問題となるのは、行政処分の直接の名宛人以外の者が行政訴訟を提起する場合です。直接の名宛人は当然に原告適格を有するので、答案上もほぼ原告適格について検討する必要はありません。

■ **図表13-3 訴訟要件検討のフレームワーク(処分性)**

定義：公権力の主体たる国又は公共団体が行う行為のうち、その行為によって、直接国民の権利義務を形成し又はその範囲を確定することが法律上認められているもの

※最判昭和39年10月29日民集18巻8号1809頁(行政判例百選(第6版)Ⅱ156番)

① 公権力性

行政作用が法令に基づき、優越的地位をもって行為をしているかを検討する。

[事実認定の考慮要素]

- 個別法の文言(「申請」「決定」「命令」等)
- 行政手続法第2章・第3章の処分に関する手続を適用除外とする規定がある
- 不服申立手続を定める規定がある

② 法律上の地位に対する影響(直接国民の権利義務を形成し又はその範囲を確定しているか)

どのような利益を侵害されているかを特定した上で、直接性・法的効果・具体性という観点から直接国民の法律上の地位に影響を与えているかを検討する。

[事実認定の考慮要素]

- 直接性(行政機関の内部行為によって間接的に私人の権利義務を形成した場合は「直接」国民の権利義務を形成したとはいえない)
- 法的効果(行政機関による通知、勧告等のように事実上の効果しかないものに、法的効果が認められるか。当該行政作用の前後の過程も踏まえて検討する)
- 具体性(規範定立行為は一般的抽象的な影響しか与えないため、原則として処分に当たらないが、個別具体的に権利関係を変動させる事情がある場合には例外的に処分性が認められる)

行政法

■ **図表13-4 訴訟要件検討のフレームワーク（原告適格）**

① 原告が行政処分によって侵害されている利益を特定

② その利益が行政事件訴訟法9条2項の考慮事項を踏まえて「法律上の利益」といえるか否かを検討

[STEP1] 根拠法令の確定（法的三段論法による処分構造の分析）

[STEP2] 根拠法令以外の法令が「関連法令」に該当するかを検討

[STEP3] 根拠規定の文言並びに根拠法令及び関連法令の趣旨目的から、個々人の個別的利益として保護されているか否かを検討

[STEP4] STEP3までで原告の侵害されている利益が個別的法益として保護されているといえない場合は、行政処分が法令に違反してされた場合に害されることとなる利益の内容及び性質並びにこれが害される態様及び程度を考慮
（たとえば、侵害の程度が直接的かつ重大であれば、被侵害利益が一般的公益に解消されるとはいえない。）

7 取消訴訟における本案上の主張の検討

(1) 基本的な思考方法の概要

訴訟要件の検討が終わったら、いよいよ行政処分の違法性の検討に入ります。本項では、取消訴訟における本案上の主張を例に検討します。

行政訴訟における本案上の主張とは、行政処分が違法であると主張することであり、行政処分とは法的三段論法における法効果そのものですから、法的三段論法のフレームワークの検討順序にしたがって思考を進めるのが基本です。まずは法効果である訴訟物から検討を始めましょう。

(2) 行政処分の違法事由検討のフレームワーク総論

㉝行政処分の違法事由検討のフレームワーク

実体法上の違法性を検討させる問題は、司法試験でほぼ毎年出題されていますし、実務においても主戦場なのですが、基本書を読んだだ

けではなかなか身につきません。本項を読みながら、司法試験の過去問や演習書で訓練してみてください。

行政処分の違法性を検討する場合、大きく分けて実体法上の違法と手続法上の違法の両方を検討するのが定石です。実体法上の違法の類型としては、**処分要件の不充足、裁量権の逸脱濫用**（行政事件訴訟法30条）、**法の一般原則違反、手続法上の違法の類型**としては、**行政手続法違反、個別法の手続規定違反**があります（図表13-5）。

処分要件の不充足が主要な争点となりますが、基本どおり法的三段論法のフレームワークに即して処分根拠法規の趣旨から具体的規範を定立し、あてはめることによって結論を導くことになります。

■ **図表13-5 行政処分の本案上の主張類型**

実体法上の違法

- **処分要件の不充足**
- **裁量権の逸脱濫用**
- **法の一般原則違反（平等原則・比例原則・信義則等）**

※ 一般原則によって違法となるケースは限られているため、最後の手段程度に考えておくべき

手続法上の違法

- **行政手続法違反**
- **個別法の手続規定違反**

実体法上の違法事由を検討する場合は、答案に書くかどうかはさておき、**①行政処分の根拠法規の性質**と**②行政処分そのものの法的性質**の双方を検討することが有用であることがあります。

行政処分の根拠法規の種類は、大きく分けて国民の権利義務の内容を定める**法規命令**と国民の権利義務に直接関わらない行政規則に分かれます。**行政規則**には、法令の解釈を統一するために上級行政機関が下級行政機関に対して発する**解釈基準**、行政庁の裁量権行使の基準である**裁量基準等**[*1]があります。

＊1 申請に対する処分についての裁量基準を審査基準（行政手続法2条8号ロ）、不利益処分についての裁量基準を処分基準（同号ハ）といいます。行政規則は他にも、法律の根拠なく支給される補助金等の基準である給付規則、行政指導の指針を示す行政指導指針（同号ニ）等があります。

行政処分の根拠法規の法的性質が法規命令である場合、同命令が法律の委任の範囲内に収まっている限りは何の問題もありません。しかし、行政規則が根拠となっている場合、行政規則は行政処分の根拠となることはできませんので、その行政処分は違法です。もっとも、行政規則が根拠となっているようにみえても、実質的な根拠法規は法令である場合があります。根拠法規に裁量があることが前提となりますが、根拠となっている（ようにみえる）行政規則が裁量基準である場合は、裁量基準が合理的か否か、解釈基準である場合は根拠法規の解釈として正しいか否かで適法か否かの結論が分かれます。これらの場合、あくまでも根拠法規は法令であって、行政規則ではありません。以上を整理したものが図表13-6です。

㉞行政処分の根拠法規の性質検討のフレームワーク

■ 図表13-6 行政処分の根拠法規の性質検討のフレームワーク

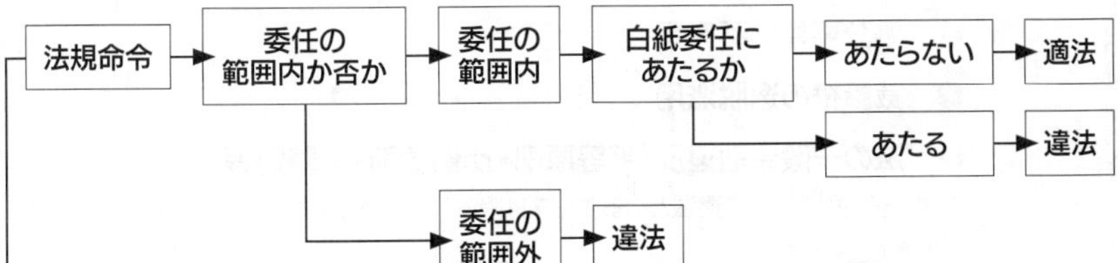

（参考）伊藤たける『行政法の流儀 行政裁量の脅威』受験新報 2015年4月号17頁

行政処分そのものの法的性質の分類は多様なものがありますが、特に講学上の許可と特許の違いは知っておくべきです。**許可**とは、**本来**

的に自由な行為について一般的に禁止をしておき、一定の要件を備えた場合にその禁止を解除すること、特許とは**本来的に自由ではない、国家が行うべき行為を特別に私人に行わせること**をいいますが、この分類は行政裁量の審査密度を検討するときに役立つことがあります。

なお、以上のとおり行政処分の根拠法規の性質と行政処分そのものの法的性質を検討することは、訴訟要件（特に原告適格）を検討する際にも有用です。

⑶ 行政処分の違法事由検討のフレームワーク各論（行政裁量のフレームワーク）

㉟行政裁量のフレームワーク

実務でもよく問題になり、司法試験でもよく出題されるのが行政裁量の適法性です。

行政裁量の本質は、究極的には立法権と司法権の衝突にあります。国会が立法した法律を行政機関が執行するわけですが、すべての具体的な事例に対応できる法規を作ることは不可能ですから、法律は一定程度の範囲については行政権の判断に専属するものとして委ねています。国会が行政機関に委ねた範囲の問題が裁量であり、**行政機関の判断がこの範囲に収まっている限り、仮に行政機関が具体的事実に対して法的三段論法を適用して法的判断をするという、まさに司法権の専権事項についてであっても、裁判所は審査することができない**のです。そのため、行政裁量が考えられる場面においては、**そもそも行政裁量が認められるか否か（裏返せば、司法審査が及ぶか否か）、行政裁量が認められるとしても、どこまで司法審査を及ぼすことができるかという検討が重要**になります。

行政裁量の適法性を判断する場合、以下のとおりのSTEPをたどります。

STEP1 行政機関の判断過程を分析する

行政機関が行政処分をする場合、法的三段論法に沿って①事実認定、②要件の解釈及びあてはめ、③行為の選択をした上で、④手続の選択、⑤時の選択をしています。まずは、具体的事実関係において行政機関がどのような判断過程を経て結論を出したのかを分析しましょう。

STEP2　何についての裁量が問題となるかを特定する

上記分析が終わったら、当事者の不満を踏まえ、STEP1の①から⑤のどれについての裁量が問題となり得るかを検討します。なお、②要件の解釈及びあてはめについての裁量を**要件裁量**、③行為の選択（処分をするか否か、処分をするとしてどの処分を選択するか）の裁量を**効果裁量**といいます。要件裁量と効果裁量のいずれかが問題になる場合が多いです。

STEP3　行政裁量の有無を検討する

行政裁量の有無は、**条文の形式面**と**処分の実質面**の双方から検討します。具体的には、**①条文の規定振り、②政策的判断・専門技術的判断、③国民の権利利益（自由と財産）に対する侵害（の有無・程度）**という3つの要素[*1]と**④処分の法的性質**から行政裁量の有無を総合的に検討します。たとえば、①条文の規定が不確定概念を用いている場合や、法効果が「～できる」と規定している場合は、それぞれ要件裁量と効果裁量が認められやすくなります。また、行政処分に附款（条件）を付すことが認められている場合も、裁量が認められやすくなります。②政策的判断・専門技術的判断が必要な場合、法律が行政機関にそのような判断を委ねているわけですから、行政裁量は広く（司法審査の範囲は狭く）なります。逆に、③国民の権利利益に重大な影響を与える場合、行政裁量は狭く（司法審査の範囲は広く）なります。④処分の性質が特許であれば裁量は広くなりますし、許可であれば狭くなります。

検討の結果、行政裁量がないということになれば、裁判所が行政庁と同一の立場に立ってSTEP1の①から⑤について検討し、行政庁の判断と裁判所の判断が食い違えば、行政処分は違法であると判断することになります**（判断代置審査）**。行政裁量が認められれば、STEP4に進みます。

STEP4　裁量権の逸脱濫用審査

STEP3の検討によって行政裁量の有無と広狭の認定ができていますので、裁量が広ければ社会観念審査、狭ければ判断過程審査によって裁量権の逸脱濫用を審査します。**社会観念審査**とは、**重要な事実の基**

＊1 橋本博之『行政法解釈の基礎―「仕組み」から解く』（日本評論社、2013年）98頁を参照。

礎を欠くか、社会通念上著しく妥当性を欠く場合に限り違法とする審査方法[*2]、**判断過程審査**はさらに踏み込んで**判断過程の合理性を検討する審査方法**です。それぞれの具体的な審査内容は、図表13-7のとおりです。

■ **図表13-7 裁量逸脱の具体的審査内容**

行政裁量	審査方法	審査内容
広い	社会観念審査	●事実誤認 ●目的違反・動機違反 ●信義則違反 ●平等原則違反 ●比例原則違反 ●基本的人権の侵害
狭い	判断過程審査	●本来重視すべき要素を重視していない（考慮不尽） ●重視すべきでない要素を重視している（他事考慮） ●事実に対する評価が明らかに不合理

⑷ 行政処分の違法事由検討のフレームワーク各論（手続上の違法）

㊱行政手続法の違法性検討のフレームワーク

既に述べたとおり、行政処分の違法性について本案上の主張をする場合、手続上の違法性がないかを検討することが重要です。手続上の違法性があれば必ず処分も違法として取り消されるわけではありませんが、場合によっては取り消されます。

STEP1 行政手続法の適用の有無を検討する

処分、行政指導、届出、命令等を定める手続の4つについては、原則として行政手続法が適用されます（行政手続法1条1項）。したがって、検討対象行為がこれら4つのいずれかであるかを確定する必要があります。

次に、**行政手続法の適用除外の場合にあたるか**を検討します。同法は、法全体については同法3条と4条、不利益処分をする場合の手続については同法13条2項で適用除外としています。同法3条は、おおまかに分けて**特殊な行政分野**（国会、裁判所、学校教育、刑務所、公務員等）と**地方公共団体の機関がする処分**[*3]について適用除外としています。したがって、処分根拠法規が条例の場合は注意が必要です。

また、処分根拠法規自身が行政手続法の適用を除外している場合もあります（同法1条2項）。手続の違法を検討する場合は、行政手続法の

＊2 社会観念審査は、会社法における経営判断原則（7頁）とほぼ同じ構造です。これらは、判断権者に対して広範な裁量が与えられている場合に、裁判所がその違法性を判断する場合のフレームワークであるといえるでしょう。

＊3 根拠が条例または規則に置かれているものに限ります。法律に根拠がある手続であれば、行政手続法の適用があります。

みならず、処分根拠法規に適用除外の規定がないかを探しましょう。

STEP2　本件で適用すべき手続を探す

紙幅の関係上、処分に限定して述べますが、行政手続法における処分に対する規律は、大きく分けて**申請に対する処分**と**不利益処分**に妥当するものがあります。行政機関が手続を遵守していない場合、「この場合はこの手続をしなければならないはずだ」という視点がなければ、手続が守られていないことに気づけませんので、図表13-8を見て基本的な手続は覚えておきましょう。

■ **図表13-8 行政手続法の処分に対する規律の具体的内容**

申請に対する処分に関する規定	不利益処分に関する規定
【義務付けられているもの】 ●審査基準の設定・公開（5条） ●申請に対する審査・応答（7条） ●申請拒否処分の理由の提示（8条） 【努力義務のもの】 ●標準処理期間の設定（6条） ●審査の進行状況及び処分時期等の情報の提供（9条） ●公聴会等の開催	【義務付けられているもの】 ●処分の通知（15条・30条） ●理由の提示（14条） ●聴聞手続（第3章第2節） ①許認可等を取り消す不利益処分 ②名あて人の資格または地位を直接に剥奪する不利益処分 ③法人役員の解任、従業員の解任、会員の除名を命じる不利益処分の場合（13条1項1号イ・ロ・ハ） ●弁明手続（第3章第3節） 上記以外の不利益処分の場合 【努力義務のもの】 ●処分基準の設定・公開（12条）

STEP3　手続の違法が処分の取消事由になるかを検討する

行政手続に違法があっても、処分の内容そのものに違法があるわけではないので、直ちに取消事由となるわけではありません。もっとも、**行政手続法によって適正手続の4原則である告知聴聞、理由の提示、文書閲覧、審査基準の設定・公表が行政庁の義務として定められたことからすると、行政庁がこれらの義務に違反した場合は処分の取消事由となると考える立場が有力です。**[*1] ただし、違反の程度が軽微な場合など、事案に応じた検討が必要です。[*2]

＊1 塩野宏『行政法Ⅰ［第6版］』（有斐閣、2015年）348頁を参照。

＊2 手続が違法であることを理由として処分を取り消した例（行政手続法制定前）として、最判昭和46年10月28日民集25巻7号1037頁（行政判例百選（第6版）Ⅰ125番）

8 行政法の問題分析のフレームワーク

行政法の答案構成をする際のフレームワークをまとめると、図表13-9のようになります。法的三段論法のフレームワークに行政法特有の事情を加えただけです。司法試験との関係では、問いとの関係でSTEPの一部のみが問われることもよくありますので、問いをよく読むようにしてください。もっとも、**問いに正確に答えるためには、STEP1からSTEP3については問われていなくとも検討する必要があります。**

■ 図表13-9 行政法の問題分析のフレームワーク

STEP1　行政作用と根拠条文を特定する
STEP2　行政作用の法律要件を特定する
STEP3　行政作用の全体のフローと当事者の不満を把握する
STEP4　行政作用が行政処分にあたるか否かを検討する
STEP5　訴訟類型の選択
STEP6　本案前の主張（訴訟要件）の検討
STEP7　本案上の主張（行政作用の違法性）の検討

9 フレームワークで解く平成24年司法試験(行政法)

それでは、行政法の問題分析フレームワークを使って、平成24年司法試験公法系第2問の設問1の答案構成をしてみましょう。**行政法に限りませんが、問題文中に誘導がある場合、誘導が実質的に問いを構成することに気をつけましょう。**

［公法系科目］

〔第2問〕（配点：100〔〔設問1〕から〔設問3〕までの配点の割合は、4：4：2〕）

Pは、Q県が都市計画に都市計画施設として定め、建設を計画している道路（以下「本件計画道路」という。）の区域内に、土地（以下「本件土地」という。）及び本件土地上の鉄骨2階建ての店舗兼住宅（以下「本件建物」という。）を所有して、商店を営業している。Pは、1965年に、本件土地を相続により取得し、本件建物を建築して営業を始めた。本件計画道路に係る都市計画（以下「本件計画」という。）は、1970年に決定され（以下、この決定を「本件計画決定」という。）、現在に至るまで基本的に変更されていない。本件計画によれば、本件計画道路は、延長を1万5000メートル、幅員を32メートルとされ、R市を南北に縦断するように、a地点を起点とし、他の道路（県道）と交差する交差点（b地点）を経由して、c地点を終点とするものと定められている。a地点とc地点のほぼ中間にb地点が位置し、本件土地はb地点とc地点のほぼ中間に位置している。

Q県は、本件計画道路のうちa地点からb地点までの区間については、交通渋滞を緩和させる必要性が高かったため、1975年から徐々に事業を施行した。予算の制約や関係する土地建物の所有者等の反対があり、計画を実現するには長期間を要したが、2000年には道路の整備が完了した。これに対し、本件計画道路のうちb地点からc地点までの区間（以下「本件区間」という。）については、やはり関係する土地建物の所有者等の反対もあって、1970年から現在まで全く事業が施行されておらず、事業を施行するための具体的な準備や検討も一切行われていない。Q県の財政事情が逼迫しているため、事業の施行は財政上もますます困難になっている。

こうした状況において、Q県は、b地点とc地点の間の交通需要が2030年には2010年比で約40パーセント増加するものと推計し、この将来の交通需要に応じるために、本件計画道路の区間や幅員を縮小する変更をせずに本件計画を存続させている。もっとも、Q県が5年ごとに行っている都市計画に関する基礎調査によれば、R市の旧市街地に位置するc地点の付近において事業所及び人口が減少する「空洞化」の傾向が見られ、b地点とc地点の間の交通量は1990年から漸減し、2010年までの20年間に約20パーセント減少している。しかし、c地点の付近で営業する事業者の多くは、空洞化に歯止めを掛けて街のにぎわいを取り戻すために、本件区間を整備する必要があると、Q県に対して強く主張し続けている。こうした地元の主張に配慮して、Q県も、本件区間の整備を進めれば、c地点付近の旧市街地の経済が活性化し、それに伴いb地点とc地点の間の交通需要が増えていくと予測して、上記のように将来交通需要を推計している。

あわせて、Q県は、本件区間を整備しないと、本件区間付近において道路密度（都市計画において定められた道路の1平方キロメートル当たりの総延長）が過少になることも、本件区間について縮小する変更をせずに本件計画を存続させることの理由に挙げている。Q県は、道路密度が、住宅地においては1平方キロメートル当たり4キロメートル、商業地においては1平方キロメートル当たり5キロメートルは最低限確保されるように（これらの数値を、以下「基準道路密度」という。）、道路に係る都市計画を定める運用をしている。本件区間付近は、住宅地及び本件土地のような商業地から成るが、いずれにおいても、本件区間を整備しないと、道路密度が基準道路密度を1キロメートル前後下回ることになるため、Q県は本件計画をそのまま存続させる姿勢を崩していない。

最近になって、Pは、持病が悪化して商店を休業することが多くなった。また、本件建物は、建築から45年以上を経過して老朽化し、一部が使用できない状態になった。そこで、Pは、商店の営業をやめて本件建物を取り壊し、鉄筋コンクリート8階建てのマンションを建築して、自らも居住しながらマンションを経営して老後の生活を送ることを考えるようになった。しかし、このことをQ県の職員に話したところ、「本件土地は、本件計画道路の区域内にあるため建築が制限され（以下、この制限を「本件建築制限」という。）、そのような高層の堅固な建物の建築は認められない。」と言われた。Pは、承服できず、訴訟を提起するために弁護士Sに相談した。Pは、8階建てマンションへの建て替えを第一に要望しているが、もしそれが無理であれば、Q県に対し、本件土地の地価が本件建築制限により低落している分に相当する額の支払を請求し（以下、この請求を「本件支払請求」という。）、本件建物を鉄骨2階建てのバリアフリーの住宅に建て替えることを考えている。

【資料1　法律事務所の会議録】を読んだ上で、弁護士Tの立場に立って、弁護士Sの指示に応じ、設問に答えなさい。

なお、都市計画法及び都市計画法施行規則の抜粋を、【資料2　関係法令】に掲げてあるので、適宜参照しなさい。

〔設問1〕

本件計画決定は、抗告訴訟の対象となる処分に当たるか。本件計画決定がどのような法的効果を有するかを明らかにした上で、そのような法的効果が本件計画決定の処分性を根拠付けるか否かを検討して答えなさい。

〔設問2〕

Q県が本件計画道路の区間又は幅員を縮小する変更をせずに本件計画を存続させていることは適法か。都市計画法の関係する規定を挙げながら、適法とする法律論及び違法とする法律論として考えられるものを示して答えなさい。

〔設問3〕

Q県が本件計画を変更せずに存続させていることは適法であると仮定する場合、PのQ県に対する本件支払請求は認められるか。請求の根拠規定を示した上で、請求の成否を判断するために考慮すべき要素を、本件に即して一つ一つ丁寧に示しながら答えなさい。

【資料1　法律事務所の会議録】

弁護士S：本日は、Pの案件について基本的な処理方針を議論したいと思います。まず、本件土地の現況はどうなっていますか。

弁護士T：本件土地は、都市計画法上の近隣商業地域にあります。本件計画がなければ、Pが要望している高層の堅固なマンションを建築することに、法的な支障はありません。実際に、本件土地の周辺では、高層の堅固な建物が建築されています。

弁護士S：しかし、PはQ県の職員から、本件計画があるために建築が認められないと言われたのですね。

弁護士T：はい。確かに、都市計画施設の区域内でも、都市計画法第53条の許可を受ければ、建築が可能です。しかし、鉄筋コンクリート8階建てという高層の堅固な建物になりますと、都市計画法が建築制限を定める趣旨から言って、許可を受けることは難しいと思います。そして、建築基準法の制度によれば、本件計画が定めるような都市計画施設の区域内では、都市計画法第53条の許可を受けていない建物は建築確認を受けられないことになります。

弁護士S：そうですね。それでは、本件計画が違法なのでPの建物は都市計画法第53条の建築制限の適用を受けないと主張する方向で検討することにしましょう。したがって、Pが考えているマンションが、都市計画法第53条の許可の要件を満たすか否かは、検討しなくて結構です。しかし、1970年において本件計画決定が違法であったと主張することも、難しそうですね。

弁護士T：はい。どの都道府県でも、道路に係る都市計画は、高度経済成長期に人口増加と経済成長を前提に定められた結果として増えたのですが、地方公共団体の財政が悪化して、事業が全部又は一部施行されていない計画が残されている状況にあります。Q県でも、道路に係る都市計画全体のうち道路の延べ延長にして約50パーセントが、事業未施行の状態です。そこで、Q県は、2005年から、Q県でも近年進行している少子高齢化による人口減少や低成長経済を前提にして、道路に係る都市計画を全面的に見直すことにしました。見直しの結果、道路の区間や幅員を縮小するように都市計画を変更した例もあります。しかし、本件区間については本件計画を変更せずに存続させることにしたのです。

弁護士S：では、現時点において本件計画を変更せずに存続させていること、ここでは単に計画の存続ということにしますが、このことが違法といえるかどうかを検討してください。本件計画決定が1970年において違法であったという主張は、検討の対象から外してください。それでも、都市計画の存続を違法とした先例はなかなか見当たりませんので、計画の存続を適法とする法律論と違法とする法律論の双方を示して、都市計画法の関係規定を挙げながら、本件の具体的な事情に即して綿密に検討するようにお願いします。

弁護士T：承知しました。それから、計画の存続の違法性を主張するために、どのような訴えを提起するべきかという問題もあります。

弁護士S：そのとおりです。最高裁判所は、大法廷判決で、土地区画整理事業の事業計画の決定に処分性を認める判例変更をしましたね（最高裁判所平成20年9月10日大法廷判決、民集62巻8号2029頁＝平成20年判決）。ただし、都市計画施設として道路を整備する事業は、都市計画決定とそれに基づく都市計画事業認可との2段階を経て実施されるのですが、土地区画整理事業の事業計画の決定は、道路に係る都市計画でいえば、事業認可の段階に相当します。

弁護士T：そのためか、Q県の職員は、道路に係る都市計画決定は、この大法廷判決の射程の外にあり、事業の「青写真」の決定にすぎず、処分性はない、と解釈しているようなのです。

弁護士S：私たちとしては、この大法廷判決の射程をよく考えながら、道路に係る都市計画決定の法的効果を分析して、本件計画決定に処分性が認められるかどうか、判断する必要があります。都市計画決定の法的効果を分析する際には、その次の段階に位置付けられる都市計画事業認可の法的効果との関係も考慮に入れてください。綿密な検討をお願いします。

弁護士T：承知しました。本件計画決定に処分性が認められる場合、本件計画の変更を求める義務付け訴訟や、本件計画決定の失効確認訴訟を提起することになるのでしょうか。

弁護士S：いろいろ考えられますが、今の段階では、こうした個々の抗告訴訟の適法性を検討することまでは、していただかなくて結構です。また、本件計画決定の処分性が認められない場合に、どのような訴えを提起するべきかも問題ですが、この点についても、今の段階では、処分性の検討の際に必要な範囲で考慮するだけで結構です。

弁護士T：分かりました。

弁護士S：それで、Pは、絶対にマンションを建築したいという希望なのですか。

弁護士T：強い希望を持っています。建築資金も調達できるとのことです。マンションの設計の依頼まではしていませんが、それは、高い費用を掛けてマンションの設計を依頼しても、法的にマンションを建築できないことになると、設計費用が無駄になるからであって、意欲や財源がないからではありません。ただし、本件建築制限が適法とされる可能性があることは十分承知していて、その場合は、代わりに本件支払請求をすることを要望しています。

弁護士S：そのような本件支払請求が可能かどうかを検討する場合、いろいろな要素を考慮する必要がありますね。Pに有利な要素も不利な要素も一つ一つ示しながら、検討してください。請求の根拠規定やごく基本的な考慮要素も、丁寧に挙げてください。当然ながら、箇条書にとどめないでください。税法に関わる問題もありそうですが、その点は考慮しなくて結構です。

弁護士T：承知しました。

【資料2　関係法令】

○　都市計画法（昭和43年6月15日法律第100号）（抜粋）

（定義）

第4条　この法律において「都市計画」とは、都市の健全な発展と秩序ある整備を図るための土地利用、都市施設の整備及び市街地開発事業に関する計画で、次章の規定に従い定められたものをいう。

2～4　（略）

5　この法律において「都市施設」とは、都市計画において定められるべき第11条第1項各号に掲げる施設をいう。

6　この法律において「都市計画施設」とは、都市計画において定められた第11条第1項各号に掲げる施設をいう。

7～14　（略）

15　この法律において「都市計画事業」とは、この法律で定めるところにより第59条の規定による認可又は承認を受けて行なわれる都市計画施設の整備に関する事業及び市街地開発事業をいう。

16　（略）

（都市計画区域）

第5条　都道府県は、市又は人口、就業者数その他の事項が政令で定める要件に該当する町村の中心の市街地を含み、かつ、自然的及び社会的条件並びに人口、土地利用、交通量その他国土交通省令で定める事項に関する現況及び推移を勘案して、一体の都市として総合的に

整備し、開発し、及び保全する必要がある区域を都市計画区域として指定するものとする。（以下略）

2〜6　（略）

（都市計画に関する基礎調査）

第6条　都道府県は、都市計画区域について、おおむね5年ごとに、都市計画に関する基礎調査として、国土交通省令で定めるところにより、人口規模、産業分類別の就業人口の規模、市街地の面積、土地利用、交通量その他国土交通省令で定める事項に関する現況及び将来の見通しについての調査を行うものとする。

2〜5　（略）

（都市施設）

第11条　都市計画区域については、都市計画に、次に掲げる施設を定めることができる。（以下略）

一　道路、都市高速鉄道、駐車場、自動車ターミナルその他の交通施設

二〜十一　（略）

2　都市施設については、都市計画に、都市施設の種類、名称、位置及び区域を定めるものとするとともに、面積その他の政令で定める事項を定めるよう努めるものとする。

3〜6　（略）

（都市計画基準）

第13条　都市計画区域について定められる都市計画（中略）は、（中略）当該都市の特質を考慮して、次に掲げるところに従つて、土地利用、都市施設の整備及び市街地開発事業に関する事項で当該都市の健全な発展と秩序ある整備を図るため必要なものを、一体的かつ総合的に定めなければならない。（以下略）

一〜十　（略）

十一　都市施設は、土地利用、交通等の現状及び将来の見通しを勘案して、適切な規模で必要な位置に配置することにより、円滑な都市活動を確保し、良好な都市環境を保持するように定めること。（以下略）

十二〜十八　（略）

十九　前各号の基準を適用するについては、第6条第1項の規定による都市計画に関する基礎調査の結果に基づき、かつ、政府が法律に基づき行う人口、産業、住宅、建築、交通、工場立地その他の調査の結果について配慮すること。

2～6 （略）

（都市計画の図書）
第14条　都市計画は、国土交通省令で定めるところにより、総括図、計画図及び計画書によつて表示するものとする。

2　計画図及び計画書における区域区分の表示又は次に掲げる区域の表示は、土地に関し権利を有する者が、自己の権利に係る土地が区域区分により区分される市街化区域若しくは市街化調整区域のいずれの区域に含まれるか又は次に掲げる区域に含まれるかどうかを容易に判断することができるものでなければならない。

一～六 （略）

七　都市計画施設の区域

八～十四 （略）

3 （略）

（都市計画の告示等）
第20条　都道府県又は市町村は、都市計画を決定したときは、その旨を告示し、かつ、都道府県にあつては国土交通大臣及び関係市町村長に、市町村にあつては国土交通大臣及び都道府県知事に、第14条第1項に規定する図書の写しを送付しなければならない。

2　都道府県知事及び市町村長は、国土交通省令で定めるところにより、前項の図書又はその写しを当該都道府県又は市町村の事務所に備え置いて一般の閲覧に供する方法その他の適切な方法により公衆の縦覧に供しなければならない。

3　都市計画は、第1項の規定による告示があつた日から、その効力を生ずる。

（都市計画の変更）
第21条　都道府県又は市町村は、都市計画区域又は準都市計画区域が変更されたとき、第6条第1項若しくは第2項の規定による都市計画に関する基礎調査又は第13条第1項第19号に規定する政府が行う調査の結果都市計画を変更する必要が明らかとなつたとき、（中略）その他都市計画を変更する必要が生じたときは、遅滞なく、当該都市計画を変更しなければならない。

2　第17条から第18条まで及び前二条の規定は、都市計画の変更（中略）について準用する。（以下略）

（建築の許可）
第53条　都市計画施設の区域又は市街地開発事業の施行区域内において建築物の建築をしよ

うとする者は、国土交通省令で定めるところにより、都道府県知事の許可を受けなければならない。(以下略)

一～五　(略)

2・3　(略)

(許可の基準)

第54条　都道府県知事は、前条第1項の規定による許可の申請があつた場合において、当該申請が次の各号のいずれかに該当するときは、その許可をしなければならない。

一・二　(略)

三　当該建築物が次に掲げる要件に該当し、かつ、容易に移転し、又は除却することができるものであると認められること。

イ　階数が二以下で、かつ、地階を有しないこと。

ロ　主要構造部（中略）が木造、鉄骨造、コンクリートブロック造その他これらに類する構造であること。

(施行者)

第59条　都市計画事業は、市町村が、都道府県知事（中略）の認可を受けて施行する。

2　都道府県は、市町村が施行することが困難又は不適当な場合その他特別な事情がある場合においては、国土交通大臣の認可を受けて、都市計画事業を施行することができる。

3　国の機関は、国土交通大臣の承認を受けて、国の利害に重大な関係を有する都市計画事業を施行することができる。

4～7　(略)

(認可又は承認の申請)

第60条　前条の認可又は承認を受けようとする者は、国土交通省令で定めるところにより、次に掲げる事項を記載した申請書を国土交通大臣又は都道府県知事に提出しなければならない。

一・二　(略)

三　事業計画

四　(略)

2　前項第3号の事業計画には、次に掲げる事項を定めなければならない。

一　収用又は使用の別を明らかにした事業地（都市計画事業を施行する土地をいう。以下同じ。）

二　設計の概要

三　事業施行期間

行政法

3　第1項の申請書には、国土交通省令で定めるところにより、次に掲げる書類を添附しなければならない。

一　事業地を表示する図面

二　設計の概要を表示する図書

三～五　(略)

4　第14条第2項の規定は、第2項第1号及び前項第1号の事業地の表示について準用する。

(認可等の基準)

第61条　国土交通大臣又は都道府県知事は、申請手続が法令に違反せず、かつ、申請に係る事業が次の各号に該当するときは、第59条の認可又は承認をすることができる。

一　事業の内容が都市計画に適合し、かつ、事業施行期間が適切であること。

二　(略)

(都市計画事業の認可等の告示)

第62条　国土交通大臣又は都道府県知事は、第59条の認可又は承認をしたときは、遅滞なく、国土交通省令で定めるところにより、施行者の名称、都市計画事業の種類、事業施行期間及び事業地を告示し、かつ、国土交通大臣にあつては関係都道府県知事及び関係市町村長に、都道府県知事にあつては国土交通大臣及び関係市町村長に、第60条第3項第1号及び第2号に掲げる図書の写しを送付しなければならない。

2　市町村長は、前項の告示に係る事業施行期間の終了の日(中略)まで、国土交通省令で定めるところにより、前項の図書の写しを当該市町村の事務所において公衆の縦覧に供しなければならない。

(建築等の制限)

第65条　第62条第1項の規定による告示(中略)があつた後においては、当該事業地内において、都市計画事業の施行の障害となるおそれがある土地の形質の変更若しくは建築物の建築その他工作物の建設を行ない、又は政令で定める移動の容易でない物件の設置若しくは堆積を行なおうとする者は、都道府県知事の許可を受けなければならない。

2・3　(略)

(都市計画事業のための土地等の収用又は使用)

第69条　都市計画事業については、これを土地収用法第3条各号の一に規定する事業に該当するものとみなし、同法の規定を適用する。

第70条　都市計画事業については、土地収用法第20条（中略）の規定による事業の認定は行なわず、第59条の規定による認可又は承認をもつてこれに代えるものとし、第62条第1項の規定による告示をもつて同法第26条第1項（中略）の規定による事業の認定の告示とみなす。

2　（略）

（監督処分等）

第81条　国土交通大臣、都道府県知事又は指定都市等の長は、次の各号のいずれかに該当する者に対して、都市計画上必要な限度において、（中略）工事その他の行為の停止を命じ、若しくは相当の期限を定めて、建築物その他の工作物若しくは物件（中略）の改築、移転若しくは除却その他違反を是正するため必要な措置をとることを命ずることができる。

一　この法律若しくはこの法律に基づく命令の規定若しくはこれらの規定に基づく処分に違反した者（以下略）

二〜四　（略）

2〜4　（略）

第91条　第81条第1項の規定による国土交通大臣、都道府県知事又は指定都市等の長の命令に違反した者は、1年以下の懲役又は50万円以下の罰金に処する。

○　都市計画法施行規則（昭和44年8月25日建設省令第49号）（抜粋）

（都市計画の図書）

第9条　（略）

2　法（注：都市計画法）第14条第1項の計画図は、縮尺2500分の1以上の平面図（中略）とするものとする。

3　（略）

第47条　法第60条第3項（中略）の規定により同条第1項（中略）の申請書に添附すべき書類は、それぞれ次の各号に定めるところにより作成（中略）するものとする。

一　事業地を表示する図面は、次に定めるところにより作成するものとする。

イ　縮尺50000分の1以上の地形図によつて事業地の位置を示すこと。

ロ　縮尺2500分の1以上の実測平面図によつて事業地を収用の部分は薄い黄色で、使用の部分は薄い緑色で着色し、事業地内に物件があるときは、その主要なものを図示すること。収用し、若しくは使用しようとする物件又は収用し、若しくは使用しようとする権利の目的である物件があるときは、これらの物件が存する土地の部分を薄い赤色で着色すること。

行政法

二　設計の概要を表示する図書は、次に定めるところにより作成するものとする。
イ　都市計画施設の整備に関する事業にあつては、縮尺2500分の1以上の平面図等によつて主要な施設の位置及び内容を図示すること。
ロ　（略）
三　（略）

それでは、STEPに沿って検討していきましょう。

STEP1　行政作用と根拠条文を特定する

設問1で問われているのは、本件計画決定の処分性ですので、まず根拠条文を特定しましょう。資料2の関係法令の中で関係がありそうなのは、都市計画法13条、14条、20条3項です。

STEP2　行政作用の法律要件を特定する

次に、行政作用の法律要件を特定します。もっとも、本問では資料1で「現時点において本件計画を変更せずに存続させていること、ここでは単に計画の存続ということにしますが、このことが違法といえるかどうかを検討してください。本件計画決定が1970年において違法であったという主張は、検討の対象から外してください。」とあるため、本件計画決定そのものの違法性は問題となりません。したがって、本件計画決定の法律要件の検討は不要です。

STEP3　行政作用の全体のフローと当事者の不満を把握する

本件計画決定とそれに引き続く行政過程のフローを分析します（図表13-10）。条文のうち、法令名を省略しているものはすべて都市計画法です。

■ **図表13-10 都市計画法の行政過程フロー**

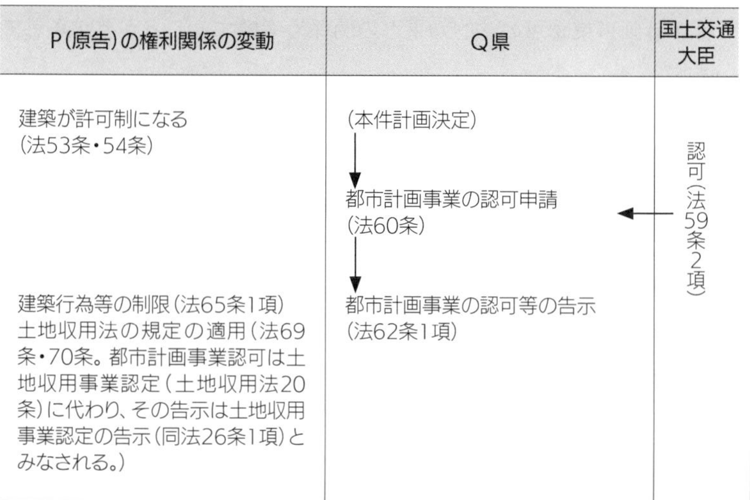

都市計画法の場合、都市計画決定がなされると、都市計画の区域内に建築物の建築をしようとすると都道府県知事の許可が必要となります（法53条・54条。以下「本件建築制限」といいます)。Pは、本件建物を8階建てマンションに建て替えたいのですが、本件建築制限によって建て替えができないわけです。

STEP4　行政作用が行政処分にあたるか否かを検討する

STEP3までの分析を前提として、設問1の問いである本件計画決定の処分性について検討します。まず、行政処分の定義を確認しましょう。行政処分とは、①「公権力の主体たる国または公共団体が行う行為」のうち、②「その行為によって直接国民の権利義務を形成しまたはその範囲を確定することが法律上認められているもの」でした。

本問において、本件計画決定は公権力の主体たるQ県が行うものですから①については問題なく認められます。問題は②の直接的法効果性です。

本問では資料1において、339頁でもとりあげた平成20年判決を踏まえ、Q県側が道路に係る都市計画決定は同判決の射程外にあると主張していることを前提として本件計画決定の処分性を検討することを

行政法

求めています。また、本件計画決定の法的効果及びその次の段階である都市計画事業認可の法的効果との関係も考慮することが要求されています。

以上の問いと問題文の誘導から、本件計画決定の処分性の検討のためには平成20年判決の射程を考えなければならないことがわかります。まず、土地区画整理事業の事業計画の決定に処分性を認めた平成20年判決を受験生が知っていることは大前提となりますが、平成20年判決と本件の事実関係の類似点と相違点を分析することから始めましょう。

平成20年判決は都市計画法ではなく土地区画整理法の事案でしたので、直ちに本件に射程が及ぶとはいえませんが、双方の行政過程の構造自体は似ているため参考にできそうです。平成20年判決は、大まかに都市計画決定→事業計画の決定・公告→仮換地の指定という行政過程の中で、事業計画の決定・公告に処分性を認めたものでした。本件は、本件計画決定→都市計画事業認可→認可の告示という行政過程をたどりますが、資料1によると、土地区画整理事業の事業計画の決定は、本件における都市計画事業認可の段階だということです。そうすると、本件は平成20年判決が処分性を認めた事業計画の決定より前の段階で処分性があると主張しようとしていることになります（図表13-11）。そうすると、平成20年判決の射程は、本件には及ばないということになりそうです。

■ 図表13-11 平成20年判決と本件の違い

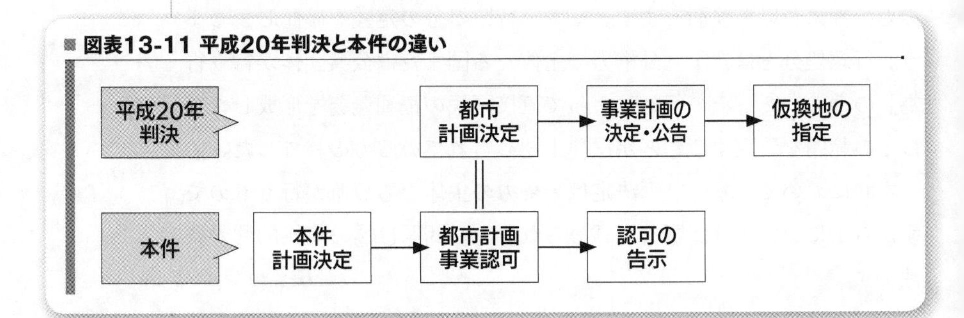

次に、本件計画決定の法的効果と都市計画事業認可の法的効果について考えてみましょう。本件計画決定の法的効果としては、既に述べ

たとおり本件建築制限があります。平成20年判決で処分性を認めた事業計画の決定にも建築制限という法的効果はありました。もっとも、平成20年判決が事業計画の決定に処分性を認めた理由は、建築行為等の制限だけではなく、事業計画の決定によって換地処分を受けるべき地位に立たされるという法的効果に着目したからでした。しかし、本件計画決定にはそのような法的効果はありませんから、本件建築制限を本件計画決定の処分性の根拠とすることはできません。

さらに、本件計画決定の次に都市計画事業認可とその告示が予定されており、告示によって本件建築制限よりも強度の制限がかかる上に、都市計画事業に土地収用法が適用されるようになります。そうすると、平成20年判決が処分性を認めた根拠である換地処分を受けるべき地位に立たされるという法的効果があるともいえそうです。もっとも、以上の説明は都市計画事業認可とその告示に処分性を認める根拠となったとしても、その前の段階である本件計画決定の処分性を肯定する根拠とはならなさそうです。[*1]

以上より、本件計画決定に処分性を肯定することは困難である、という結論が導けます。

*1 345頁で紹介した平成20年判決の涌井意見によれば、事業計画の決定によって生じる法規制を「法的効果」として、本件計画決定の処分性を肯定することも可能です。本書では深くは扱いませんが、涌井意見の理由づけは読んでおきましょう。

10 フレームワークに基づく行政法の学習方法

憲法と同様、行政法も判例の学習が非常に重要な分野です。平成24年司法試験公法系第1問の設問1を検討してみてわかったと思いますが、主要な判例については事実関係と判旨を正確に理解し、記憶しておく必要があります。

行政法の判例についても、本書のフレームワークに即して分析し、整理して実際に使える形で準備してください。

理論

Part 5

第14章 法的思考（リーガルマインド）とは何か？ —法律フレームワーク論の理論的背景—

本書の提唱する法律フレームワーク論は、突然現れた新しい概念ではなく、過去に数々の研究成果を残してきた巨人たちの肩を借りてできた産物です。本章では、主に法哲学（法理学）に興味がある方のために、法律フレームワーク論がどのような理論的背景を有するものかについて述べます。

本章をお読み頂ければ、3大法律フレームワークをさらに使いこなせるようになると思います。

1 法的思考(リーガルマインド)の議論の現状と課題

法学教育においては、法科大学院制度の創立以前から、法的思考（リーガルマインド）の獲得が重要とされてきました。しかし、肝心の法的思考（リーガルマインド）とは何かという点については、明示的に語られることが少ないと思います。法学部や法科大学院の学生は「リーガルマインド」という言葉は聞いたことがあっても、「リーガルマインドって何？」と問われれば、なかなか答えるのは難しいはずです。

これまで法的思考（リーガルマインド）は、もっぱら「法的三段論法を駆使する能力」というように理解されることが多かったのではないでしょうか。しかし、昨今、**法的三段論法だけでは法的思考の重要な部分を捉え損ねるという問題点**が指摘されています。その指摘のひとつを紹介しましょう。

> 判決の正当化にとって無視し難い重要な批判は、……法的三段論法の正当化の成否が、その大前提と小前提の正当化にかかっており、これらの前提が誤りであれば、いくら形式論理的に正しい推論がなされても、それだけでは結論の法的正当性を正当化できないという批判である。たしかに、判決の正当化……において決定的に重要な過程は、形式論理的な真偽を二値的に評価できる演繹的推論の適用が可能となる以前の段階にみられる。すなわち、正確な事実認定に基づいて事実の的確な法的分析・構成が行われ、適用されるべき法規範の選択とその意味内容の解釈が適正に行われ、小前提と大前提とがきちんと確定され正当化されているかどうかが、決定的に重要である。ところが、これらの前提の作成および正当化の過程は、それぞれの争点に関する多様な証拠・論拠について多面的な熟慮・議論を重ねて、微妙な程度の比較を含む問題についても納得のゆく適切な理由づけを伴った判断が求められる複雑な思考過程であり、その全体の構造や正当化基準を形式論理学的にとらえ尽くすことはできないのである。
>
> ――田中成明『現代法理学』(有斐閣、2011年)457頁

以上の記述から法的三段論法の課題をまとめると、**①大前提の正当化をどのようにして確保するか、②小前提の正当化をどのようにして確保**

するかという2点を指摘できます。

これとは別に、法的三段論法そのものに対する批判として、裁判官の判決内容を形成するのは法的三段論法ではなく、裁判官の勘・パーソナリティ・政治的信条、社会経済的事情の考慮といった要因の方が決定的で、法的三段論法はむしろ裁判官の恣意的な判断を隠蔽するものである、というものがあります。これに対しては、後述する「発見のプロセス」と「正当化のプロセス」の区別がなされていないという再批判が可能です。すなわち、裁判官の勘やパーソナリティによる判決内容の形成過程は「発見のプロセス」に属するものであり、法的三段論法は「正当化のプロセス」に属するものであるため、そもそも法的三段論法に対する批判にはならないということです。

そうすると、次に**「発見のプロセス」はどのようにしてなされるのか、**という課題が浮上してきます。この点について、平井宜雄教授は以下のように述べられました。

> 或る言明を「発見」するプロセスにおいては、「利益考量・価値判断」はもとより、考え方・理論・勘・ひらめき・直観・バランス感覚・洞察・迷信・偏見など、ありとあらゆる知識の源泉がいずれも等しい価値をもって存在しており、「発見」はこれらからの思考の自由な創造と飛躍とによって行われる。いかなる手順を経て「発見」が行われるべきかについての「規範」や「正しい方法」などは存在しないのである。　**――平井宜雄『法律学基礎論覚書』（有斐閣、1989年）87頁**

しかし「発見のプロセス」は、法曹実務家が実践できなければまったく仕事ができないという点で非常に重要なプロセスです。目の前の紛争に適用すべき法令を「発見」できず、要件に該当する具体的事実を「発見」できず、初めて見る法令の制度趣旨を「発見」できず、条文の解釈が必要なときに具体的法規範を「発見」できない法曹実務家は、まったく役に立ちません。したがって、**法曹実務家を養成することを念頭に置いた法学教育においては、学習者がどのようにして以上のような「発見」ができるようになるのかという方法論を探求することは喫緊の課題であるはずです。**

以上、本書では①大前提の正当化、②小前提の正当化、③「発見のプロセス」の方法という3つの課題に取り組み、それらの解決策として法的三段論法のフレームワーク、原則—例外のフレームワーク、利益衡量のフレームワークという3つのフレームワークを提示します。これまでの主に民法の法解釈に関する議論の蓄積を振り返りつつ、上記課題への取り組んだ結果を示したいと思います。

2 法解釈論争の歴史と意義

(1) 概念法学の成立

明治31年に施行された現行民法は、主にドイツ民法を参考にして作られました。明治末から大正にかけて、①我が国では新しい民法典を定着させること、②法解釈は、民法典の条文に拘泥せず、妥当な結果をもたらすものでなければならない、③法律学は学問であり、単なる条文の注釈であってはならない、という民法起草者以来の志向が、当時強まっていたドイツ法学と結びつき、概念法学が形成されました。

当時の概念法学の特徴は、法解釈と法適用を分離し、法律学の研究対象を実定法の抽象的な法解釈のみに絞り、論理的に矛盾のない法体系を構築することを試みていた法学であるといえます。

(2) 末広厳太郎による概念法学批判

当時の概念法学は、法適用を研究対象から外したことにより、裁判官が具体的な事実を前にして行う法規範の発見・創造による解決を否定していたように見えました。裁判官が法規範を発見・創造するのではなく、最初から具体的事案を解決する解釈が法体系に内在しており、それを明らかにするのが法律学の任務と考えていたのです。

末広[*1]は、このような概念法学を批判し、裁判官による法規範の発見・創造を認めた上で、個々の具体的なケースについて具体的に物事を考えることを通して普遍的な原理を求めることを志向しました。ここでいう裁判官による法規範の創造とは、法律が想定している社会関係を

＊1 以後、各教授・博士の敬称は省略します。

想定した上で、その社会関係とは異なる社会関係に法律を適用する際の法の欠缺を埋めるための規範を創り出すということです。

末広は、概念法学の無欠缺性を否定し、裁判官による創造を肯定して、概念法学に代わる解釈論を提示し、裁判を通じて正義の実現をはかるとともに、同じことは同じように裁判するという公平の要請を堅持しようとしたのでした。[*1]

(3) 我妻栄による伝統的法解釈方法論の確立

末広によって概念法学における解釈の方法論が否定されたことにより、法律学は何を研究するのかというアイデンティティの問題に直面しました。これに対し、我妻栄は、「何等かの心理的過程によって出来上がった判断（＝裁判官の判断）に、この三段論法の法律適用の形式を与える[*2]」という認識を前提に法解釈の方法論を論ずるべきと考えました。法的三段論法は、裁判官の判断に後からかぶせる衣というわけです。

我妻は、法学においては、第一に現行法の論理的体系を作りつつその内容を明らかにしなければならないと指摘しました。その上で、裁判において、裁判官の全人格的判断によってできあがっている法的判断を前提に、法体系に対し、時代の推移によって常に妥当な意味内容を与えるような解釈を可能にする余地を与え、法体系、裁判官の具体的判断、具体的事実の三者を結合し、法的安定性と具体的妥当性のある結論を引き出すことを目指しました。そして、何が妥当かを判断するための具体的な指導原理を明らかにすることが、法学において必要だとしたのです。

(4) 来栖三郎による客観的な法解釈への問題提起

具体的な指導原理に基づく妥当な価値判断を法律的に構成するという我妻の方法論は、多くの支持を得ました。しかし、これに対し、来栖は、「何と法律家は威武高なことであろう。常に自分の解釈が客観的に正しい唯一の解釈だとして、客観性の名において主張するなんて[*3]」と述べ、裁判官を含めた法律家が法という権威を笠に着て、自分の主観を客観的であるかのように装っていることに疑問を呈しました。こ

＊1 瀬川信久「民法の解釈」星野英一編集代表『民法講座　別巻1』3頁〜9頁（有斐閣、1990年）を参照。

＊2 我妻栄「私法の方法論に関する一考察」『近代法における債権の優越的地位』（有斐閣、1953年）534頁

＊3 来栖三郎「法の解釈と法律家」『私法』11号、22頁（私法学会編、1954年）

の批判は、自然法を含めておよそ客観的な基準があると観念することに対するものでした。[*4]

来栖は、主観的な価値判断が決め手になるのであれば、法解釈における争いも解釈者の主観によって複数の解釈が存在することを認め、法の担い手である市民による法解釈をも考察に入れて、現実の社会関係の観察・分析によって法規範を汲み取ることを提案しました。来栖は、法解釈が主観的な価値判断に基づくものであるということを前面に押し出したのです。

⑸ 川島武宜による科学としての法学の追求

来栖三郎と同時期に、川島は「法解釈学は科学になりうるか」という問題提起をしました。川島は、法解釈の正しさを決める客観性の不在という来栖と同様の問題意識を持ち、これに対して法学を科学と捉えることによって応えようとしたのです。川島の「科学としての法律学」の内容は複数の変遷を経ましたが、最終的には、裁判のための基準をあらかじめ設定し、それで裁判をコントロールすることによって、その結果を予見できるようにすることを目指しました。

⑹ 加藤一郎と星野英一による利益衡量(考量)論

加藤の利益衡量論と星野による利益考量論は、基本的な思想を同じくします。すなわち、加藤は「もっと自由に、柔軟に、実際の利益というものを考えて解釈するようにしていくべきではないだろうか[*5]」と述べ、星野は「解釈の決め手になるのは、今日においてどのような価値をどのように実現し、どのような利益をどのように保護すべきかという判断である[*6]」と述べて、いずれも主観的な価値判断が法解釈の中心となるべきことを表明しました。この点は来栖の考え方を継承したものですが、加藤の利益衡量論の新しさは、決め手となる価値判断のプロセスを当事者や社会の利益の衝突と捉え、その調整を行うことが裁判所の役割であると考えたことにあります。[*7]また、星野はまず法律の条文の文理解釈を出発点とし、複数の解釈が生じた場合には、立法者意思ないし起草者の意思を法の趣旨・目的として解釈する目的論的

＊4 瀬川信久「民法の解釈」星野英一編集代表『民法講座・別巻1』25頁(有斐閣、1990年)を参照。

＊5 加藤一郎「民法の解釈と利益衡量」法学教室25号16頁(1982年)

＊6 星野英一「民法解釈論序説」『民法論集　第1巻』11頁(有斐閣、1970年)

＊7 山本敬三「法的思考の構造と特質－自己理解の現況と課題」『岩波講座現代の法15』241頁(岩波書店、1997年)を参照。

解釈を基本としつつも、最後に考えるべきことは、「対立する諸価値・諸利益・諸要請をどのように調和的に実現するか」「まず、常識で判断してみて、妥当と思われる解決を導くような解釈を重視すべき」[*1]であると述べました。

以上の利益衡量（考量）論は、主観的な価値判断を法的構成に優越させるものです。すなわち、法解釈から導かれる結論が妥当でなければ、その価値判断の理由を述べた上で妥当な結論の方を採用するということになります。その場合、もはや理由に法的三段論法という衣をかぶせることすらしません。

このような主張がされたのには、高度経済成長期であった当時においては法令の整備が追いつかず、数々の新しい紛争が生じたため、これらを規律する法規がないか一般条項的な法規しかなかったという時代背景があることは指摘しておく必要があるでしょう。

(7) 平井宜雄による正統理論批判

以上述べてきた法解釈論争を通じて、法学者の中ではある共通認識が形成されました。それは、「法の解釈は価値判断をふくむ」というテーゼです。[*2]このテーゼにより、法解釈の正当性を問うことは必然的に「なぜその価値判断は正しいのか？」という問いを誘発することとなりました。これに対し、平井は「法の解釈が「主観的価値判断」に帰着するならば、解釈論の相違は、各人の「主観」の相違である。価値判断には「きめ手」がないとすれば、「判例通説」という「権威」に従うか、—少なくとも法律実務家をやめて—「科学」に赴く以外にはない。不明確な「最高次の価値」が指針を与えてくれなければ、法の解釈は「価値のヒエラルヒア」の争いとなる。そうだとすれば解釈の争いは「お互いに肩をすくめて別れる」ことで終りとなる。—いかなる相手であっても、相手方の主張する内容自体に敬意を払い、事実と論理とに基づいて反論し、再反論し合うという法律家の仕事と精神から、このような帰結は、最も遠いものではあるまいか。[*3]」と批判しました。

では、解釈の争いにどう決着をつけるべきでしょうか。この問題に対して平井が提唱したのが「議論」の理論です。ここで、平井が依拠

＊1 星野英一「民法解釈論序説」『民法論集　第1巻』27頁（有斐閣、1970年）なお、星野は自然法の立場から客観的に正しい価値の序列が存在すると主張しており、その点では我妻・来栖・川島・加藤とは大きく異なります。

＊2 平井宜雄『法律学基礎論覚書』32頁（有斐閣、1989年）を参照。

＊3 平井宜雄『法律学基礎論覚書』（有斐閣、1989年）57頁

するトゥールミンの議論モデルを概観しておくこととしましょう。

⑻ トゥールミンの議論モデル

まず、トゥールミンの議論モデルにおける用語の説明をします。*4

Cとは**主張**（**Claim**）である。主張しただけで相手が受け入れたのであれば、それ以上議論する必要はない。しかし相手が反論した場合、主張する側は根拠を示さねばならない。**その根拠となる事実**が**D**（**Data**）である。単に事実を示すだけで根拠として十分であることもあるが、相手が不十分であると指摘した場合、「なぜDがCを根拠付けるのか」を説明する必要がある。**DからCを導ける理由を、W**（**Warrants。保証、理由、根拠**）と呼ぶ。そしてさらに、**Wの根拠となる命題**を、**B**（**Backing**）と呼ぶ。ただし、DからCを導く場合は、Cには**Q**（**Qualifier, 原則として**）がつく。
Qに対して**R**（**Rebuttal, 反駁**）に成功すればDからCは導けなくなる。

以上の説明を図示すると、図表14-1のようになります。

■ 図表14-1 トゥールミンの議論図式

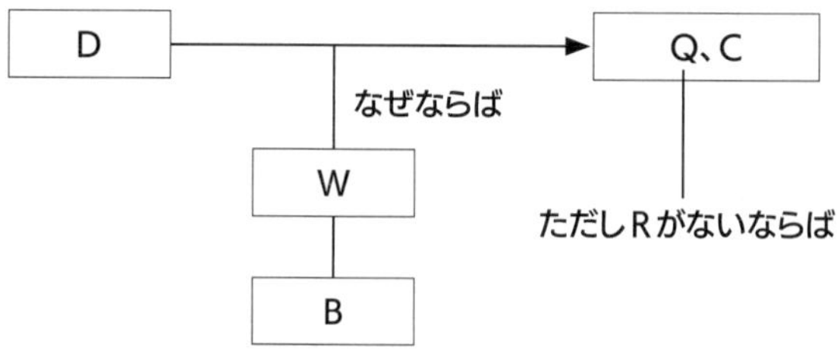

※高橋文彦『法的思考と論理』（成文堂、2013年）131頁を参照

法的三段論法に引き直すと、正確ではありませんが、Bが条文または判例そのもの、W＋Qが大前提（Bの内容たる規範）、Wが要件→効果で構成される規範とした場合は、Dが要件、Qを付したCが効果となるものと思われます。

以上の用語を、国籍法違憲判決*5の事案を使った例に適用する形で具体的に説明してみましょう。

＊4 以下の記述については平井宜雄『法律学基礎論覚書』（有斐閣、1989年）16頁以下を参照。

＊5 最大判平成20年6月4日民集62巻6号1367頁

「原則として（改正前の）国籍法3条1項は無効である」という原告の主張（Q、C）に対し、被告である国は、「同規定は無効ではない」と反論した。すると、原告は「（改正前の）国籍法3条1項は、同じく日本国民である父から認知された子である者らの間で、父母が法律上の婚姻をしているか否かで国籍取得の可否を決めるという差別的取り扱いをしている」という事実（D）を提出した。それに対し、被告は、「それは合理的な区別である」と反論した†。すると、原告は、「原則として、人種、信条、性別、社会的身分又は門地により、政治的、経済的又は社会的関係において、差別的取り扱いをする法律は無効と考えてよい」という理由（W）を提出した。それに対し、被告はその根拠を問うたので、原告は「憲法14条1項の存在」という裏付け（B）を提出したということになる。

† 改正前の国籍法3条1項は、「父母の婚姻及びその認知により嫡出子たる身分を取得した子で20歳未満のもの（日本国民であった者を除く。）は、認知をした父又は母が子の出生の時に日本国民であった場合において、その父又は母が現に日本国民であるとき、又はその死亡の時に日本国民であったときは、法務大臣に届け出ることによって日本の国籍を取得することができる。」と定めていました。すなわち、認知によって子が国籍を取得するには嫡出子でなければならならず、認知された非嫡出子（認知はされたが父母が法律上の婚姻関係にない子）は国籍を取得できなかったのです。

トゥールミンの議論モデルにおいては、WとBに対して反論することにより、主張者はより一般的なレベルのWとBを提出します。それを繰り返して、相手方がもはや反論をしなくなると、議論は終了します。以上がトゥールミンの明らかにした「議論」の構造です。

(9) 平井による「議論」の理論の応用

平井は、トゥールミンの「議論」の一般的構造から3つの命題を導きます。1つ目は、「議論」において、言明は言明（言語的表現）によってのみ基礎づけられ、または正当化されること（逆にいえば、感覚的な心理的プロセスによっては基礎づけられず、または正当化されないこと）、2つ目は、発見のプロセスと正当化のプロセスを区別すること、3つ目は、正当化のプロセスには2種類あり、それはある言明を論理的な推論のテストにさらすミクロ正当化と、そのテストの前提となる言明そのものの正当化（マクロ正当化）というものです。*1

そして、平井は、「客観性」とは「事実と論理にもとづき相互に反証をあげて批判し合うこと、すなわち「批判的議論（critical discussion）」

＊1 平井宜雄『法律学基礎論覚書』（有斐閣、1989年）20頁以下を参照。

に服するということ」[*2]であると理解した上で、法学においても「議論」による正当化を試み、反論可能性がなくなるまで「議論」をすることによって、「客観性」を獲得すべきであるとしました。平井による「議論」の理論は、価値判断について絶対的な正しさを語るのではなく、「議論」の手続によって正しさを根拠づける方向にシフトさせたということができるでしょう。

⑽ 山本敬三による法的正当化の構造分析

山本は、以上述べてきた平井の「議論」の理論を前提に、法的正当化の構造を分析しました。まず、正当化を内的正当化と外的正当化に区別します。法的正当化を行う場合、まず具体的な紛争についてどうすべきかのみならず、その種の場合についてどうすべきという一般的な規範を定立することが出発点となります。この意味での正当化を、**内的正当化**といいます。一般的な規範を具体的事実に適用し結論を正当化する、いわゆる法的三段論法のプロセスです。次に、**外的正当化**とは「内的正当化において前提とされたルール自体の正当化」です。[*3]その上で、価値判断は価値に関する実質的な理由付けを明示的に行うべきだとするのであれば外的正当化の問題であるし、法的構成もまた、内的正当化の前提となるルールを制定法によって正当化することにほかならないのであるから、いずれも外的正当化の問題であるとしました。

ここで山本は、「価値」とは「ある事柄がよいか悪いかということに関する規範」であり、「価値の内容を命令や禁止という当為命題のかたちに定式化した規範」を「原理」とします。そして、**制定法に基づく法的構成も、それを支える原理があり、制定法自体が原理の衡量の結果である以上、価値判断と法的構成の正当化はいずれも「形式的原理をふくめた原理の衡量」である**とします。山本は、「原理」について「ルールと違って、オール・オア・ナッシングの性格を持たない」「要件を充たすか充たさないかのどちらかでしかないようなものではなく、どの程度充たすかということが問題となりうる規範である」という理解を前提に、対抗原理による制約の要件と効果を「議論」による正当化の対象とすべきとしました。[*4]

＊2 平井宜雄『法律学基礎論覚書』(有斐閣、1989年)28頁

＊3 山本敬三「法的思考の構造と特質－自己理解の現況と課題」『岩波講座現代の法15』250頁(岩波書店、1997年)

＊4 山本敬三「法的思考の構造と特質－自己理解の現況と課題」『岩波講座現代の法15』253頁以下(岩波書店、1997年)を参照。

なお、以上の「原理」には、「立法者の決定を尊重すべき」という民主制に基づく原理が含まれているため、原則としては立法者の決定を尊重し、具体的事例において不当な結果が生じる場合においては、その原則の例外を認めてもよい理由があるのであれば、その原則から離れることも正当化されるとしています。

3 法的正当化と法的三段論法のフレームワークモデル

「議論」による正当化の合理性を確保するためには、合理的な結論を導ける「議論」の手続や制度を整備することと、そもそも「議論」によって実現すべき正当化の内容を明らかにすることという大きく2つの方向性があります。本稿では、後者について、法的三段論法のフレームワークを用いつつ平井と山本の理論を敷衍することとします。

(1) 2つの正当化と法的三段論法のフレームワークモデルの関係性

これまで、正当化の種類は複数の論者が2つずつ提唱してきました。1つが、平井のミクロ正当化とマクロ正当化、もう1つが山本の内的正当化と外的正当化[*1]です。両者の正当化の内容は厳密には異なる[*2]のですが、本稿ではミクロ正当化≒内的正当化、マクロ正当化≒外的正当化とし、前者を具体的事実に規範を適用して結論を正当化するプロセス、後者を具体的事実に適用すべき規範そのものの正当化と理解します。

その上で2つの正当化を法的三段論法のフレームワークモデル図の関係を示すと、図表 14-2のとおりになります。

＊1 なお、山本の内的正当化と外的正当化は、ロバート・アレクシーの所説をベースにしたものです。

＊2 両者の違いについては、高橋文彦『法的思考と論理』(成文堂、2013年)203頁を参照してください。

■ 図表14-2 2つの正当化と法的三段論法のフレームワークモデル図の関係

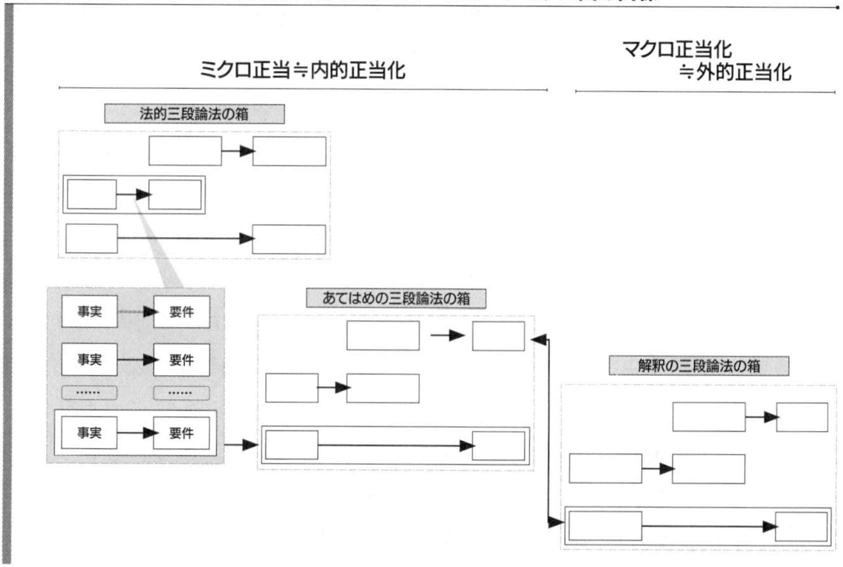

以上の構造からすると、マクロ正当化≒外的正当化のプロセスが法的三段論法における大前提の正当化、ミクロ正当化≒内的正当化のプロセスが法的三段論法における小前提の正当化にほかならないといえます。[*3] すなわち、本章冒頭で述べた2つの法的三段論法の課題[*4]は、この2つの正当化をそれぞれどのようにして行うかという形で検討できそうです。その前に、まず利益衡量の具体的内容についてみておきます。

⑵ 利益衡量の3つのレベル

これまでの利益衡量論においては様々な利益が対象となっており、そのレベルの違いについてはあまり明示されることがありませんでした。しかし、利益衡量のレベルごとにどのプロセスで問題となるかが異なるため、次に述べる3つのレベルについては明確に区別しておくべきです。

第一に、**法的三段論法の大前提となる法規範の背後にある原理間の利益衡量のレベル**があります。最もマクロなレベルの利益衡量であり、法的三段論法のフレームワークモデルにおける解釈の三段論法の箱において、

＊3 ただし、37頁で述べたとおり、あてはめの三段論法の箱における大前提と解釈の三段論法の箱における結論は一致しているため、この限度でミクロ正当化≒内的正当化とマクロ正当化≒外的正当化は重なりあうこととなります。

＊4 ①大前提の正当化の方法、②小前提の正当化の方法

法的構成を正当化する際に用いられます。以下**「第一レベルの利益衡量」**といいます。厳密には解釈の三段論法の箱における大前提と小前提のそれぞれについて異なるレベルの利益衡量を想定することが可能[*1]ですが、区別の実益がないため両者を同一のレベルとして扱います。

第二に、**個別事件における両当事者と法的に同じ立場・利害関係にある者を抽象的に想定し、その者同士の間で一般的・類型的に利益衡量をするレベル**があります。第一レベルの利益衡量と次に述べる第三レベルの利益衡量の中間のレベルに位置する利益衡量です。以下**「第二レベルの利益衡量」**といいます。これは、法的三段論法の小前提（事実認定ないし法的三段論法のフレームワークモデルにおける解釈の三段論法の箱）で用いられます。たとえば、事実認定における経験則は、「このような立場に置かれている人間は、通常、このような行動をする」というようなものですが[*2]、このような経験則は「当該場面において複数の行動の選択肢があり、そのような立場にあればそのような行動に出ることが合理的といえるはずだ（なぜならその行動によって得られる利益があるまたは避けられる損失があるから）」という考えを前提としています。すなわち、とりうる複数の行動の背後にある利益を想定して、特定の場面においては一方の利益が優先するという判断をしているのです。この判断は利益衡量の結果にほかなりません。また、あてはめにおいて事実を評価する場合（これは事実認定の一部ですが）には、「そのような事実があれば、一般的にこのように言えるはずだ」という経験則を差し挟んでいるため、上記と同様の構造があります。[*3]

次に述べる第三レベルの利益衡量と第二レベルの利益衡量は、2点において違いがあります。**1点目は、利益衡量の天秤に乗せる利益が、前者はどのような利益でもかまわないのに対し、後者は法的に保護される利益でなければならない点**です。**2点目**は、**前者が当該具体的事案における、法的保護の対象とならない利益も含む生の利益であるのに対し、後者は具体的事案から離れた一般的・類型的な利益である点**です。たとえば、憲法の答案作成のフレームワークのうちSTEP3（310頁）において検討している原告が制約されている法的利益は、生の利益ではなく、「原告がそのような立場に置かれていれば一般的に制約されると想定され、

＊1 たとえば、刑法において保護法益は何かという議論は解釈の三段論法の箱における大前提の議論、解釈にあたって他の刑罰規定とのバランスを考慮する議論は解釈の三段論法の箱における小前提の議論にあたると指摘することができます。

＊2 法的三段論法と事実認定の関係については、50頁を参照。

＊3 たとえば、48頁の参考答案において「30歳とまだ若い甲が、70歳と高齢なBの胸倉を左手で掴んでいる状態ではBが甲を振り払って逃げることは体力の差から困難であるし」という記述がありますが、これは「ナイフを突きつけられた者は通常逃げる」「30歳の人間に70歳の人間が掴まれれば振り払って逃げることはできないほどの体力差がある」という2つの経験則を前提としており、甲とBの年齢を一般化して両者の体力を比較衡量した結果、Bが逃げることによって自由を得るという利益を甲によって放棄させられたことは合理的といえる、という結論を導いています。

憲法上保護に値する法的利益」を利益衡量の天秤の片方に乗せています。刑事訴訟法における「強制の処分」の該当性判断において、類型的に価値を把握する（169〜171頁を参照）のも同じ趣旨です。

第三に、**個別事件における両当事者の個別具体的な裸の利益衡量のレベル**があります。これは最もミクロなレベルの利益衡量であり、衡量にあたっては法的に意味のある事実も意味のない事実も考慮に入れられます。以下**「第三レベルの利益衡量」**といいます。第三レベルの利益衡量は、正当化のプロセスにおいて検討すべきものではなく、妥当な結論の「発見」のプロセスにおいて現れるものです。したがって、かつての利益衡量論は、第三レベルの利益衡量を法的構成に優先させると主張する限りにおいて、「法的な」議論として支持することは困難です。[*4]

以上のとおり、利益衡量には少なくとも3つのレベルがあり、レベルに応じて検討のプロセスが異なりますが、これまでの日本の法解釈論争においては、明示的に利益衡量のレベルを区別して論ずることはされてこなかったように思います。[*5] たとえば、第三レベルの利益衡量においては、法的に意味のある利益とそれ以外の利益が両方とも混ざった状態で天秤の上に乗っている以上、利益衡量の結果を正当化しようとしても究極的には価値観の違いに行き着かざるを得ません。トゥールミンの議論の理論を用いても主張と反論が水掛け論に終わりますし、法的に意味のない利益が含まれている以上「法的に」正当化することは不可能です。この帰結は、私人間の権利関係または刑罰権の存否という具体的な法律関係を判断対象とする司法権の性質により、裁判所は法的に意味のある利益しか考慮しないという制約から導かれます。

また、山本による外的正当化としての「形式的原理による正当化」は、第一レベルの利益衡量といえるでしょう。さらに、ミクロ正当化≒内的正当化のプロセスは、法的三段論法と第二レベルの利益衡量によって正当化するプロセスであると説明できます。このプロセスにおいては「法的に意味のある事実」のみを拾い上げた上でその事実に規範を適用して正当化することが前提となっていますが、「法的に意味のある事実」を認定するプロセスにおいては、前述のとおり経験則を用いた利益衡量が必要となるからです。

＊4 同趣旨の主張として、田中成明『現代法理学』（有斐閣、2011年）558頁

＊5 ただし、青井秀夫『法理学概説』（有斐閣、2007年）375頁は、法的パタンを「立法の基礎となった利益コンフリクトのパタン」と定義した上で、「利益コンフリクトについては、社会生活における前法的なトラブルと、そのなかで法がとくに目をつけ法のなかに受容したものとを区別しなければならない。その前者は前法的なパタンをおりなすものであり、後者が法的パタンにあたる」と指摘しています。前法的なパタンは第三レベルの利益衡量、法的パタンは第一レベルの利益衡量とほぼ対応するものではないかと理解しています。

以上をまとめると、法的三段論法における大前提及び小前提の正当化は、それぞれ前者が第一レベルの利益衡量（形式的原理による正当化）、後者が第二レベルの利益衡量ですが、後者については既に388頁で述べたとおりですので、第一レベルの利益衡量と法的三段論法のフレームワークモデルの関係についてのみをみてみることとします。

(3) 第一レベルの利益衡量と法的三段論法のフレームワークモデル

既に述べたとおり、第一レベルの利益衡量は、法的三段論法のフレームワークモデルにおける解釈の三段論法の箱の中で行われます。解釈の三段論法の箱をもう少し細かくみてみましょう（図表14-3）。

まず検討しなければならないのが、解釈の三段論法における大前提の意味です。

■ 図表14-3 解釈の三段論法の箱

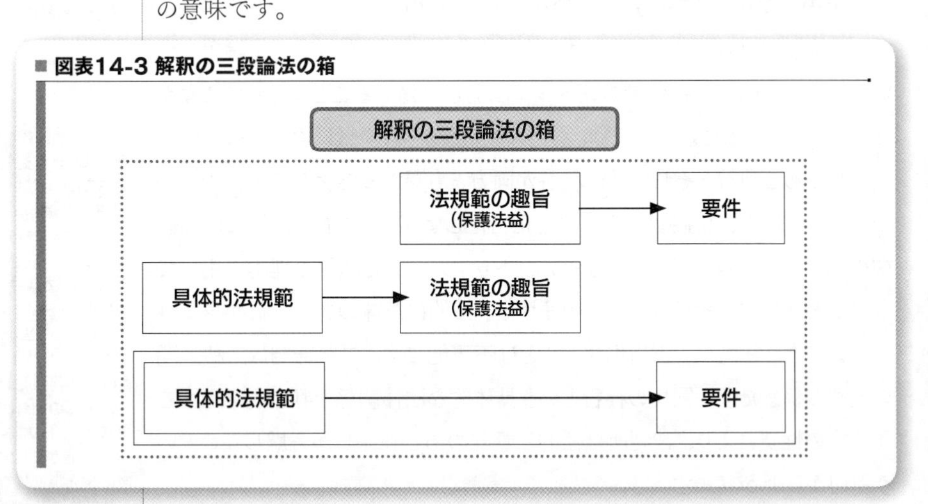

そもそも法規が制定されるのは、何らかの立法目的があり、それを実現する手段として法規の制定が必要かつ適切である場合です。しかし、その場合であっても立法府が自由に立法できるわけではありません。既存の他の法や、それらの法が前提とする原理[*1]による制約があります。たとえば、平成24年10月1日に施行された改正著作権法によりいわゆる違法ダウンロードが刑事罰化されましたが、これは大きく分けると刑法における自由保障と法益保護という2つの原理の利益衡量という制約の下で制定されたものです。**原理と対抗原理の対立という制**

＊1 この原理には、憲法も含まれます。また、何が原理なのかという探究は比較法や法制史の研究によって行われます。法科大学院において基礎法が必修とされている趣旨のひとつは、現在の法制度を支える原理を学ぶことにあります。

約の下、議論を経て形成されるのが**法規範の趣旨**であり、**法規範の趣旨を達成するための必要条件（の一部）**が**要件**です。

したがって、**解釈の三段論法における大前提**は、**第一レベルの利益衡量がなされた結果、法規範の趣旨が形成され、法規範の趣旨を達成するための手段として要件が定められるという関係**として説明できます。

解釈の三段論法における小前提は、**具体的法規範が法規範の趣旨に包摂される関係**にあります。なぜなら、抽象的な法規範と具体的事実の間に位置する具体的法規範が法規範として効力を持つためには、抽象的な法規範の趣旨の範疇に包含されているといえなければならないからです。

以上より、法規範の趣旨から要件が導かれていること、具体的法規範が法規範の趣旨に包含されていることを確認することにより、具体的法規範が要件の解釈として正しいという結論を導くことができます。このプロセスは、一般には法的構成とか理論構成と呼ばれる部分です。以上の分析からすれば、法的構成や理論構成については、解釈の三段論法における大前提に相当する部分と小前提に相当する部分とに分類することができます。このような分類は、学説を構造的に理解することに役立つでしょう。

⑷　小括―正当化のプロセスと利益衡量―

ここまで法的三段論法を用いた正当化のプロセスにおいて検討してきましたが、**法的三段論法における大前提と小前提の正当化のプロセスには、いずれも背後に利益衡量が潜んでいる**ということが明らかになりました。2つの正当化のプロセスは個別に独立したものではなく、「視線の往復」という言葉で表現されるように相互に有機的な関連性を持っており、30～31頁の法的三段論法のフレームワークモデルもその関連性を念頭に置いています。

法規範の趣旨の前提となる原理間の利益衡量は、法規範の趣旨と具体的法規範の形成を通じて事実認定にまで影響を及ぼし、逆に具体的事実における第二レベルの利益衡量と従前の法規範が想定していた第一レベルの利益衡量がずれた場合には、従前の法規範が想定していた利益衡量のバランスは正しかったのかが問われ、新たな法規範が形成されて正当化されることとなります。

以上のように、法的三段論法のフレームワークに内包される各プロセスを利益衡量という形で分析し、法的正当化の内容を理解する利益衡量のフレームワークは、法学の学習においても有用なものであると考えます。

4 法的思考における「発見のプロセス」

(1) 「発見のプロセス」における課題

これまでの検討により、本章の3つの課題のうち2つの課題については一応の解答を提示しましたので、最後に3つ目の課題である「発見のプロセス」についての検討をします。

法的思考の理解において正当化のプロセスと発見のプロセスを区別することは、現代における裁判過程の規範的構造の解明においては共通の了解事項となっています。[*1] しかしながら、発見のプロセスは法曹実務家にとって必ずできなければならないものですし、「法的思考における正当化（とくにマクロ正当化）の過程と発見の過程の相互関係は、現実にはかなり複雑に重なり合ったフィード・バック関係にあり、法律学的方法論や法学教育においても、正当化の過程を構造化し規制している合理性・正当性基準が、発見の過程にも一定の枠組みや指針を提供していることをも視野に入れた考察と教育が不可欠」[*2] という指摘があるにもかかわらず、そもそも「何を発見するのか」という点についてはこれまであまり網羅的に探求されることがありませんでした。そこで、本稿ではまず発見のプロセスにおける発見の対象について明示した後、発見するための方法について考察します。

「発見のプロセス」は、裁判過程における規範的構造の解明において問題となる概念であることから、その考察には法的三段論法のフレームワークモデルがそのまま妥当します。そこで、法律相談における弁

＊1 田中成明『現代法理学』(有斐閣、2011年) 454頁を参照。

＊2 田中成明『現代法理学』(有斐閣、2011年) 547頁

護士の思考の流れをモデル化しつつ、法的三段論法のフレームワークモデルに照らして何について発見しなければ法律相談を無事に終えられないかについて検討を試みます。

⑵ 弁護士は法律相談のときに、どんな思考をしているか？

弁護士が法律相談を受ける場合、その流れは大きく2つのプロセスに分けることができます。聴取した事実に基づく法規範選択のプロセスと、選択した法規範を適用した結果の妥当性判断のプロセスです。これらを法的三段論法のフレームワークモデルを応用してモデル化すると、図表 14-4のようになります。[*3]

＊3 なお、実際の法律相談時には、法的な解決策も示しますが、ここでは割愛します。

■ 図表 14-4 法律相談時における弁護士の思考プロセスモデル

法規範選択のプロセス

① 六何の原則に基づいて事実を聴取する。

② 事実の聴取をしつつ、当該事案で成立しうる法効果を想定し、その法効果を発生させる法律要件を想定する。法効果が複数ある場合は、あり得るすべての法効果を発生させる法律要件を想定する。

③ ②の想定に基づいてさらに事実を聴取し、法律要件にあてはめ、法効果発生の有無を確認し、当該事案に適用される法規範を決定して法的な結論を相談者に示す。

結論の妥当性判断

④ 法的な結論を示した後、依頼者の要望を聴取するとともに、当該事案における結論の妥当性の判断をする。

⑤ 結論が妥当であり、その結論が依頼者の要望に沿うものである場合、法的手続を進める。

⑤′ 結論が妥当ではあるが、その結論が依頼者の要望に沿わない場合、諦めるよう説得するか、要望を実現できない可能性を説明して法的手続を進める。

⑤″ 結論が妥当ではない場合で、依頼者が法的手続を望んでいる場合は、法的手続の中で妥当な結論を導く解釈を創造する。

図表14-4で述べた内容のうち、発見のプロセスは少なくとも4種類あります。1つ目は、**六何の原則に基づいて聴取した事実から当該事案で成立し得る法効果を発見するプロセス**[*1]（図表中の②）、2つ目は、**聴取した事実と当該事案で成立し得る法効果の想定から、実効的な法的救済のために不足する事実を発見するプロセス**[*2]（図表中の③）、3つ目は**当該事案における妥当な結論を発見するプロセス**[*3]（図表中の④）、4つ目は**妥当な結論を導く法解釈を発見するプロセス**[*4]（図表中の⑤''）、です。

以上の4種類の発見のプロセスは、その内容に異なるものがあるため、発見方法を検討するためには個別の検討が必要です。そこで、まず4つのプロセスの構造を分析した上で、発見するための方法を提示します。

(3) 「発見のプロセス」の構造と方法

4つのプロセスのうち、まず大前提発見のプロセスの構造を検討します。法曹実務家が具体的事実に対して適用すべき法規範（法的三段論法における大前提）を発見する場合、具体的事実から直ちに法規範（条文）を想起しているようにみえますが、その過程には何らかの思考プロセスが働いているはずです。この思考プロセスを説明する概念が、**アブダクション推論**です。アブダクション推論とは、パースの考察による論理学上の概念です。パースは、三段論法を念頭に置いて演繹推論、帰納推論、仮説推論（アブダクション）の3種類に分類した上で、アブダクションを**「小前提を他の二つの前提から導き出す推論」「後件から前件への推論」**と説明します。[*5] たとえば、「すべての人間は死ぬ」という大前提、「ソクラテスは人間である」という小前提、「ソクラテスは死ぬ」という結論を導く三段論法を想定します。大前提と小前提から結論を導くのが演繹推論、小前提と結論から大前提を導く[*6]のが帰納推論、大前提と結論から小前提を導く[*7]のが仮説推論ということです。

大前提発見のプロセスにおいては、大前提となる条文が前件命題、相談者が望む法的結論が後件命題となり、後件命題から前件命題を推論するアブダクションを行うことになります。三段論法に引き直すと、「このような条文があるのであれば、このような法的結論になる」とい

*1 法的三段論法における大前提の発見をしています。以下、**「大前提の発見のプロセス」**といいます。

*2 法的三段論法における小前提の発見をしています。以下、**「小前提の発見のプロセス」**といいます。なお、このプロセスにおいては事実を基礎づける証拠があるか（事実の存否が争点となった場合に、裁判所が認定するか否か）という判断もします。

*3 この発見のプロセスのみ、法的三段論法のフレームワークモデルの埒外にあります。以下、**「妥当な結論発見のプロセス」**といいます。

*4 厳密には法的三段論法のフレームワークモデルにおける解釈の箱の大前提（法規範の趣旨）と小前提（具体的法規範）の2つの発見を含んでいます。以下、両者を合わせて**「解釈発見のプロセス」**といいます。このプロセスにおいては、訴訟において法律論が争点となった場合に裁判所を説得できるかという判断も行います。

*5 上山春平編『世界の名著59　パース・デューイ・ジェイムズ』（中央公論社、1980年）136~137頁

*6 「ソクラテスは人間である」という小前提と「ソクラテスは死ぬ」という結論から、「すべての人間は死ぬ」という大前提を導いています。

*7 「すべての人間は死ぬ」という大前提と「ソクラテスは死ぬ」という結論から、「ソクラテスは人間である」という小前提を導いています。この大前提は、「人間であるのであれば（前件）」「死ぬ（後件）」という命題であり、小前提は大前提の前件命題に包摂されるため、「後件から前件への推論」であると説明できます。なお、アブダクション推論によって導かれた結果は、仮説に過ぎず、論理的な正しさは必ずしも保証されません。

う大前提と「このような事実があるのであれば、このような法的結論になる」という結論から、「このような条文がある」という小前提を仮説として導いています。[*8]

なぜこのような推論を経て仮説を導けるのかというと、**法曹実務家は、条文の定める法効果と具体的事実において相談者が望む法的結論に共通点があれば、事実関係から選択し得る条文を絞り込めるから**です。たとえば、「相手にお金を払わせたい」という相談者がいた場合、法的に「お金を払わせる」という効果を実現する条文は、民法の財産法に限っても各種契約に基づく履行請求、債務不履行に基づく損害賠償請求、債権者代位権、詐害行為取消権、不法行為に基づく損害賠償請求、不当利得返還請求、事務管理に基づく請求などが考えられますが、ある程度事実をヒアリングすれば、このうちどの請求なのかを特定することが可能です。

以上の推論を可能にするためには、**条文の定める法効果と相談者の望む法的結論に共通点があることに気づけなければなりません。そのためには、前提として条文の定める法効果によって達成されることが想定されている利益状況（第一レベルの利益衡量）と、相談者の望む結論における利益状況（第二レベルの利益衡量）の双方を認識する必要があります。**これは、利益衡量のフレームワーク（66頁）において述べたことがそのまま妥当しますし、利益衡量のフレームワークが適用法規発見のフレームワークにもなると述べた理由でもあります。

以上、大前提発見のプロセスにおいては条文の発見がアブダクション推論によって行われるという構造を明らかにしましたが、**この構造は小前提の発見のプロセス及び解釈発見のプロセスでも同じ**です。小前提の発見のプロセスにおいては、「要件から法効果が発生する」という大前提と「事実から法効果が発生する」という小前提から、法効果を発生させるために必要な事実が不足しているのであれば、「この事実があるのではないか」という仮説を発見して、相談者に「このような事実はありませんか？」と尋ねることになります。また、解釈発見のプロセスにおいても、具体的法規範の発見については「このような法規範の趣旨からこのような要件が定められている」という大前提と「こ

＊8 ここで言っている大前提・小前提・結論という言葉は、法的三段論法の用語とは内容がずれていることに注意してください。また、大前提発見のプロセスは、法的三段論法の適用の前提として行われるため、法的三段論法のフレームワークモデルの中では表現されません。

のような具体的法規範であるならばこのような要件の解釈として正しい」という結論から「このような具体的法規範であれば法規範の趣旨に合致する」という小前提を導きます。また、法規範の趣旨の発見については「このような原理間の利益衡量[*1]をしているからこのような要件が定められている」という大前提と「このような法規範の趣旨からこのような要件が定められている」という結論から、「このような法規範の趣旨であるならば、このような原理間の利益衡量に合致する」という小前提を導きます。[*2]

最後にひとつだけ残った「妥当な結論発見のプロセス」についてですが、これは法的に意味のある事実とそうでない事実をすべて包括した第三レベルの利益衡量をするということです。このプロセスは、各人の純粋な利益衡量に基づく価値判断（すなわち直観）に委ねざるを得ないものであり、法的に正当化することはできません。もっとも、実務においては第三レベルの利益衡量によって法令を形式的に適用したのでは実現できないような解決を図る（たとえば裁判上の和解）ということもよくあるため、重要度は高いものです。[*3]

(4) 発見のプロセスにおける法的三段論法のフレームワークと利益衡量のフレームワークの重要性

以上のとおり、**発見のプロセスにおける構造とその方法を検討しましたが、4つの発見のプロセスのうち妥当な結論発見のプロセスを除く3つのプロセスについては、法的三段論法のフレームワーク、大前提発見のプロセスと解釈発見のプロセスには、発見過程の中に利益衡量が関わってくることがわかります。**この事実は、**法学の学習において法的三段論法と利益衡量（特に第一レベルの利益衡量）のフレームワークに基づく分析が極めて重要であることを裏付けるものです。**

また、392頁で引用した田中の指摘のとおり、発見のプロセスと正当化のプロセスは相互に密接に関連しあっています。図表14-4で示した弁護士の思考プロセスモデルにおいても、正当化のプロセスを経て出た結論が妥当ではないと弁護士が感じた場合には、妥当な結論を導けるような新しい大前提を発見し、創ろうとします。このような営み

＊1 これは、第一レベルの利益衡量です。なお、法規範の趣旨の発見のプロセスは、いわゆる類推解釈と同じ構造になります。

＊2 後者のアブダクションは、法的三段論法のフレームワークモデルにおける解釈の三段論法の箱の大前提を導くものなので、モデルの範囲外で行われています。なお、解釈の三段論法の箱における前件と後件の間の矢印の性質については、今後検討する余地があります。

＊3 いわゆる「スジ」や「スワリ」といった議論は第三レベルの利益衡量に属するものと思われます。

こそ、法曹実務家の真髄であると考えます。

今後の課題として、解釈の三段論法自体の正当性の検証、学説や判例を含む具体的法規範の形成過程及び発見のプロセスの精緻な検討など多数の難題が残されていますが、機会を改めて考察することとします。

5 本書における法的思考（リーガルマインド）と3大法律フレームワークの意義

(1) 概説

本章の冒頭で、法的思考（リーガルマインド）を「法的三段論法を駆使する能力」というように狭く理解しては法的思考の重要な部分を捉え損ねると述べましたが、ここまでの検討で、法的思考において法的三段論法が重要なのはもちろんですが、3つのレベルの利益衡量も非常に重要であるということが理解できたのではないでしょうか。

ところで、ここまでの検討においては3大法律フレームワークのうち、原則―例外のフレームワークについてはまったく出てきませんでした。また、結局「法律フレームワークと呼べるものは何か？」という点についても明示はしていません。そこで、法律フレームワーク論における原則―例外のフレームワークの位置づけと法律フレームワークと呼べるための必要条件について述べた上で、最後に本書における法的思考（リーガルマインド）の意義をまとめたいと思います。

(2) 原則―例外のフレームワークの位置づけ

原則―例外のフレームワークを突き詰めて考えると、利益衡量のフレームワークと何が違うのかという疑問点が生じます。たとえば、憲法における比例原則は利益衡量そのものです。ところで、比例原則とは国家機関による個人の自由に対する制約は目的に対し必要最小限度でなければならないという原則ですから、国家による制約の必要性があり、かつその制約が相当であるといえる場合には、目的に対し必要最小限度であるという条件の下で制約が許容されます。そうすると、比例原則は国民の自由を制約するという憲法上の例外を認める必要性があり、なおかつ例外の許容性があるという原則―例外のフレームワークがそのまま妥当するケースであるともいえます。

しかし、両者の関係を次のように理解すれば整理することが可能です。すなわち、**第一レベルにおける利益衡量の結果法令（ルール）が制定されるわけですから、原則―例外図式における原則ルールと例外ルールは、原理間の利益衡量の結果をルール化したものである**ということです。いわば、**原則とは原理間の衝突の均衡点をルールとしたもの**といえます。このような関係があるため、原則ルールの背後にある原理は例外ルールに対しても及び、原理を頂点とする原則ルールと例外ルールの体系的な構造が形成されることになります。

このように、**原則―例外のフレームワークは、利益衡量のフレームワークを母体として法体系全般におけるルール間の関係を規律するものである**と位置づけることができます。

⑶　法律フレームワークであるための必要条件

ここで、どんな知識を法律フレームワークと呼ぶことができるのか、その必要条件を整理しておきます。

①　特定のテーマに関する具体的な課題の解決を目的とすること

法曹実務家の仕事は、法を適用することによって、民事事件の場合は当事者が抱える問題を解決すること、刑事事件の場合は適正な処罰を実現することにあります。いずれにも共通する要素は、法を社会における具体的課題を解決することに使う、ということです。したがって、法律フレームワーク論は、ひたすら実務における課題解決に力点を置いており、課題解決につながることを法律フレームワークと呼べるための必要条件としています。ただ法律や定義を暗記しても意味がなく、法律を使って課題解決ができて初めて法律フレームワークを身につけたといえます。また、法学教育においても、具体的事実への適用を重視する法学教育が、法曹実務家の養成教育としてふさわしいものであると考えます。

② 事実または法規範の「発見」に役立つものであること

法的三段論法のフレームワーク及び利益衡量のフレームワークは、適用すべき条文、事実、法解釈（さらにはこれらに対する争点）を発見するのに役立つものです。そのためには、知識そのものが構造化・体系化されており、ある程度の網羅性を有する必要があります。たとえば、単なる定義や規範の知識は、フレームワークではありません。

それらの知識が総体となって、事実や法規範等の発見に資するものがフレームワークです。以上からすれば、フレームワークとは、単なる知識ではなく、知識を前提に知識の見方や扱い方、構造を明らかにするという点で、メタ知識ということができるでしょう。

③ 法的概念を認知し、思考し、法的な結論を出すのに役立つ知識であること

基本書に書いてあることを読めば、法的概念を認知することは可能です。しかし、それだけでは学習者が自ら法的概念について思考し、表現することは困難です。特に、法曹実務家の仕事の大半は文書を作成することにあるので、法的知識を身につけたつもりでも、書面において法的な結論を示すことができない知識は何の意味もありません。

④ 第三者に伝達可能な形式知であること

法律フレームワークは、「自分はわかっているけれども説明できない」という暗黙知であってはなりません。第三者（特に法学学習者）に伝達することによって、第三者が理解して自ら説明できるような形式になっている必要があります。

⑷ 本書における法的思考とは

これで、法律フレームワークを理解するために必要な思考枠組みは、ほぼ伝えたつもりです。最後に、本書における法的思考（リーガルマイ

ンド）をまとめたいと思います。

法的思考とは、**法律フレームワーク（特に3大法律フレームワーク）を用いて、具体的事案における課題を解決するための思考**です。

ここまで本書を読んだ方であれば、法学の学習とは単に基本書や判例集を読み、講義を聴くだけというようなものではなく、社会で日々発生しているトラブルを解決するための武器としてフレームワークを使うために、基本書等を参照するときにも常にフレームワークというレンズを通して日々訓練することが重要であるということがおわかりではないでしょうか。また、本書では法規範の趣旨が立法当初から変わることがある、という話もしました。これは、法規範の背後にある利益衡量の天秤のうち、いずれかの利益の重みが時代の変化によって変わったことによって生じます。いわば、**法曹実務家の仕事とは、司法制度の枠組みの中で、その時代における最適解を模索、創りだすこと**だといえるでしょう。

本書が提唱する法律フレームワーク論は、まだまだ検討すべき課題が多いのですが、一旦ここで筆を擱きたいと思います。

最後に

1 本書読了後の使い方マニュアル（法学学習者向け あとがき）

法律フレームワークはいかがでしたか。私がセミナーをした後、受講生に感想を聞くと、「フレームワークはなんとなくわかったけど、いざ使ってみようと思うとなかなか使えない」という方がいます。大切なのは、使いこなせるようになることです。

最後に、「知っている」を「使える」にするため、法律フレームワークの応用の効かせ方をお教えします。

本書では、同じフレームワークでも様々な使い方の具体例を各所に散りばめています。

たとえば、原則―例外のフレームワークは、意識的に様々な形を紹介しています。民法では私的自治の原則の例外という形で条文の分析をしていますし（75頁）、会社法は、機関の原則形態の規律を押さえてから例外的な形態の規律を学ぶという形で整理しています（235頁）。刑事訴訟法では、憲法上の原則と例外としての刑事訴訟法というように、上位規範と下位規範の分析から刑事訴訟法の存在意義を導いていますし（160頁）、憲法では判例の原則的な規範を具体的事案に対応して修正するという考え方を紹介しています（319頁）。もちろん、条文における本文と但書のような関係もあります。

法律フレームワークを使いこなせるようになるためには、**特に三大フレームワークについては常に「あのフレームワークは使えないか？」という視点で講義を受けたり、基本書を読んだり、問題を解いたりすることが重要です。**そうすると、学ぶ姿勢が自然と受動から能動へと変化しますから、脳の働き方ががらっと変わって記憶の定着率も高まります。本書の中の具体例から法律フレームワークが効く場面を抽出し、他の法律や、他の論点、さらには法律と関係のない場面でも使えないかという観点で、世界を眺めてみてください。

ただし、フレームワークはあくまでただのツールであり、丸暗記するようなものではありません。本書に記載しているフレームワークは、あくまでたたき台として提示しているものです。実際に基本書を読んだり、問題を解いたりする際にフレームワークを使いながら、自分で修正したり精緻化したりしてみてください。さらに法律学の理解が深まることを実感できるはずです。また、本書は法学の学習方法に関するアドバイスがまとまっていますので、他の方からもらったアドバイスを本書に書き加えていくのもよいと思います。

2 法律フレームワークを身につけることで起こる変化

法律フレームワークを身につけると、常に3大法律フレームワークが発動した状態で世界を眺めることができます。法律の学習をしているときだけでなく、法律の学習をしていないときも、です。たとえば、法律と関係ない議論をしているときや、仕事の話をしているときに、法律フレームワークを使って議論を整理したり、不十分な点を補充したりできるようになります。

フレームワークという感覚を身につけると、他の分野のフレームワークも習得しやすくなります。たとえば、経済学の「モデル化」というフレームワーク、社会学における主観を徹底的に排除した社会事象の分析フレームワークなど、世の中の学問には必ずその学問特有のフレームワークがあります。興味がある方は挑戦してみてください。

新たなフレームワークを身につけると、同じ世界を見ているつもりでも、人によってまったく世界の捉え方が異なることに気づくでしょう。フレームワークを使いこなせるようになると、メガネを掛け替えるかのように世界の眺め方をコントロールできるようになります。場面に応じて適切なフレームワークを適用できるようになれば、知的生産の効率は飛躍的に向上するでしょう。

本書を読んで、「フレームワークって何だろう？」と考えた時点で、あなたはもうフレームワークの世界に足を踏み入れています。
　フレームワークの世界へようこそ。

3 あとがき（法学を教えておられる先生方向け）

「はじめに」で述べたように、本書では法学教育の方法論のモデルを提示するという試みに挑戦しました。本書の内容について異論をお持ちの方は、相当数おられるかと思います。杓子定規な思考しかできなくなる、安直な標準化では不正確な理解しかできない、学生が丸暗記してしまう、といったご批判は必ずあるでしょう。

　しかし、合格者数が増え、弁護士の苦しい経済状況が報道され、法学部及び法科大学院の入学者が年々減っている現状においては、法学の地位向上のためになりふり構わぬ教育改革が必要ではないでしょうか。第14章で紹介した星野教授の利益考量論と平井教授の理論は、いずれも法学の理解と知識の獲得を目的のひとつとしていました。司法制度改革により法曹実務家（特に弁護士）の数が急増している現状も合わせ考えると、法曹実務家に対する国民の信頼を守るためにも、その教育方法を確立することは急務ではないでしょうか。

　法律実務に携わって感じたことがひとつあります。それは、長い歴史を経て洗練された法学の思考方法は、社会事象に妥当する普遍性を持ち、他の学問では解決できない問題も解決できるポテンシャルを秘めているということです。そういった法学の魅力を広く知ってもらうことで、法学への知的好奇心をかきたてることができるのではないかと考え、本書を執筆しました。

　本書の説明や記述について、どんなことでも教員のみなさまの忌憚のないご批判をお聞かせ願えれば幸甚です。また、本書の内容について学生に話してほしいといったご要望があれば、喜んで対応いたします。お気軽に405頁記載のWebサイトのお問い合せフォームよりお声がけください。

最後に、本書執筆にあたりご協力いただいたみなさまに感謝の言葉を述べたいと思います。

大変お忙しい中、本書の原稿にコメントをくださった十河太朗教授（同志社大学法科大学院）、法哲学が関わる部分について多大な示唆を与えてくださった西村友海さん（中央大学法学研究科民事法専攻）、丁寧に本書の原稿を読んで手を入れてくださった大砂裕子さん（臨床心理士）、原稿全文を何度も読んで校正するのみならず、元大阪高裁判事としての経験をふんだんに本書に盛り込んでくださった井垣敏生弁護士（藤木新生法律事務所）には、心より感謝を申し上げます。

また、修習同期の弁護士として、事業パートナーとして、有益なアドバイスと本書への多大なる貢献を与えてくれた伊藤建くん（琵琶湖大橋法律事務所）。君がいなければ、本書の公法系の部分は完成することはなかったでしょう。心より感謝しています。

そして、法律フレームワークが生まれるきっかけを作り、本書のレビューもしてくださった野田隼人弁護士（高島法律事務所）。先生が仕事の時間を削って体調を悪くしながら、それでもなお私の司法試験の勉強をみてくださったからこそ、本書と今の私があります。その恩に報いるためにも、本書は絶対に書き上げねばなりませんでした。少しばかり時間がかかってしまいましたが、言葉に尽くせぬ感謝の言葉とともに、本書を捧げます。ありがとうございました。

ぜひ、以下のWebサイトのお問い合わせフォームより、本書の内容に関する質問、ご意見、ご批判をお寄せください。学生の方は、会員登録いただくと法学の学習に役立つ情報を受け取ることができます。

講演・セミナーの依頼もこちらからどうぞ。

http://www.wisdombank.co.jp

Index 事項索引

著者略歴

井垣孝之（いがき たかゆき）

1983年　大阪府豊中市生まれ
2007年　京都大学法学部卒業
2010年　同志社大学法科大学院修了
2012年　司法試験合格
2014年　弁護士登録
現　在　弁護士・ウィズダムバンク株式会社代表取締役
　　　　NPO法人GeniusRoots代表理事
　　　　株式会社フォト・シー・コーポレーション取締役

司法試験の受験勉強中に法律フレームワークの着想を得て、複数の大学で法律フレームワークセミナーを開催。延べ300名以上の受講者を集める。

司法試験合格後、弁護士登録（大阪弁護士会）と同時にウィズダムバンク株式会社及びNPO法人GeniusRootsを設立。大学時代から会社経営に携わっており、マーケティングとマネジメントを得意とする。

現在は、弁護士と経営者業の傍ら、新しいワークスタイルのためのシステム開発に取り組んでいる。

37の法律フレームワーク
―誰も教えてくれない事例問題の解法―

発行日
2016年4月27日 第1版 第1刷

著者
井垣孝之

発行所
ウィズダムバンク株式会社
〒530-0026 大阪市北区神山町6番4号 北川ビル8階
Tel:050-5578-2953

印刷
西村印刷株式会社

制作・DTP
髙廣信之（西村印刷㈱）

ISBN978-4-9908711-0-9